Heinz-Dieter Neef

Die Heilstraditionen Israels
in der Verkündigung des Propheten Hosea

Heinz-Dieter Neef

Die Heilstraditionen Israels in der Verkündigung des Propheten Hosea

Walter de Gruyter · Berlin · New York
1987

Beiheft zur Zeitschrift für die alttestamentliche Wissenschaft
Herausgegeben von Otto Kaiser
169

gedruckt auf säurefreiem Papier
(alterungsbeständig — pH 7, neutral)

CIP-Kurztitelaufnahme der Deutschen Bibliothek

Neef, Heinz-Dieter:
Die Heilstraditionen Israels in der Verkündigung des Propheten Hosea / Heinz-Dieter Neef. — Berlin ; New York : de Gruyter, 1987.
 (Beiheft zur Zeitschrift für die alttestamentliche Wissenschaft ; 169)
 ISBN 3-11-010913-1
NE: Zeitschrift für die alttestamentliche Wissenschaft / Beiheft

© Copyright 1987 by Walter de Gruyter & Co., Berlin 30.
Printed in Germany — Alle Rechte des Nachdrucks, einschließlich des Rechts der Herstellung von Photokopien — auch auszugsweise — vorbehalten.
Druck: Werner Hildebrand, Berlin 65
Bindearbeiten: Lüderitz & Bauer, Berlin 61

Meiner Mutter

VORWORT

Das Hoseabuch greift im Vergleich zu den übrigen Propheten des 8. Jahrhunderts v. Chr. extensiv auf die Traditionen Israels zurück. Ihre Verwendung scheint geradezu *das* Signum des Hoseabuches zu sein. Die vorliegende Untersuchung macht es sich zur Aufgabe, die Bezüge Hoseas zur Jakob-, Mose-, Wüstenerwählungs-, Bundes- und Dekalog-Tradition zu untersuchen, um das Profil dieses Nordreichspropheten aus der 2. Hälfte des 8. Jahrhunderts v. Chr. präziser erfassen zu können. Es wird vor allem danach gefragt, ob er die Traditionen verändert und wie er sie für seine Anklage, daß Israel seinen Gott vergessen habe, nutzbar macht. Die Untersuchung kommt dabei zu dem Ergebnis, daß Hosea die für die Glaubensgeschichte Israels grundlegenden Traditionen kennt und in seine Verkündigung in *Kontinuität zur Tradition* aufnimmt und verarbeitet. Hosea will mit dem Rückgriff auf die Traditionen Israels das Wesen des Sinaigottes klar darstellen. Ihre Gültigkeit und Autorität liegen für den Propheten darin begründet, daß hier Jahwe als der Gott zu Wort kommt, der Israel von seinen geschichtlichen Anfängen an treu zur Seite stand. Auf diesem Hintergrund breitet Hosea schonungslos die Schuld seines Volkes aus, das seinem Gott gegenüber gleichgültig geworden und schließlich von ihm abgefallen ist.

Die Untersuchung wurde im Sommersemester 1984 abgeschlossen und im Wintersemester 1984/85 von der Evangelisch-theologischen Fakultät der Eberhard-Karls-Universität Tübingen als Dissertation angenommen. Nach Abschluß des Promotionsverfahrens wurde sie noch einmal überarbeitet, an einigen Stellen leicht gekürzt und wichtigere neuere Literatur eingearbeitet. - Es ist mir ein großes Bedürfnis, an dieser Stelle all denen, die mich in den Jahren meines Studiums und bei meiner jetzigen Tätigkeit als Lehrer für Hebräisch und Aramäisch begleitet und unterstützt haben, von Herzen zu danken. Zu allererst gebührt der Dank meinem verehrten

Doktorvater, Herrn Prof. Dr. H. Gese, der mir durch seine
Vorlesungen, Seminare, wissenschaftlichen Veröffentlichungen
und persönlichen Gesprächen den Zugang zur biblischen Überlieferung erschlossen hat. Er hat auch das Thema dieser Untersuchung angeregt. Meine erste Beschäftigung mit den Problemen
des Hoseabuches geht auf sein Hosea-Seminar im Sommersemester
1979 zurück, wobei die vorliegende Untersuchung dem damals
besprochenen Argumentationsgang wesentliche Impulse verdankt.
Aufrichtig danken möchte ich auch Herrn Prof. Dr. H.-J.
Hermisson für die Erstellung des Korreferates. Seine kritischen Anfragen waren für mich außerordentlich lehrreich und
sind an vielen Stellen bei der Überarbeitung eingeflossen.
Mein herzlicher Dank gilt Herrn Prof. Dr. O. Kaiser, Marburg,
nicht nur für die bereitwillige Aufnahme der Arbeit in die
von ihm herausgegebene Reihe "Beihefte zur Zeitschrift für
die alttestamentliche Wissenschaft", sondern auch für seine
vielfache Förderung und Unterstützung in den ersten Semestern
meines Studiums in Marburg. Für sein Interesse an meiner Arbeit und für viele nützliche Gespräche danke ich ganz herzlich Herrn Prof. Dr. H.J. Stoebe, Basel, dessen Assistent ich
während seiner Tübinger Lehrstuhlvertretung im Wintersemester
1980/81 sein durfte. Voller Dank und Hochachtung denke ich
auch an die Assistentenzeit bei Herrn Prof. Dr. W. Zimmerli
(† 4.12.83) während seiner Tübinger Lehrstuhlvertretung im
Sommersemester 1981. Mein herzlicher Dank ergeht an meine
beiden Tübinger alttestamentlichen Lehrer, Herrn Prof. Dr. S.
Mittmann und Herrn Prof. Dr. H.P. Rüger, die mich eindrücklich gelehrt haben, wie wichtig und hilfreich für das Verstehen der biblischen Überlieferung die Kenntnis der Topographie und Archäologie Palästinas und das Beherrschen der
hebräischen Sprache sind. Herzlich danken möchte ich auch
Herrn Prof. Dr. B. Janowski, jetzt Hamburg, und Herrn Dr.
D. Kellermann für ihr großes Interesse an der Arbeit und
für viele nützliche Literaturhinweise. Aufrichtig danken
möchte ich den Mitarbeiterinnen und Mitarbeitern des de
Gruyter Verlages, Berlin, für die reibungslose Zusammenarbeit
und Frau I.R. Straub, Tübingen, für das Anfertigen des

schwierigen Typoskriptes. Fräulein stud. theol. et phil. Ute Lohmann und Herrn stud. theol. D. Lakemann danke ich für die verläßliche Mithilfe bei den Korrekturarbeiten. Mein herzlicher Dank für sein großes Interesse, seine bereitwillige Hilfe und Unterstützung ergeht an Herrn Oberstudienrat Heinrich Becker, ohne dessen großzügige finanzielle Unterstützung mein Studium nicht möglich gewesen wäre. Zuletzt gilt der Dank meiner Mutter. Sie hat sich ihren Kindern nach dem frühen Tod des Vaters vorbildlich und aufopfernd zugewandt. Ihr soll das Buch deshalb gewidmet sein.

Tübingen, den 11.3.1986   Heinz-Dieter Neef

INHALTSVERZEICHNIS

Vorwort...		VII
A. Einleitung: Thema und Methode der Arbeit...........		3
	I. Die Stellung Hoseas im Kontext der klassischen Prophetie des 8. Jahrhunderts - Gemeinsamkeiten und Unterschiede..	3
	II. Eingrenzung des Themas..............................	7
	III. Zur Methode..	9
B. Hauptteil: Exegese der Textstellen.................		13
	§ 1 Die Jakob-Tradition in Hos 12..................	15
	I. Übersetzung von Hos 12,1-15 und textkritische Anmerkungen...	15
	II. Aufbau und Einheit von Hos 12.....................	19
	1. Aufbau...	19
	2. Einheit..	22
	III. Die Beurteilung der Jakob-Tradition in Hos 12 in der Forschung seit 1860.................................	25
	1. Die positive Beurteilung der Jakob-Tradition in Hos 12...	25
	2. Die negative Beurteilung der Jakob-Tradition in Hos 12...	28
	IV. Die Anspielungen auf die Jakob-Tradition in Hos 12.	35
	1. Jakobs Geburt: Hos 12,4a - Gen 25, 21-26a.27-34.	35
	2. Jakobs Kampf am Jabbok: Hos 12,4b-5a - Gen 32,23-33............	39
	3. Jakob in Bethel: Hos 12,5b - Gen 35,1-5.7.8.14. 16-22..........................	41
	4. Jakobs Dienst um Rahel: Hos 12,13 - Gen 29,1-30.	44
	V. Hoseas Kenntnis der Jakob-Tradition................	45
	VI. Jakob als Vorbild für das sündige Israel...........	48
	§ 2 Die Mose-Tradition in Hos 12,14................	50
	I. Forschungsgeschichtliche Orientierung.............	50
	II. Exegese...	52
	III. Mose als der im Auftrag Jahwes handelnde Prophet...	54
	§ 3 Die Tradition von der Erwählung Israels in der Wüste...	58
	I. Forschungsgeschichtliche Orientierung.............	58
	II. Die Liebe Jahwes zu seinem Volk und Israels Treulosigkeit: Hos 9,10-17 - Num 25,1-5................	66

1. Übersetzung und textkritische Anmerkungen....... 66
2. Gliederung und Aufbau von Hos 9,10-17.......... 68
3. Exegese von 9,10-17............................ 70
III. Der Niedergang des üppigen Weinstocks Israel: Hos 10,1-2... 76
1. Übersetzung und textkritische Anmerkungen....... 76
2. Exegese von 10,1-2............................. 76
IV. Die gelehrige Jungkuh Ephraim: Hos 10,11-13a....... 78
1. Übersetzung und textkritische Anmerkungen....... 78
2. Exegese von 10,11-13a.......................... 80
V. Die Liebe Jahwes zu seinem Sohn Israel: Hos 11,1-7. 84
1. Übersetzung und textkritische Anmerkungen....... 84
2. Gliederung und Aufbau von 11,1-7............... 87
3. Exegese von 11,1-7............................. 88
Exkurs: Zur Verwendung von Hos 11,1b in Mt 2,13-15................................... 95
VI. Jahwes Fürsorge in der Wüste und die Vergeßlichkeit Israels: Hos 13,4-8................................. 99
1. Übersetzung und textkritische Anmerkungen....... 99
2. Exegese von 13,4-8............................. 101
VII. Gottes Werben um Israel in der Wüste: Hos 2,16f - Jos 7,1.5b-26... 105
1. Übersetzung und textkritische Anmerkungen....... 105
2. Gliederung und Aufbau von Hos 2,4-25........... 106
3. Exegese von 2,16f.............................. 108
VIII. Die Rückkehr in die Wüste: Hos 12,10............... 112
1. Übersetzung.................................... 112
2. Exegese von 12,10.............................. 112
IX. Zusammenfassung: Die Tradition von der Erwählung Israels in der Wüste als Uminterpretation der Sinaitradition....................................... 113

§ 4 Die Bundes-Tradition..................................... 120
I. Forschungsgeschichtliche Orientierung.............. 120
II. Gottes ewige Heilszusage: Hos 2,18-25.............. 127
1. Übersetzung und textkritische Anmerkungen....... 127
2. Gliederung und Aufbau von Hos 2,18-25.......... 129
3. Zusammenfassung................................ 140
III. Der Bundesbruch in Adam: Hos 6,7-11a - Jdc 12,1-6................ 142
1. Übersetzung und textkritische Anmerkungen....... 142

Inhaltsverzeichnis

		2. Exegese.....................................	144
		3. Zusammenfassung..............................	154
	IV.	Die Mißachtung des göttlichen Heilswillens: Hos 8,1-3...	155
		1. Übersetzung und textkritische Anmerkungen.......	155
		2. Exegese.....................................	157
		3. Zusammenfassung..............................	163
	V.	Das Bundschließen Israels mit fremden Mächten: Hos 10,3f..	164
		1. Übersetzung und textkritische Anmerkungen.......	164
		2. Exegese.....................................	165
		3. Zusammenfassung..............................	168
	VI.	Israels Bund mit Assur: Hos 12,2..................	169
	VII.	Zusammenfassung: Bund als Erwählung...............	170

§ 5 Die Dekalog-Tradition........................... 175

	I.	Forschungsgeschichtliche Orientierung.............	175
	II.	Die Selbstvorstellungsformel: Hos 12,10; 13,4.....	178
	III.	Die Anspielungen auf das Bilderverbot.............	181
		1. Die Untreue Israels: Hos 8,4-6.................	181
		a) Übersetzung und textkritische Anmerkungen....	181
		b) Exegese....................................	182
		2. Der Götzendienst Israels: Hos 13,1-3...........	187
		a) Übersetzung und textkritische Anmerkungen....	187
		b) Exegese....................................	189
		3. Das Bilderverbot bei Hosea....................	191
	IV.	Israels Treuebruch: Hos 4,1-3.....................	193
		1. Übersetzung und textkritische Anmerkungen.......	193
		2. Exegese.....................................	193
		a) Der Meineid................................	196
		b) Die Lüge...................................	198
		c) Der Mord...................................	199
		d) Der Diebstahl..............................	201
		e) Der Ehebruch...............................	203
	V.	Zusammenfassung: Die Vorstufe des Dekalogs bei Hosea..	206

§ 6 Mizpa, Tabor und Sittim und die Schuld der Führer Israels: Hos 5,1-7.......................... 210

	I.	Übersetzung und textkritische Anmerkungen.........	210
	II.	Exegese von Hos 5,1f.............................	214

1. Mizpa und der Bundesschluß zwischen Jakob und
   Laban: Hos 5,1b - Gen 32,43ff.................. 216
2. Der Tabor und der Segensspruch über Sebulon
   und Issachar: Hos 5,1bß - Dtn 33,18f........... 220
3. Sittim und der Abfall zum Baal Peor:
   Hos 5,2a - Num 25,1-5.......................... 225
4. Zusammenfassung................................ 225

III. Exegese von Hos 5,3-7............................ 226

C. Zusammenfassung und Schluß....................... 229

I. Die Heilstraditionen Israels in der Verkündigung des
   Propheten Hosea.................................... 231
   1. Hosea und die Jakob-Tradition.................. 231
   2. Hosea und die Mose-Tradition................... 234
   3. Hosea und die Wüstenerwählungs-Tradition....... 235
   4. Hosea und die Bundes-Tradition................. 237
   5. Die Wüstenerwählungs- und Bundestradition -
      Gemeinsamkeiten und Unterschiede............... 240
   6. Hosea und die Dekalog-Tradition................ 242
   7. Tabelle.. 245

II. Die Leistung der Heilstraditionen in der Verkündigung
    des Propheten Hosea................................ 247

Abkürzungsverzeichnis................................ 259

Literaturverzeichnis................................. 260

Register... 277
   1. Bibelstellen................................... 277
   2. Wichtige Begriffe.............................. 294
   3. Orte, Berge, Täler............................. 295
      a) historisch.................................. 295
      b) modern...................................... 295
   4. Hebräisches Wortregister....................... 296

A. EINLEITUNG
THEMA UND METHODE DER ARBEIT

A. EINLEITUNG - THEMA UND METHODE DER ARBEIT

I. Die Stellung Hoseas im Kontext der klassischen Prophetie des 8. Jahrhunderts - Gemeinsamkeiten und Unterschiede

Die alttestamentlichen Propheten waren die hartnäckigen, zur Umkehr rufenden Mahner und die aufopferungsvollen Helfer des Volkes Israel[1]. Sie wurden nicht müde, Israel immer wieder neu auf Jahwe als den alleinigen Gott und die wahre Quelle des Lebens hinzuweisen. Ihr Auftrag gründete in einem Offenbarungserlebnis, in dem ihnen in einer persönlichen Anrede Gottes Wort und Wille mitgeteilt wurde. Dieses Wort griff sehr tief in ihr Leben ein und erreichte sie unabhängig von ihrer persönlichen Veranlagung, ihrem Beruf sowie ihrem Glaubensstand. Sie wurden dadurch in eine Existenz hineingeführt, die sie oft an den Rand körperlicher und geistiger Möglichkeiten führte. Durch die Anrede Gottes wurde ihnen eine Freiheit geschenkt, die sie in ihrem Auftreten unabhängig machte von den führenden religiösen und politischen Kreisen des Volkes, von dem Volk selbst sowie von dem Erfolg bzw. Mißerfolg ihrer Botschaft. Israels Propheten verstanden sich als die Vollstrecker des göttlichen Willens, es war ihre Aufgabe und ihr Ziel, dem Volk mitzuteilen, was Jahwe von ihm forderte, ihm androhte oder ihm verhieß. Israels Propheten führten diesen Auftrag aus in dem Wissen um Gottes Wort als eine Macht, die über Heil und Unheil des Volkes entscheiden konnte.

Die Vorstellung von den Propheten als den Verkündigern des Wortes Gottes hält sich bis ins Neue Testament durch. Hier werden die alttestamentlichen Propheten als der "Mund Gottes" verstanden, durch die er zu den Menschen redet (Lk 1,70; Act 3,18.21).

---

1 Zum Bild der alttestamentlichen Prophetie vgl. vor allem die grundlegenden Arbeiten von G. von RAD, Theologie des Alten Testaments Bd. II; H.W. WOLFF, Gesammelte Studien; C. WESTERMANN, Grundformen prophetischer Rede; W. ZIMMERLI, Grundriß der alttestamentlichen Theologie; ders., Studien zur alttestamentlichen Theologie und Prophetie.

Auf Grund der ihnen zuteil gewordenen Offenbarung sind sie
Träger und Mittler der göttlichen Botschaft[2]. Die große Bedeutung der alttestamentlichen Propheten zeigt sich schon
allein in ihrer häufigen Zitierung in den neutestamentlichen
Schriften. So werden 66 Stellen aus den Prophetenbüchern im
Wortlaut zitiert. Sie verteilen sich folgendermaßen: Jesaja
wird 41 mal im Neuen Testament zitiert, Jeremia 6 mal,
Ezechiel 2 mal, Hosea 5 mal, Joel 1 mal, Amos 2 mal, Micha
2 mal, Habakuk 2 mal, Haggai 1 mal, Sacharja 2 mal und
Maleachi 2 mal[3]. Darüber hinaus finden sich in etwa 600
Stellen des Neuen Testaments Teilzitate bzw. Anspielungen
aus den Prophetenbüchern[4].

Teilt man die alttestamentlichen Propheten nach der Zeit
ihres Wirkens auf, so zählt Hosea zusammen mit Amos, Jesaja
und Micha zur klassischen Schriftprophetie des 8. Jahrhunderts. Der Vergleich Hoseas mit diesen drei Propheten
zeigt Gemeinsamkeiten und Unterschiede, die die Besonderheiten der Prophetie Hoseas deutlich darlegen.

1. Bei Amos, Jesaja und Micha stehen im *Unterschied* zu Hosea
die Klagen über die Mißachtung des Gottesrechts, den unecht
gewordenen Gottesdienst sowie das sorglose Vertrauen auf die
eigene Erwählungsgewißheit ganz im Vordergrund. So klagt
Amos diejenigen im Volk an, die den Armen (אביון) zertreten
und den Besitz- und Schutzlosen (עני) bedrücken. Sie verkaufen den Unschuldigen (צדיק) um Geld und den Bedürftigen
(דל) und Armen wegen ein Paar Schuhe (2,6-8; 4,1-3; 8,4-
7). Sie strecken sich auf ihren kostbaren Lagern aus (3,12;
6,4-6), verbringen die Zeit in ihren Elfenbeinhäusern
(בתי השן; 3,15) und verstoßen gegen Recht und Gerechtigkeit (3,9-12a; 5,7-11). Sie feiern rauschende Feste und

---

2 G. FRIEDRICH u.a., Art.: προφήτης κτλ., in: ThWNT VI, 781-863,
 bes. 829 ff.
3 Diese Stellen sind bei E. NESTLE - K. ALAND, Novum Testamentum Graece,
 Stuttgart ²⁵1963 mit einem Asteriscus versehen.
4 So nach dem Index locorum bei E. NESTLE - K. ALAND; vgl. dazu C.
 WESTERMANN, Prophetenzitate im Neuen Testament, in: ders., Forschung
 am Alten Testament, 280-290.

bringen in überreichem Maße Opfer dar (5,21-25), aber sie
kehren nicht wahrhaftig zu Jahwe um (5,4-6). Sie wiegen sich
in einer falschen Erwählungssicherheit und ahnen nicht, was
der Tag des Herrn (יהוה יום; 5,18) als Gerichtstag für sie
Schreckliches bringen wird.

Ebenso wie Amos klagt Micha die Unterdrücker des Volkes
an, denn "sie begehren Felder und rauben (sie), Häuser und
nehmen (sie). Sie unterdrücken einen Mann und sein Haus,
einen Menschen und seinen Erbbesitz" (2,2)[5]. Sie betrügen
beim Handel und verschaffen sich dadurch ansehnliche Reichtümer (6,9-16), und nutzen das Volk bis zum Letzten aus (3,1
-4; 9-12). Die Folge der Mißachtung des Gottesrechtes sieht
Micha in dem Verlust der Gemeinschaft und einer großen Zwietracht untereinander. "Denn der Sohn hält den Vater für
schwachsinnig. Die Tochter tritt gegen ihre Mutter auf, die
Schwiegertochter gegen ihre Schwiegermutter. Des Mannes
Feinde sind seines eigenen Hauses Leute" (7,6)[6].

Wie Amos verwirft Jesaja den unecht gewordenen Gottesdienst
mit den Brandopfern von Widdern, dem Fett der Mastkälber und
sonstigen unnützen Gaben (1,10-17). Jahwe hat daran keinen
Gefallen mehr, sondern fordert dagegen von seinem Volk, Gutes zu tun, nach dem Recht zu trachten und für die Sache
von Waise und Witwe zu streiten (1,17.26 u.ö.).

Vergleicht man die Aussagen von Amos, Jesaja und Micha mit
denjenigen bei Hosea, so fällt schon beim ersten Lesen seines Buches eine deutliche Akzentverschiebung auf. Hoseas Verkündigung ist nicht so sehr durch soziale Anklagen und durch
die Klage über eine falsche Erwählungssicherheit des Volkes
als vielmehr durch die Klage über die Auflösung des Jahweglaubens im kanaanäischen Baalsglauben geprägt. Die dadurch
zerbrochene Gemeinschaft Israels mit Jahwe hat Hosea zeichenhaft in seiner eigenen Ehe sowie in den Symbolnamen seiner
Kinder dargestellt. Hosea stellt seine ganze Verkündigung
in den Dienst der Gegenüberstellung von Jahwes Treue und

---

5 Übersetzung von H.W. WOLFF, BK XIV/4, 37.
6 Übersetzung von H.W. WOLFF, BK XIV/4, 174.

Israels Untreue. Weil Israel seinen einzigen Gott und alle
seine Heilstaten vergessen hat (vgl. 2,15), muß es bestraft
werden (vgl. 11,5-7). Gleichzeitig deutet Hosea ein neues
Handeln Jahwes mit Israel an, damit die einst so gute Gemeinschaft zwischen Israel und seinem Gott wiederhergestellt
werden kann (2,16 ff).

2. Neben diesen auffälligsten Unterschieden ist die Prophetie des 8. Jahrhunderts aber auch durch eine Reihe von *Gemeinsamkeiten* verbunden, von denen hier eine besonders genannt werden soll. Amos, Hosea, Jesaja und Micha stimmen
außer in der Verbindung ihrer Verkündigung mit dem aktuellen
politischen Geschehen, der Ankündigung eines umfassenden
Gottesgerichtes (vgl. nur Am 8,2b) sowie der Verheißung eines Heilshandeln Jahwes vor allem in ihrer Aufnahme und
Weitergabe der Traditionen Israels überein. Ihre Verkündigung "wird in ihrer Tragweite offenbar nur dann verständlich,
wenn man die Tatsache im Auge behält, daß auch dort, wo sie
sich gegen das Volk wenden, sie dies tun als Vertreter der
alten Glaubenssätze Israels"[7].

Der Gegenstand dieser Untersuchung besteht nun darin, die
Traditionen, die Hosea in seiner Verkündigung aufgreift zu
untersuchen, um das Profil dieses Nordreichspropheten aus
der zweiten Hälfte des 8. Jahrhunderts genauer zu umreißen
und präziser erfassen zu können. Dabei soll vor allem gefragt
werden, in welcher Gestalt er sie aufnimmt, ob er sie im
Vergleich zu seinen Vorlagen verändert, und wie er sie für
seine Anklage, daß das Volk seinen Gott vergessen hat, nutzbar macht.

---

7 E. ROHLAND, Die Bedeutung der Erwählungstraditionen Israels, 266.

Thema und Methode der Arbeit

II.   Eingrenzung des Themas

Schon bei der ersten Lektüre des Hoseabuches fällt der im Vergleich zu den übrigen Propheten des 8. Jahrhunderts extensive Rückgriff auf Traditionen auf. Ihre Verwendung scheint geradezu *das* Signum des Hoseabuches zu sein. Es ist deshalb notwendig und sinnvoll, die Untersuchung auf einige wenige Traditionen zu beschränken. Es sollen nur die Bezüge zur Jakob-, Mose-, Exodus-, Wüsten-, Sinai-, Bundes- und Dekalogtradition genauer untersucht werden. Die übrigen traditionsgeschichtlichen Bezüge werden ausgespart, sie sollen jedoch um der Vollständigkeit willen kurz genannt werden.

1. Im Hoseabuch scheint der Einfluß *weisheitlicher Tradition* sehr stark zu sein. So verwendet Hosea sehr viele Begriffe, die in der Weisheit eine wichtige Rolle spielen. In 2,21 verheißt Jahwe seiner Braut Israel als Brautgeschenke Recht (צדק), Gerechtigkeit (משפט), Güte (חסד) und Erbarmen (רחמים). Das in 4,1 verwendete Begriffspaar חסד ואמת spielt ebenso wie das Nomen דעת in den Psalmen (vgl. etwa 61,8; 85,11; 86,15; 89,15; 117,2) und im Proverbienbuch (3,3; 14,22; 16,6; 20,28) eine bedeutende Rolle. Der in 5,12 angeführte Vergleich Jahwes mit einer "Motte" und "Knochenfäule" läßt auf einen möglichen Einfluß weisheitlichen Gedankengutes schließen, da רקב und עש vor allem in weisheitlicher Literatur begegnen (רקב : Hab 3,16; Hi 13,28; Prov 12,4; 14,30/ עש : Jes 50,9; 51,8; Hi 4,19; 13,28; 27,18; Ps 39,12). Der mögliche Einfluß weisheitlicher Tradition scheint sich außerdem in der Verwendung der Begriffspaare "Suchen-Finden" (Hos 5,6), "Säen-Ernten" (8,7) und in 12,8 bei der Nennung der "falschen Waage" (מאזני מרמה ; vgl. Prov 11,1; 20,23) greifen zu lassen. Inwiefern aus diesen ersten vorläufigen Beobachtungen tatsächlich auf die Aufnahme weisheitlicher Tradition geschlossen werden darf, bedürfte allerdings einer eingehenderen Untersuchung.

2. In dieser Untersuchung unterbleibt auch eine ausführliche
Auseinandersetzung mit den Aussagen Hoseas über das *Königtum*.
So geht etwa F. CRÜSEMANN davon aus, daß Hosea "ihm vorgegebene antikönigliche Traditionen, falls es solche gab, weitgehend in sein eigenes Denken integriert und auf seine eigene
Zeit zugespitzt hat..."[8]. Nach 7,3 verdankt das israelitische
Königtum seine Entstehung der Bosheit und Falschheit. Israel
hat gegen den Willen Gottes Könige und Fürsten eingesetzt
(8,4).

3. In Hos 4,15; 9,15; 12,2 wird *Gilgal* als Ortsname genannt.
Hosea warnt davor, nach Gilgal hinaufzugehen (4,15). In Gilgal hat der Herr Israel wegen der Schlechtigkeiten seiner
Taten gehaßt (9,15), denn dort haben sie Rinder geopfert
(12,12). In dem in 4,15 mit אל + Imperfekt zum Ausdruck ge-
brachten Verbot der Wallfahrt nach Gilgal und Beth-Awen liegt
wohl kein direkter traditionsgeschichtlicher Bezug zu Ereignissen der Vergangenheit vor, was sich aus der unmittelbaren
imperativischen Anrede schließen läßt.[9]

4. Dreimal erscheint im Hoseabuch *Gibea* (5,8; 9,9; 10,9).
Gibea ist im Alten Testament vor allem mit den Saulgeschich-
ten verbunden. In I Sam 14,2 sitzt Saul an der Grenze von
Gibea, in I Sam 10,5 ist vom "Gibea Gottes" (גבעת האלהים),
in I Sam 11,4; 15,34 vom "Gibea Sauls" (גבעת שאול) die
Rede. Doch dürfte Hosea in 9,9; 10,9 weniger an die Saulüber-
lieferung als vielmehr an die in Jdc 19-21 berichtete Schandtat der Benjaminiten und deren Mißachtung des in Israel gel-
tenden Gottesrechtes denken.

---

8 F. CRÜSEMANN, Der Widerstand gegen das Königtum, 91.
9 In 9,15 sehen u.a. H.W. WOLFF, BK XIV/1,217 und J. JEREMIAS, ATD 24/1,
124f, eine Anspielung an die mit Gilgal verbundene Krönung Sauls zum
König sowie seine Verwerfung (I Sam 11;15); LIPPL/THEIS, Die zwölf kleinen Propheten, 64f, wollen sogar sprachliche Berührungspunkte zwischen
Hos 9,15.17 und I Sam 15,23.26 feststellen; auch N. LOHFINK, CBQ 25
(1963), 417, sieht in V.15 einen Bezugspunkt zu einer politischen Sünde; darauf weise כל־שריהם סררים . Jahwe werde hier als König gesehen, dem die politischen Führer in Israel keine Loyalität entgegen-
brächten.

5. In Hos 11,8 erwähnt Hosea die beiden Orte *Adma und Zeboim*: "Wie könnte ich dich preisgeben, Ephraim, dich ausliefern, Israel? Wie könnte ich dich preisgeben gleich Adma, dich machen wie Zeboim?" Beide Orte erscheinen im Alten Testament sonst nur neben Sodom und Gomorrha (Gen 10,19; 14, 2.8; Dtn 29,22). Hosea dürfte hier auf die in Dtn 29,21f belegte Tradition zurückgreifen, nach der der Herr diese Orte in seinem Zorn und Grimm zerstört und jegliches Leben dort ausgelöscht hat.

III.   Zur Methode

Der Gegenstand der Untersuchung impliziert, daß methodisch in erster Linie die traditionsgeschichtliche Fragestellung beachtet werden muß. Die Aufgabe der Traditionsgeschichte besteht in dem rückwärtigen Verfolgen der von einem Verfasser aufgenommenen grundlegenden Traditionen Israels. "Tradition, Überlieferung ist per definitionem nach rückwärts orientiert. Sie nimmt Empfangenes, Übermitteltes in die Hand und den Mund"[10]. Sie fragt danach, auf welche Weise ein Text durch die Aufnahme traditioneller Vorstellungen geprägt wurde. Dabei muß die traditionsgeschichtliche Textanalyse vor allem auf bekannte Vorstellungselemente, charakteristische Motivworte, angeführte Namen und Orte sowie geprägte Wendungen achten[11]. Diese Elemente bieten einen ersten Anhaltspunkt da-

---

10 W. ZIMMERLI, Die kritische Infragestellung der Tradition durch die Prophetie, in: O.H. STECK(Hg.), BThSt 2, 57-86, Zitat 60; zur traditionsgeschichtlichen Fragestellung siehe die entsprechenden Abschnitte der Methodenbücher zum Alten Testament, von denen hier stellvertretend genannt seien: O. KAISER, in: G. ADAM/O. KAISER/W.G. KÜMMEL, Einführung in die exegetischen Methoden, 9-60, bes. 42ff; H. BARTH/ O.H. STECK, Exegese des Alten Testaments, 77ff; G. FOHRER u.a., Exegese des Alten Testaments, § 8.
11 O.H. STECK, Strömungen theologischer Tradition im Alten Israel, in: ders., Wahrnehmungen Gottes, 298: "Traditionsgeschichtlicher Textanalyse ergibt sich zunächst einmal eine mehr oder minder große Reihe von einzelnen Bezugnahmen, in denen untersuchte Texte nicht frei formulieren, sondern vorgegebene Vorstellungen und Denkmuster gradlinig oder durch eigene, neue Aussageintentionen gebrochen rezipieren".

für, worauf der Verfasser anspielt. Können in einem Text auf diese Weise traditionsgeschichtliche Bezüge hergestellt werden, so bleibt weiter zu fragen, warum der Verfasser auf Bekanntes zurückgreift und wie er es für seine Verkündigung nutzbar macht. Damit wird sowohl das Profil der Verkündigung des Verfassers als auch die geistige Welt, in der er und seine Hörer leben, anschaulich und lebendig. "Die Untersuchung eines alttestamentlichen Textes im Zusammenhang mit den ihn prägenden Traditionen und Strömungen und deren spezifischen Denkbewegungen erlaubt es dem Exegeten zusammen mit der formgeschichtlichen Fragestellung, den Text statt als geronnenes geistiges Gebilde als lebendigen geistigen Vorgang zu begreifen und die herangebrachten exegetischen Verstehensmodelle auch hinsichtlich der dem Text eigenen Denkmuster und Assoziationsfelder kritisch unter Kontrolle zu bringen"[12].

H. GESE sieht den Nutzen der traditionsgeschichtlichen Fragestellung für alttestamentliche Theologie in folgenden Punkten[13]: 1. Die Traditionsgeschichte ermöglicht es, die theologische Entwicklung, die zur Herausbildung des Kanons führte, darzustellen. 2. Sie macht den Charakter des Alten Testaments als "Zeugnis der Offenbarung und ihrer Geschichte"[14] deutlich. 3. Sie mahnt dazu, die Theologie des Alten Testaments aus dem Alten Testament selbst *historisch* zu erheben. 4. Sie zeigt auf, daß die die Geschichte durchziehenden Traditionen die Gotteserfahrung Israels in der Geschichte widerspiegelt[15].

Schon beim ersten Lesen des Hoseabuches fällt auf, daß die traditionsgeschichtlichen Bezüge über das ganze Buch verstreut sind. Es ist deshalb notwendig, die Anspielungen auf traditionelles Gut in ihrem jeweiligen Kontext zu analysieren.

---

12 ebd., 316.
13 H. GESE, Tradition und biblische Theologie, in: O.H. STECK (Hg.) BThSt 2, 87-111, bes. 91f.
14 ebd., 91.
15 vgl. dazu H. GESE, Erwägungen zur Einheit der biblischen Theologie, in : ders., VSZZ, 11-30; ders., Das biblische Schriftverständnis, in: ders. , ZBTh, 9-30.

Es muß gefragt werden, welche Traditionen Hosea aufnimmt, auf welche Vorlagen er zurückgreift und ob er sie in irgendeiner Weise verändert, verkürzt oder erweitert. Sehr entscheidend ist dabei die Frage nach ihrer Einbettung in den größeren Zusammenhang. Erst nachdem die Fragen nach ihrer Stellung im Kontext, ihrer hoseanischen oder nichthoseanischen Verfasserschaft sowie der möglichst genauen Analyse des Textabschnittes mit Sach-, Begriffs- und Zusammenhangsexegese beantwortet sind, kann nach ihrer Leistung im Kontext des Einzelabschnittes sowie des ganzen Hoseabuches gefragt werden. Darüber hinaus gilt es zu beachten, ob Texte aus dem Hoseabuch auf Grund inhaltlicher Gemeinsamkeiten durch die Verwendung gleicher Nomina, Verben, geprägter Wendungen sowie auffallender Bilder und Vergleiche einer bestimmten Tradition zugeordnet werden können.

Soweit es erforderlich ist, wird in den einzelnen Kapiteln der Untersuchung eine forschungsgeschichtliche Orientierung gegeben. Sie soll nicht nur zur Aufarbeitung der umfangreichen Literatur mit ihren konträren Standpunkten dienen, sondern vor allem ein erster Schritt auf dem Weg zur Klärung der eigenen Position sein. Im Mittelpunkt jedes Kapitels wird die ausführliche Exegese der Textabschnitte stehen, wobei die methodischen Schritte nicht unvermittelt nebeneinander, sondern bei der Erklärung des Textes vollzogen werden. Die Auseinandersetzung mit dem Textabschnitt beginnt jeweils mit einer eigenen Übersetzung sowie textkritischen Anmerkungen. Bei Vorschlägen zur Textänderung wird es nicht möglich sein, auf alle bisherigen Arbeiten einzugehen. Es werden jeweils nur einige ausgewählte Kommentare genannt werden. Nach Abschluß der Exegese werden in einem Schlußabschnitt die wichtigsten Ergebnisse zusammengefaßt.

B. HAUPTTEIL
EXEGESE DER TEXTSTELLEN

B. HAUPTTEIL: EXEGESE DER TEXTSTELLEN

§ 1 DIE JAKOB-TRADITION IN HOS 12

I. Übersetzung von Hos 12,1-15 und textkritische Anmerkungen

1) Mit Lüge umgeben mich Ephraim
   und mit Trug das Haus Israel.
   Und Juda^a schweift noch umher mit Gott
   und macht sich fest an Heiligen^b.
2) Ephraim weidet Wind^c
   und jagt den ganzen Tag dem Ostwind nach,
   Lüge und Gewalttat^d mehrt es,
   und einen Bund schließen sie mit Assur,
   und Öl bringen sie nach Ägypten^e.
3) Einen Rechtsstreit^f führt Jahwe mit Juda,
   um Jakob zu strafen nach seinem Wandel,
   er vergilt ihm nach seinen Taten.
4) Im Mutterleib hielt er die Ferse^g seines Bruders
   und mit seiner Kraft stritt er mit Gott.
5) Und er stritt^h mit einem Engel^i und siegte.
   Er weinte^j und flehte ihn an,
   in Bethel fand er ihn,
   dort redete er mit ihm^k.
6) Und Jahwe ist der Gott der Heerscharen,
   Jahwe ist sein Rufname.
7) Du sollst zu deinem Gott^l zurückkehren,
   bewahre Güte und Recht
   und hoffe beständig auf deinen Gott.
8) Kanaan: in seiner Hand ist falsche Waage,
   zu übervorteilen^m liebt er.
9) Und Ephraim sprach: "Ich bin doch reich,
   ich habe mir Reichtum erworben".

All mein Vermögen wird mir keine Schuld bringen,
die Sünde wäre[n].

10) Ich bin Jahwe, dein Gott, vom Land Ägypten her,
noch einmal will ich dich in Zelten wohnen lassen
wie in den Tagen der Zusammenkunft.

11) Ich redete[o] zu den Propheten[p],
ich gab häufig Gesichte
und trug durch die Hand der Propheten Gleichnisse vor.

12) Wenn Gilead Frevel[q] ist,
dann sind sie gewiß nichtig geworden.
In Gilgal opferten sie Rinder[r],
auch wurden ihre Altäre wie Steinhaufen
an den Ackerfurchen.

13) Und Jakob floh ins Gebiet von Aram
und Israel diente um eine Frau,
um eine Frau hütete er.

14) Durch einen Propheten ließ Jahwe Israel aus Ägypten
heraufführen,
und durch einen Propheten wurde es behütet.

15) Ephraim kränkte bitterlich,
sein Blut wird über ihn kommen,
sein Zorn wird sein Herr ihm vergelten.

a LXX zieht καὶ Ιουδα (ויהודה) im Gegensatz zu MT noch zu οἶκος Ισραηλ (V.1a); auffallend ist, daß LXX, V und T "Juda" lesen.

b W. RUDOLPH, KAT XIII/1, 221, liest statt עִם־אֵל in V.1bα מְעַל und in V.1bβ וְעָם קָשֵׁי מֵאֵן אָז; den gleichen Konjekturvorschlag gibt auch INA WILLI-PLEIN, Vorformen der Schriftexegese, 208; schwierig bleibt bei diesen Konjekturen die Erklärung des Verschwindens von א und der Vertauschung von מ und ע bei עָם־אֵל sowie die erhebliche Abweichung von MT in V.1bβ; עַם קָשֶׁה verwendet Hosea nie. Trotz der starken Abweichung in LXX (νῦν ἔγνω αὐτοὺς ὁ θεός, καὶ λαὸς ἅγιος κεκλήσεται θεῷ) sollte man an MT festhalten; zudem spricht der klare Aufbau von V.1bα und V.1bβ durch den Parallelismus membrorum für MT.

c LXX liest רָעָה רוּחַ statt רֹעֶה רוּחַ; πονηρὸν πνεῦμα ist ein
   gutes Beispiel für den engen Anschluß des Übersetzers des
   Zwölfprophetenbuches an MT, denn er scheut sich nicht davor, ganz ungriechisch klingende Wortstellungen aufzuneh-
   men (vgl. J. ZIEGLER, Duodecim prophetae, 123).

d Nach F. DIEDRICH, Die Anspielungen auf die Jakob-Tradition,
   27f, läßt die LXX-Version (μάταια) auf eine Vorlage
   schließen, die שָׁו statt שֹׁד/שׁוֹד las; vielleicht lag hier
   eine Verwechslung von ו und ד vor; כָּזָב stammt ebenfalls
   aus dem Wortbereich "Lügen", was zu שָׁו besonders gut paßt;
   DIEDRICH liest deshalb שָׁוְא; so auch RUDOLPH, KAT XIII/1,
   221; dagegen ist zu sagen, daß Hosea שֹׁד durchaus kennt
   und gebraucht (7,13; 9,6; 10,14).

e l יַרְבֶּה (so BHS): möglicherweise liegt hier eine Haplographie zu V.3a vor; der Beginn eines Satzes oder Abschnittes durch רִיב hat in der Regel kein ו vor sich
   (Ausnahmen: Jes 1,23; Ps 55,10; Hi 29,16). Für diese
   Lesart spricht auch der Parallelismus membrorum.

f l רִיב; vgl. BHS und Anm. e.

g Vgl. Gen 25,26; LXX: ἐπτέρνισεν ; V: supplantavit; T um-
   schreibt: נְבִיָּא אֲמַר לְהוֹד הֲלָא יַעֲקֹב עַד דְּלָא אִתְיְלִיד אָמִיר
   דִּיסְגֵּי מָן אֲחוּהִי

h l וַיָּשַׂר von שׂרה "streiten"; H.W. WOLFF, BK XIV/1, 261f
   und DIEDRICH, Die Anspielungen auf die Jakob-Tradition,
   37 lesen וַיָּשַׂר von שׂרר "herrschen"; so auch L. RUPPERT,
   Bib. 52 (1971), 492; J. JEREMIAS, ATD 24/1, 153.

i Als Glosse wird מלאך von DIEDRICH, Die Anspielungen auf
   die Jakob-Tradition, 37; WOLFF, BK XIV/1, 267f und
   RUDOLPH, KAT XIII/1, 222 aus dem Text entfernt; sie sollte
   das Geschehen im Blick auf Gen 32,24-33 näher deuten; nach
   WOLFF bleibt es unverständlich, warum statt "Gott" ein
   "Engel" Gegner sein sollte; LXX und V lesen מלאך .

j DIEDRICH, Die Anspielungen auf die Jakob-Tradition, 37-39
   liest בְּכֹחוֹ "in seiner Macht" statt בָּכָה , weil es besser
   zum Verb יָכֹל und besser zu אוֹן in V. 4b paßt; die gut

bezeugte Textüberlieferung an dieser Stelle (LXX,V) spricht jedoch gegen diesen Vorschlag.

k   1 c LXX, S עִמּוֹ (so auch WOLFF, BK XIV/1, 268; RUDOLPH, KAT XIII/1, 222; ROBINSON, HAT, 46; A. WEISER, ATD 24, 89); עִמּוֹ ist gegenüber עִמָּנוּ wohl ursprünglich; vielleicht bringt die 1. Pers. Pl. com. ein "aktualisierendes Sicheinbeziehen der den Text lesenden Gemeinde" (INA WILLI-PLEIN, Vorformen der Schriftexegese, 212) zum Ausdruck.

l   ROBINSON, HAT 14, 46 liest בְּאָהֳלֶיךָ statt בֶּאֱלֹהֶיךָ (so auch der Vorschlag der BHS); LXX, V sprechen jedoch gegen diese Lesart.

m   Auf Grund der gut bezeugten Textüberlieferung (LXX,V) ist es nicht notwendig לְיַעֲקֹב (so ROBINSON, HAT 14, 46) oder לְיַעֲקֹב (so u.a. WEISER, ATD 24, 89 und DIEDRICH, Die Anspielungen auf die Jakob-Tradition, 42f) zu lesen.

n   Sehr viele Ausleger lesen im Anschluß an LXX: גְּדוּדַיִךְ מְצָאָא לוֹ עַל עֲוֹן קָתָא... (u.a. ROBINSON, HAT 14, 46; WEISER, ATD 24, 90; DIEDRICH, Die Anspielungen auf die Jakob-Tradition, 43f); damit wird bereits V.9b zu einer Jahwerede; V.10 jedoch zeigt deutlich, daß erst hier (ואנכי יהוה) die Rede Jahwes beginnt (vgl. WOLFF, BK XIV/1, 268 ; RUDOLPH, KAT XIII/1, 222f).

o   Die Wendung דִּבֶּר עַל findet sich auch in Hos 2,16; 7,13, weshalb eine Umänderung in אֶל (so ROBINSON, HAT 14,46; WEISER, ATD 24, 90; DIEDRICH, Die Anspielungen auf die Jakob-Tradition, 45) nicht notwendig ist.

p   Das Auslassen des Artikels bei הנביאים(V.11) in LXX ist charakteristisch für ihre Übersetzung des Zwölfprophetenbuches (vgl. ZIEGLER, Duodecim prophetae, 131).

q   DIEDRICH, Die Anspielungen auf die Jakob-Tradition, 47.398 fügt vor אָוֶן das Nomen פֹּעֲלֵי ein, weil sich diese Wendung auch in Hos 6,8 findet und sich deshalb auch hier nahelegt.

r   LXX liest שָׂרִים (ἄρχοντες) statt שְׁוָרִים .

Die Jakob-Tradition in Hos 12

II. Aufbau und Einheit von Hos 12

1. Aufbau

Hos 12 zählt zu dem von 4,1 - 14,10 reichenden großen Abschnitt, der durch eine lose Aneinanderreihung von Sprüchen und Gedichten gekennzeichnet ist. Einen Unterabschnitt bilden dabei die Kapitel 9,10 - 14,10, denn sie enthalten in erster Linie Gedichte, die in einem geschichtlichen Rückblick Israels Sündhaftigkeit und seine Vergangenheit einander gegenüberstellen[1]. Hos 12 geht in 11,1-11 eine Schelt- und Drohrede voraus, die Israels Undankbarkeit gegen Jahwe anklagt, zugleich aber göttliches Erbarmen verheißt. Der Abschluß in 11,11 mit נאם־יהוה zeigt deutlich, daß mit 12,1ff ein neuer Abschnitt einsetzt[2]. Es folgt auf Hos 12 in 13,1-15 wiederum eine Droh- und Scheltrede, die Ephraims Götzendienst sowie Jahwes Zorn und Enttäuschung darüber beklagt.

Das Thema von Hos 12 begegnet bereits im ersten Abschnitt V.1-2, in dem es um die totale Verdorbenheit Ephraims und Judas im Umgang mit sich selbst, mit dem Propheten und mit Gott geht. V.1a gibt mit כחש[3] und מרמה[4] die Hauptanklagepunkte gegen Israel an, V.1b steigert dies noch, denn er wirft Juda einen leichtfertigen, leider nicht näher zu charakterisierenden Umgang mit Gott vor. Daß Juda hier in einem negativen Licht erscheint, wird u.a. von WOLFF und GRACE I. EMMERSON bestritten[5]. Hos 5,5.10.12.14 zeigen jedoch, daß

---

1 O. EISSFELDT, Einleitung in das Alte Testament, 519ff.527.
2 Auf die Spannungen zwischen 11,11 und 12,1ff hat besonders F. DIEDRICH, Die Anspielungen auf die Jakob-Tradition, 98ff.162 aufmerksam gemacht.
3 Hos 7,3; 10,13.
4 Hos 12,8.
5 WOLFF, BK XIV/1, 272. GRACE I. EMMERSON, Hosea, 115, versteht V.1a und V.1b als synonymen Parallelismus: "The conclusion to which I come, therefore, is that in its present form the saying expresses approval of Judah in contrast to the accusation levelled against the northern kingdom in V.1a".

Juda durchaus als dem Gericht Gottes verfallen gesehen werden kann. Das Verb רדד begegnet zudem in einer negativen Bedeutung in Jer 2,31, wo Gott Israel anklagt, weil es nicht auf seine Heilstaten achtet. Ps 55,3, wo רדד ebenfalls begegnet, spricht auch für eine negative Sicht, unsicher bleibt jedoch Gen 27,40[6]. V.2 konkretisiert die Anklagepunkte gegen Ephraim. Ephraim weidet Wind (V.2aα), jagt dem Ostwind nach (V.2aβ), wobei als Steigerung כל-היום hinzugefügt ist, und es mehrt Lüge und Gewalttat (V.2aγ), was sich inhaltlich an כחש und מרמה in V.1a anschließt. In V.2bα wird ihm eine verfehlte Politik und in V.2bβ falscher Handel vorgeworfen[7].

In V.3-7 begegnet der zweite Abschnitt in Hos 12, der von Gottes Rechtsstreit mit Juda und Israel handelt. Das Ziel dieses Rechtsstreites (ריב) liegt nicht in der Strafe, sondern in der "Wiederherstellung gerechter und geordneter Verhältnisse"[8]. Ebenso wie in V.1 sollte hier schon allein auf Grund der Textüberlieferung יהודה (V.3) beibehalten werden[9]. Könnte nicht diese Lesart Zeugnis für die gesamtisraelitische Sicht Hoseas sein?[10]. Juda und Israel werden nach ihrem Wandel gerichtet[11]. In V.4-6 wird an Hand von Anspie-

---

6 CH.W. REINES, JJS 2 (1950-51), 157 schlug vor, das Verb רדד mit dem assyrischen Verb redû "folgen" in Verbindung zu bringen; אֵל ändert er um in אֶל und kommt so zu der Übersetzung "Juda folgte unaufhörlich den Göttern"; die Pluralform אֵלִים wurde deshalb in אֵל umgeändert, weil קְדוֹשִׁים als Plural majestatis verstanden wurde. So konnte leicht der Eindruck entstehen, als ob Juda in diesem Vers für seine Treue gelobt werde. "The meaning of the verse is then that since ancestral times the nation has continually adhered to the *elîm and qedoshîm*".
7 Nach D. McCARTHY, VT 14 (1964), 216-219 wurde Öl als ein übliches Element bei einem Vertragsschluß verwendet; er verweist auf außerbiblische Parallelen, wo die Idee von Öl und Bund in Beziehung gebracht werden: Hos 12,2bβ beschreibt also mehr als eine bloße Handelsangelegenheit, wenn nicht sogar einen Bundesschluß mit Ägypten; als Antwort auf die Studie McCARTHYS vgl. K. DELLER, Bib. 46 (1965), 349-352.
8 H.J. BOECKER, Redeformen des Rechtslebens im Alten Testament, 35.
9 "Israel" statt "Juda" lesen u.a. DIEDRICH, Die Anspielungen auf die Jakob-Tradition, 30; INA WILLI-PLEIN, Vorformen der Schriftexegese, 210; WOLFF, BK XIV/1, 273; KÜMPEL, Die Berufung Israels, 61; HOLLADAY, VT 16 (1966), 53; GOOD, VT 16 (1966), 139; WEISER, ATD 24, 89; ROBINSON, HAT 14, 46; GRACE I. EMMERSON, Hosea, 63-65.
10 Hos 5,9.12; 6,4; 9,10; 10,11; 12,1; 13,1.
11 Eine ähnliche Formulierung findet sich in Jer 32,19; Ez 18,30.

lungen aus der Jakobgeschichte Israels schuldhaftes Verhalten beleuchtet. Der Abschnitt endet in V.7 mit einem Aufruf zur Umkehr, zur Rechtschaffenheit[12] und zum Gottvertrauen.

Der 3. Abschnitt in V.8f konkretisiert die Schuld Ephraims: es betrügt (V.7) und prahlt voller Selbstgerechtigkeit mit seinem Reichtum (V.9)[13]. Mit מרמה in V.8 wird auf V.1 zurückgegriffen und der Hauptanklagepunkt gegen Israel wiederholt und bekräftigt.

Die mit der Selbstvorstellungsformel eingeleitete Gottesrede bildet mit V.10f den 4. Abschnitt. Gott redet selbst, er kündigt an, daß er Ephraim wie in den Tagen der Vorzeit[14] in Zelten wohnen lassen werde (V.10), und er verweist auf seine Offenbarungen an die Propheten (V.11). Letzteres wird durch den dreifachen synonymen Parallelismus membrorum und das zweimal vorkommende הנביאים besonders betont.

V.12, der durchaus als eigener kleiner Abschnitt angesehen werden kann, hebt noch einmal die Schuld Israels hervor: sie opferten in Gilgal Rinder und ihre Altäre wurden so zahlreich wie Steinhaufen an den Ackerfurchen.

In unmittelbarem Anschluß folgt der 6. Abschnitt mit V.13f, der ebenso wie V.4-6 die Geschichte Israels mit der Gegenwart in Beziehung setzt. Jakobs Dienst um eine Frau und Gottes Herausführung Israels durch einen Propheten (vgl. V.11) aus Ägypten und seine gnädige Bewahrung lassen den Frevel des gegenwärtigen Israel in einem um so grelleren Licht erscheinen.

Der 7. Abschnitt V.15 faßt Israels Schuld zusammen, um ihm ein Gericht anzukündigen. Mit dem Namen "Ephraim" wird auf V.1 Rückbezug genommen und somit das Kapitel als Einheit abgeschlossen.

Die Schilderung der Verdorbenheit Ephraims, wobei Juda nicht ausgeschlossen wird, nimmt in Hos 12 den größten Raum

---

12 Zu חסד ומשפט vgl. noch Hos 2,21; 6,4f.
13 Zu מאזני מרמה vgl. noch Am 8,5; Prov 11,1; 20,23.
14 Unsicher bleibt die genaue Bedeutung von כימי מועד ; WOLFF, BK XIV/1, 278f möchte in מועד einfach den Festtermin sehen; auch an Jahwes erste Begegnung mit Israel in der Wüste kann man denken; nach RUDOLPH, KAT XIII/1, 234f ist hier nicht sicher, ob ein Wüstenaufenthalt angedroht wird.

ein, sie begegnet in den Abschnitten I (V.1-2), III(V.8-9), V(V.12). In den Abschnitten II (V.3-7) und VI (V.13-14) wird Gottes Verhalten beschrieben, wobei jeweils auf verschiedene Erzählungen der Jakobsgeschichte[15] Bezug genommen wird. Die Gottesrede in Abschnitt IV (V.10-11) läßt durch den Hinweis auf Gottes Zuwendung in seinen Offenbarungen die Schuld Israels um so stärker hervortreten. Die Ankündigung des Gerichts in Abschnitt VII (V.15) zeigt die Konsequenz aus Israels Fehlverhalten.

2.   Einheit

Da der Aufbau von Hos 12 nicht leicht zu durchschauen ist, ergeben sich in der Literatur nicht nur im Hinblick auf die Gliederung[16], sondern auch im Hinblick auf die Frage nach der Einheit erhebliche Unterschiede. So geht etwa W. RUDOLPH davon aus, daß V.11f den Anschluß von V.13 an V.7 stören, da sie mit der Jakobsgeschichte nichts zu tun haben. Weil nach RUDOLPH V.11f das in V.14 angeschlagene Thema "Prophet" fortführen, stellt er V.11f hinter V.13f. Er sieht deshalb in Kapitel 12 zwei sachlich, aber zeitlich nicht zusammengehörige Abschnitte vor sich: a) V.1-7.13f.11f.15 b) V.8-18. V.8-10 seien deshalb als "Eindringling" anzusehen, weil sie nicht nach, sondern in die friedliche Regierungszeit Jerobeams II. fallen[17].

J. VOLLMER geht von der Nichtursprünglichkeit der Verse 5-7.11.13-14 aus. V.5 passe schlecht zum Vorhergehenden, denn die schroffe Kritik an Jakob werde gemildert[18]. Ähnlich argumentiert er auch für V.6f, denn es sei schwer vorstellbar, daß der Rückblick auf die Jakobgeschichte, der so vernichtend begann, mit dem Mahnwort V.7 enden solle. "Daß Jahwe einst mit

---

15 Vgl. dazu oben S. 35 ff.
16 Eine gute Übersicht über die verschiedenen Vorschläge zur Gliederung des Kapitels gibt DIEDRICH, Die Anspielungen auf die Jakob-Tradition, 544f.
17 W. RUDOLPH, KAT XIII/1, 224f.
18 J. VOLLMER, Geschichtliche Rückblicke, 106f.

Jakob in Bethel redete, kann doch jetzt nicht Israel zur Last
gelegt werden"[19]. Als stilistische Gründe führt er an, daß
שמר mit den Objekten משפט und חסד sich erst vom Deuteronomium an finde, ebenso begegne קָוָה אֶל-,auf Jahwe gerichtet
erst in jüngeren Texten[20]. Weil V.11 auf die Wirksamkeit der
Propheten zurückblicke, sei er schon von daher schlecht bei
Hosea denkbar[21]. In bezug auf V.13f argumentiert er ähnlich
wie W. RUDOLPH. Er fügt hinzu, daß das zweimalige בנביא
und באשה zu dem sonstigen Sprachreichtum Hoseas nicht passe[22]. Für INA WILLI-PLEIN gehören ebenfalls die Verse 7.13f
nicht zum ursprünglichen Hoseawort, sondern versuchen, dieses in Bezugnahme auf den Pentateuch auszulegen. Mit diesen
Versen werde Israel als Volk mit Jakob im Sinn der "corporate
personality" gleichgesetzt. Für eine späte Entstehung spreche
die offenbar literarische Bezugnahme auf die Genesiserzählung. "Die Verse bieten eben keinen logischen Gegensatz,
sondern einen Schluß a fortiori"[23]. DIEDRICH sieht in der
Jakob-Israel-Einheit (V.3-5.7.10.13) den Kern von Hos 12, um
den herum sich dann die übrigen "Kleinen Einheiten" gelegt
haben. Da diese "Kleinen Einheiten" miteinander keine Verbindung aufweisen und nichts auf einen ihnen gemeinsamen Ursprung hindeutet, "ist die Annahme, daß die Jakob-Israel-
Einheit dieser "Kleinen Einheiten" wegen auseinandergerissen
und zwischen diese gestellt wurde, recht unwahrscheinlich"[24].

Es ist richtig, daß V.4-7.13 durch ihren Bezug auf die
Jakoberzählung inhaltlich zusammengehören; dies berechtigt
aber noch nicht, sie aus ihrer jetzigen Stellung innerhalb
des Kapitels zu lösen, um sie als Einheit darstellen zu können. So spricht etwa der durch das Stichwort שדה (V.12b.
13a) gegebene unmittelbare Anschluß von V.13 an V.12 gegen
die Umstellung von V.13 hinter V.7. Gegen die Stellung von
V.11f hinter V.13f spricht die Form der Gottesrede in der
1. Person, die zu V.10 besser paßt als zu V.13f.

---

19 ebd., 107.
20 ebd., 107f.
21 ebd., 109.
22 ebd., 110.
23 INA WILLI-PLEIN, Vorformen der Schriftexegese, 215.
24 DIEDRICH, Die Anspielungen auf die Jakob-Tradition, 185.

Kurzschlüssig ist die Argumentation von VOLLMER, nach der stilistische Gründe gegen die Ursprünglichkeit von V.6f sprechen. Er sieht offenbar die einmalige Nennung eines Begriffes oder einer Vorstellung bei Hosea als unecht an. Es könnte doch demgegenüber auch so sein, daß Hosea hier Begriffe zum ersten Mal explizit aufnimmt oder selbst prägt. So begegnen חסד ומשפט (V.7) auch sonst bei Hosea (2,21; 6,4f)[25]. Man sollte deshalb bei möglichen Umstellungen oder Ausscheidungen von Versen in Hos 12 vorsichtig sein. Lediglich bei V.6 dürfte ein sekundärer Einschub vorliegen, dessen Aufgabe darin lag, deutlich zu machen, daß *Jahwe Zebaoth* der Gott war, der in Bethel mit Jakob geredet hatte. Es ist durchaus möglich, daß der Redaktor dabei an Gen 28,13; Ex 3,15 dachte. WOLFF sieht in V.6 einen doxologischen Einschub, wie sie sich besonders im Amosbuch finden[26].

Die Untersuchung des Aufbaus von Hos 12 und die Frage nach seiner Einheit zeigen, daß die Verse dieses Kapitels nicht ohne weiteres auseinandergerissen werden dürfen. Das bedeutet für die Beurteilung und Einschätzung der Jakob-Tradition, daß sie nicht zu einem Block innerhalb des Kapitels zusammengefaßt werden darf; es ist vielmehr notwendig, die Anspielungen auf Jakob zunächst im Zusammenhang ihrer Stellung innerhalb der einzelnen Abschnitte zu sehen und zu beurteilen. Erst dann wird es möglich sein, ihre Funktion innerhalb des ganzen Kapitels zu beurteilen.

---

[25] Zur Kritik an den literarkritischen Überlegungen von VOLLMER und INA WILLI-PLEIN siehe R. KÜMPEL, Die Berufung Israels, 62f.

[26] BK XIV/1, 276f; Am 4,13b; 9,5f; daß es sich im Amosbuch um die gleiche Redaktion wie im Hoseabuch handelt, bestreitet er jedoch, denn bei Amos fehlt entweder אֱלֹהֵי oder צְבָאוֹת bleibt indeterminiert; bei Amos steht am Schluß שְׁמוֹ , bei Hosea זִכְרוֹ ; für einen sekundären Einschub sehen V.6 an: DIEDRICH, Die Anspielungen auf die Jakob-Tradition, 357f; INA WILLI-PLEIN, Vorformen der Schriftexegese, 213; VOLLMER, Geschichtliche Rückblicke, 107; KÜMPEL, Die Berufung Israels, 61.220 (Anm.197); J. WELLHAUSEN, Die Kleinen Propheten, 129; für hoseanisch sieht RUDOLPH, KAT XIII/1, 229f V.6 an.

III. Die Beurteilung der Jakob-Tradition in Hos 12 in der Forschung seit 1860

Vor der genaueren Untersuchung der Jakob-Tradition soll zunächst die bisherige Forschungsarbeit an Hos 12 zusammengefaßt werden. Dies ist aus folgenden Gründen notwendig: zum einen läßt es die große Zahl der Veröffentlichungen zu Hos 12 - besonders seit den letzten zwanzig Jahren - für wünschenswert erscheinen, sie einmal in einem Überblick darzustellen, um eine Zwischenbilanz ziehen zu können und ihre Ergebnisse für die eigene Exegese nutzbar zu machen. Zum anderen zeigen die Veröffentlichungen zu diesem Thema, wie erschreckend groß die Spannweite in der Beurteilung der Jakob-Tradition ist. Nicht zuletzt dient der Gang durch die Forschungsgeschichte der Klärung der eigenen Position.

1. Die positive Beurteilung der Jakob-Tradition in Hos 12

Zu einer positiven Beurteilung der Jakob-Tradition kommen drei Kommentare aus dem letzten Drittel des 19. Jahrhunderts. So sieht H. EWALD[27] sowohl in Hos 12,4 als auch in 12,5 eine positive Bewertung Jakobs durch Hosea. V.4a bezeichnet nicht die List wie Gen 27,36, sondern "im guten sinne den wetteifer"[28]. V.5 zeigt, daß Jakob sich nicht mit Trotz, sondern mit Weinen und Flehen Gottes Segen erkämpft[29]. V.13-15 stehen für Gottes Fürsorge gerade in Gefahren. "... Jaqob in großer noth nach Mesopotamien geflohen ward auch als dienender hirt herrlich geleitet, Israel durch Mose aus Aegypten erlöst und in der wüste erhalten..."[30]. Im krassen Gegensatz dazu steht das jetzige Israel, das "seinen fürsorger schmählich verläßt"[31].

---

27 H. EWALD, Die Propheten des Alten Bundes, 1867.
28 ebd., 241.
29 ebd., 241.
30 ebd., 242.
31 ebd., 242.

Zu der gleichen Beurteilung kommen auch F. HITZIG/H. STEINER: "Jakob hat mit Eifer, mit Mühe und Anstrengung seine bevorzugte Stellung errungen; hat den ihm ertheilten göttlichen Segen schwer erkämpft"[32]. Diesem idealen Vorbild stellt Hosea das Benehmen der Nachfolger gegenüber. Die Auffassung, daß Hosea in Jakob vor allem ein Vorbild für Israel sieht, teilen nicht nur H. EWALD und F. HITZIG/H. STEINER, sondern auch C.F. KEIL. "Als Nachkommen Jakobs sollten die Israeliten dem Vorbilde ihres Stammvaters nachstreben. Sein Ringen um die Erstgeburt und sein Kampf mit Gott, in welchem er durch Gebet und Flehen siegte, sind Vorbilder und Unterpfänder des Heils für die Stämme Israels, die seinen Namen führen"[33]. In der Beurteilung von V.5b weicht KEIL jedoch von EWALD und HITZIG/STEINER ab, denn er sieht das Subjekt zu יִמְצָאֶנּוּ nicht in Gott, sondern in Jakob. Jakob fand Gott in Bethel als Frucht des Gotteskampfes[34].

Auch nach der Meinung von E. BEER greift Hosea deshalb auf Jakob zurück, um ihn dem Volk als Vorbild vor Augen zu stellen, obwohl er seinen Bruder betrogen hat und damit Schuld auf sich geladen hat. Aber gerade angesichts seiner Schuld wendet sich Jakob an den wahren und einzigen Retter. Hoseas Zuhörer dagegen handeln ganz anders. "Auch seine Zuhörer haben Schuld auf sich geladen; aber in ihrer Not wenden sie sich an Assur und Aegypten - nicht reuig zu Gott"[35]. "Der Prophet will ... die Hörer tadeln, daß sie sich nicht in ihrer Not reuig an den gewandt hätten, zu dem ihr Erzvater sich flüchtete"[36]. BEER begründet diese Sicht der Jakob-Tradition vor allem mit V.5aß, den Hosea im Gegensatz zu Gen 32 selbst gestaltet habe. "Was aber ein Erzähler einer uralten Geschichte hinzufügt, ist ihm bekanntlich die Hauptsache"[37].

---

[32] F. HITZIG/H. STEINER, Die zwölf kleinen Propheten, [4]1881,57.
[33] C.F. KEIL, Biblischer Commentar, [3]1888, 104.
[34] ebd., 105; anders EWALD, Die Propheten des Alten Bundes, 238 und HITZIG/STEINER, Die zwölf kleinen Propheten, 57f.
[35] E. BEER, ZAW 13 (1893), 284.
[36] ebd., 285; vgl. auch 287; BEER übersetzt anders als EWALD, HITZIG/STEINER und KEIL עקב in V.4 mit "betrügen".
[37] ebd., 282.

So geht es auch Hosea. "Er will durch den Zusatz (sc. V.5aß) vorzüglich seine Zeitgenossen erinnern, wie einst ihr Ahn unter Thränen zu Gott um Gnade flehte"[38]. Weil die Israeliten anders als ihr Vater Jakob gehandelt haben, werden sie auch anderes von Gott bekommen. Jakob "ist in seinen Nachkommen aus dem Exil befreit, sie müssen dorthin zurück"[39].

Der Kommentar von A. van HOONACKER sieht in Kapitel 12 ein Lob Jakobs. "... mais il est évident que le ton et la teneur de ces versets (sc. V.4-7) respirent la louange de Jacob"[40]. Er verweist auf Jakobs Kampf, sein Gebet und sein Flehen zu Gott. Obwohl V.4-7 und 13-14 eine Einheit bilden, ist es schwer, sie als Interpolationen zu verstehen, denn was hätte der Sinn dieser Interpolationen sein sollen? Er glaubt, Hosea selbst habe diese Abschnitte eingetragen und habe sie aus der populären Literatur übernommen. "*Osée fait parler le peuple, en citant des extraits de quelque poésie populaire qui exaltait la gloire d'Israël*"[41].

Der Blick auf die katholische exegetische Arbeit an Hos 12 in der ersten Hälfte dieses Jahrhunderts zeigt, daß sie Jakob vorwiegend als Vorbild sieht. Sie entspricht insofern der oben referierten Sicht der protestantischen Exegese Ende des 19. Jahrhunderts. So greift nach J. LIPPL Hosea deshalb auf Jakob zurück, um das gegenwärtige Israel zu ermahnen, wie Jakob an Jahwe festzuhalten. Weil Jakob nach dem Segen Gottes strebte, wird er für seine Zeitgenossen zum nachahmenswerten Vorbild. Jakob forderte den Segen und erhielt ihn auch[42]. Die gleiche Beurteilung der Jakob-Tradition wie bei J. LIPPL findet sich bei M. SCHUMPP[43].

Eine positive Beurteilung der Jakob-Tradition findet sich

---

38 ebd., 282f.
39 ebd., 292.
40 A.van HOONACKER, Les douze petits prophètes, 1908, 112.
41 ebd., 112.
42 J. LIPPL/J. THEIS, Die zwölf kleinen Propheten, 1937, 73-75.
43 M. SCHUMPP, Das Buch der Zwölf Propheten, 1950, 57-59; ähnlich F. NÖTSCHER, Zwölfprophetenbuch, ^{2}1954, 33f: "Der Stammvater Jakob repräsentiert das Volk in seinen Schwächen aber auch in seinen Vorzügen; nur in diesen sollte er den Nachkommen Vorbild sein". - anders: P. RIESSLER, Die kleinen Propheten, 1911, 53.

in neuerer Zeit bei P. ACKROYD[44]. Nach ihm weisen die alttestamentlichen Belege eindeutig auf eine positive Sicht des Patriarchen. Hoseas Polemik gegen Bethel darf nicht so verstanden werden, als ob dort eine fremde Gottheit angebetet werden würde. Vielmehr soll damit ausgesagt werden, daß Israel den Bezug zur Realität Gottes verloren hat[45]. Auf diesem Grundgedanken baut ACKROYD seine Interpretation von Hos 12 auf. Daß Jakob die Vorherrschaft über seinen Bruder Esau gewann, darf nicht als Betrug, sondern muß als Gottes Plan gewertet werden. Daß Esau sein Erstgeburtsrecht verkauft, spiegelt den gleichen Sachverhalt in einer anderen Form wieder. "The tradition itself is quite clear. Success is divinely ordained, and must be seen as the mark of divine favour"[46]. Er wendet sich vor allem gegen eine zu einfache Analyse der Jakobgeschichten. Zweifellos enthalten sie das Element der Freude an der Gerissenheit und Schlauheit Jakobs, aber hinter diesen Geschichten steckt doch mehr.

2. Die negative Beurteilung der Jakob-Tradition in Hos 12

Zu einer durchweg negativen Beurteilung der Jakob-Tradition in Hos 12 kommt J. WELLHAUSEN[47]. Vor allem V.5-7 begegnet er voller Mißtrauen. "Ich hege Verdacht gegen 5-7"[48]. Jahwe stelle sich in V.6 in Wahrheit nicht vor, in V.7 sei Jakob im Begriff nach Norden zu gehen, nach Aram, in V.5 komme er von Norden, von Pniel. V.11f sind nach WELLHAUSEN "hier offenbar deplacirt; auch unter sich haben sie keine Verbindung"[49]. Das Verb עקב in V.4a übersetzt er mit "betrügen"[50], was auf eine negative Einschätzung der Jakob-Tradition hindeutet, die durch seine Bemerkung zu V.5 noch bestärkt wird. "In

---
44 VT 13 (1963), 245-259.
45 ebd., 257.
46 ebd., 258.
47 J. WELLHAUSEN, Die Kleinen Propheten, 128-130.
48 ebd., 129.
49 ebd., 130.
50 ebd., 18f.

welcher Absicht hier so kurz und flüchtig einige Epochen aus dem Leben Jakobs vorgeführt werden, läßt sich nicht erraten"[51].

Diese negative Einschätzung der Jakob-Tradition findet ihre Fortsetzung in den zwischen 1900 und 1920 erschienenen Kommentaren von K. MARTI[52], W. NOWACK[53], O. PROKSCH[54], A.B. EHRLICH[55] und E. SELLIN[56]. In ihrer Sicht ist Jakob der Betrüger und Gottbekämpfer und eben darin das Urbild des Volkes. Eine Ausnahme bildet der Kommentar von C. von ORELLI, der עקב in V.4a mit "an der Ferse halten" übersetzt, was schwerlich tadelnd verstanden werden kann, denn es ist ein Rückblick auf den vielversprechenden Anfang[57].

Die englischsprachigen Kommentare beurteilen ebenso wie die meisten deutschsprachigen die Jakob-Tradition negativ. Stellvertretend für diese Sicht soll der Kommentar von W.R. HARPER stehen und seine Exegese von V.4, nach der die Schuld Ephraims in Jakobs Verfehlungen wurzelt. "The statement, therefore, is to be taken as an additional reproach, and as indicating that his deceptive character is inborn and ineradicable..."[58].

Der 1942 erschienene Aufsatz von Th.C. VRIEZEN[59] steht am

---

51 ebd., 129.
52 K. MARTI, Das Dodekapropheton, 1904, 94f.
53 W. NOWACK, Die kleinen Propheten, ³1922, 69f: "Israel ist durchaus seiner Natur treu geblieben: wie er einst den Bruder überlistete und mit der Gottheit kämpfte, so handhabt das Volk auch jetzt falsche Wage und liebt Gewalttätigkeit".
54 O. PROKSCH, Die kleinen Prophetischen Schriften vor dem Exil, 1910, 57: "Jakob ist freilich das Urbild seines Volkes, aber der wahre Jakob ist ein Betrüger und Gottbekämpfer. Von Natur ist er ganz ungeeignet, das Idealbild des Volkstums zu werden. Auch ging sein Trachten in seiner Jugend in irdischen und persönlichen Angelegenheiten auf..." Daß der Gottbekämpfer und Betrüger Jakob schließlich doch zu Gott umkehrt, betont PROKSCH ähnlich wie EWALD, HITZIG/STEINER und KEIL.
55 A.B. EHRLICH, Randglossen Bd. 5,203.
56 E. SELLIN, Zwölfprophetenbuch, ¹1922, 93-95.
57 C. von ORELLI, Die zwölf kleinen Propheten, ³1908, 36-38.
58 W.R. HARPER, A critical and exegetical commentary on Amos and Hosea, ⁵1960, 380; so auch G.A. SMITH, The Book of the Twelve Prophets, 1896, 301f; S.L. BROWN, The Book of Hosea, 1932, 106f - sehr vorsichtig gegenüber der negativen Beurteilung der Jakobsgestalt in Hos 12 sind dagegen F.I. ANDERSEN/D.N. FREEDMAN, Hosea, 1980, 593ff.
59 TH.C. VRIEZEN, in: Oudtestamentische Studien I, 64-78.

Beginn einer bis in die Gegenwart reichenden Reihe von bedeutenden Einzeluntersuchungen zu Hos 12. VRIEZEN sieht in Hos 12 einen Dialog zwischen Hosea und dem Volk. Er verteilt dabei die einzelnen Verse folgendermaßen an die Dialogpartner: Hosea: 1-4; Volk: 5aα; Hosea: 5aß; Volk: 5b.6; Hosea: 7; Volk: 8.9; Hosea 10-15. VRIEZEN zeigt sich überrascht über die Kritik Hoseas sowohl am Volk als auch an Jakob. "Tous les péchés qu'il a vus chez son peuple, il les voit de même chez l'ascendent"[60]. Hosea unterscheide sich stark von den Erzählungen der Genesis. Während der Genesiserzähler Jakobs Gerissenheit zeige, stelle Hosea Jakobs Hybris heraus. "Là, le narrateur se plaît à nous montrer la finesse de Jacob, qui, par son habileté, réussit à vaincre son frère et à surmonter toutes les difficultés. Le prophète regarde le revers de la médaille et attire notre attention sur l'imposture, l'*hybris* et la servilité du grand ancêtre"[61]. Nach einer ausführlichen Untersuchung von V.4f.13 kommt VRIEZEN zu dem Schluß, daß Hosea die Mehrzahl der Jakob-Tradition kannte, wobei man allerdings nicht den unmittelbaren Beweis erbringen kann, daß Hosea die gleiche Patriarchenüberlieferung kannte wie wir. Eines steht für VRIEZEN jedoch fest: Hosea kritisiert Jakob radikal. "Nulle part nous ne trouvons une pareille critique des traditions sacrées et d'un personnage aussi prépondérant de l'histoire sainte que le patriarche"[62]. Kritisch ist zu VRIEZEN anzumerken, daß bei ihm nicht recht deutlich wird, nach welchen Kriterien er die einzelnen Verse Hosea bzw. dem Volk zuordnet. Dieser Einteilung haftet etwas Willkürliches an.

Während VRIEZEN in Hos 12 einen Dialog zwischen dem Propheten und dem Volk sieht, ist für M. GERTNER dieses Kapitel ein frühes Beispiel eines "typological midrash"[63], bei dem jeder Vers seine Bedeutung habe und verfolgt werden müsse. Hier begegne eine Predigt, in der das Leben Jakobs und die

---

60 ebd., 67.
61 ebd., 67.
62 ebd., 77.
63 VT 10 (1960), 274.

Ereignisse beim Exodus aus Ägypten mit dem politischen Geschehen zur Zeit Hoseas und mit dem moralischen Verhalten seiner Zeitgenossen in Beziehung gesetzt werde. Sogar die Ordnung der Ereignisse sei als Midrasch gedeutet, denn hier begegne keine chronologische, sondern eine homiletische Ordnung, die sich ganz der Absicht des Predigers unterordne. "This is the reason why, for example, the event of Jacob's flight to Aram (vs. 13) is mentioned after the events which followed it chronologically"[64]. "We have here an old prophetic 'midrash', applying methods and techniques which were later to become the backbone of the rabbinic Midrash"[65]. Trotz der sorgfältigen Exegese von Hos 12 bleibt mit GOOD an GERTNER die Frage zu richten, ob es angemessen ist, dieses Kapitel anachronistisch als Midrasch anzusehen und es damit in der Sicht einer Entwicklung zu sehen, die erst einige Jahrhunderte später auftrat[66].

Für H.L. GINSBERG liegt der Schlüssel zum Verständnis von Hos 12 in den beiden Hauptanklagepunkten der Unehrenhaftigkeit und Torheit gegen Ephraim und Jakob. "For the key to the understanding of the whole of Hos 12,1-14 is the insight that it castigates both the nation and its progenitor not for one vice but for two, not only for dishonesty but also, and at greater length for unwisdom"[67]. Außerdem wende sich Hosea gegen den Kult des Engels El-beth-el, der auf den Patriarchen Jakob zurückgeführt wurde. GINSBERG vergleicht Hos 12,4b-5 mit Ex 32, denn in beiden geht es um Kultpolemik. "Exod 32... is evidently intended to discredit the calf symbolism of the northern kingdom just as Hos 12,4b-5 is intended to discredit the invocation of El-beth-el; and it does it by representing Aaron, the ancestor of Israel's priestly caste, as a man of somewhat feeble character ...

---
64 ebd., 275.
65 ebd., 284.
66 E.M. GOOD, VT 16 (1966), 138: "I should remark on this fascinating interpretation only that GERTNER seems to me to have gone too far in his multiple allusions, treating Hosea anachronistically as a midrashic commentator on the model of much later developments, rather than as a prophetic poet".
67 H.L. GINSBERG, JBL 80 (1961), 340.

just as Hos 12,4b-5 achieves its purpose by representing Jacob the ancestor of the nation, as rather soft in the head"[68].

Nach E. GOOD gebraucht Hosea die Jakob-Tradition, um auf die gegenwärtigen Ereignisse anzuspielen, wobei die Bedeutung im Fall von Jakob klar ist. "Jacob, for Hosea, is no example of the true knowledge of God, no father in genuine faith. The point at which Israel was chosen was the Exodus and the Wilderness, not the career of the rapscallion ancestor"[69].

Unbefriedigt über die bisherige exegetische Arbeit an Hos 12 zeigt sich R.B. COOTE, denn bei der bisherigen Betrachtung des Kapitels wurde zu sehr auf die Jakob-Tradition und zu wenig auf den übrigen Kontext geachtet. Aus diesem Grund liegt das Schwergewicht seiner Untersuchung auf der formalen Struktur von Hos 12, wobei ihn vor allem die Worterklärungen, die Alliterationen und die Vergleiche mit anderen Texten interessieren. Er ist davon überzeugt, daß der "wealth of reverberations with the rhetoric of Hosea himself, however promises to aid more in the interpretation of these verses than a strict comparison with Genesis"[70].

Der Gang durch die Forschung hatte gezeigt, daß die katholische Exegese der ersten Hälfte unseres Jahrhunderts zu einer positiven Einschätzung der Jakob-Tradition bei Hosea kam. Dieses Bild hat sich jedoch durch die Veröffentlichungen von L. RUPPERT und F. DIEDRICH geändert.

Nach L. RUPPERT liegt der Schlüssel der Jakobpassagen in der Prozeßeröffnung in 12,3. Jahwe möchte das Volk Israel zur Rechenschaft ziehen und ihm nach seinen Taten heimzahlen, die nicht eigentlich das Volk selbst, sondern sein Stammvater begangen hat. Dies hängt nach RUPPERT mit der semitischen Vorstellung der Korporativpersönlichkeit zusammen, Stammvater und Nachkommen bilden eine Einheit[71]. Jakob habe an seinem Bruder betrügerisch gehandelt und er habe sich so-

---

68 ebd., 345.
69 E. GOOD, VT 16 (1966), 151.
70 R.B. COOTE, VT 21 (1971), 393.
71 L. RUPPERT, Bib. 52 (1971), 493f.

gar vermessen in einen Streit mit Gott eingelassen. Er mußte deshalb in seine Schranken gewiesen werden, "um in seiner Armseligkeit vor Gott inne zu werden und ihn als Herrn anzuerkennen"[72]. Hosea diene die Jakobgeschichte als Aneinanderreihung von Taten der Hybris und von Verstößen gegen Solidarität und Recht, wodurch sie sich radikal von der jahwistischen Erzvätertradition unterscheide, die ganz unter dem Zeichen göttlichen Segens stehe[73].

Ähnlich urteilt auch F. DIEDRICH, der die bisher umfangreichste Untersuchung zu Hos 12 vorgelegt hat. Er sieht in diesem Kapitel einen konstruierten Bericht mit paränetischer Tendenz[74]. Es gehe hier nicht so sehr um einzelne Begebenheiten aus der Überlieferung über Jakob-Israel, "sondern um den Gegensatz zwischen dem geschilderten Anfang und dem dargestellten Endpunkt im Leben des Patriarchen"[75]. Aus der Gestalt des Jakob-Israel, der am Anfang gegen Gott kämpft, wird am Ende der von Jahwe Bewahrte und Behütete[76]. In diesem Sinn wird nach DIEDRICH Jakob zum Vorbild für den Hörer bzw. Leser.

Die Kommentare von W. RUDOLPH, H.W. WOLFF und J. JEREMIAS vertreten alle eine negative Jakobexegese. RUDOLPH geht dabei von V. 1-3 aus, in denen das aus Ephraim und Juda zusammengesetzte Jakobsvolk mit Strafe bedroht wird. Weil anschließend ohne Wechsel des Subjekts von Handlungen beider die Rede sei, könne Jakob hier unmöglich als Vorbild hingestellt werden. "Seine Erwähnung hat nur Sinn, wenn sie darauf hinausläuft, daß in dem heutigen Jakobsvolk die schlimme Art seines Ahnherrn zum Vorschein komme"[77]. Das negative Bild von Jakob findet sich nach RUDOLPH auch in Jer 9,3; Jes 43,2. Es sei dabei keineswegs anzunehmen, daß dieses Urteil über Jakob auf einer verlorengegangenen Sondertradition

---

72 ebd., 497.
73 ebd., 502.
74 Die Anspielungen auf die Jakob-Tradition, 332.
75 ebd., 335.
76 ebd., 291.
77 W. RUDOLPH, KAT XIII/1, 224; so auch ROBINSON, HAT 14, 47; A. WEISER, ATD 24, 90; J. VOLLMER, Geschichtliche Rückblicke, 114f.

fuße. Hosea kannte die Episoden aus Jakobs Leben schwerlich in einer anderen Form als wir heute.

Nach H.W. WOLFF und J. JEREMIAS müssen die Erinnerungen an die Frühgeschichte Israels in Hos 12 im Blick auf die Zukunft gesehen werden. "Diese vergangene Geschichte deckt Gegenwart und Zukunft deshalb auf, weil auch sie beherrscht war vom ergangenen Wort des Gottes Israels und weil sie Leben vor ihm war"[78]. Der Schritt in die Väterzeit zeige, daß den Anfängen der Heilsgeschichte in Ägypten und in der Wüste schon eine düstere Schandgeschichte vorausging. "Jakob wird wesentlich als Prototyp der schuldvollen Gegenwart Ephraims vorgestellt..."[79]. Jakobs Schuldgeschichte werde durch Jahwes Heilsgeschichte überholt. Das geht nach WOLFF aus dem Nacheinander der Erinnerungen an den Dienst Jakobs in Aram und an die Herausführung aus Ägypten in V.13f hervor[80].

Der Gang durch die Forschung an Hos 12 seit etwa 1860 zeigt, wie unterschiedlich die Jakob-Tradition beurteilt wird. Während die einen in Jakob das große Vorbild für Israel sehen, weil er beharrlich nach dem Segen Gottes strebt, sehen die anderen in ihm den Betrüger und Rebell gegen Gott, in dem der Lug und Trug Israels keimhaft vorgebildet ist. Die Spannweite der Interpretationsmöglichkeiten könnte nicht größer sein. Sie hat ihre Gründe in dem nicht leicht zu durchschauenden Aufbau des Kapitels, in unterschiedlichen literarkritischen Ergebnissen und in der verschiedenen Wertung der Jakob-Tradition, die wohl darin begründet ist, daß Hosea lediglich auf die Jakob-Tradition *anspielt*, sie jedoch nicht in größerem Umfang aufnimmt. Gerade dieser letzte Gesichtspunkt ist für Hoseas Sicht der Jakob-Tradition ent-

---

78 H.W. WOLFF, BK XIV/1, 283; J. JEREMIAS, ATD 24/1, 153: "Der Betrüger von Geburt an legt sich als Mann sogar mit Gott an; dem Bruderbetrug folgt die Rebellion gegen Gott. Für Hosea sind alle positiven Züge der alten Erzählungen über die zwielichtige Jakobsgestalt verbannt".
79 H.W. WOLFF, BK XIV/1, 283.
80 Wie RUDOLPH, WOLFF und JEREMIAS kommen zu einer negativen Beurteilung der Jakob-Tradition auch C. JEREMIAS, Die Erzväter in der Verkündigung der Propheten, in: FS W. ZIMMERLI zum 70. Geb., 206-222, bes. 210ff. und H. UTZSCHNEIDER, Hosea, 186ff.

scheidend. Dabei gilt es, folgende Fragen zu beachten: auf welche Jakobsgeschichten nimmt Hosea Bezug und welche läßt er unbeachtet? Wie und warum nimmt er sie in seine Verkündigung auf? Unter diesen beiden Leitfragen sollen nun die Anspielungen auf die Jakob-Tradition in Hos 12 näher untersucht werden.

IV. Die Anspielungen auf die Jakob-Tradition in Hos 12

Sie finden sich in V.4f.13 und beziehen sich auf Episoden aus dem Leben Jakobs, wie sie in den Genesiserzählungen berichtet werden.

1. Jakobs Geburt: Hos 12,4a - Gen 25,21-26a.27-34

Hosea bezieht sich hier auf die Geburt Jakobs, von der in Gen 25,19-34 berichtet wird. Der Zusammenhang von Hos 12,4a und Gen 25,19-34 soll durch einen Vergleich beider Texte gezeigt werden. Gen 25,19.20.26b wird zu P, Gen 25,21-26a.27-34 zu J gerechnet[81]. Da Hosea schwerlich die Priesterschrift schon kannte, können wir uns auf Gen 25,21-26a.27-34 beschränken. Im ersten Teil wird in V.21-26 von der Bitte Isaaks um Fruchtbarkeit für seine Frau (V.21a), von Rebekkas Schwangerschaft (V.21b) und der damit verbundenen Krise (V.22), von Gottes Verheißung (V.23) und ihrer Erfüllung (V.24) und von der Geburt Esaus (V.25) und Jakobs (V.26) berichtet. Im zweiten Teil in V.27-34 werden Esau und Jakob einander gegenübergestellt und ihre unterschiedlichen Charaktere und Lebensweisen eindrücklich geschildert. Während Esau ein Mann des Feldes und ein tüchtiger Jäger ist, wird uns Jakob als ein rechtschaffener Mann vor Augen geführt, der in

---

81 So nach M. NOTH, Überlieferungsgeschichte, 17.30.

Zelten wohnt. Auch die Familienbeziehungen mit der Parteinahme der Eltern werden uns nicht vorenthalten, denn Isaak liebt Esau mehr als Jakob, Rebekka dagegen liebt Jakob mehr als Esau (V.27f). Außerdem wird in diesem zweiten Teil von dem Verkauf der Erstgeburt durch das Linsengericht berichtet (V.29-34). Im Zentrum dieser Geschichte steht die Verheißung an Rebekka in V.23, nach der zwei Völker von ihr ausgehen werden[82], wobei ein Volksstamm den anderen überwältigen wird. Der Ältere wird dem Jüngeren dienen. Dieser Vers ist für das Verständnis der Geschichte von entscheidender Bedeutung, denn er macht deutlich, daß hinter den Ereignissen um die Erstgeburt *Gottes Plan* steht.

Eine negative Sicht Jakobs läßt sich aus dieser Geschichte nicht ableiten, Jakobs Bezeichnung als איש תם (V.27b) und sein Eingebundensein in Gottes Plan sprechen eindeutig dagegen. Deshalb kann bei dem Verkauf der Erstgeburt wohl nicht von einem Betrug gesprochen werden[83].

Vergleicht man nun Hos 12,4a mit Gen 25,21-26a.27-34, so fällt die Nähe zu V.26 auf. עקב in Hos 12,4a entspricht אחזת בעקב in Gen 25,26a und את־אחיו (Hos) entspricht עשו (Gen).

Hos 12,4a: עקב   Hos 12,4a: את־אחיו
⇓   ⇓
Gen 25,26a: אחזת בעקב   Gen 25,26a: עשו

בטן (Hos) kommt in Gen 25 in dem Gottesspruch V.23 und in V.24b vor. Der Unterschied zwischen Hosea und Gen besteht darin, daß sich Hosea auf Jakobs Festhalten der Ferse im Mutterleib bezieht, während die Genesisgeschichte diesen Hinweis auf die Geburt selbst bezieht.

Nach T. VRIEZEN ist es falsch, Hos 12,4a allein mit Gen 25 zu vergleichen, denn in Gen 27 sei die Verbindung mit Hos 12,4a und somit die negative Jakobinterpretation eindeutig vorgegeben. Er sieht deshalb Hos 12,4 als eine Verbindung

---

82 Hervorgehoben wird dies durch den synthetischen Parallelismus membrorum und die Form der Gottesrede; vgl. C. WESTERMANN, BK I/2, 495-507 (dort weitere Literatur).
83 G. von RAD, ATD 2-4, 212f.

von Gen 27,36 und der Geburtsgeschichte in Gen 25 an[84]. Es bleibt jedoch zu fragen, ob Hosea wirklich Gen 27 vor Augen hatte, denn außer dem Namen יעקב und dem Verb עקב (Gen 27,36) lassen sich keine weiteren Beziehungen zu Hosea herstellen. Vor allem aber ist der Bezug von Hos 12,4a zu Gen 25,26 offenkundiger und naheliegender als zu Gen 27.

Welche Schlußfolgerungen kann man aus diesem Vergleich ziehen? Der Rückbezug Hoseas auf Gen 25,26 macht es unumgänglich, עקב in Hos 12,4a mit "an der Ferse halten" zu übersetzen. Die Übersetzung "betrügen" ist wohl kaum im Sinne Hoseas. Wie sollte man sich einen solchen Betrug näher vorstellen? Wollte man wirklich von einem Betrug reden, so wäre er doch zumindest gescheitert, denn Esau - und nicht Jakob - wird als erster geboren. Die Übersetzung "betrügen" wird meist mit dem Hinweis auf Jer 9,3 gerechtfertigt, wo עקב in der Tat diese Bedeutung hat. Allerdings ist hier nicht von Jakob, dem Stammvater, die Rede, vielmehr ist das Subjekt zu עקב "jeder Bruder" (כל־אח). Vor dem Bruder und dem Nächsten wird in Jer 9,3 gewarnt. Die Person Jakob kommt bei Jeremia nicht vor, ist von "Jakob" die Rede, dann ist damit immer das Gottesvolk angesprochen[85].

Die Kennzeichnung der Auseinandersetzung zwischen Gott und Ephraim/Juda als ריב läßt die Übersetzung "an der Ferse halten" ebenfalls für wahrscheinlicher gelten als die Übersetzung "betrügen", denn ein ריב zielt auf die Wiederherstellung gerechter und geordneter Verhältnisse, auf einen heilvollen

---

84 VRIEZEN, Oudtestamentische Studien I (1942), 70: "Nous serons plus près de la vérité en considérant le עקב d'Osée XII 4 comme une synthèse des récits de Jacob et d'Esaü dans laquelle il combine le jeu de mots de Gen. XXVII 36 avec le récit de la naissance, pour faire sentir ainsi le péché primordial du patriarche. Le nom de Jacob lui rappelle seulement le verbe עקב, *tromper*".
85 Jer 2,4; 5,20; 10,16.25; 30,7.10.18; 31,7(6).11(10); 33,26; 46,27; 51,19; auch ACKROYD, VT 13 (1963), 254 warnt vor einer vorschnellen Verbindung zwischen Hosea und Jeremia, denn die Elemente aus der Jakob-Tradition, die bei Jeremia auftauchen (Erstgeburtsrecht/Segen), erscheinen bei Hosea nicht. "The difficulty here (sc. Jer 9,3) is that our judgement of this passage will inevitably in part be determined by our interpretation of the Hosea reference".

Zustand also[86].

Mit Wahrscheinlichkeit kann aus dem Vergleich auch die Schlußfolgerung gezogen werden, daß Hosea von der Zwillingschaft zwischen Esau und Jakob wußte. Darauf weist das Substantiv בטן. בטן erscheint außer in Gen 25,24 noch in der Verheißung Gottes an Rebekka (Gen 25,23). Ist es deshalb nicht möglich, daß Hosea die uns in Gen 25 überlieferte Geschichte in einer Form kannte, die die in V.23 erscheinende Verheißung enthielt? Wenn das zutrifft, muß Hosea die Geschichte von Jakobs und Esaus Geburt in einer Form gekannt haben, die der uns in Gen 25 überlieferten sehr nahe kommt, denn Hosea weiß von der Zwillingschaft zwischen Esau und Jakob und er weiß von einem Festhalten Jakobs an der Ferse Esaus. Beide Erzählungsmomente werden jedoch erst auf dem Hintergrund von Gottes Verheißung an Rebekka deutlich und sinnvoll, für sich genommen sind sie wenig aussagekräftig. Da Hosea mit dem Rückgriff auf Jakobs und Esaus Geburt Israels Vergangenheit für die Gegenwart fruchtbar machen wollte, muß man annehmen, daß er auch den Kern der Erzählung, Gottes Verheißung an Rebekka, kannte. Wenn Hosea von der Verheißung (V.23) wußte, kannte er auch die Erzählschritte auf dem Weg zu ihrer Erfüllung, so etwa den Verkauf der Erstgeburt durch das Linsengericht.

Wenn diese Erwägungen stimmen, muß Hosea die uns in Gen 25 überlieferte Erzählung in einer Form gekannt haben, die nicht wesentlich von der jetzigen überlieferten Form abweicht. Doch bevor hier weitergehende Schlüsse gezogen werden, muß untersucht werden, wie die Bezüge zu anderen Jakobserzählungen aussehen.

---

86 B. GEMSER, VT.S 3, 136: "... the rîb-phraseology reveals the decidedly ethical, normative conception of God and the religious relation. The controversy is exponent of the feeling that there is something wrong in the relations of the entities concerned, that there is a hitch somewhere, that something is out of joint. This presupposes that there is an order of things which cannot be disturbed with impunity. This is the ṣᵉdāḳâ, the "justice", the God - maintained moral order in world - and national - and individual affairs".

2. Jakobs Kampf am Jabbok: Hos 12,4b-5a - Gen 32,23-33

Hosea bezieht sich in diesen Versen auf die Geschichte von Jakobs Kampf am Jabbok, von der in Gen 32,23-33 berichtet wird. Nach NOTH ist Gen 32,23-33 zu J zu rechnen und literarisch bis auf den unsachgemäßen Zusatz in V.23b nicht zu zergliedern[87]. Vergleicht man nun Hos 12,4b-5a mit Gen 32,23-33, so läßt sich folgendes beobachten: das Substantiv אוֹן begegnet im Gegensatz zu Hos 12,4b in Gen 32,23-33 nicht. Dafür finden sich in Gen 28,18; 29,10 Hinweise auf Jakobs Kraft. Jakob errichtet einen Malstein (Gen 28,18)[88] und er wälzt in 29,10 den Stein von der Öffnung des Brunnens. Implizit taucht אוֹן jedoch auch in Gen 32 auf, denn Jakobs Stärke zeigt sich im Kampf mit Gott (V.26), der ihn nicht überwinden kann. An wichtigen Motivworten begegnen sowohl in Hos 12,4b-5a als auch in Gen 32,23-33 folgende: שרה (Gen 32,29b), אלהים (Gen 32,19.31), יכל (Gen 32,26). בכה ויתחנן-לו findet sich zwar in Gen 32 nicht explizit, dürfte aber inhaltlich auf Jakobs Beharren auf dem Segen (Gen 32,27) bezogen werden.

An Unterschieden fällt auf, daß in Hos 12,5a Jakob mit einem "Engel" kämpft und nach dem Sieg weint (12,5b)[89]. Beide Angaben finden sich in Gen 32,23-33 nicht. Das Verb שרה (12,5a) wird bei Hosea mit אֶל und in Gen 32,29 mit עִם konstruiert. Aus Hos 12,4b.5aα geht hervor, daß Hosea von einem Kampf zwischen Jakob und Gott wußte, bei dem Jakob siegte. Die Aufnahme wichtiger Motivworte aus Gen 32,23-33 läßt darauf schließen, daß Hosea die Geschichte in einer Gestalt kannte, die sich von der im Pentateuch überlieferten

---

87 M. NOTH, Überlieferungsgeschichte, 31; anders: O. EISSFELDT, Hexateuch-Synopse, 66f und O. PROKSCH, Die Genesis, 375 - zu Gen 32,23-33 seien hier nur die neueren Arbeiten von H.-J. HERMISSON, ZThK 71 (1974), 239-261, bes. 258 (Anm.41); L. SCHMIDT, ThViat 14 (1977/78), 125-144, bes. 131 und A. de PURY, ThZ 35 (1979), 18-34 genannt; dort findet sich weitere Literatur.

88 Masseben konnten eine beträchtliche Höhe erreichen (bis zu vier Metern); vgl. dazu A. REICHERT, Art.: Massebe, in BRL ²1977, 206-209.

89 Das Motiv des Weinens Jakobs ist den Jakobgeschichten jedoch bekannt (Gen 29,11; 33,4).

nicht wesentlich unterschied[90]. Ob dabei Gen 32 schon in schriftlicher Form Hosea vorlag, kann wohl nicht endgültig entschieden werden.

Wenn diese Vermutung richtig ist, kann in V.5aα schwerlich Gott Subjekt sein, denn in Gen 32 ist Gott der Unterlegene und Jakob der Sieger. Nach L. RUPPERT ist in V.5aα Gott Subjekt, denn nur so wird V.5aβ verständlich. Er lehnt es ab, in V.5aβ eine Steigerung der Segensbitte Jakobs von Gen 32,27 zu sehen, "denn der bittflehende Stammvater hat mit dem den Segen gleichsam erzwingenden Jakob der Genesis wenig gemein"[91]. In der Genesiserzählung verlange Jakob den Segen von einem Gegner, der ihm unterlegen sei. Dieser Umstand kann nach RUPPERT Hosea leicht zu der Auffassung geführt haben, daß es mit Jakobs Sieg doch nicht eben weit her gewesen ist[92]. H.W. WOLFF sieht in V.5aα eine inhaltliche Spannung zu V.5aβ, denn warum sollte Jakob als der Sieger weinen und flehen[93].

Gegen WOLFF und RUPPERT läßt sich anführen, daß der Unterschied zwischen dem "bittflehenden Stammvater" und "dem den Segen gleichsam erzwingenden Jakob der Genesis" (L. RUPPERT) nicht so groß ist wie beide vermuten. Obwohl die Begriffe und die Ausdrucksweise sich unterscheiden, wird doch inhaltlich Gleiches ausgesagt, nämlich Jakobs beharrliches Pochen auf Gottes Segen. Das emotionale Moment, das bei Hosea vielleicht stärker hervorgehoben ist, läßt sich auch in Gen 32, 31, wo Jakob seine Freude über die Errettung seiner Seele zum Ausdruck bringt, finden. Insofern ist V.5aβ durchaus eine sachgemäße Aufnahme der in Gen 32 überlieferten Geschichte.

Eine weitere Spannung sieht H.W. WOLFF darin, daß einmal Gott der Partner Jakobs, zum anderen Mal ein Engel sein Partner ist. Von Engeln wüßte Hosea nie etwas zu sagen. Er sieht deshalb מלאך als Glosse eines gewissenhaften Interpreten an,

---

90 So auch T. VRIEZEN, Oudtestamentische Studien I (1942), 73 und E. GOOD, VT 16 (1966), 141f.
91 L. RUPPERT, Bib. 52 (1971), 496; daß Jakob in V.5a Subjekt ist, verteidigt auch A. BENTZEN, VT 1 (1951), 59.
92 Bib. 52 (1971), 497.
93 H.W. WOLFF, BK XIV/1, 275.

der Hoseas אלהים in V.4b von einer mit Gen 32,25 verwandten Überlieferung her erläutere[94]. Müßte uns diese Überlieferung aber nicht erhalten sein? Die Angabe איש in Gen 32,25 zeigt doch[95], daß man sich zunächst mit der Aussage, daß Gott mit Jakob gekämpft hat, bewußt zurückhielt, erst in V.29f wird dies ausdrücklich gesagt. Könnte Hosea diese Zurückhaltung mit der Angabe מלאך nicht widerspiegeln?

Der Vergleich zwischen Hos 12,4b-5a und Gen 32,23-33 hat gezeigt, daß Hosea die Geschichte von Jakobs Kampf am Jabbok in einer Gestalt gekannt haben muß, die der uns in Gen 32,23-33 überlieferten sehr nahe kommt. Ob diese ihm in schriftlicher oder mündlicher Form vorlag, kann man nicht endgültig entscheiden. Es läßt sich jedoch mit großer Wahrscheinlichkeit sagen, daß die Geschichte von Jakobs Kampf am Jabbok bereits eine feste Gestalt gehabt haben muß, worauf die von Hosea aufgenommenen Motivworte hinweisen. Damit sind wir zu einem ähnlichen Ergebnis gekommen wie schon bei dem Vergleich zwischen Hos 12,4a und Gen 25,19-34.

3.   Jakob in Bethel: Hos 12,5b - Gen 35,1-5.7.8.14.16-22

Mit V.5b bezieht sich Hosea auf die Erzählung von Jakobs

---

94 ebd., 275f.
95 ACKROYD, VT 13 (1963), 250 findet es unnötig, מלאך als Glosse zu streichen, denn der Wechsel von "Gott" und "Engel" ist im Alten Testament gut belegt. HOLLADAY, VT 16 (1966), 57f bezieht איש (Gen 32,25) auf Esau und sieht in der chiastischen Form von V.4-5a eine Anspielung Hoseas auf die Begegnung zwischen Jakob und Esau; - M. ESLINGER, JSOT 18 (1980), 93f ändert אֶל in אֵל um und erkennt in V.5a einen Chiasmus: "But God ruled, And (the) messenger prevailed"; hier tritt neben die Schwierigkeit, daß nach Gen 32,23-33 Gott nicht Subjekt von V.5aα sein kann, die syntaktische Unmöglichkeit - wenn man den Konsonantenbestand nicht ändern will - der Voranstellung des Subjekts vor einen Narrativ! Hos 12,5bβ bezieht er auf Gen 33,4.

Rückkehr nach Bethel (Gen 35,1-5.7.8.14.16-22)[96]. Daß Hosea gerade auf diese Geschichte zurückgreift, machen die Erwähnung von "Bethel" (V.5bα; Gen 35,1.3.7.8.16) sowie die starke Betonung des Redens Gottes mit Jakob deutlich (Hos 12,5bβ; Gen 35,14)[97]. Gen 35,1-5.7f.14.16-22 berichten von einem Gottesauftrag an Jakob und dessen Ausführung. Er soll nach Bethel hinaufziehen, soll dort bleiben und dort einen Altar bauen. Jakob gibt den Auftrag Gottes an sein Haus weiter (V.2f). Die Ausführung des Auftrags wird in V.4 beschrieben. Von der Ausführung des Altarbaus ist in V.7 die Rede. Auffallend in diesen Versen ist der wiederholte Rückverweis auf die Bethelerscheinung Gen 28,10-22 (Gen 35,3b.7b)[98].

In Gen 28,13-15 finden wir eine große Gottesrede, die mehrere Verheißungen an Jakob enthält. Nach der Selbstvorstellung Gottes an Jakob als des Gottes seiner Väter (V.13a) folgen eine Land-, Vermehrungs- und Segensverheißung (V.13b/14a/14b). Der Beistand Gottes für Jakob wird in V.15 durch mehrere Wendungen betont hervorgehoben.

Ist es richtig, in Hos 12,5b einen Rückgriff auf Gen 35 zu sehen, so muß Hosea sowohl die Geschichte von Jakob in Bethel als auch die Erzählung von der Gotteserscheinung in Bethel (Gen 28,10-22) gekannt haben, da sich Gen 35 mehrmals explizit darauf bezieht. Ob Hosea die Geschichten von Jakob in

---

96 Der Verfasser greift hier dankbar auf eine mündliche Äußerung von H. GESE zurück. Nach M. NOTH, Überlieferungsgeschichte, 18.31.38 verteilen sich die Verse von Gen 35 auf folgende Quellen: P: 35,6.9-13a. 15.22b-29; J: 35,21.22a; E: 35,1-5.7.8.14.16-20.
Da es im Rahmen dieser Arbeit unmöglich ist, auf die in den letzten Jahren erschienenen, in den jeweiligen Ergebnissen z.T. völlig divergierenden und noch zu keiner allgemein anerkannten These geführten Studien zur Literar- und Überlieferungsgeschichte des Pentateuch einzugehen, stützt sie sich *vorerst* immer noch auf die "klassischen" Arbeiten von M. NOTH und G. von RAD; einen informativen und nützlichen Versuch der Zusammenschau der neuesten Theorien zur Entstehung des Pentateuch hat jetzt H.-C. SCHMITT, ZAW 97 (1985), 161-179 unternommen.
97 Nach GOOD, VT 16 (1966), 146f meint Bethel in Hos 12,5b die Gottheit und den Ort zugleich.
98 Vgl. C. WESTERMANN, BK I/2, 665-679; er teilt die Quellen anders auf als NOTH: P: 35,6.9-13.22b-29; J: 35,8.14-15.16-20.21-22a; R: 35,1-7; - zur Quellenscheidung in Gen 28,10-22 vgl. Noth, Überlieferungsgeschichte, 30.38: Gen 28,10-12 (E); V. 13-16 (J); V.17-18 (E); V.19 (J); V.20-22 (E).

Bethel und der Gotteserscheinung in Bethel in der in Gen 35;
28 überlieferten Gestalt gekannt hat, läßt sich nicht mit
Sicherheit sagen, denn dazu sind die Anklänge in Hos 12,5 zu
gering und die Quellenscheidung in Gen 35; 28 zu unsicher.
Allerdings läßt sich folgendes vermuten: Hoseas Rückgriff auf
die Betheloffenbarung setzt voraus, daß er von einer Offenbarung, von einem Reden Gottes an Jakob wußte. Diese Offenbarung muß einen bestimmten Inhalt gehabt haben, sonst hätte
sie Hosea wohl nicht aufgenommen. Es ist dabei wenig wahrscheinlich, daß dieser Inhalt ein anderer war als er uns in
beiden Geschichten überliefert und wie er von Hosea verarbeitet worden ist.

Ob in Hos 12,7 explizite Anspielungen auf die Gotteserscheinung in Bethel vorliegen, läßt sich m.E. nicht ohne weiteres
bejahen, wie es etwa L. RUPPERT tut. Er bezieht Hos 12,7a
auf Gen 28,15. Nach seiner Auffassung hat Hosea unter weit-
gehender Verwendung des Wortfeldes von Gen 28,15 dem Verheißungswort einen mahnenden Unterton gegeben: "du aber wirst
zurückkehren" statt "ich aber werde dich zurückkehren lassen"[99]. Zu diesem Vorschlag ist zu fragen, ob Hosea ohne
weiteres ein Verheißungswort in ein Mahnwort umwandeln konnte.
Würde das Verheißungswort durch eine solche Umwandlung nicht
seinen Charakter als Verheißung verlieren? Sollte man nicht
deshalb in V.7 besser eine aktuelle Mahnung sehen, die Ephraim zur Umkehr, zur Rechtschaffenheit und zum Gottvertrauen
aufrufen will?

Zusammenfassend läßt sich sagen, daß sich Hosea in 12,5b
auf die Geschichte von Jakob in Bethel (Gen 35) bezieht. Dieser Bezug setzt die Kenntnis von der Gotteserscheinung in
Bethel (Gen 28, 10-22) voraus. Ob er die Geschichten in der
in Gen 35; 28 überlieferten Gestalt gekannt hat, läßt sich
nicht mit letzter Sicherheit sagen. Der Hinweis auf Gottes
Reden mit Jakob (V.5bβ) in Bethel spricht jedoch eher dafür
als dagegen.

---

99 L. RUPPERT, Bib. 52 (1971), 498.

4. Jakobs Dienst um Rahel: Hos 12,13 - Gen 29,1-30

V.13a berichtet von der Flucht Jakobs ins Gefilde Aram. Damit nimmt Hosea die Tradition von Gen 27,43 (J)[100] auf, wo von der Flucht Jakobs vor Esau die Rede ist. Jakob flieht zu Laban und dient bei ihm um Lea und Rahel. Diese in 12,13b angeführte Tradition bezieht sich auf die in Gen 29,1-30 (J)[101] überlieferte Geschichte, die das Schwergewicht der Darstellung auf die Hervorhebung der Liebe Jakobs zu Rahel (V.18. 20.30) und auf den Dienst Jakobs um Rahel legt. Dabei begegnet das Motivwort עבד nicht weniger als siebenmal (V.15a.18b. 20a.25 ba.27ba[bis].30). Hosea hat es in seine Darstellung aufgenommen, was auf eine genaue Kenntnis der in Gen 29 überlieferten Geschichte schließen läßt. Dies wird vor allem in dem engen Bezug zwischen Gen 29,18 und Hos 12,13b deutlich:

Gen 29,18 :   אעבדך שבע שנים ברחל
Hos 12,13b: באשה   ויעבד ישראל

H.W. WOLFF geht davon aus, daß Hosea in diesem Vers ebenso wie in V.4f an Hand von Jakobs Flucht nach Aram und seinem dortigen Knechtsdienst Jakobs Betrug gegenüber Gott betont. Er sieht hier eine Anspielung auf die Kultpraktiken der Sexualriten. "Der Urvater Israels hat mit jenem schimpflichen Umgang mit der fremden Frau im Aramäergebiet begonnen und ist zum Prototyp der verurteilten Priesterschaft geworden ..."[102]. Die gleiche Sicht vertritt u.a. auch E. JACOB, für den die Anspielungen in diesem Vers auf die Jakob-Tradition den Betrug und den Götzendienst Jakobs hervorheben sollen. "... les allusions à l'histoire de Jacob ne sont faites qu'en vue de mettre en relief sa tromperie, sa ruse intéressée et son idolâtrie"[103]. Sieht man jedoch Hos 12,13 als eine

---
100 M. NOTH, Überlieferungsgeschichte, 30.
101 ebd., 30.
102 H.W. WOLFF, BK XIV/1, 280; so auch W. RUDOLPH, KAT XIII/1, 230f;
    L. RUPPERT, Bib.52 (1971), 500f.; J. JEREMIAS, ATD 24/1, 157.
103 E. JACOB, La femme et le prophète, in: Hommage à W. VISCHER, 83; für
    E. GOOD, VT 16 (1966), 149 ist der Dienst um eine Frau bei Hosea
    ironische Metapher für Israels Außenpolitik (4,10.12-14; 8,9; 9,1).

sachgemäße Wiederaufnahme der in Gen 29,1-30 überlieferten Geschichte, so schließt diese auch hier eine negative Jakobinterpretation aus, denn weder seine Flucht noch sein Werben um Rahel sind in der Jakobüberlieferung Zeichen seiner egoistischen Ziele oder seines Falls vom Gotteskämpfer zum Menschenknecht[104].

Mit V.13 bezieht sich Hosea auf die in Gen 29 überlieferte Geschichte von Jakobs Dienst um Rahel. Die Aufnahme des Motivwortes עבד und die Parallelität der Formulierungen in Gen 29,18 und Hos 12,13b lassen auf eine genaue Kenntnis der Erzählung schließen.

V.   Hoseas Kenntnis der Jakob-Tradition

Nachdem wir im letzten Abschnitt die einzelnen Verse aus Hos 12, in denen Anspielungen auf die Jakob-Tradition vorliegen, untersucht haben, soll nun danach gefragt werden, welche Geschichten Hosea aus der Jakob-Tradition erwähnt bzw. unerwähnt läßt, in welcher Reihenfolge er sie aufnimmt und welche Schlußfolgerungen sich daraus ziehen lassen.

Unerwähnt bleibt bei Hosea die in Gen 26,1ff überlieferte Geschichte von Isaak bei Abimelech. Der Grund dafür liegt wohl darin, daß wir es hier nicht mit einer Jakob-, sondern mit einer Isaakgeschichte zu tun haben. Da die Erzählung von Jakobs Aufbruch nach Syrien (Gen 27,46-28,9) zu P gerechnet wird, kann sie von Hosea wohl nicht aufgenommen worden sein[105].

Hosea nimmt in seine Verkündigung die Erzählung von der Geburt Esaus und Jakobs (Gen 25,21-26a.27-34) auf. In Hos 12,4b-5a bezieht er sich auf die Geschichte von Jakobs Kampf am Jabbok (Gen 32,23-33) und in 12,5b auf die Erzählung von Jakobs

---

104 So die Formulierung von W. RUDOLPH, KAT XIII/1, 231.
105 M. NOTH, Überlieferungsgeschichte, 18.

Rückkehr nach Bethel (Gen 35,1-5.7.8.14.16-22). Da sich die zuletzt genannte Erzählung in Gen 35,3b.7b auf die in Gen 28,10-22 berichtete Gotteserscheinung in Bethel bezieht, muß Hosea auch diese Erzählung bekannt gewesen sein. Aus dem Rückbezug von Hos 12,13 auf die in Gen 29,1-30 berichtete Erzählung von Jakobs Dienst bei Laban läßt sich schließen, daß Hosea den Kreis der Jakob-Laban-Erzählungen kennt, denn der explizite Rückbezug auf eine dieser Erzählungen ist nur dann sinnvoll, wenn Hosea die damit verbundenen Geschichten kennt und für seine Verkündigung voraussetzen kann[106].

Welche Schlußfolgerungen lassen sich aus unseren Beobachtungen ziehen? Aus Hos 12 geht mit großer Wahrscheinlichkeit hervor, daß Hosea die Mehrzahl der Jakob-Tradition kannte. Die Einzelbeobachtungen an den Jakobgeschichten, die Hosea aufnimmt, lassen auf eine genaue Kenntnis der Erzählungen schließen, die in ihrem Inhalt und in ihrer Form nicht wesentlich von den in der Genesis überlieferten Erzählungen abweichen. Wenn diese Beobachtung richtig ist, läßt sich über die Jakob-Tradition - zumindest über die bei Hosea belegte - zweierlei sagen:

1. Sie hat ihre endgültige Form schon vor Hosea gefunden[107]. Die Verbindung der jüngeren ostjordanischen Jakobüberlieferung, die durch die von Hause aus selbständigen Themen "Jakob und Esau" und "Jakob und Laban" gebildet wurde, mit der im mittelpalästinischen Raum haftenden ursprünglichen Jakobüberlieferung muß demnach schon abgeschlossen gewesen sein. Auch die Eingliederung der durch ihre Sonderstellung und Fremdheit innerhalb der Geschichten vom ostjordanischen Jakob gekennzeichneten Erzählung vom Gotteskampf am Jabbok (Gen 32,23-33) in die Jakob-Tradition muß bereits vollzogen gewesen sein[108].

---

106 Aus Hos 5,1f wird durch die Nennung von Mizpa deutlich, daß sich Hosea auf die in Gen 31,43ff berichtete Erzählung von der friedlichen Beilegung des Konfliktes zwischen Laban und Jakob bezieht. Das wäre ein weiterer Hinweis auf Hoseas Kenntnis der Jakob-Laban-Erzählungen; vgl. dazu die Exegese von Hos 5,1f unten S.210ff.
107 So auch T. VRIEZEN, Oudtestamentische Studiën I (1942), 77.
108 Die hier angeführte überlieferungsgeschichtliche Beurteilung der Jakob-Tradition stützt sich auf NOTH, Überlieferungsgeschichte, 111.

2. Der Hinweis auf Jakob in Hos 12 setzt voraus, daß die Jakob-Tradition zur Zeit Hoseas allgemein bekannt gewesen sein muß[109], denn sonst hätte sie ihren Dienst in Hoseas Verkündigung nicht leisten können. Hosea mußte voraussetzen, daß seine Hörer die Erzählungen um Jakob kannten, denn nur unter dieser Voraussetzung konnten sie seine Worte überhaupt erst verstehen. Das setzt zugleich voraus, daß über den Sinn und das Verständnis der Jakob-Tradition bei den Hörern Einverständnis geherrscht haben muß, denn sonst wäre sie ja der Willkür der Hörer ausgesetzt gewesen. Der Sinn der Jakob-Tradition mußte *eindeutig* sein, denn nur so konnte sie bei den Hörern wirken. Ist das nicht wieder indirekt ein Hinweis darauf, daß die Jakob-Tradition in der Genesis und bei Hosea sich nicht wesentlich unterschied?

Lassen sich aus den Beobachtungen auch Schlußfolgerungen über die Beziehungen zwischen der hoseanischen Überlieferung und der Überlieferung der älteren Pentateuchquellen J und E ziehen? Kannte Hosea die Geschichtswerke von J und E? Grundsätzlich wird man hier wohl L. RUPPERT zustimmen müssen, der vor allzu weitreichenden Schlußfolgerungen gewarnt hat[110]. Bevor zu dieser Frage eine gesicherte Antwort gegeben werden kann, bedarf es noch der Untersuchung weiterer Traditionen im Hoseabuch. Vorläufig kann zu dieser Frage nur gesagt werden, daß Hoseas explizite Aufnahme der in Gen 25,21-26a.27-34 (J), Gen 29,1-35 (J), Gen 31,43-54 (JE), Gen 32,23-33 (J), Gen 35,1-5.7.8.14.16-22 - JE (⟶ Gen 28,10-22 - JE) überlieferten Jakoberzählungen eher für als gegen Hoseas Wissen um das jahwistische und elohistische Geschichtswerk spricht.

---

109 WOLFF, BK XIV/1, 270 datiert Hos 12 an den Anfang der Regierungszeit Salmanassers V. (726-722), denn Gilead erscheint schon abgetrennt und Ephraim schwankt wiederum zwischen Assur und Ägypten.
110 L. RUPPERT, Bib.52 (1971), 490.

VI. Jakob als Vorbild für das sündige Israel

Warum greift Hosea für seine Verkündigung auf die Jakob-Tradition zurück? Die Beantwortung dieser Frage soll am Schluß der Untersuchung über Hos 12 stehen.

Die Stichworte כחש, מרמה, שד zeigen, daß es in Hos 12 um Ephraims Schuld geht, die in seinem Betrug gegenüber Jahwe und seinem Propheten liegt. Ephraim ist am Ende, weil es Jahwe aus den Augen verloren hat und es nicht für nötig hält, auf den heilvollen Ruf zur Umkehr durch Hosea zu hören. Ephraims schuldvolles Verhalten und seine tiefe Verstrickung in die Sünde bilden den Hintergrund der Jakob-Tradition in Hos 12. Hosea greift auf sie nicht deshalb zurück, weil er in Jakob Ephraims Schuld bereits vorgebildet sah[111], sondern er stellt ihn seinem Volk als den vor, der beharrlich nach Gott sucht und ihn auch findet.

Jakob wird in V.4a nicht als der Betrüger gesehen, der seinen Bruder bereits im Mutterleib hintergeht, sondern als der, der bereits als Ungeborener einen Platz in Jahwes Plan einnimmt, um die an Rebekka ergangene Verheißung einzulösen. Hosea sieht in V.4b-5a auch nicht den, der sich voller Vermessenheit[112] und Hybris[113] in einen Streit mit Gott einläßt, sondern er sieht in Jakob den, der beharrlich und konsequent nach Gottes Segen strebt. Jakobs einzigartiges Gottesverhältnis stellt Hosea in V.5b dar, indem er sich auf Gottes Offenbarung an Jakob in Bethel bezieht. Um Jakobs Gottesbeziehung geht es ebenfalls in V.13, wo von Gottes Fürsorge bei Jakobs Flucht nach Aram während seines Dienstes bei Laban die Rede ist. Dieser Grundgedanke findet in V.14 seine Fortsetzung,

---

[111] So etwa H.W. WOLFF, BK XIV/1, 283: "Jakob wird wesentlich als Prototyp der schuldvollen Gegenwart Ephraims vorgestellt..."
[112] So die Interpretation von RUPPERT, Bib. 52 (1971), 497; so auch C. JEREMIAS, Die Erzväter in der Verkündigung der Propheten, in: FS W. ZIMMERLI zum 70. Geb., 221: "Jakob wird in erster Linie unter dem Aspekt des Betrügers gesehen, der sich gegen Gott und den Mitmenschen wendet und dessen Wesen sich im Volk fortgesetzt hat".
[113] So die Interpretation von VRIEZEN, Oudtestamentische Studien I (1942), 72.

Die Jakob-Tradition in Hos 12

der von Israels gnädiger Herausführung aus Ägypten und von seiner Bewahrung erzählt[114].

Jakob ist für Hosea der Gegenpol zum gegenwärtigen Ephraim, das weder auf eine intakte Beziehung zu Jahwe aus ist noch auf die Worte seines Propheten hört. Indem Hosea auf die Jakob-Tradition zurückgreift, zeigt er Ephraim, wie groß die Kluft zwischen Israels *hoffnungsvollen* Anfängen in der Frühzeit seiner Geschichte und seinem gegenwärtigen *hoffnungslosen* Dasein geworden ist. Israel ist von dem Weg, auf dem Jakob ging, gewichen . Hosea greift auf die Jakob-Tradition zurück, um Israels gegenwärtigen Irrweg aufzuzeigen. Er tut dies nicht, indem er die Gestalt Jakobs völlig anders wertet [115] oder durch seine Komposition der Tradition ein neues Verständnis gibt[116], sondern indem er in *Kontinuität zur Jakob-Tradition* Israels unheilvolle Gegenwart dem heilvollen Anfang in Jakob gegenüberstellt. Dabei wird weder durch die neue geschichtliche Situation noch durch den neuen Lebensbereich die Jakob-Tradition in ihrer Aussage und in ihrem Inhalt verändert. Es ist vielmehr umgekehrt, daß die Jakob-Tradition Israels Frevel und Schuld eigentlich erst in voller Schärfe aufzeigt und entlarvt. Hierin liegt nach Hosea die Leistung und der Anspruch der Jakob-Tradition[117].

---

114 Vgl. dazu § 2 unter S.50ff.
115 So KÜMPEL, Die Berufung Israels, 65; H. UTZSCHNEIDER, Hosea, 211: "Nach allem, was wir zu Hos 12,4f und 13f erarbeitet haben, ist die Figur des Erzvaters bei Hosea für ein Modell der Wiederherstellung Israels nicht tauglich".
116 So DIEDRICH, Die Anspielungen auf die Jakob-Tradition, 475.
117 Mit dem in diesem Abschnitt dargelegten Versuch der positiven Deutung der Jakob-Tradition in Hos 12 wurde der Verfasser zum erstenmal in dem Hosea-Seminar von H. GESE im Sommersemester 1979 konfrontiert. Dem damals besprochenen Argumentationsgang verdankt die eigene Darstellung wesentliche Impulse. Vgl. jetzt: H. GESE, Jakob und Mose: Hosea 12:3-14 als einheitlicher Text, in: FS J.C.H. LEBRAM (Studia Post-Biblica, 36, 1986).

§ 2   DIE MOSE-TRADITION IN HOS 12,14

Neben dem Bezug Hoseas zur Jakob-Tradition findet sich die Aufnahme der Mose-Tradition, denn in Hos 12,14 heißt es:
"Durch einen Propheten ließ Jahwe Israel aus Ägypten heraufführen, und durch einen Propheten wurde es behütet".
Auf Grund der Verbindung des Auszugs aus Ägypten mit der Nennung "eines Propheten" ist hier sicherlich an Mose gedacht. In der Literatur zu Hos 12,14 wird der Bezug zu Mose kaum angezweifelt. Stellvertretend sei hier einer der neuesten Kommentare zum Hoseabuch zitiert: "Mit dem Propheten, der Israel aus ägyptischer Bedrückung befreit und es (durch Kundgabe des Gotteswillens?) "behütet" hat, ist natürlich Mose gemeint"[1]. Äußerst umstritten ist jedoch die sachgemäße Auslegung von V.14 vor allem wegen des formalen und inhaltlichen Bezugs zu V.13. Die Wiedergabe von V.13 und 14 in Prosa und die Formulierungen in V.13abα//14a sowie V.13bβ//14b zeigen die enge Verbundenheit beider Verse. Doch wie müssen sie ausgelegt werden? Wird hier ein Gegensatz oder eine Gemeinsamkeit zwischen Jakob und Mose zum Ausdruck gebracht?

I.   Forschungsgeschichtliche Orientierung

In der Forschung zu Hos 12,13f finden sich die unterschiedlichsten Auslegungen. Nach C. von ORELLI soll hier der Kontrast zwischen den zahlreichen göttlichen Gnadenerweisen an Israel und den wenigen Zuwendungen an Jakob dargestellt werden. Jakob mußte *in die Fremde* fliehen, während Gott sein

---
1 J. JEREMIAS, ATD 24/1, 157.

Volk *aus der Fremde* heimholte. Damit soll der Vorwurf der Untreue Israels betont hervorgehoben werden[2].

Für E. JACOB spricht Hos 12,13f von einer doppelten Opposition, denn zum einen werden Jakob und Mose und zum anderen die Motive ihres Handelns gegenübergestellt: "der eine lebt um eines Weibes willen... der andere ist ein Prophet, d.h. er lebt um des Wortes willen, er ist nicht eines Weibes, sondern Gottes Diener"[3]. Die Deutung JACOBS, daß es in Hos 12,13f um den Gegensatz zwischen dem um eine *Frau* dienenden Jakob und dem in *Gottes* Diensten stehenden Mose gehe, findet sich bei der Mehrzahl der Ausleger, so etwa bei H.W. WOLFF[4], W. RUDOLPH[5], A. DEISSLER[6] und H. UTZSCHNEIDER[7].

Recht groß ist die Gruppe der Exegeten, die Hos 12,13f dem Propheten ganz absprechen und die beiden Verse für einen späteren Einschub halten (so J. WELLHAUSEN[8], K. MARTI[9], Th. ROBINSON[10], J. VOLLMER[11]). Sie rechtfertigen ihre Position mit dem Hinweis auf stilistische und inhaltliche Besonderheiten. Die Wiedergabe der beiden Verse in Prosa, der verschiedene Gebrauch der Präposition ב in V.13f und die vielen Wiederholungen weisen ihrer Meinung nach auf nichthoseanische Verfasserschaft. Äußerst seltsam sei die Gegenüberstellung von Frau und Prophet, "denn 'Weib' und 'Prophet' bilden einen 'höchst eigentümlichen' Gegensatz..."[12]. Außerdem sei die Vorstellung von Mose als Prophet erst vom Deuteronomium an belegt, "... und das spricht dafür, daß V.13-14 nicht von Hosea stammt, sondern erst später entstanden ist"[13].

---

2 C. von ORELLI, Die zwölf kleinen Propheten, 38.
3 E. JACOB, EvTh 24 (1964), 286.
4 H.W. WOLFF, BK XIV/1, 281.
5 W. RUDOLPH, KAT XIII/1, 231.
6 A. DEISSLER, Zwölf Propheten, 56.
7 H. UTZSCHNEIDER, Hosea, 202.223.
8 J. WELLHAUSEN, Die kleinen Propheten, 130.
9 K. MARTI, Dodekapropheton, 98.
10 Th. ROBINSON, HAT 14, 49.
11 J. VOLLMER, Geschichtliche Rückblicke, 110
12 K. MARTI, Dodekapropheton, 98.
13 Th. ROBINSON, HAT 14, 49.

Nach ANDERSEN/FREEDMAN spricht Hosea in V.14 möglicherweise
von zwei Propheten, da er in V.13 auch von zwei Frauen redet.
"Verse 13 refers to two wives of Jacob, and v 14 thus pro-
bably speaks of two preeminent prophets"[14]. Wenn hier in der
Tat von zwei Propheten die Rede ist, können nur Mose und
Samuel damit gemeint sein (vgl. Jer 15,1). Ähnlich wie
ANDERSEN/FREEDMAN beschränkt auch E. JACOB den נביא
-Begriff in V.14 nicht allein auf Mose. Der Gebrauch von
נביא an Stelle des Eigennamens von Mose deute darauf hin,
daß Hosea nicht an eine Einzelgestalt, sondern vielmehr an
die prophetische Sukzessionskette denke. "Mais l'emploi du
terme générique de *nabi* à place du nom propre de Moise
semble indiquer que comme dans l'exemple de Jacob le terme
ne désigne pas un seul individu; il est probable qu'Osée
emploie déjà, comme le fera plus tard le Deutéronome, le
terme pour désigner la succession ininterrompue des prophètes
nécessaire au fonctionnement de l'alliance"[15]. E. ZENGER
sieht in V.13f die Antithese Jakob in Aram ⟷ Israel in
Ägypten[16]. Wie Jakob will sich das gegenwärtige Israel sein
Leben und sein Glück allein durch seine eigenen Leistungen
und Vorstellungen erwerben. Es stehe damit im Gegensatz zum
"Exodus-Israel"[17], das sich ausschließlich von Jahwe führen
und leiten ließ.

II.   Exegese

Schon beim ersten flüchtigen Lesen von Hos 12,14 fällt die
enge Bezogenheit von V.14 zu V.13 auf. Beide Verse sind in
Prosa geschrieben und heben sich damit deutlich von den vorangehenden und nachfolgenden Versen ab. Die Formulierungen in

---

14 ANDERSEN/FREEDMAN, Hosea, 621.
15 E. JACOB, La femme et le prophète, in : Hommage à W. VISCHER, 85.
16 E. ZENGER, "Durch Menschen zog ich sie..." (Hos 11,4), in FS J.
   SCHREINER, 183-201, bes. 190-192.
17 ebd., 191.

Die Mose-Tradition in Hos 12,14

V.13 und 14 zeigen, wie kunstvoll hier die Prosa gebraucht wird.

13: וַיִּבְרַח יַעֲקֹב שְׂדֵה אֲרָם וַיַּעֲבֹד יִשְׂרָאֵל בְּאִשָּׁה וּבְאִשָּׁה שָׁמָר׃

14: וּבְנָבִיא הֶעֱלָה יְהוָה אֶת־יִשְׂרָאֵל מִמִּצְרַיִם וּבְנָבִיא נִשְׁמָר׃

In V.13f entsprechen sich V.13abα und V.14a sowie V.13bβ und V.14b. In V.13aα werden zwei Taten Jakobs berichtet: er flieht (V.13a) und dient (V.13abα). In V.14 ist dagegen von einer Tat Jahwes die Rede: die Führung Israels. Ist in V.13abα Jakob-Israel das Subjekt des Handelns (Qal), so wird in V.14a Israel zum Objekt, an dem Jahwe eine Handlung vollzieht (Hif^{c}il). In beiden Vershälften begegnet mit der Nennung des Gefildes von Aram (V.13a; acc. loci) und Ägypten (mit der Präposition מ ; V.14a) je eine adverbielle Bestimmung des Ortes. באשה am Ende von V.13aα entspricht ובנביא am Anfang von V.14a. Beide Nomina werden durch die Präposition ב eingeführt, bei באשה handelt es sich um ein ב -pretii[18] und bei בנביא um ein ב -instrumentalis. Ebenso wie in V.13abα und V.14a sind V.13bβ und V.14b antithetisch konstruiert. באשה (V.13bβ) entspricht ובנביא (V.14b) und שמר (V.13bβ - Qal) korrespondiert mit נשמר (V.14b - Nif-^{c}al).

In V.14 steht בנביא jeweils betont am Anfang der Vershälften. Auffallend an dieser Form ist die Indetermination, da man eigentlich bei dem Bezug auf Mose den Artikel erwartet. Sein Fehlen läßt sich wohl so erklären, daß der Rückbezug auf Mose so eindeutig und unverwechselbar ist, daß eine besondere Hervorhebung durch den Artikel völlig unnötig erscheint[19].

---

[18] Das ב -pretii begegnet bei Hosea noch in 2,21f (vgl. unten § 4); es bildet eine Untergruppe zum ב -instrumentalis (vgl. GK § 119p); das ב -pretii findet sich auch in Gen 28,18b, dem Text, auf den sich Hosea in 12,13 bezieht (vgl. §1).

[19] Ein ähnlicher Fall findet sich in Dtn 33,19, wo es heißt: "Völker laden sie auf den Berg (הר)..." Auch hier muß der Bezug zu dem Tabor so eindeutig und bekannt gewesen sein, daß der Artikel ohne weiteres ausgelassen werden konnte.

54   Hauptteil: Exegese der Textstellen

Die Prägnanz der Aussage wird dadurch eher noch erhöht als
vermindert. Möglicherweise spielt bei der indeterminierten
Form בנביא auch die Parallelität zu באשה eine Rolle, da ein
ב-pretii meist vor einem indeterminierten Nomen steht[20].

Nach בנביא folgt das Verb עלה Hif^{c}il als Prädikat des Ver-
balsatzes (V.14a). Im Hif^{c}il begegnet es neben seiner Funktion als terminus technicus für die Darbringung des Ganz-
opfers (עלה) vor allem als Bezeichnung für die Herausführung der Israeliten aus Ägypten[21]. Dabei lassen sich zwei
Gruppen von Aussagen unterscheiden: in der einen Gruppe ist
Gott Auctor des Exodusgeschehens[22], in der anderen Gruppe dagegen tritt Mose als Auctor auf[23]. Hos 12,14 steht insofern
zwischen beiden Aussagen, als Mose hier zwar als Auctor des
Exodus gilt, aber seine Führungsfunktion letztlich im Auftrag Gottes geschieht. Er ist Werkzeug Gottes. Ägypten als
Land der Knechtschaft begegnet bei Hosea noch in der Selbstvorstellungsformel in 12,10; 13,4. In 11,1 ist von dem
Herausrufen Israels durch Jahwe die Rede und in 2,17 wird auf
die Zeit des Auszugs Israels aus Ägypten hingewiesen.

III. Mose als der im Auftrag Jahwes handelnde Prophet

Wenn die Deutung von Hos 12,14 auf Mose richtig ist, so
wird hier über ihn folgende Aussage getroffen: er wird als
Prophet gesehen, dessen Aufgabe darin besteht, Israel

---

20 An folgenden Stellen steht das ב-pretii jeweils ohne Artikel vor dem
   Nomen: Gen 23,9; 29,18 (vor einem nomen proprium); 30,16; 33,19;
   34,15; 37,18; Hos 2,21f.
21 Nach H.A. BRONGERS, Das Zeitwort ^{c}ālā und seine Derivate, in: Studies
   presented to M.A. BEEK, 30-40 begegnet עלה Hif^{c}il zwar häufig als Bezeichnung der Herausführung Israels aus Ägypten, man sollte aber nicht
   von einem terminus technicus reden, da noch andere Verben (etwa יצא
   Hif^{c}il) für dieses Geschehen gebraucht werden.
22 Ex 3,8.17; Lev 11,45; Dtn 20,1; Jos 24,17; Jdc 6,8; I Sam 8,8; 10,18;
   12,6; II Sam 7,6; II Reg 17,36; Jer 2,6; 11,17; 16,14; 23,7; Am 2,10;
   3,1; 9,7; Mi 6,4; Ps 81,11.
23 Ex 17,3; 32,1.7.23; 33,1; Num 16,13; 20,5; 21,5.

im Auftrag Jahwes aus Ägypten zu führen und es auf diesem
Weg zu behüten. Damit ist ein Mosebild gezeichnet, das im
Pentateuch auf die jahwistische und elohistische Quelle verteilt ist. Nach dem Jahwisten hat Mose vor allem den Auftrag,
Israel Jahwes Geschichtspläne zu verkünden (Ex 7,16f.26;
8,16; 9,13). Man kann deshalb beim Jahwisten von einer prophetischen Aufgabe des Mose reden[24]. Nach der Darstellung
des Elohisten ist Mose in erster Linie Gottes Werkzeug bei
der Herausführung aus Ägypten, der durch seine Wunder aktiv
in das Geschehen eingreift (Ex 4,17; 9,23; 10,13; 14,16;
17,9ff)[25]. Die Nähe der hoseanischen Aussagen über Mose zu
denen des Jahwisten und Elohisten zeigt, daß Hosea sein
Mosebild nicht frei erfunden hat. Er hat dabei wohl auf die
jahwistische und elohistische Deutung der Mosegestalt zurückgegriffen, sie in seine Verkündigung aufgenommen, miteinander verknüpft und auf den Begriff "Prophet" gebracht. Hosea
läßt sich damit als Vorläufer und Wegbereiter der Aussage von
Dtn 34,10 verstehen, wo es heißt, daß hinfort kein Prophet
in Israel aufstand wie Mose (ולא קם נביא עוד בישראל כמשה)[26].

Nach L. PERLITT liegt in Hos 12,13f Überlieferungsgut sehr
spezifischer Art vor, weshalb die hier anklingende Propheten-
vorstellung streng von der explizierten hoseanischen zu unterscheiden ist[27]. So sieht er einen Widerspruch zwischen der

---

[24] G. von RAD, Theologie Bd. I, 304: "Viel eher könnte man angesichts des Auftrags, Jahwes Geschichtspläne zu verkünden, von einer Art *prophetischer* (Herv. v. mir) Aufgabe sprechen, denn auch das dem Mose aufgetragene Wunder diente nur seiner Beglaubigung vor Israel (Ex. 4,1-9)". - Zum Mosebild vgl. die forschungsgeschichtlichen Überblicke bei R. SMEND, Das Mosebild, 55f; H. SCHMID, Mose, 1-13. 98f; zu Mose in überlieferungsgeschichtlicher Sicht vgl. M. NOTH, Überlieferungsgeschichte, 172-191.

[25] G. von RAD, Theologie Bd. I, 305: "Jetzt ist Mose der Wundertäter, und zwar ist er es bis an die Grenze des Magiers; durch sein Ein-greifen vor dem Pharao und am Schilfmeer und anderwärts erhält die Geschichte ihre Anstöße".

[26] Nach L. PERLITT, EvTh 31 (1971), 591f stammt Dtn 34,10 von einem Theo-logen, "der alles, was man vom 6. Jh. ab in Israel von Mose wissen konnte, wußte und eine abschließende Gesamtwürdigung wagte". "Dt. 34,10 ist also nicht nur literarisch späte, sondern vor allem eine tradi-tionsverknüpfende Vergleichsaussage, in der Mose längst sozusagen alles in allem ist".

[27] L. PERLITT, EvTh 31 (1971), 603ff.

Aussage in 11,1, wonach *Jahwe* Israel aus Ägypten geführt habe und derjenigen in 12,14, wo ein "mit dem Prophetentitel ausgezeichneter Mensch zum Subjekt dieses grundlegenden Vorgangs"[28] wird. Es ist jedoch m.E. nicht möglich, beide Stellen gegeneinander auszuspielen. In Hos 12,14 ist Mose nur vordergründig der Führer aus der ägyptischen Knechtschaft. Der, der das Geschehen einleitet, überwacht und es zu einem guten Ende bringt, ist in Wahrheit Jahwe (Subjekt יהוה + עלה Hif‛il). Beide Verse müssen vor allem in ihrem jeweiligen Kontext gesehen und beurteilt werden. Die Nennung von Mose als Mittler zwischen Gott und Israel in 12,14 kann mit dem Bezug zu V.13 erklärt werden. Mose soll hier mit Jakob, der im Gefilde Arams um eine Frau dient, verglichen werden. In 11,1 geht es dagegen ausschließlich um die Darstellung der Liebe Jahwes zu dem noch unselbständigen Israel. Der Blick ist hier so sehr auf die innige Zuneigung Jahwes zu seinem Volk gerichtet, daß die Nennung einer dritten Person - etwa Mose - völlig unangebracht wäre[29].

Wie ist nun Hos 12,14 vor allem im Hinblick auf V.13 zu interpretieren? Geht es hier wirklich um die Gegenüberstellung zwischen dem um eine Frau dienenden Jakob und dem in Gottes Diensten stehenden Mose? Wenn die im vorangehenden Kapitel vorgetragene positive Deutung der Jakobgestalt richtig ist, so kann hier kaum von einer Opposition zwischen Jakob und Mose gesprochen werden. Beide werden hier vielmehr als *Vorbilder* dem abtrünnigen Israel gegenübergestellt. Sieht man 12,13f im Kontext von Hos 12, so wird ihre Funktion innerhalb des Kapitels deutlich. Hier geht es um die Schuld Ephraims, was durch die Stichworte כזב, מרמה, כחש und שד (V.1f) unmißverständlich angezeigt ist. Jakob ist nicht wie Israel ein Opfer seiner egoistischen Ziele und Begierden, sondern er ist bereit, entsprechend dem Plan Jahwes, sieben Jahre lang um die Frau, die er sehr liebte (Gen 29, 20), zu dienen. Mose steht wie Jakob im Gegensatz zu dem untreuen Israel. Er dient Jahwe und führt seinen Auftrag ge-

---

[28] ebd., 605.
[29] Vgl. dazu ausführlich unten § 3, S.84ff.

Die Mose-Tradition in Hos 12,14

horsam aus. Jakobs Dienen um Rahel und die Führung des Volkes durch Mose standen ganz im Dienst für Israel. Israel aber hat beides verworfen. Damit hat es letztlich Jahwe selbst verworfen. Es ist sicherlich bewußte Komposition, wenn im Anschluß an 12,13f die Hervorhebung der Schuld Israels und die Enttäuschung Jahwes über *sein* Volk in V.15 den Abschluß des Kapitels bilden. Versteht man den Bezug Jakob und Mose in Hos 12 in dieser Weise, so wird ihre Rolle als Vorbild für das gefallene Israel deutlich und die merkwürdige Interpretation der Gegenüberstellung von Jakob und Mose bzw. "Frau" und "Prophet" überflüssig[30]. In dieser Interpretation fügen sich beide Verse gut in den Duktus von Hos 12 ein und können deshalb durchaus Hosea zugeschrieben werden.

---

30 Aus diesem Grund scheint mir auch die Deutung von V.13f durch E. ZENGER, a.a.O. (Anm. 16), 191, der hier die "plastische Antithese" Jakob in Aram ↔ Israel in Ägypten sieht, nicht sehr wahrscheinlich, da sie nur unter der Bedingung einer negativen Sicht der Jakobgestalt in Hos 12 möglich ist.

§ 3   DIE TRADITION VON DER ERWÄHLUNG
                 ISRAELS IN DER WÜSTE

I.   Forschungsgeschichtliche Orientierung

   Eine entscheidende Rolle in der Verkündigung Hoseas spielt
die Tradition von der Erwählung Israels in der Wüste[1]. Die
Wüste ist für ihn der Ort, wo die Beziehung Israels zu Jahwe
noch heil war, denn dort war es ganz auf die Zuneigung und
Hilfe Jahwes angewiesen. Er hatte sich das Volk in der Wüste
erwählt und sorgte dafür, daß es satt wurde[2]. Israel antwor-
tete auf diese Erwählung und Fürsorge zunächst mit großer
Dankbarkeit[3]. Mit dem Betreten des Kulturlandes aber wandte
sich das Volk immer stärker von seinem Gott ab und verfiel
immer mehr den Verlockungen der kanaanäischen Baalsgotthei-
ten[4]. Aus diesem Grund kündigt Hosea seinen Zuhörern Jahwes
Gericht an. Das Volk wird das Kulturland verlassen müssen
und von neuem in die Wüste geführt werden, damit es sich dort
wieder der Liebe und Fürsorge Jahwes neu bewußt wird und es
zu einer wirklichen Erneuerung und Vertiefung seiner Gottesbeziehung kommt. Der zweite Wüstenaufenthalt wird somit zu
einem Vorstadium für eine neue Landnahme und ein hoffnungs-
volles Leben in Frieden mit Gott und mit der Natur im Kulturland werden[5].

1. Die besondere Rolle, die die Wüste in der Verkündigung Hoseas spielt, ist in der alttestamentlichen Forschung bereits

---

1 Sie ist in folgenden Texten greifbar: Hos 9,10-17; 10,1-2; 10,11-13a;
  11,1-7; 13,4-8; 2,16f; 12,10.
2 Hos 13,5f.
3 Hos 9,10a; 10,1a.11f; 11,1a.
4 Hos 9,10b; 10,1b; 11,2; 13,6.

Die Tradition von der Erwählung Israels in der Wüste 59

früh erkannt worden. K. BUDDE sprach 1895 in diesem Zusammenhang von einem nomadischen Ideal, das Hosea vertreten habe. Weil Israel im Land Kanaan an die Baalsgötter verfiel und damit Jahwe als seinen alleinigen Gott verachtete, wird es bestraft werden. Das Land, in das es eingezogen ist, wird versteppen, Israel selbst wird in die Wüste geführt werden, um dort Buße zu tun. "... the prophet knows that it is easier to serve Yahweh exclusively and purely in the wilderness, and so he sees in the return to the nomadic life a means of discipline and improvement which Yahweh will apply at his pleasure"[6]. Das nomadische Leben hat für Hosea einen moralisch-religiösen Wert. "The nomadic life has a moral-religious value; it educates to a disposition which is well pleasing to Yahweh"[7].

2. P. HUMBERT führte diesen Ansatz K. BUDDES 1925 weiter. Er machte deutlich, daß das nomadische Ideal bei Hosea die logische Konsequenz aus dem Fehlverhalten Israels im Kulturland ist. Israel kann nur gerettet werden, wenn seine politischen, wirtschaftlichen und religiösen Verbindungen mit dem Kulturland unverzüglich unterbrochen werden. "L'orientation du peuple de Yahvé est radicalement faussée et une logique supérieure devra violemment ramener Israel dans la ligne que lui imposait le ברית initial. Il faudra rompre tous liens, politiques, religieux, économique, avec ce pays et cette civilisation, car le salut du yahvisme et d'Israel est à ce prix seulement. La perspective nomade est l'aboutissement logique de cette évolution"[8]. "En conclusion la "perspective nomade" découle chez Osée d'une nécessité interne, fait partie intégrante d'un ensemble de pensées très systématique,

---
5 Hos 2,16-25.
6 K. BUDDE, The Nomadic Ideal in the Old Testament, in: The NEW WORLD for December, 1895, 10.
7 ebd., 16; weil nach BUDDE Hosea das nomadische Ideal so stark betont, sucht er ihn im Umkreis der Rekabiten.
8 P. HUMBERT, La logique de la perspective nomade chez Osée et l'unité d'Osée 2,4-22, in: K. MARTI zum 70.Geb., 165; vgl. auch 165.

se fonde sur une logique très consciente d'ellemême. Par elle seule sera obtenu un vrai redressement du yahvisme"[9].

3. K. GALLING[10] unternahm 1928 den ersten umfassenden Versuch, die Vorstellung von der Erwählung Israels in der Wüste durch Jahwe in einen größeren traditionsgeschichtlichen Zusammenhang zu stellen. Er ordnete sie der Exodustradition zu, weil die Prädikation Jahwes als des Gottes "vom Lande Ägypten her" in diesem Kontext erscheint[11] und weil eben in dieser Gottesbeziehung der Protest gegen die Identifizierung Jahwes mit dem kanaanäischen Baal eingeschlossen ist[12]. Ein weiterer Grund für diese Zuordnung liegt in der Bedeutung, die GALLING der Exodustradition im Gegensatz zur Sinaitradition zuspricht. Da der Bund vom Sinai im Gegensatz zur Erwählung des Auszugs sehr stark zurücktritt, sieht ihn GALLING nicht als eine selbständige Erwählungstradition an, sondern fügt ihn in die Exodustradition ein. Der Sinaibund ist letztlich Ausdrucksform oder Bestätigung der Heilstat des Auszugs[13].

4. Die bisher umfangreichste Untersuchung zur Wüstenerwählungstradition hat R. BACH 1952 vorgelegt[14]. Seine Arbeit bildet insofern einen wichtigen Einschnitt, als er anders als GALLING diese Tradition als selbständige Erwählungstradition ansieht. Er nennt als ihre wesentlichen Merkmale: 1. Die Personifikation Israels als Einzelwesen (Ez 16; Dtn 32,10; Hos 2,5; 10,11). 2. Die Betrachtung der ersten Zeit des Volkes als Jugendzeit (Ez 16; Dtn 32,10; Hos 2,5). 3. Der Wert des Fundes als Begründung der Erwählung (Hos 9,10; 10, 11). 4. Das Finden Israels durch Jahwe in der Wüste (Dtn 32,10; Hos 9,10; Jer 31,2). Auf Grund dieses letzten Merk-

---

9 ebd., 166; vgl. auch ders., RHPhR 1 (1921), 97-118.
10 K. GALLING, Die Erwählungstraditionen Israels.
11 Hos 12,10; 13,4.
12 K. GALLING, Die Erwählungstraditionen Israels, 12.
13 ebd., 36f; als Belege für die Exodustradition führt GALLING folgende Texte an: Ex 15; Jdc 5,31; Ps 114,2f; Dtn 26,5-10; Num 23,21f; Am 3,2; 2,9f; 9,7-10; Hos 13,4; 11,1; 6,1; 12,10; Mi 6,3-5; Jes 1,2; Jer 2,2-6; Ps 81,8-11; Ez 20,5f; Jes 40,1; 43,16-19; 51,9f; Ps 66,5-12; 103,6f; 80,9-12; 78,1-7; 106,12; 77,6-21; Jes 63,7-11.12.15; Ps 136,1-26; Jer 32,17-23; Ps 74,12-18; 44,2-4; als Belege für den Sinaibund: Ex 19,4-6;

Die Tradition von der Erwählung Israels in der Wüste 61

mals gibt BACH dieser Tradition den Namen "F*un*dtradition" (מצא). Für ihn ist dieser Überlieferungskomplex die ätiologische Antwort auf die Frage, wie es kommt, daß Israel Jahwes Volk und Jahwe Israels Gott ist. "Als Jahwe einmal durch die Wüste ging, fand er Israel, erkannte seinen Wert und nahm es in Besitz"[15]. Weil die Erwählung Israels auf ein Ereignis der frühesten Vergangenheit des Volkes zurückgeführt wird, erweist sich die Überlieferung als genuin israelitisch. Die Lokalisierung des Fundes in der Wüste ist für BACH zugleich ein entscheidendes Argument gegen die Auffassung, daß die Fundtradition von Anfang an den Exodus im Auge hat. Weil sie die Erwählung nicht vom Exodus her begründet, stellt sie eine eigenständige Erwählungstradition dar. Sie weist in keinem Punkt darauf hin, daß Israel vorher in Ägypten gewesen ist. BACH geht sogar so weit zu behaupten, daß die Fundtradition überhaupt nichts von einem Aufenthalt Israels in Ägypten weiß. Ebenso sieht die Fundtradition im Sinaibund nicht das für die Erwählung entscheidende Ereignis, denn die Sinaitradition ist ein erst relativ spät in das Ganze der Pentateuchüberlieferung einbezogener Fremdkörper[16]. "Wir müssen uns also in unseren Überlegungen freimachen von dem durch die Pentateuchüberlieferung in ihrer Endgestalt nahegelegten Geschichtsbild..."[17].

Da BACH eine Verbindung von Fund- und Exodustradition ablehnt, kommen für ihn als Heimat dieser Tradition "alle Stämme Israels in Betracht mit Ausnahme der Gruppen, die in Ägypten waren"[18]. Als zeitliche Möglichkeit ihres Aufkommens ist nur die Zeit vor der Ausdehnung der Auszugstradition möglich. Aus der Tatsache, daß das Exodusbekenntnis schon früh auf den Zwölfstämmeverband ausgeweitet wurde, schließt BACH, daß die Fundtradition sicherlich in die älteste Zeit

---

Am 9,10b; 5,14; Hos 8,1-3; Mi 2,6f; 3,11; Jes 28,14-22; Jer 14,9b.21; 7,22f; 31,31-33; Dtn 4,34f; Ez 20,5ff; 16,5.8.59.60.
14 R. BACH, Die Erwählung Israels in der Wüste.
15 ebd., 40.
16 ebd., 41f.
17 ebd., 42.
18 ebd., 43.

"israelitischer" Besiedlung Palästinas zu datieren ist. Innerhalb der traditionsgeschichtlichen Entwicklung in Israel führte sie ein "bescheidenes Winkeldasein"[19]. Die Übernahme in die offizielle israelitische Tradition wurde ihr verwehrt. Leider nennt BACH keine Gründe für diese Tatsache.

5. R. BACHS wichtige Arbeit hat in der Forschung eine unterschiedliche Beurteilung gefunden; es sind drei Positionen, die hier genannt werden können. Die erste hat die von BACH erarbeiteten Ergebnisse im wesentlichen übernommen. So ist auch für E. ROHLAND die Tradition von der Erwählung Israels in der Wüste eine selbständige Erwählungstradition, die das Seinsverständnis einer im Kulturland seßhaften Gruppe wiedergibt. Sie steht dem Kulturland positiv gegenüber, die Wüste betrachtet sie dagegen aus der Distanz und mit Schrecken. Sie wertet die Wüste nur insofern positiv, als Jahwe Israel dort gefunden hat[20]. Die Existenz der "Fundtradition" wird auch von H.W. WOLFF nicht geleugnet, der in ihr neben den Pentateuchüberlieferungen ein Sondergut sieht. Ihr besonderes Kennzeichen liegt darin, daß die Erwählung in der Wüste in der "Kostbarkeit" Israels für Gott begründet erscheint[21].

6. Die zweite Position wird von H. GESE vertreten. Er stimmt mit BACH insoweit überein, als er die Überlieferung von einer idealen Urzeit Israels, in der Jahwe Israel "gefunden" hat, nicht leugnet. In der traditionsgeschichtlichen Einordnung dieser Überlieferung unterscheidet sich GESE jedoch grundsätzlich von BACH, denn er sieht in ihr keine selbständige Erwählungstradition, sondern eine Uminterpretation der Sinaitradition.

---

19 ebd., 44.
20 E. ROHLAND, Die Bedeutung der Erwählungstraditionen Israels, 32; vgl. auch 34ff.
21 H.W. WOLFF, BK XIV/1, 212f; WOLFF sieht in der Fundtradition eine Bestätigung seiner These, daß Hosea esoterischen Kreisen zuzurechnen ist, die weniger bekannte Überlieferungen pflegten; er denkt dabei an die prophetisch-levitischen Gruppen (vgl. dazu H.W. WOLFF, Hoseas geistige Heimat, in: ders., Gesammelte Studien, 232-250, bes. 243ff).

Die Tradition von der Erwählung Israels in der Wüste   63

GESE nennt drei Kennzeichen der "Fundtradition", die auf die
Sinaitradition als ihr Vorbild schließen lassen: a) Die Orts-
bestimmung "in der Wüste"; b) Das Ereignis der Begegnung
Jahwe-Israel, das durch eine außerordentliche Variationsbrei-
te in der Formulierung gekennzeichnet ist; c) Das Idealverhältnis Israels zu Jahwe; es geht hier nicht um eine Beziehung Jahwes zu Israel an sich, sondern um ein personales Gegenüber, das den Gedanken der Untreue hier völlig ausschließt.
Die Entstehung dieser Tradition setzt eine lange Existenz im
Kulturland voraus, weshalb auch die Konzeption der israelitischen Heilsgeschichte als gegeben vorauszusetzen sei. In
dieser Tradition sind an die Stelle der üblichen Beschreibung der Sinaioffenbarung die Bilder der personalen Selbsterschließung Jahwes getreten. Zeitlich und theologisch ist
diese Uminterpretation der Sinaitradition an Hosea, Jeremia,
das Deuteronomium und Ezechiel gebunden[22].

7. Die dritte Position lehnt die Existenz einer eigenständigen "Fundtradition" ab. So gibt etwa C. BARTH zu, daß Hosea
und Jeremia nichts Negatives vom Verhalten Israels in der
Wüste berichten. "Aber aus diesem Schweigen sollte nun doch
nicht voreilig auf eine "positive" oder gar "idealistische"
Betrachtungsweise geschlossen werden. Beide Propheten scheinen die Wüstenzeit in perspektivischer Verkürzung als Anfang
und Auftakt zur Geschichte Israels gesehen zu haben: als
deren *Voraussetzung* und *nicht* als deren glanzvolle, erste
Episode"[23]. Der Akzent in den betreffenden Texten[24] liegt
nicht auf dem guten Verhalten Israels, sondern auf dem güti-
gen Verhalten Jahwes. Seine Taten geben der Wüstenzeit bei
Hosea und Jeremia einen so positiven Aspekt[25]. Eine Wüstentradition ohne negativen Aspekt hat es nach BARTH in Israel
nie gegeben. Teils wurde mehr der göttlichen Erwählung, teils
mehr Jahwes Heiligkeit gedacht[26]. BARTH rät deshalb gegen-

---

22 H. GESE, Bemerkungen zur Sinaitradition, in: ders., VSZZ, 31-48, bes.
   39-43.
23 C. BARTH, Zur Bedeutung der Wüstentradition, in: VT.S 15,19.
24 Jer 2,2b-3; Hos 2,16f; 9,10.
25 C. BARTH, Zur Bedeutung der Wüstentradition, in: VT.S 15,19f.
26 ebd., 23.

64   Hauptteil: Exegese der Textstellen

über der Annahme einer "idealistischen" Periode in der Geschichte der Wüstentradition zu größter Zurückhaltung.

8. Auch W. RUDOLPH lehnt die Existenz einer sogenannten Fundtradition entschieden ab. Die Verben מצא und ראה dürfen nach ihm nicht als Bausteine einer eigenständigen Tradition mißdeutet werden, denn sie bringen lediglich subjektives Empfinden zum Ausdruck. Zudem könnte leicht das Mißverständnis entstehen, als ob Israel auf Grund seiner Vorzüge und begehrenswerten Eigenschaften ausgewählt worden sei[27].

9. J. VOLLMER kommt ebenso wie BARTH und RUDOLPH zu dem Ergebnis, daß Hosea die positive Beurteilung der Wüstenzeit keiner Tradition entnommen habe. Sie ergab "sich für ihn zwangsläufig aus seiner kritischen Beurteilung von Israels Verhalten im Kulturland"[28]. Seine Auffassung deckt sich in diesem Punkt mit derjenigen von P. HUMBERT, für den der zweite Wüstenaufenthalt die logische Konsequenz aus dem Fehlverhalten Israels im Kulturland ist[29].

10. Die Existenz einer Fundtradition im Sinne R. BACHS wird auch von R. KÜMPEL abgelehnt[30]. Er hat zu zeigen versucht, daß es im Alten Testament eine מצא und eine עבד -Tradition gibt[31]. Den Urbestand der מצא-Tradition findet er in Gen 16,7-14. Nach einer ausführlichen Exegese dieser Verse sowie der übrigen in Frage kommenden Stellen[32] hält er als Ergebnis fest, daß die sogenannte Sondertradition von der "Erwählung Israels in der Wüste" in Wirklichkeit eine alte ismaelitische Stammesüberlieferung mit einem eigenen theologischen Programm ist[33]. Die עבד-Tradition glaubt er in Gen 18; II Reg 4,8-17;

---

[27] W. RUDOLPH, KAT XIII/1, 185; Bedenken gegenüber BACHS "Fundtradition" hat auch W. ZIMMERLI, BK XIII/1, 345f geäußert.
[28] J. VOLLMER, Geschichtliche Rückblicke, 126.
[29] Siehe oben S.59; im Gegensatz zu HUMBERT lehnt VOLLMER, Geschichtliche Rückblicke, 122f allerdings ein nomadisches Ideal ab.
[30] R. KÜMPEL, Die Berufung Israels.
[31] ebd., 18f.
[32] ebd., 21f; 31f.
[33] ebd., 31.

Die Tradition von der Erwählung Israels in der Wüste

Ez 16,3ff; I Reg 19,19-21; Ex 34,4-11; 33,18-23; I Reg 19,9-18; Am 5,17 und in Hos 10,11 zu finden. Nach KÜMPEL handelt es sich bei ihr um eine alte Theophanieüberlieferung, die in ihrer ältesten erkennbaren Form ihren Sitz als Heiligtumslegende in Mamre hatte. Sie beschreibt in ihrer ursprünglichen Form die erste Begegnung eines Menschen mit der noch unbekannten Gottheit. Später wurde sie auf andere heilige Stätten übertragen und erfuhr eine mehr oder weniger starke Umwandlung[34].

Der Überblick über die bisherige Arbeit an der Wüstenerwählungstradition zeigt, daß die besondere Rolle des Motivs vom Finden Israels in der Wüste sehr deutlich erkannt worden ist. Umstritten bleibt jedoch, wie dieses Motiv traditionsgeschichtlich einzuordnen ist. Gehört es zur Exodus- (GALLING) oder Sinaitradition (GESE) oder haben wir es mit einer ismaelitischen Stammestradition (KÜMPEL) zu tun? Haben wir in diesem Motiv eine eigenständige Erwählungstradition vor uns (BACH) oder nicht (BARTH)? Umstritten bleibt auch, wie dieses Motiv zu interpretieren ist. Während die älteren Ausleger das Motiv im Sinne eines nomadischen Ideals sehen (BUDDE, HUMBERT), interpretieren es die neueren Ausleger als Zeichen des Neuanfanges in der Beziehung Israels zu seinem Gott (BACH u.a.). Die unterschiedlichen und sich z.T. widersprechenden Meinungen zur Wüstenerwählungstradition bei Hosea müssen nun an Hand der dafür in Frage kommenden Texte untersucht und auf ihren Wahrheitsgehalt hin überprüft werden[35].

---

34 ebd., 55f.
35 Die zu exegesierenden Texte sind: 9,10-17; 10,1-2; 10,11-13a; 11,1-7; 13,4-8; 2,16f; 12,10; dazu siehe D. KINET, Ba^{c}al und Jahwe, 96ff. 168ff.

II. Die Liebe Jahwes zu seinem Volk und Israels Treulosigkeit:
    Hos 9,10-17 - Num 25,1-5

1.   Übersetzung und textkritische Anmerkungen

10) Wie Trauben in der Wüste fand ich Israel,
    wie eine Frühfeige^a eines Feigenbaumes als seinen
    Erstling^b schaute ich eure Väter^c.
    Sie kamen nach Baal Peor
    und weihten sich dem Götzen^d.
    Sie wurden zum Abscheu gleich ihrem Liebhaber^e.

11) Ephraim ist wie ein Vogel,
    seine Ehre fliegt davon.
    Ein Ende dem Gebären, ein Ende der Schwangerschaft,
    ein Ende der Empfängnis.

12) Auch wenn sie ihre Söhne großziehen,
    will ich sie kinderlos machen, daß niemand mehr da ist;
    denn auch wehe ihnen, wenn ich von ihnen weiche^f.

13) Ephraim, wie ich sehe^g,
    hat seine Söhne zum Jagdwild gemacht^h, Ephraim zieht
    hinaus,
    um seine Söhne zu töten.

14) Gib ihnen, Herr, was wirst du geben?
    Gib ihnen einen unfruchtbaren Mutterleib und vertrocknete
    Brüste.

15) All ihre Bosheit war in Gilgal,
    denn dort habe ich sie gehaßt.
    Wegen der Schlechtigkeit ihrer Taten werde ich sie aus
    meinem Haus vertreiben.
    Ich will sie weiterhin nicht mehr lieben^i,
    all ihre Führer sind störrisch.

16) Ephraim ist geschlagen,
    seine Wurzel vertrocknet,
    Frucht bringen sie nicht mehr.

Die Tradition von der Erwählung Israels in der Wüste   67

    Auch wenn sie gebären,
    töte ich ihres Leibes Lieblinge.
17) Mein Gott^j wird sie verwerfen,
    denn sie haben nicht auf ihn gehört.
    Sie werden umherirren unter den Völkern.

a   LXX gibt בכורה mit σκοπός ("der Wächter, Späher") als
    Bild für die Frühfeige wieder (vgl. RUDOLPH, KAT XIII/1,
    181).
b   In בראשיתה liegt wohl eine interpretierende Glosse zu
    בכורה vor (so u.a. RUDOLPH, KAT XIII/1, 181; WOLFF, BK
    XIV/1, 207f; ROBINSON, HAT 14, 36; INA WILLI-PLEIN, Vor-
    formen der Schriftexegese, 1979), denn בראשיתה
    stört das Metrum; es kann entweder mit "als sein Erst-
    ling" oder "in seinem Anfang" übersetzt werden; das
    Suffix bezieht sich auf בכורה ; die Glosse soll die Kost-
    barkeit des Feigenbaums und seiner Frucht deutlich her-
    vorheben.
c   LXX, V lesen אבותיהם.
d   LXX, V geben לבשת mit εἰς αἰσχύνην bzw. in confusionem
    wieder.
e   INA WILLI-PLEIN, Vorformen der Schriftexegese, 180 über-
    setzt V.10bß mit "Und die Götzen wurden ihr Liebhaber";
    sie vermutet in כאהבם eine Verlesung von מְאַהֲבָם;
    zudem bezeichne שקוצים außer an dieser Stelle immer
    Götzen, nicht aber deren Verehrer; es sei deshalb unwahr-
    scheinlich, daß gesagt werden solle, die Israeliten seien
    שקוצים geworden; - LXX, V sprechen jedoch für die Les-
    art כאהבם (ὡς; sicut); LXX liest Plural (פַּאֲהָבִים).
f   בשורי מהם wird von den Versionen im Konsonantenbestand
    bestätigt (INA WILLI-PLEIN, Vorformen der Schriftexegese,
    181); hier liegt eine Schreibvariante שׂ für ס vor.
g   ROBINSON, HAT 14, 36 liest פַּאֲיֶלֶת ("wie eine Hinde") für
    כאשר־ראיתי ; diese Lesart ist jedoch unnötig, denn
    ראיתי ist durch die Versionen gut bezeugt.
h   Schwierigkeiten in der Übersetzung und im Verständnis
    bereitet V.13a: "... nach/zu Tyrus, eingepflanzt in Wei-

68   Hauptteil: Exegese der Textstellen

    deland"; den passendsten Text bietet LXX: לְצַיִד שָׁת לָהֶם
    בָּנָיו , obwohl bei ihr nicht auszuschließen ist, daß
    hier eine Korrektur nach dem Kontext vorliegt; der Vor-
    schlag RUDOLPHS, KAT XIII/1, 182f, לְצִיוֹר von arab. ṣawr
    "Palmsetzling, junge Palme" zu lesen, paßt nicht recht
    in den Kontext, zudem begegnet צִיוֹר sonst nie im Alten
    Testament.
i   Hier erscheint an Stelle des Kohortativs die mit לֹא (!)
    verneinte Jussivform (לֹא אָקוּמָה) - vgl. GK § 109d.
j   LXX liest אלהים.

2.   Gliederung und Aufbau von Hos 9,10-17

Hos 9,10-17 zeigt einen sehr kunstvollen Aufbau. V.10 kann
als Überschrift dieses Abschnittes angesehen werden, denn er
sagt, daß es hier um Gottes liebevolle Zuwendung zu seinem
Volk (10a) und um Israels Abkehr (10b) von seinem Gott geht.
V.11-13 beschreiben die furchtbaren Folgen der Abkehr: Verlust der Ehre (11a), Kinderlosigkeit (11b.12a.13) und Gottverlassenheit (12b). V.14 beschließt den Abschnitt mit der
Bitte Hoseas um Strafe für das Volk. Er unterstützt die
Strafandrohung Jahwes, das Volk kinderlos werden zu lassen
und damit dem Tod preiszugeben. Der zweite Abschnitt V.15-17
ist zu den Versen 10-14 parallel aufgebaut. V.15 beschreibt
die Abkehr Israels von Jahwe und nimmt damit auf V.10b Bezug.
V.16 schildert die Folgen der Abkehr (Kinderlosigkeit) und
bezieht sich damit auf V.11-13. Ebenso wie der erste Abschnitt schließt der zweite mit der Bitte Hoseas um Strafe
für das Volk (V.17).

Die Tradition von der Erwählung Israels in der Wüste 69

```
I.  Gottesrede: 10a   Überschrift: Gottes Zuwendung zu Israel
                                                (Erwählung)
    "         : 10b   Israels Abkehr: [Baal Peor]

    "         : 11a   Die Folgen: Verlust der Ehre
    "         : 11b               Kinderlosigkeit
    "         : 12a               Kinderlosigkeit
    "         : 12b               Kinderlosigkeit + Gottverlassenheit
    "         : 13a               Kinderlosigkeit
    "         : 13b               Kinderlosigkeit

    Hosea     : 14a ⎫ Bitte Hoseas um Strafe für das Volk
    "         : 14b ⎭             (Verwerfung)

II. Gottesrede: 15a   Israels Abkehr: [Gilgal]
    "         : 15b

    "         : 16a   Die Folgen: Tod
    "         : 16b

    Hosea     : 17a ⎫ Bitte Hoseas um Strafe für das Volk
    "         : 17b ⎭             (Verwerfung)
```

Der kunstvolle Aufbau zeigt, daß wir es hier mit einem einheitlichen Text zu tun haben, ein Auseinanderreißen der Verse ist nicht notwendig[36]. Die Unerbittlichkeit der Strafe in V.16 ist im Gegensatz zu dem Durchschimmern des göttlichen Mitleids in V.11-13 kein stimmungsmäßiger Umbruch[37], sondern die folgerichtige Konsequenz aus dem schuldvollen Verhalten Israels. Auch der Wechsel von "Ephraim" (V.11.13.16) und

---

36 RUDOLPH, KAT XIII/1, 180f hat die Reihenfolge: V.10.16a.11.16b.12.13. 14.15.17. - Auch J. JEREMIAS, ATD 24/1, 121, sieht in V.10-17 eine "unlösliche Einheit".
37 So RUDOLPH, KAT XIII/1, 183f.

Hauptteil: Exegese der Textstellen

"Israel" (V.10) ist kein Argument gegen die Einheitlichkeit[38], denn er begegnet im Hoseabuch ständig[39].

3. Exegese von 9,10-17

V.10 beschreibt die liebevolle Zuwendung Jahwes zu Israel, das er "wie Trauben in der Wüste" fand. Durch dieses Bild wird das Überraschende und Freudige des Fundes hervorgehoben, was ebenso in V.10aβ mit dem Bild von der Frühfeige zum Ausdruck gebracht wird. Nach SELLIN sind die Trauben in der Wüste ein "vollständiger Nonsens"[40], weshalb er statt כַּעֲנָבִים die Lesart בְּאֶשְׁכֹּל "am Beerenbüschel" vorschlägt. Dieser Vorschlag ist nicht nur auf Grund von textkritischen - LXX (Ὡς σταφυλήν) und V (Quasi uvas) bezeugen כַּעֲנָבִים - sondern auch aus sachlichen Gründen abzulehnen, denn mit dem Vergleich "Trauben in der Wüste" gehen Bild und Sache ineinander über. "Hosea dachte zuerst an das ungetrübte Verhältnis zwischen Jahwe und Israel in der Wüste und versuchte dann, dasselbe in einem Bilde darzustellen, ohne jedoch die Wüste aus dem Bilde heraushalten zu können oder auch nur zu wollen; denn völlig sinnlos sind die "Trauben in der Wüste" ohnedies nicht..."[41].

"Trauben" und "Feigen" begegnen außerdem noch in Jer 8, 13, wo die Erfahrung Jahwes, daß an Israel nichts Gutes zu finden ist, in das Bild des unfruchtbaren und kranken Weinstocks und Feigenbaums gekleidet wird[42]. Weinstock und Feigenbaum stehen sinnbildlich für Fruchtbarkeit und den Reichtum Palästinas[43]. So beschwert sich in Num 20,5 die Gemeinde bei Mose, daß sie in ein Land geführt wird, wo es weder Feigenbaum noch Weinstöcke gibt. Wie begehrenswert und kostbar die Frühfeigen sind, machen Jes 28,4; Jer 24,1 deutlich[44].

---

38 INA WILLI-PLEIN, Vorformen der Schriftexegese, 178f.
39 Vgl. etwa Hos 12,1 mit 12,2; Hos 12,9.15 mit 12,14.
40 E. SELLIN, Zwölfprophetenbuch, ¹1922, 76.
41 R. BACH, Die Erwählung Israels, 18.
42 W. RUDOLPH, HAT 12, 63.
43 Vgl. etwa Dtn 8,8, aber auch Joel 1,7; 2,22; Hab 3,17; Sach 3,10;
44 Vgl. auch Mi 7,1.   Prov 27,18.

Die Tradition von der Erwählung Israels in der Wüste 71

Der Vergleich Israels mit den Früchten soll also hervorheben, wie *froh* Jahwe über den Fund Israels und vor allem wie *wertvoll* das Volk für ihn war. Das wird auch durch die Verben מצא und ראה zum Ausdruck gebracht. מצא findet sich im Zusammenhang mit der Wüste vor allem bei Jeremia und im Deuteronomium[45]. אבותיכם am Ende von V.10a macht deutlich, daß hier an die Zeit vor der Landnahme, die Wüstenzeit, gedacht ist.

Während V.10a die tiefe Zuneigung Jahwes zu seinem Volk beschreibt, hebt V.10b Israels Treulosigkeit hervor. Das betont am Anfang stehende המה bringt den Gegensatz zwischen Jahwes Liebe und Israels Abfall zum Baal Peor deutlich zum Ausdruck. Hosea bezieht sich hier auf die in Num 25,1-5 berichtete Überlieferung von Israels Abfall zum Kult Baal Peors. Israel lagert in Šiṭṭim[46] und läßt sich mit den Töchtern Moabs ein (V.1b). Sie beteiligen sich an Opfern für den moabitischen Gott (2a), beten ihn an (2bβ), dienen ihm (3a) und pflegen enge Gemeinschaft mit den Moabitern (2bα). Jahwes Zorn ist deshalb entbrannt, er will alle, die Baal Peor gedient haben, töten (V.5).

Šiṭṭim ist in Jos 2,1; 3,1 der Ausgangspunkt der Landnahme; von hier aus schickt Josua zwei Kundschafter aus, die Palästina und Jericho erkunden sollen; nach ihrer Rückkehr beginnt der Aufbruch ins verheißene Land. Aus Num 33,49 geht hervor. daß Šiṭṭim (nur hier kommt der Ort in der vollen Form אָבֵל הַשִּׁטִּים vor) in Moab lag (vgl. Mi 6,5); nach den Angaben des Hieronymus lag der Ort sechs römische Meilen (ca. 9 km) vom Toten Meer entfernt neben Livias (*Tell er-Rāme*, Koordinaten 212.137): "Est autem locus iuxta Liuiadem trans mare mortuum, sexto ab ea distans miliario, ubi quondam cum Madianitis fornicatus est Israel"[47]. Euseb gibt lediglich an, daß der Ort in Moab lag[48]; die Angaben bei Hieronymus und Fl. Josephus

---

45 Jer 2,5; 31,2; Dtn 32,10; vgl.auch Hos 5,6 mit Jer 29,14; die Verbindung מָצָאתִי חֵן findet sich oft im Alten Testament; Gen 50,4; Ex 33,13. 16; 34,9; Num 11,15; 32,5; Jdc 6,17; I Sam 20,3.29; 27,5 u.ö.; zu ראה siehe Jer 2,5; 13,27.
46 Hos 5,2.
47 Kom. zu Joel 3,18 (CChr.SL 76,207).
48 Onomastikon 10,28f; 154,9-11; zu den Angaben bei Flavius Josephus vgl. CHRISTA MÖLLER/G.SCHMITT, Siedlungen Palästinas nach Flavius Josephus,1f.

führen zum *Tell el-Kefrēn* (211.139), 9 km östlich des Jordans gelegen. Auf Grund dieser Nachrichten kann er wohl mit Šiṭṭim gleichgesetzt werden; von hier aus hat man einen ausgezeichneten Blick ins Jordantal[49]; auf ihm wurde Keramik aus der eisenzeitlichen, römischen und byzantinischen sowie der arabischen Epoche gefunden[50]; der Gleichsetzung von Šiṭṭim mit *Tell el-Kefrēn* folgen: MALLON[51], ABEL[52], NOTH[53], de VAUX[54], ALBRIGHT[55]; GLUECK dagegen möchte Šiṭṭim mit dem bedeutend größeren *Tell el-Ḥammām* gleichsetzen, der während der Eisenzeit der Hauptort dieser Gegend war. P.-M. SEJOURNE sucht dagegen Šiṭṭim näher am Jordan, bei *Ḫirbet Suwēme* (206.131)[56].

Die Baal-Peor-Geschichte ist in Num 25,1-5 als Fragment überliefert, denn der Schluß, aus dem Absicht und Ziel des Ganzen hervorgehen müßte, fehlt[57]. Er wurde durch die als "sekundäre Pentateuchwucherung"[58] hinzugekommene Pinehas-Geschichte (Num 25,6ff) verdrängt. Die Aufnahme der Baal-Peor-Geschichte in die Pentateucherzählung läßt sich wohl damit erklären, daß das Heiligtum des Baal Peor auch bei den israelitischen Stämmen hohes Ansehen genoß. Es ist anzunehmen, daß mindestens die wichtigen mittelpalästinischen Stämme das Heiligtum besuchten, wodurch die dort haftenden Überlieferungen in weite Kreise gelangten. Durch seine besondere geographische Lage hatte der Kult des Baal Peor sicherlich mehr als nur lokale Bedeutung, denn er war ein *Grenzheiligtum*, an dem sich die Völker trafen; im Norden wohnte der Stamm Gad, im Süden waren die Moabiter seßhaft, den Osten bevölkerten die nomadischen Midianiter und im Westjordanland saßen die

---

49 ABEL, RB 40 (1931), 216f.
50 J. MELLAART, ADAJ 6/7 (1962), 152f.
51 Bib. 10 (1929), 223f und JPOS 11 (1931), 57.
52 RB 40 (1931), 216f.
53 PJ 36 (1940), 9-11; ZAW 60 (1944), 26f; anders jedoch in ZDPV 73 (1957), 22; ATD 7, 171; Überlieferungsgeschichte, 81, wo er der Identifikation mit dem *Tell el-Ḥammām* (214.138) den Vorzug gibt.
54 RB 50 (1941), 40.
55 AASOR 6 (1924/25), 49.
56 N. GLUECK, BASOR 91 (1943), 11-18; dazu J. MUILENBURG, BASOR 140 (1955), 16; P.-M. SÉJOURNÉ, RB 2 (1893), 122.
57 Vgl. dazu M. NOTH, Überlieferungsgeschichte, 80-86.
58 ebd., 81.

israelitischen Stämme. Das berühmte Heiligtum des Baal Peor spielte somit eine bedeutende Rolle und das ist wohl auch der Grund, warum die Baal-Peor-Geschichte mit dem Thema der "Hineinführung in das Kulturland" verknüpft wurden.

Der Haftpunkt des Kultus des Baal Peor war ein Ort gleichen Namens (בֵּית פְּעוֹר). Die alttestamentlichen Stellen stimmen darin überein, daß Beth Peor jenseits des Jordans im Land Moab zu suchen ist (Dtn 4,46; 34,5f; Num 23,28; Jos 13,20). Nach Dtn 3,29 lag Beth Peor in der Nähe eines Tales, für dessen Lokalisierung Beth Peor als markanter Punkt benutzt wurde. Nach den Angaben des Euseb lag Beth Peor sechs römische Meilen oberhalb Livias (*Tell er-Rāme*): Βεθφογόρ (Jos 13,20). πέραν τοῦ Ἰορδάνου, πόλις υἱῶν Ῥουβίν, πλησίον τοῦ Φογόρ ὄρους, ἀπέναντι Ἱεριχώ, ἀνωτέρω Λιβιάδος σημείων ς' [59]; ein erster Identifizierungsvorschlag wurde 1907 von A. MUSIL vorgetragen. Er glaubte, Beth Peor mit *Ḫirbet esch-Schēḫ Dschajīl* gleichsetzen zu können[60]; O. HENKE[61] versuchte 1959 vergeblich, die Angaben MUSILS zu überprüfen. Eine *Ḫirbet esch-Schēḫ Dschajīl* war in der Gegend unbekannt; dafür wurde ihm die *Ḫirbet el-Mḥaṭṭa* gezeigt, die wohl mit MUSILS *Ḫirbet esch-Schēḫ Dschajīl* identisch ist. Da HENKE dort nur wenige eisenzeitliche Stücke fand, ist die Identifikation mit Beth Peor nicht sehr wahrscheinlich. Er schlug deshalb die *Ḫirbet ꜥAjūn Mūsa* vor, eine kleine, aber starke moabitische Festung mit einem beachtlichen eisenzeitlichen Keramikbefund. "... der ganze Hang ist übersät mit eisenzeitlichen Scherben"[62]. Schwach vertreten sind hellenistische, römische und byzantinische Keramikreste[63]. Noch heute spielt sich durch das *Wādi ꜥAjūn Mūsa* ein erkennbarer Fußgänger- und Lastenelverkehr ab. HENKE beobachtete Einwohner von *Mādeba*, die ihre Ernte auf diesem Weg aus dem Jordantal heraufschafften. "Hier kann also sehr wohl in alter Zeit ein Haltepunkt an diesem Weg gewesen

---

59 Onomastikon 48,3-5.
60 A. MUSIL, Arabia Petraea I Moab, 348.
61 ZDPV 75 (1959), 155-163.
62 ebd., 161.
63 Vgl. auch AASOR 15 (1935), 110.

sein, an dem sich Tal- und Hochlandbewohner, Israeliten und
Moabiter begegneten und an dem auch ein von beiden Seiten
benutztes Grenzheiligtum seinen Platz gehabt haben kann..."[64].
Diese Angaben sprechen sehr für die Identifizierung von Beth
Peor mit Ḥirbet ʿAjūn Mūsa, zumal in der Nähe dieser alten
moabitischen Anlage starke Quellen zu finden sind. Euseb kann
diese Ḥirbe nicht gemeint haben, denn die Entfernung von
Livias ist zu groß . Es ist möglich, daß zu seiner Zeit der
Name Beth Peor abgewandert ist von der bedeutungslos gewor-
denen Ḥirbet ʿAjūn Mūsa zu der heutigen Ḥirbet el-Mḥaṭṭa.

An dem Kult des Baal Peor hat sich nach Hosea Israel versündigt. Es hat sich an Stelle von Jahwe als seinem Herrn dem
Götzen Baal Peor geweiht und wird deshalb zuschanden werden[65].
Damit hat Hosea den tiefen Graben zwischen der Liebe Jahwes
und der Untreue Israels aufgezeigt. Der Freude Jahwes über
Israel steht die gedankenlose Abweisung durch sein Volk gegenüber. Es hat den Respekt, den Jahwe ihm entgegenbrachte,
weder geachtet noch erkannt.

Die furchtbaren angedrohten Folgen (V.11-13), die sich aus
der Treulosigkeit Israels ergeben, sind Verlust der Ehre
(11a)[66], Kinderlosigkeit (11b.12a.13)[67] und Gottverlassenheit (12b). Sie kommen einem Todesurteil Ephraims gleich.
Diesen Plan Jahwes unterstützt Hosea (V.14)[68].

Woran Hosea in V.15-17 dachte, läßt sich nur schwer entscheiden. Der parallele Aufbau dieses Abschnittes zu V.10-
14 spricht dafür, daß er hier an eine Versündigung Israels
dachte, die derjenigen in Beth Peor vergleichbar ist.

---

64 HENKE, ZDPV 75 (1959), 162.
65 Jes 42,17; zu שקוץ vgl. Jer 16,18; 32,34; Ez 5,11.
66 Hosea verwendet das Vogelbild oft: 2,20; 4,4; 7,12; in 9,11 ist das
   Vogelbild Zeichen der Unverläßlichkeit Israels (vgl. auch 12,2, wo
   dasselbe mit dem Bild des Windes ausgesagt wird).
67 Zur Stilform der irrealen Synchorese in V.11f vgl. H. GESE, VT 12
   (1962), 436ff.
68 רחם משכיל   (V.14) bezieht sich zurück auf ושכלתים מאדם   (V.12a).

Die Tradition von der Erwählung Israels in der Wüste   75

Deutlich ist, daß Hosea mit V.15-17 unterstreichen möchte, wie weit sich das Volk von Jahwe entfernt hat. Weil das Volk nicht auf seinen Herrn gehört hat (17aβ)[69], wird er es vertreiben (15aβ), nicht mehr lieben (15bα) und dem Tod preisgeben (16b). Hosea weiß, daß Jahwe sein Volk verwerfen wird[70] und daß es unter den Völkern umherirren wird[71].

Hos 9,10-17 beschreibt den Gegensatz zwischen der Liebe Jahwes zu seinem Volk und Israels Treulosigkeit. Der Abschnitt beginnt in V.10 mit einem Rückblick auf die Wüstenzeit, was bereits in V.10a durch במדבר deutlich wird. Es gehört zwar syntaktisch zu ענבים, der Sache nach deutet es jedoch auf den Ort, wo Gott Israel fand, "da man ja Früchte in der Wüste nur finden kann, wenn man selbst dort ist"[72]. In der Wüste hat sich Jahwe seinem Volk liebevoll zugewandt, dort empfand er Freude und Stolz über diesen Fund. Das Volk erwiderte die Liebe seines Gottes zunächst, doch bereits bei dem ersten Kontakt mit dem Kulturland wird Israel untreu und hört nicht mehr auf seinen Gott. Weil sie in Beth Peor und Gilgal der Versuchung fremder Götter erliegen, zerbricht dort die innige Gemeinschaft der Wüstenzeit. Israel soll deshalb bestraft werden. Hosea stimmt der Strafe zu. "Der letzte Grund für das Ja des Propheten zu diesem Schicksal seines Volkes, das ihm sicher schwer genug geworden ist, liegt in dem Wort "mein Gott" beschlossen: der Gott, den er kennt, weiß, was er tut, wenn er sein Volk diese harte Straße führt"[73].

---

69 כִּי לֹא שָׁמְעוּ לוֹ findet sich ähnlich in Num 14,22; Jdc 2,20; Jer 9,12 (בְּקֹלִי); Jer 32,23 (בְּקוֹלֶךָ); Jos 5,6; II Reg 17,14.40; 21,9; Jer 7,28; 43,7; Ps 106,25 (בְּקוֹל יהוה); Jer 7,26; 35,16 (אֵלַי); Jer 34,14 (אֲבוֹתֵיכֶם אֵלָי); Jer 29,19 (אֶל דְּבָרַי).
70 מאס mit Jahwe als Subjekt: Jer 2,37; 6,30; II Reg 23,27; Lev 26,44; Hi 8,20; 36,5.
71 H. BRAUN, ZThK 48 (1951), 32-38 hat die Formulierung der LXX καὶ ἔσονται πλανῆται ἐν τοῖς ἔθνεσιν (V.17) mit derjenigen bei Sophokles Οἰδίπους πλανήτης verglichen. Er stellt fest, daß der Hauptunterschied zwischen Ödipus und den Israeliten darin besteht, daß Hosea nicht wie Sophokles Sympathie für den leidenden Ödipus wecken, sondern warnen möchte; die Israeliten werden durch Jahwe verstoßen.
72 C.F. KEIL, Biblischer Commentar, 89; anders VOLLMER, Geschichtliche Rückblicke, 81, der glaubt, daß der Bezug zur Wüstenzeit erst aus V.10b eindeutig hervorgehe.
73 W. RUDOLPH, KAT XIII/1, 189.

III. Der Niedergang des üppigen Weinstocks Israel: Hos 10,1-2

1. Übersetzung und textkritische Anmerkungen

1) Ein üppiger Weinstock war Israel,
   Früchte brachte er hervor[a].
   Je mehr Früchte[b] er brachte,
   desto zahlreicher wurden die Altäre.
   Je schöner sein Land[b] wurde,
   desto schönere Malsteine machten sie.

2) Ihr Herz ist trügerisch,
   nun werden sie büßen[c],
   er wird ihre Altäre umstürzen,
   er wird ihre Malsteine verwüsten.

a RUDOLPH, KAT III/1, 191 leitet שׁוה im Anschluß an H.S. NYBERG, Studien zum Hoseabuch, 71f von arab. swj "reif, gar machen" ab; MARTI, Dodekapropheton, 78 liest נָאֲוָה an Stelle von יְשֻׁוֶּה .

b LXX und V sprechen für לְפִרְיוֹ bzw. לְאַרְצוֹ und nicht für לוֹ פִרְיוֹ bzw. לוֹ אַרְצוֹ .

c LXX und V lesen יִשַּׁמּוּ von שָׁמַם (ἀφανισθήσονται /interibunt).

2. Exegese von 10,1-2

V.1f bilden insofern eine kleine Einheit als in V.3f durch die Einführung des Themas "Königtum" ein neuer Abschnitt gegeben ist. V.1a vergleicht im synthetischen Parallelismus Israel mit einem üppigen Weinstock, der viele Früchte hervorbrachte. Durch diesen Vergleich findet 9,10-17 eine unmittelbare Fortsetzung, denn auch dort benutzt Hosea das Bild von den Trauben (V.10) und dem Weinstock (V.16)[74].

---

[74] A. van HOONACKER, Les douze petits prophètes, 95: "...c'est le discour du ch.IX qui continue"; HITZIG/STEINER, Die zwölf kleinen Propheten, 46; WOLFF; BK XIV/1, 224.

Die Tradition von der Erwählung Israels in der Wüste 77

גֶפֶן בּוֹקֵק übersetzt KBL¹ mit "verkommend, verwildernd"[75] und
KBL³ mit "wuchern"[76]; die erste Übersetzung (KBL¹) paßt jedoch nicht in den Kontext, denn Weinstöcke, die viele Früchte
hervorbringen, können schwerlich als verkommen oder verwil-
dert angesehen werden. Man wird deshalb am besten בּוֹקֵק
im Anschluß an GESENIUS von arab. *baqqa* "spalten, ausbreiten", ableiten[77]. LANE gibt darüber hinaus die Bedeutung
von *baqqa* im Sinne von "unaufhaltsam tätig sein" an, was hier
sehr gut paßt[78]. Israel war wie ein prächtiger Weinstock, der
nicht müde wurde, schöne und ansehnliche Früchte hervorzu-
bringen. Da sich V.1f unmittelbar an 9,10-17 anschließt,
wird das Volk und nicht das Land - wie es etwa von J. WELL-
HAUSEN interpretiert wird - mit einem reichlich tragenden
Weinstock verglichen[79].

V.1b parallelisiert die große Anzahl der Früchte und die
Schönheit des Landes mit den immer zahlreicher werdenden Altären und Malsteinen, die Israel zum Verhängnis werden. An
anderer Stelle sagt Hosea, daß das Volk durch die Altäre zur
Sünde verführt wird (8,11). Sie werden deshalb von Jahwe
zerstört und den Steinhaufen an den Ackerfurchen gleichge-
macht werden (12,12). Es wird eine lange Zeit ohne Malsteine
leben und auskommen müssen (3,4).

V.2 zeigt, was aus Israel geworden ist und daß es dafür
bestraft werden muß. Weil das Volk trügerisch geworden und
der Lüge verfallen ist, muß es büßen[80]. Jahwe wird ihre Altäre zerbrechen. Nach MARTI darf הוּא jedoch nicht auf Jahwe
bezogen werden, weil er hier selber spricht. הוּא kann nur
Israel sein, das selbst noch zu der Einsicht von der Nutz-
losigkeit seines Kultus kommen soll[81]. Diese Exegese bleibt

---

75 ebd., 144; zu בקק im Sinne von "verheeren, verwüsten" siehe Jes 24,1;
   Nah 2,3.
76 ebd., 144.
77 GESENIUS, 110; so auch WOLFF, BK XIV/1, 221f.
78 LANE, 233; vgl. auch HUMBERT, ZAW 21 (1950), 200.
79 J. WELLHAUSEN, Die Kleinen Propheten, 124: "...der Vergleich geht auf
   die Fruchtbarkeit des Landes, nicht des Volkes"; so auch P. RIESSLER, Die
   kleinen Propheten, 46 und NOWACK, Die kleinen Propheten, 60.
80 vgl. Hos 5,15.
81 K. MARTI, Dodekapropheton, 78; er liest deshalb auch מִזְבְּחוֹתָיו
   und מַצֵּבוֹתָיו.

jedoch sehr fraglich, denn es ist Hoseas feste Überzeugung, daß Jahwe allein das Gericht an seinem Volk vollziehen kann. Ohne Jahwes Hilfe kann Israel nie aus seiner aussichtslosen Situation herausgeführt werden[82]. Auch MARTIs Vermutung, daß V.2a ein Zusatz sei, ist auf Grund der guten Einbettung in den Kontext nicht sehr wahrscheinlich[83].

Hos 10,1-2 blickt in eine Zeit zurück, in der Israel so kostbar und so nützlich wie ein üppiger Weinstock war. Dieser Vergleich erinnert deutlich an 9,10-17, wo ebenfalls der Wert Israels für Jahwe hervorgehoben wurde. Daraus läßt sich folgern, daß Hosea hier nicht an eine unbeschwerte Zeit im Kulturland[84] denkt, sondern auch noch die Wüstenzeit im Auge hat, denn dort konnte Israel nicht durch die vielfältigen und zahlreichen Gaben des Kulturlandes in Versuchung geführt werden. Sachlich erinnert 10,1-2 an 2,4-15, denn auch dort heißt es, daß Israel an den Gaben Palästinas Anteil hat. Es erkennt aber nicht, daß sie allein von Jahwe und nicht von Baal stammen. Je verwurzelter Israel im Kulturland wird, um so mehr entfernt es sich von seinem Herrn und richtet sich dadurch selbst zugrunde, weil es dem Baalsgötzendienst mehr vertraut als der Liebe und Fürsorge Jahwes.

IV.   Die gelehrige Jungkuh Ephraim: Hos 10,11-13a

1.   Übersetzung und textkritische Anmerkungen

11) Und[a] Ephraim war eine gelehrige Jungkuh,
   die es liebte[b] zu dreschen.
   Als ich vorüberkam[c] an ihrem schönen Hals,
   wollte ich Ephraim als Zugtier benutzen,
   Juda[d] sollte pflügen[e],
   Jakob sollte für es eggen.

---

82 Vgl. etwa Hos 2,4-16.
83 K. MARTI, Dodekapropheton, 79.
84 Relativ gut ging es Israel während der Regierungszeit Jerobeams II.

Die Tradition von der Erwählung Israels in der Wüste   79

12) Säet euch Gerechtigkeit,
    erntet in Gnade[f],
    brecht euch einen Neubruch,
    es ist Zeit[g], den Herrn zu suchen,
    bis daß er kommt und euch Gerechtigkeit regnen läßt.
13a) Ihr habt Bosheit gepflügt[h],
    Ungerechtigkeit habt ihr geerntet,
    Frucht der Lüge habt ihr gegessen.

a LXX und V lassen ו aus.

b Jod compaginis (vgl. GK § 90 k,l).

c BHS schlägt vor, עֲבַרְתִּי עֹל zu lesen; er vermutet wohl, daß עֹל durch Haplographie ausgefallen sei; so auch K. MARTI, Dodekapropheton, 83; W. NOWACK, Die kleinen Propheten, 63f; RUDOLPH, KAT XIII/1,201 liest ähnlich עֹל עָבְרָתָּ ; so auch INA WILLI-PLEIN, Vorformen der Schriftexegese, 191; ROBINSON, HAT 14, 40 und VOLLMER, Geschichtliche Rückblicke, 72 ergänzen עֹל; obwohl sich das Bild vom Joch bei Hosea noch in 11,4b findet, sollte man den Text doch so belassen, da er durch LXX,V gestützt wird; auch WOLFF, BK XIV/1, 232 ändert den Text nicht.

d INA WILLI-PLEIN, Vorformen der Schriftexegese, 191f streicht "Juda", weil "Ephraim" und "Jakob" austauschbar sind und damit in einem synonymen Parallelismus stehen, was die Lesung "Juda" ausschließt; "Juda" wird auch von ROBINSON, HAT 14, 40 gestrichen; nach GRACE I. EMMERSON, Hosea, 85f wurde "Juda" später eingefügt; RUDOLPH, KAT XIII/1, 200f liest שָׂדֵהוּ "daß es sein Feld pflüge"; nachdem שׂ durch Haplographie ausgefallen war, konnte aus יהדו leicht יהודה werden; alle diese Vorschläge haben LXX,V gegen sich; zudem zerstört die Streichung von יהודה die Dreigliedrigkeit von V.11b; יהודה sollte deshalb nicht gestrichen werden; so auch WOLFF, BK XIV/1, 232 und VOLLMER, Geschichtliche Rückblicke, 72.

e LXX liest παρασιωπήσομαι (אֶחֱרִישׁ).

f LXX (εἰς καρπὸν ζωῆς) liest לְפִי חַיִּים.

80   Hauptteil: Exegese der Textstellen

g LXX (γνώσεως) liest דַּעַת; dem folgt WOLFF, BK XIV/1, 234,
weil es besser als MT dem inneren Gefüge der parallelen
Sätze entspricht; MT geht auf eine ziemlich späte Verlesung
von ד und ר zurück; da רֵעַ jedoch lectio difficilior ist,
sollte MT nicht geändert werden; so auch RUDOLPH, KAT XIII/
1, 201; VOLLMER, Geschichtliche Rückblicke, 72; INA WILLI-
PLEIN, Vorformen der Schriftexegese, 192f hält V.12bαβ
für eine Texterweiterung und aktualisierende Auslegung
einer späteren Zeit.

h LXX (ἵνα τί) liest לָמָּה ; MT ist lectio difficilior und ursprünglich (so auch WOLFF, BK XIV/1, 234 und INA WILLI-
PLEIN, Vorformen der Schriftexegese, 193).

2.   Exegese von 10,11-13a

Das Scheltwort V.11-13a ist durch den Vergleich Ephraims
mit einer gelehrigen Jungkuh innerhalb von Hos 10 deutlich
nach vorne und hinten abgegrenzt. In V.9f ist von der Sünde
Israels in Gibea die Rede und in V.13b-15 geht Hosea zu dem
neuen Bild vom Krieg über.
In V.11a geht es um Ephraim, das mit einer gelehrigen Jungkuh verglichen wird, die es liebte zu dreschen. Das Dreschen
wird von ihr deshalb geliebt, weil sie dabei nach Lust fressen kann (Dtn 25,4). Es ist hier Bild für die angenehme und
zufriedenstellende Arbeit. Weil Ephraim gelehrig war, herrsch-
te zwischen ihm und Jahwe ein harmonisches Verhältnis, es
brauchte von ihm nicht gezüchtigt zu werden wie das junge,
ungelehrige Rind (Jer 31,18)[85]. Ephraim war aber nicht nur
gelehrig wie eine Jungkuh, sondern darüber hinaus faszinierte es Jahwe noch durch seine Schönheit. Dies bringt Hosea
mit dem Hinweis auf den schönen Hals zum Ausdruck, denn
einen "vorzüglichen Theil der Schönheit macht beim Rind ein
schöner Hals aus"[86]. Diese Eigenschaften und Kennzeichen

---

85 W. RUDOLPH, KAT XIII/1, 203 sieht in מְלֻמָּדָה einen Hinweis auf die Ge-
   setzgebung am Sinai.
86 HITZIG/STEINER, Die zwölf kleinen Propheten, 49.

Die Tradition von der Erwählung Israels in der Wüste   81

Ephraims erregen die Aufmerksamkeit Jahwes, was ואני עברתי
betont. "עבר meint hier nicht schonendes Vorübergehen (HARPER), sondern zunächst ein Entdecken im Vorüberkommen (vgl.
Ez 16,6.8), das dem Finden von 9,10 entspricht ..."[87].

Der große Nutzen Ephraims für Jahwe wird in V.11b beschrieben. Ephraim soll Zugtier sein, Juda pflügen und Jakob eggen.
Die Dreiteilung des Verses spricht gegen die Herauslösung
von Juda. Überhaupt spielt die Dreigliedrigkeit in V.11-13a
eine große Rolle:

V.12: נִיר /חֶסֶד /צְדָקָה und נִירוּ /קִצְרוּ /זִרְעוּ;

V.13: פֶּחַשׁ /עַוְלָתָה /רֶשַׁע und אֲכַלְתֶּם /קְצַרְתֶּם /חֲרַשְׁתֶּם.

V.11 vergleicht Ephraim mit einer gelehrigen Jungkuh, die
Jahwe sowohl durch ihre Schönheit als auch durch ihre Nützlichkeit fasziniert.

In V.12 wendet sich Jahwe direkt an Ephraim, um ihm deutlich zu machen, was es alles tun kann, damit das harmonische
Verhältnis zu seinem Herrn auch in Zukunft bestehen bleibt.
Als erstes soll es Gerechtigkeit säen. צדקה begegnet bei
Hosea nur hier, in 2,21; 10,12b heißt es צדק . In 2,21 zählt
צדק zu den Brautgeschenken, die Jahwe Israel macht. צדקה
bezieht sich in 10,12 nicht nur auf das gegenseitige Verhältnis zwischen Jahwe und Israel, sondern auch auf die Beziehungen des Volkes untereinander. Israel soll als Antwort auf
seine Erwählung durch Jahwe Gerechtigkeit üben, es soll sich
so verhalten, daß Jahwes Recht geachtet und praktiziert
wird[88]. Nur wenn sich Israel den Ordnungen Jahwes entsprechend verhält, kann es auch Gnade ernten. Das Begriffspaar
"säen/ernten" begegnet bei Hosea noch in 8,7, wo Jahwe darüber klagt, daß Israel Wind sät und Sturm erntet[89]. Gnade
ist hier die Frucht der Gerechtigkeit. Das Subjekt von חסד
ist bei Hosea meist das Volk, lediglich in 2,21 ist es Gottes

---

87 H.W. WOLFF, BK XIV/1, 240.
88 Zum Verhältnis von צדק und צדקה vgl. D. MICHEL, Grundlegung einer
   hebräischen Syntax, 66f.68; A. JEPSEN, צדק und צדקה im Alten Testament, in: H.W. HERTZBERG zum 70. Geb., 78-89.
89 Das Begriffspaar begegnet im Alten Testament vor allem in weisheitlichen Texten: Prov 22,8; Ps 126,5; Hi 4,8; siehe auch Lev 25,11;
   II Reg 19,29; Jes 37,30; Jer 12,13; Mi 6,15; inhaltlich sagt Prov
   22,8 dasselbe wie Hos 10,12aα aus.

Gnade, die dem Volk als Verlobungsgeschenk zuteil wird[90]. In 2,21 steht es zusammen mit רחמים , was als Konkretion der חסד verstanden werden kann. חסד ist der übergeordnete Begriff. Ähnlich wie sich חסד zu רחמים verhält, verhält sich צדק zu משפט , denn צדק ist im Gegensatz zu משפט der weiterreichende Begriff. חסד ist in 10,12 für Israel die Grundlage zu einem heilvollen Leben in der Gemeinschaft mit Jahwe und den Volksgenossen[91].

Israel soll einen "Neubruch brechen". In diesem Bild liegt im Vergleich zu V.12a insofern eine Steigerung vor als das Volk sein ganzes bisheriges unheilvolles Tun aufgeben soll, um sich einen neuen Boden für seine künftigen Aufgaben schaffen zu können. Das Volk soll einen neuen Lebenswandel beginnen. Die gleiche Formulierung begegnet in Jer 4,3, wo Jahwe die Männer von Juda zu einem Neuanfang und zur Umkehr aufruft. "Die wahre Buße aber ist die Umwandlung des Herzens, die radikale Änderung des Sinns"[92]. Hosea drückt mit diesem Bild aus, daß die Saat nur dort richtig gedeihen kann, wo der Acker vorher gründlich umgepflügt und bearbeitet worden ist. Israel kann einen Neuanfang nur dann wagen, wenn es sich wieder ganz auf Jahwe als seinen Herrn verläßt.

Zu diesem Neuanfang Israels gehört die Suche nach Jahwe (V.12b). RUDOLPH ist sicher im Recht, wenn er die Übersetzungen von ועת mit "es ist höchste Zeit" und "es ist immer noch Zeit"[93] ablehnt, denn "das ו hat seinen vollen kopulativen Charakter: es muß beides gleichzeitig geschehen, die eigene kräftige Anstrengung und die Anrufung Jahwes, die hier mit דרש את יהוה in erster Linie gemeint ist"[94]. Die Verbindung von דרש und יהוה begegnet bei Hosea nur hier, sie ist jedoch im Alten Testament sehr häufig[95].

---

[90] An den Stellen, wo חסד bei Jeremia begegnet (Jer 9,23; 31,3; 32,18; 33,11) ist bis auf 2,2 immer Gott Subjekt.
[91] Vgl. dazu H.J. STOEBE, Gottes hingebende Güte und Treue, 89f.
[92] W. RUDOLPH, KAT XIII/1, 31.
[93] So etwa HITZIG/STEINER, Die zwölf kleinen Propheten, 50.
[94] RUDOLPH, KAT XIII/1, 204.
[95] Gen 25,22; I Reg 22,8; II Reg 22,18; Ez 20,1; Esr 6,21; I Chr 22,19; II Chr 12,14; 14,3; 15,12; 18,7; 20,3; in anderen syntaktischen Konstruktionen begegnet der Ausdruck noch an 46 weiteren Stellen.

Die Tradition von der Erwählung Israels in der Wüste

Nach MARTI stammt V.12 nicht von Hosea, sondern von einem nachexilischen Redaktor, dem Jer 4,3 bekannt war und der ihn an dieser Stelle einfügte[96]. Der gleichen Auffassung ist auch NOWACK, weil V.12 den Zusammenhang zwischen V.11 und 13 störe. V.12 sei offenbar eine zu V.10 gehörige Interpolation[97]. Dem ist jedoch entgegenzuhalten, daß Jeremia die Prophetie Hoseas sehr gut kannte und deshalb die Übernahme aus Hos 10,12 in Jer 4,3 wahrscheinlicher ist als der umgekehrte Vorgang[98]. Außerdem paßt V.12 als Antithese zu V.13a sehr gut. Ephraim hat sich dem Plan Jahwes entgegengestellt. An Stelle der Frucht der Gnade hat es die Frucht der Lüge (עולתה) geübt und an Stelle der Gerechtigkeit hat es Ungerechtigkeit (רשע) gepflügt. Die drei Glieder in V.13a sind denen in V.12a genau entgegengesetzt, wobei der chiastische Aufbau des mittleren Gliedes auffallend ist:

:12   זרעו לכם לצדקה │קצרו לפי־חסד│ נירו לכם ניר
:13   חרשתם־ │ רשע עולתה קצרתם│אכלתם פרי־כחש

Hosea beschreibt hier die Vergangenheit Israels. Er führt seinem Volk vor Augen, daß es einmal eine Zeit gab, in der ein gutes Einvernehmen zwischen Jahwe und Israel bestand. Dies drückt Hosea hier nicht wie in 9,10-17; 10,1-2 mit dem Bild von den Trauben und dem üppigen Weinstock, sondern mit dem der gelehrigen Jungkuh, die Freude an der Arbeit hat und für ihren Herrn eine große Hilfe ist, aus. Der Vergleich Israels mit der jungen Kuh und die liebevolle Schilderung der Vergangenheit des Volkes weisen auf die Wüstenzeit. Die Hinwendung Jahwes zu seinem Volk wird hier nicht mit מצא oder ראה wie in 9,10a, sondern mit עבר zum Ausdruck gebracht. Jahwe hat Israel in der Wüste in die Gemeinschaft mit ihm geführt und in seinen Dienst gestellt, damit es als deren

---

96 MARTI, Dodekapropheton, 84.
97 NOWACK, Die kleinen Propheten, 64.
98 Zur literarischen Abhängigkeit Hoseas von Jeremia vgl. K. GROSS, Die literarische Verwandtschaft Jeremias mit Hosea und ders., NKZ 42 (1931), 241-256. 327-343; A. DEISSLER, in: FS J. SCHREINER, 61-75.

Frucht ein Leben in Gerechtigkeit und Gnade führen kann. Das gegenwärtige Israel aber hat seine eigene Bestimmung in das Gegenteil verkehrt.

V. Die Liebe Jahwes zu seinem Sohn Israel: Hos 11,1-7

1. Übersetzung und textkritische Anmerkungen

1) Als Israel ein Knabe war, gewann ich ihn lieb,
   und aus Ägypten rief ich meinen Sohn[a].
2) Als ich sie rief[b],
   gingen sie von meinem Angesicht weg[c].
   Sie[d] opferten den Baalim,
   sie ließen den Götzenbildern Opferrauch aufsteigen.
3) Ich lehrte Ephraim gehen,
   ich[e] nahm sie auf meine Arme[f].
   Sie aber erkannten nicht, daß ich sie heilte.
4) Mit menschlichen Seilen[g] zog ich sie,
   mit Stricken der Liebe.
   Ich behandelte sie wie die, die das Joch über ihre
                                    Kinnbacken heben[h].
   Ich neigte mich zu ihm, gab ihm zu essen[i].
5) Er wird in das Land Ägypten zurückkehren[j]
   und Assur wird sein König sein,
   denn sie weigern[k] sich umzukehren.
6) Das Schwert wütet in seinen Städten[l],
   es vernichtet seine Schwätzer[m],
   es frißt wegen ihrer Pläne[n].
7) Mein Volk muß aufgehängt werden wegen des Abfalls von
                                                    mir[o],
   zum Baal rufen sie[p],
   er aber richtet sie nicht auf[q].

Die Tradition von der Erwählung Israels in der Wüste   85

a LXX liest wie in Hos 9,13 בָּנָיו (τὰ τέκνα αὐτοῦ); auf
   Grund des singularischen Suffixes in V.1a (וָאֹהֲבֵהוּ) sollte
   man MT beibehalten und LXX nicht folgen; so u.a. H. DONNER,
   Israel unter den Völkern, 84f; INA WILLI-PLEIN, Vorformen
   der Schriftexegese, 196; RUDOLPH, KAT XIII/1, 209, sieht in
   בָּנָיו eine "antichristliche Korrektur, um der christologi-
   schen Verwendung (Mt 2,15) den Boden zu entziehen".

b l c LXX קְרָאִי (καθὼς μετεκάλεσα); die Lesart von MT ist
   schwierig: zum einen wird hierbei nicht deutlich, wer hinter dem "sie" stehen soll, zum anderen zeigt der Kontext
   in Kap. 11 , daß es hier um das Verhältnis von Jahwe und
   Ephraim geht; die Einführung einer dritten Person oder
   Personengruppe ist deshalb eher hinderlich als förderlich;
   der Einwand BACHS, Die Erwählung Israels, 65 gegen die
   Lesart קְרָאִי , daß damit im Gegensatz zu V.1 ein häufiges
   Rufen vorausgesetzt würde, ist nicht zwingend.

c l c LXX ἐκ προσώπου μου·αὐτοί (מִפְּנֵהֶם), so auch J. WELL-
   HAUSEN, Die Kleinen Propheten, 127; מִפְּנֵהֶם ist abhängig
   von der schwer verständlichen Lesart קָרְאוּ .

d Vgl. Anm. c; הֵם ist Subjekt von V.2b und an den Anfang von
   2b zu ziehen.

e l c LXX,V אֶקָּחֵם , da אָנֹכִי in V.3aα die Weiterführung der
   1. Pers. Sg. erwarten läßt (so ua. J. WELLHAUSEN, Die Kleinen Propheten, 127; H.W. WOLFF, BK XIV/1, 247; INA WILLI-
   PLEIN, Vorformen der Schriftexegese, 197); LXX liest statt
   des Suffixes in der 3. Pers. Pl. den Singular (ἀνέλαβον
   αὐτόν).

f l c LXX,V זְרוֹעֹתַי ; die Lesart von MT ist möglicherweise
   Dittographie zu וְלֹא .

g LXX gibt בְּחַבְלֵי fälschlich mit ἐν διαφθορᾷ (בְּחֶבֶל) wieder.

h LXX gibt פְּמֵרִים mit ὡς ῥαπίζων ἄνθρωπος wieder; die Voranstellung des Partizips ῥαπίζων vor das Substantiv ἄνθρωπος
   ist charakteristisch für die LXX; so auch Hos 4,4; 12,2;
   in diesem Fall wurde jedoch der Ausdruck vom Übersetzer
   mißverstanden (vgl. dazu ZIEGLER, Duodecim prophetae, 123);

WOLFF, BK XIV/1, WEISER, ATD 24, 84 lesen עֹל an Stelle von עוּל ; nach WOLFF, BK XIV/1, 247 hat עוּל in MT auf Grund der Rede von Seilen und Stricken die geläufigere Vokalisation "Joch" angenommen: "aber weder חֶבֶל noch עֲבֹת gehören jemals zur Topik der Rede vom עֹל ..."; da MT in V.4aβ einen guten Sinn ergibt, sollten keine Textänderungen vorgenommen werden; sollte die Lesart עֹל vorauszusetzen sein, wäre Hos 11,4 die einzige Stelle im Alten Testament, die vom Hochheben des Kindes an die Wangen berichtet; zu עוּל vgl. Jes 65,20; 49,15; Hi 19,18; 21,11; V bestätigt MT.

i   l c LXX לוֹ ; MT besagt, daß Israel nicht mehr nach Ägypten zurückkehren muß, was jedoch unhoseanisch ist (vgl. 8,13; 9,3); an Stelle von לֹא ist deshalb לוֹ zu lesen und zu V.4 zu ziehen (so u.a. J. WELLHAUSEN, Die Kleinen Propheten, 127; WEISER, ATD 24, 84; RUDOLPH, KAT XIII/1, 210).

j   לֹא ist zu streichen (vgl. Anm. i); LXX liest שָׁב אֶפְרַיִם (κατῴκησεν Εφραιμ) statt שָׁב אֶל־אֶרֶץ מִצְרַיִם ; V bestätigt MT; אֶרֶץ מִצְרַיִם begegnet oft bei Hosea: 2,17; 7,16; 12,10; 13,4.

k   LXX liest Singular: ὅτι οὐκ ἠθέλησεν.

l   LXX setzt חלה "schwach, kraftlos sein" und V חלל "anfangen" voraus.

m   LXX liest בְּיָדָיו (ἐν ταῖς χερσὶν αὐτοῦ); INA WILLI-PLEIN, Vorformen der Schriftexegese, 200: "Die Schwierigkeiten, die V.6bβ bereitet, dürfen nicht dazu verleiten, וכלתה בדיו kurzerhand auszuscheiden (J. WELLH., K. MARTI)".

n   LXX liest Plural, vielleicht אָכְלוּ (φάγονται).

o   LXX liest עַמּוֹ (ὁ λαὸς αὐτοῦ); תָּלָא = aufhängen (II Sam 21,12; Dtn 28,66); hier Ptz. Passiv, wörtlich: "mein Volk wird aufgehängt"; תָּלָא ist hier wohl in einem übertragenen Sinn gemeint; ähnlich wie in Dtn 28,66 soll die Bedrohung durch Gottes Gericht auf Grund des Abfalls und Ungehorsams des Volkes zum Ausdruck gebracht werden; die Übersetzungen weichen hier stark voneinander ab: WOLFF, BK XIV/1, 246: ".. mein Volk hält fest am Abfall von mir.."; ders., Die Hoch-

Die Tradition von der Erwählung Israels in der Wüste   87

zeit der Hure, 174: "Mein Volk ist müde, sich zu mir zu
kehren"; RUDOLPH, KAT XIII/1, 208: "Da wird sich mein Volk
(Mühe geben), zu mir umzukehren..."; WEISER, ATD 24, 84:
"Mein Volk 'ist erschöpft durch' den Abfall von mir ...";
ROBINSON, HAT 14, 42: "Und mein Volk hängt 'an Götzen',
und zu..."; unübersetzt lassen den Vers u.a. WELLHAUSEN,
Die Kleinen Propheten, 18; DONNER, Israel unter den Völkern,
86; VOLLMER, Geschichtliche Rückblicke, 57.

p 1 וְאֶל בַּעַל יִקְרָאֻ?   ; so im Anschluß an WOLFF, BK XIV/1, 21.
246; V liest עֹל.

q 1 הוּא יַחַד לֹא יְרוֹמֵם.

2.   Gliederung und Aufbau von 11,1-7

Hos 11,1-7 beschreibt die Liebe Jahwes zu Israel, das seinem Gott dafür weder Achtung noch Dank entgegengebracht hat.
Dieser ständige Wechsel von Gottes Zuwendung an sein Volk
und Israels Undank und Treulosigkeit wird in V.1-4 beschrieben. V.1 rühmt die Liebe Jahwes zu dem noch unmündigen Israel
und seine Herausführung aus Ägypten. Doch Israel hat auf
Jahwes Rufen keine Antwort gegeben, es hat den Baalsgöttern
geopfert und Rauch für die Götzenopfer aufsteigen lassen
(V.2). Auch die Fürsorge Jahwes beim Laufenlernen und das
liebevolle Tragen Israels auf dem Arm hat das Volk nicht erkannt. Mit V.4 endet der erste Abschnitt. Er betont noch
einmal nachdrücklich das Heilshandeln Jahwes an seinem Volk.
Die Konsequenz aus der Treulosigkeit Israels nennt V.5-7:
Israel soll dem Tod preisgegeben werden (V.6a.7a). Während
V.1-4 durch den Wechsel von Jahwes Treue und Israels Untreue
gekennzeichnet ist, ist für V.5-7 der Wechsel zwischen der
Ankündigung eines Gerichtshandelns Jahwes und der Begründung
dazu charakteristisch.

88 Hauptteil: Exegese der Textstellen

I. Gottes Treue und Israels Untreue

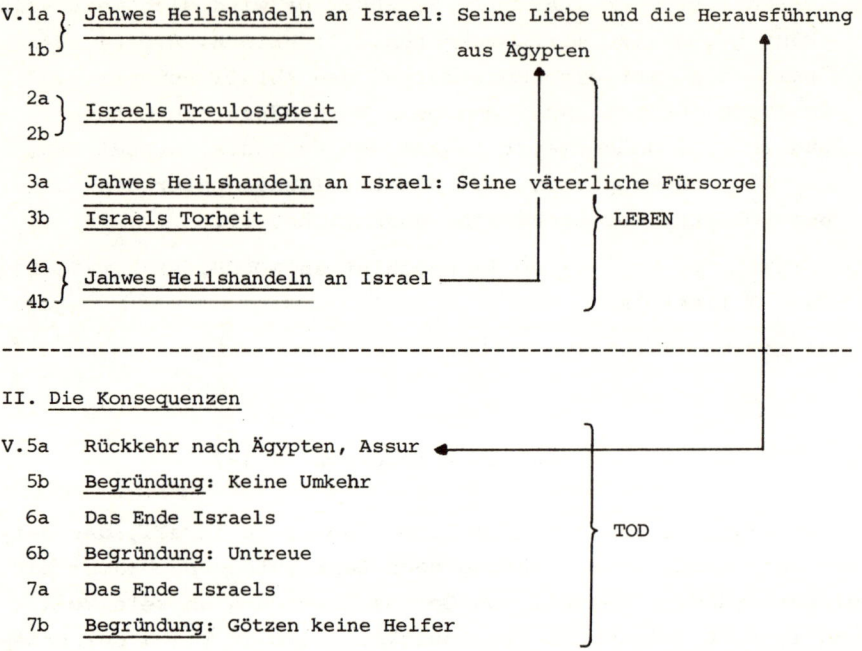

II. Die Konsequenzen

V.5a Rückkehr nach Ägypten, Assur
  5b Begründung: Keine Umkehr
  6a Das Ende Israels
  6b Begründung: Untreue
  7a Das Ende Israels
  7b Begründung: Götzen keine Helfer

3. Exegese von 11,1-7

Jahwe gewann Israel lieb, als es noch ein unmündiges Kind (נער) war. Er hat seinem Sohn (לבני) seine Liebe von Anfang an geschenkt. "La qualité de fils est *supposée* chez Israel. Ce que la parole de Jahvé met en relief, c'est que *depuis l'origine* il donna à ce fils témoignages de son amour"[99]. Eine ähnliche Aussage über Israel findet sich in Ex 4,22f, wo es als "erstgeborener Sohn" (בני בכרי ישראל) bezeichnet wird. Nach M. NOTH liegt in Ex 4,22f ähnlich wie in 3,18-22 ein späterer Zusatz vor[100]. A. REICHERT hat herausgearbeitet, daß Ex 4,22f auf das Deuteronomium hinzielende Tendenzen zeigt; in בני בכרי vermutet er eine Analogiebildung

---

99 A. van HOONACKER, Les douze petits prophètes, 104.
100 M. NOTH, ATD 5, 33f; 4,19.20a gehört nach NOTH zu J, 4,18.20b zu E.

Die Tradition von der Erwählung Israels in der Wüste 89

zu Ex 12,29 "alle Erstgeborenen im Lande Ägypten, vom Erstgeborenen des Pharaos"[101]. Weil in Ex 4,22 Jahwe das Volk Israel noch während dessen Knechtschaft in Ägypten als seinen Sohn bezeichnet, ist die Deutung von Hos 11,1, daß Israel erst durch die Befreiung aus Ägypten Jahwes Sohn wurde, auszuschließen. ממצרים ist deshalb auch nicht temporal, sondern lokal zu erklären[102].

Mit der Bezeichnung Israels als Sohn (בן) wird das besonders enge Gemeinschaftsverhältnis Jahwes zu seinem Volk umschrieben. Zum einen wird damit der Abstand und die Unterordnung Israels gegenüber Jahwe gekennzeichnet, zum anderen aber wird auch die Liebe Jahwes zu seinem Volk zum Ausdruck gebracht[103]. In V.1a wird Israel mit einem Knaben verglichen, den Jahwe liebgewann. Hosea verwendet dazu das Nomen נער, das im Hoseabuch nur an dieser Stelle begegnet. Mit נער kann grundsätzlich jede Altersstufe eines jungen Menschen bezeichnet werden. "Vom Säugling ... bis zum heiratsfähigen jungen Mann läßt sich für naᶜăr jede Altersstufe, die ein junger Mensch durchschreitet, namhaft machen"[104]. Nach H.-P. STÄHLI ist das Charakteristicum von נער jedoch nicht in erster Linie die Jugendlichkeit als vielmehr die Unselbständigkeit und die Stellung unter dem Schutz des Vaters. נער sei die Bezeichnung für eine "unselbständige, unter der Verfügungsgewalt und unter dem Schutz des pater familias (bzw. dessen verantwortlichen Vertreters) stehende, ledige, unverheiratete, somit noch unmündige männliche Person"[105]. Durch die Verwendung dieses Nomens und seine Übertragung auf Israel verdeutlicht Hosea die Unmündigkeit und Abhängigkeit Israels von seinem Gott. Er stellt damit zugleich die Verantwortung

---

101 A. REICHERT, Der Jehovist und die sogenannten deuteronomistischen Erweiterungen im Buch Exodus, 34f.
102 Nach MARTI, Dodekapropheton, 85f wurde Israel erst durch die Befreiung aus Ägypten Jahwes Sohn; er liest deshalb auch nicht לִבְנִי, sondern לְבָנִי ; so auch NOWACK, Die Kleinen Propheten, 66.
103 H. HAAG, Art.: בֵּן , in: ThWAT Sp. 678; J. KÜHLEWEIN, Art.: בֵּן , in: THAT I, Sp. 316-325.
104 H.-P. STÄHLI, Knabe - Jüngling - Knecht. Untersuchungen zum Begriff נער im Alten Testament, 97.
105 ebd., 99.

und Fürsorge Gottes für sein Volk deutlich heraus. "Es ist die Zeit der ägyptischen Knechtschaft, wo Israel nichts weniger als 'attraktiv' war, die Jahwe erwählte, um ihm seine Liebe zu schenken und aus dem Sklaven anderer seinen eigenen Sohn zu machen"[106]. Der Akt der Erwählung wird mit dem Verb אהב zum Ausdruck gebracht. אהב mit dem Subjekt יהוה begegnet im Hoseabuch noch in 11,4; 9,15 und 3,1[107]. Die Aussage, daß Jahwe sein Volk liebt, begegnet bei Hosea zum ersten Mal und findet ihre Fortsetzung im Deuteronomium und bei Jeremia[108]. Die Liebe Jahwes zu Israel ist der Grund für seine Erwählung. Neben אהב ist קרא der zweite Ausdruck für Jahwes Liebe. Die Erwählung äußert sich darin, daß Jahwe sein Volk ruft. Nur hier und in V.2 ist Jahwe Subjekt des Rufens. In 7,7 beklagt er sich, daß keiner unter dem Volk ist, der ihn anruft, denn Israel zieht es vor, die Ägypter (7,11) oder Baal anzurufen (11,7).

Jahwes Rufen ist kein einmaliger Akt, sondern er hat Israel immer wieder neu angerufen (V.2). Aber je mehr er nach ihnen rief, um so stärker hat es sich von ihm abgewandt. Die Zuwendung Jahwes zu seinem Volk findet weder eine Erwiderung noch einen Dank. קרא und הלך stehen hier in Antithese zueinander; in Hos 7,11 dagegen bilden sie keinen Gegensatz; hier wird darüber geklagt, daß Ephraim Ägypten angerufen hat und nach Assur gegangen ist. Israel zog es vor, anstatt auf Jahwes Rufen zu antworten, den Baalim[109] zu opfern und den Götzenbildern Opferrauch aufsteigen zu lassen. פסל ist terminus technicus für ein "Anbetungsbild". Indem Israel sich den פסלים zuwandte, hat es zugleich gegen Jahwes Gebot verstoßen, denn nach Ex 20,4 ist der Umgang mit ihnen verboten[110].

---

106 W. RUDOLPH, KAT XIII/1, 214.
107 In Hos 4,18; 8,9; 9,1 und 12,8 ist jeweils Ephraim Subjekt; in 2,7. 9.12.14.15; 9,10 wird אהב zur Kennzeichnung der Liebhaber Israels verwendet.
108 Vgl. Dtn 4,37; 7,8.13; 10,15; Jer 31,2f; E. JENNI, Art.: אהב, in: THAT I, Sp.60-73; die Belege für das Piʿel konzentrieren sich auf Hosea, Jeremia und Ezechiel.
109 Hos 2,10.15.18.19; 13,1.
110 Dtn 4,16.23.25; 5,8; 27,15; Jer 8,19; 10,14; 51,17.47.52.

Die Tradition von der Erwählung Israels in der Wüste   91

V.3 führt die Aussagen über die Liebe und Zuwendung Jahwes zu seinem Volk (V.1.2a) mit dem Bild der väterlichen Fürsorge weiter. Gott hat an Israel wie ein Vater gehandelt. Damit wird die unlösliche Gemeinschaft zwischen Jahwe und Israel hervorgehoben und das Gehorsamsverhältnis, in dem Israel stand, betont[111]. Jahwe hat es laufen gelehrt (תִרְגַּלְתִּי)[112] und auf seine Arme genommen. Israel konnte Jahwes Zuneigung und Schutz gewiß sein, denn sein Arm steht als Zeichen und Werkzeug seiner Schöpfer- (Jer 27,5; 32,17 u.ö.) und Allmacht (Ex 15,16; Dtn 11,2; Ps 71,18; 79,11; Jes 33,2 u.ö.). Mit seinem starken Arm hat er Israel aus Ägypten herausgeführt (Dtn 9,29; Jer 32,21 u.ö.). Israel aber erkannte nicht[113], daß er es heilte. An dem Gebrauch des Verbs רפא wurde vielfach Kritik geübt, weil es nicht in den Kontext und zu dem vorausgehenden Bild väterlicher Fürsorge paßt[114]. Aber möglicherweise hat Hosea das Verb wegen des Anklangs an אפרים gewählt[115]. Die Vorstellung von Jahwe als "Arzt" findet sich noch in dem zur Wüstenperikope[116] gehörenden Stück Ex 15,26, das mit V.26b als deuteronomistischer Zusatz angesehen wird[117]. Num 12,13 bittet Mose bei Gott um Heilung für die aussätzige Mirjam[118].

---

111 G. QUELL, Art.: πατήρ κτλ., in: ThWNT V, 966.969.
112 In dem quadriliteralen Verb תִרְגַּלְתִּי begegnet die seltene Konjugation des Tipʽel; möglicherweise liegt hier ein Denominativ von רֶגֶל vor; vgl. GK § 55h; J. BARTH, Die Nominalbildung in den semitischen Sprachen, § 180a; weitere Beispiele finden sich in Jer 12,5; 22,15 (מְתַחֲרֶה wetteifern); Esr. 4,7 מְתֻרְגָּם dolmetschen).
113 לֹא יָדְעוּ begegnet noch in Hos 5,4; vgl. auch Jer 8,7; 9,2; Ps 95,10.
114 So NOWACK, Die kleinen Propheten, 66; H.J. STOEBE, Art.:רפא , in: THAT II, Sp. 807.
115 W. RUDOLPH, KAT XIII/1, 215; J. JEREMIAS, ATD 24/1, 142.
116 Ex 15,22-18,27: Der Anfang des Wüstenaufenthaltes Israels: 15,22-27 (Mara); 16,1-36 (Wachteln und Manna); 17,1-7 (Wasser aus dem Felsen); 17,8-16 (Amalekitersieg); 18,1-27 (Midianspriester).
117 M. NOTH, Überlieferungsgeschichte, 32 Anm. 108; ders., ATD 5, 102f; A. REICHERT, Der Jehovist und die sogenannten deuteronomistischen Erweiterungen im Buch Exodus, 90; H. GESE, Bemerkungen zur Sinaitradition, in: ders., VSZZ, 32; die Zusammenhänge, die zwischen Hos 11,1a und Ex 4,22f bzw. Hos 11,3b und Ex 15,26 bestehen, zeigen, daß Verbindungslinien zwischen Hosea und frühdeuteronomischen Kreisen gezogen werden können.
118 Zu der schwierigen Quellenscheidung in Num 12 vgl. M. NOTH, Überlieferungsgeschichte, 34 Anm. 120.

Mit V.4 endet der erste Unterabschnitt in Kap. 11. Er enthält ausschließlich Aussagen über das Heilshandeln Jahwes an Israel. Dadurch unterscheidet er sich von V.1-3, die inhaltlich durch den Wechsel von Jahwes Liebe und der Treulosigkeit Israels bestimmt sind. Auch die Wahl des Bildes ändert sich mit V.4. Jahwe wird nicht mehr als Vater bezeichnet, sondern als Bauer, der seine Tiere liebevoll pflegt und ordentlich behandelt. Er zog Israel mit menschlichen Seilen und Stricken der Liebe, wobei die Betonung auf אדם und אהבה liegt, was eine Steigerung beinhaltet, denn diese Seile und Stricke sind andere, als sie für die Tiere nötig sind. Nicht sehr wahrscheinlich ist die Übersetzung von אהבה mit "Leder", wie sie von M. HIRSCHBERG vorgeschlagen wurde. Er geht davon aus, daß אהב auf arab. 'ihāb zurückgehe, das sowohl "die menschliche Haut" als auch "Leder" bezeichnen kann. Im Sinn von "Leder" soll es hier erscheinen. Diese Übersetzung ist jedoch wegen der Parallele von בעבתות אהבה zu בחבלי אדם und die Bezugnahme von V.1 (ואהבהו) fraglich[119]. Das Aufheben des Joches von den Kinnbacken (4aβ) dient zur Vorbereitung des Fütterns. "Zwar verhindert das Joch mit seinen Haken und Schnüren das Kauen nicht; aber der mit einem zweiten Tier zusammengekoppelte angejochte Ochse kann sich schwer bücken, um ihm vorgeworfenes Futter zu fressen. Das Joch wird deshalb zum Füttern abgenommen und die Erwähnung der Kinnbacken statt des Halses ist dadurch zu erklären, daß hier nicht an die Freiheit des vom Joch entledigten Tieres wie Jes. 10,27, sondern eben an seine Fütterung gedacht ist"[120]. Die Beschreibung DALMANS fügt sich sehr gut in den Kontext von V.4 ein, der die Fürsorge Jahwes für Israel beschreibt; damit verlieren auch alle Textänderungen an Gewicht. Als

---

[119] H. HIRSCHBERG, VT 11 (1961), 373; so bereits G.R. DRIVER, Canaanite Myths and Legends, 133 Anm. 2. - E. ZENGER, "Durch Menschen zog ich sie..." (Hos 11,4), in: FS J. SCHREINER, 192-194 versteht בחבלי אדם als genetivus epexegeticus und deutet אדם im Anschluß an 12,14 auf Mose und die Propheten; diese Deutung scheint mir insofern anfechtbar zu sein, als der Blick in 11,1ff so sehr auf die innige Zuneigung Jahwes zu seinem Volk gerichtet ist, daß die Nennung weiterer Personen unangebracht erscheint.
[120] G. DALMAN, Arbeit und Sitte in Palästina II, 99f; siehe dort auch die Abbildung Nr. 33 im Bilderanhang.

Beispiel sei die gewagte Übersetzung von K. MARTI angeführt: "Da wurde ich ihm zum Menschentöter. Und wandte mich gegen ihn und überwältigte ihn"[121]. Ebenso unterstreicht die Beschreibung DALMANS die Tatsache, daß ein Bildwechsel, der von H.W. WOLFF bestritten wird, durchaus möglich ist[122]. V.4 hebt mit dem Bild des Rindes die unendliche Liebe Jahwes zu seinem Volk hervor. Er behandelt es menschlich, er verschafft ihm Erleichterung und er läßt ihm Fürsorge zuteilwerden, indem er sich ihm zuneigt und ihm zu essen gibt.

V.5-7 kündigen das Gericht gegen Israel an. לא am Anfang von V.5 ist als לו zu lesen und noch zu V.4 zu ziehen, denn לא widerspricht Hos 8,13; 9,3, wo auch das Exil in Ägypten angekündigt wird. Das nachdrückliche adversative והא in V.5aβ spricht nicht gegen diese Lesart, denn es drückt ja nicht den Gegensatz von Ägypten und Assur[123], sondern den zwischen dem wahren König Jahwe und dem falschen König Assur aus.

H. DONNER versteht V.5 nicht als den Beginn eines Drohwortes, sondern als Fortsetzung des Scheltwortes, denn es ist mehr als ungewöhnlich, "daß zur Begründung eines Drohwortes lediglich das Verhalten des Volkes in der Wüstenzeit bemüht und die Gegenwart mit keinem Worte erwähnt wird"[124]. Außerdem fügt sich V.5aβ nicht in den vorausgesetzten Zusammenhang eines Drohwortes. Die fehlende Kritik der gegenwärtigen Verhältnisse war nach DONNER möglicherweise der Anlaß für einen Glossator, mit V.5b "den plötzlichen Sprung in die Zukunft durch einen Kausalsatz von allgemeiner Gültigkeit zu motivieren"[125]. Dem ist jedoch entgegenzuhalten, daß ישׁי am Anfang von V.5 in unmittelbarer Beziehung zu לשׁוב am Ende des Verses steht. Die Begründung in V.5b bezieht sich aber nicht nur auf 5aβ, sondern auch auf 5aα. Da die Verbalform

---

121 MARTI, Dodekapropheton, 87.
122 Nach WOLFF, BK XIV/1, 258 ist in V.4 nicht von der Lenkung des Viehs, sondern von der Lenkung leicht sich verlaufender junger Menschen die Rede.
123 So KEIL, Biblischer Kommentar, 99f; auch HITZIG/STEINER, Die zwölf kleinen Propheten, 54 halten an לא fest.
124 H. DONNER, Israel unter den Völkern, 89.
125 ebd., 90.

ישוב in die Zukunft weist, wird dasselbe auch für den eigentlich zeitlosen Nominalsatz V.5aβ gelten. Die Deutung von V.5 als Drohwort sollte deshalb beibehalten werden[126]. Die Rückkehr nach Ägypten war für Hosea sicherlich mehr als nur ein Bild für eine neue Knechtschaft Israels[127]. Hos 8,13; 9,3 zeigen, daß der Prophet an eine wirkliche Exilierung gedacht hat.

V.6 führt das Drohwort von V.5 weiter. Das Schwert wird in den Städten Israels wüten; das Ende des Gottesvolkes scheint nahe bevorzustehen. V.6b sieht diese unheilvolle Entwicklung in der Schuld Israels begründet, das sich nicht auf Jahwe, sondern auf die Götter verlassen hat. Seine Starrköpfigkeit und Blindheit für Jahwe wird Israel zum Verhängnis werden (V.7). Der Abfall des Volkes und seine Weigerung zur Umkehr hat die Einbuße von Freiheit und Leben zur Folge. Die vermeintlichen Retter werden zu Richtern[128]. Der Götze Baal hat nicht die Kraft, Israel aus seiner tiefen Sünde herauszuführen.

Hos 11,1-7 blickt auf die Anfänge Israels zurück und beschreibt das innige Verhältnis, das in dieser Zeit zwischen Jahwe und seinem Volk bestand. Der Textabschnitt liegt somit auf der gleichen Linie wie Hos 9,10-17; 10,1-2.11-13a. Allerdings gebraucht Hosea hier wiederum ein neues Bild, um diese enge Gemeinschaft zu beschreiben: Jahwe wird als Vater und Israel als sein Sohn vorgestellt. Wie sich ein Vater liebevoll um die Fürsorge und Erziehung seines Sohnes kümmert, so hat sich Jahwe um seinen Sohn Israel gekümmert. Er hat ihn das Laufen gelehrt, ihn auf seinen Arm genommen und ihm all die Fürsorge geschenkt, die für das Heranwachsen notwendig war. Er verdankt ihm seine Existenz. Der Grund für Jahwes Heilshandeln an Israel liegt in seiner unendlichen Liebe zum Volk. Sie allein hat ihn in seinem Tun geleitet. Israel aber

---

126 So RUDOLPH, KAT XIII/1, 216 Anm. 15; der Interpretation von DONNER folgt INA WILLI-PLEIN, Vorformen der Schriftexegese, 199; auch WOLFF, BK XIV/1, 259 lehnt V.5 als Strafankündigung ab; er bezieht V.5 auf die Gegenwart.
127 So LIPPL/THEIS, Die zwölf kleinen Propheten, 71.
128 WEISER, ATD 24, 85f.

hat Jahwes Liebe nicht erwidert. Je mehr er sich ihm zuwandte, um so mehr hat es ihm den Rücken gekehrt.

H. DONNER hat V.1-4 als "ein prophetisches Kompendium der Heilsgeschichte" bezeichnet[129]. Die Liebe Gottes zu Israel läßt sich nicht besser beschreiben als mit dem Bild der Liebe des Vaters gegenüber seinem Kind. Nach DONNER scheint durch dieses Bild das klassische Schema der Abfolge der Heilsereignisse, "wie es sich vom 'kleinen Credo' über die Geschichtspsalmen bis hin zum Aufriß des Hexateuch traditionsgeschichtlich verfestigt hat"[130]. Er sieht deshalb in V.1 einen Hinweis auf die Herausführung aus Ägypten, in V.2 Bezüge zum Abfall in der Wüste, in V.3f Verbindungen zum Wüstenzug und zum Speisungswunder[131]. Bei V.2 bleibt jedoch zu fragen, ob Hosea hier nicht an die Verfehlungen im Kulturland denkt, denn es ist ja gerade das besondere Kennzeichen der zur Tradition von der Erwählung Israels in der Wüste zählenden Texte, daß sie von einem Abfall in der Wüste nichts berichten; er setzt erst mit der Landnahme ein (vgl. Hos 9,10-17). Sollte Hosea wirklich dieses Schema der Heilsgeschichte übernommen haben, so hat er es doch entscheidend umgeformt und neue theologisch bedeutsame Aussagen wie die der Sohnschaft Israels und der Vaterliebe Jahwes eingefügt[132].

Exkurs: Zur Verwendung von Hos 11,1b in Mt 2,13-15

Hos 11,1 b erscheint in Mt 2,15 im Kontext der Flucht nach Ägypten (Mt 2,13-15):
13) "Als sie aber fortgezogen waren, siehe, da erscheint ein Engel des Herrn dem Joseph im Traum und spricht: Steh auf, nimm das Kind und seine Mutter und flieh nach Ägypten, und

---

129 H. DONNER, Israel unter den Völkern, 87.
130 ebd., 87.
131 Die Umstellung von V.3b hinter V.4, wie es DONNER, Israel unter den Völkern, 84 vorschlägt, halte ich auf Grund des klaren Aufbaus von 11,1-7 für unberechtigt.
132 Zur Exegese von Hos 11 vgl. noch J. JEREMIAS, Die Reue Gottes, 52-59; ders., Zur Eschatologie des Hoseabuches, in: FS H.W. WOLFF, 226-231; inwiefern aus Hos 11,1ff dogmatische Aussagen über Gottes Anwesenheit in Israel gewonnen werden können, siehe C.H. RATSCHOW, Der angefochtene Glaube, 80-86.

bleib dort, bis ich dir's sage. Denn Herodes hat vor, das Kind suchen zu lassen, um es zu töten. 14) Er aber stand auf und nahm das Kind und seine Mutter mit, bei Nacht, und zog fort nach Ägypten; 15) und dort blieb er bis zum Tode des Herodes, damit erfüllt würde, was vom Herrn durch den Propheten gesagt wurde, der da spricht: 'Aus Ägypten habe ich meinen Sohn gerufen'"[133].

Dem zum Prolog des Matthäusevangeliums (1,1-4,16) zählenden Bericht über Jesu Flucht nach Ägypten gehen in 1,1-17 der Stammbaum Jesu, in 1,18-25 die Geburt und Namengebung Jesu und in 2,1-12 die Huldigung der Magier in Bethlehem voraus. Es folgen ihm in 2,16-18 der Kindermord und in 2,19-23 die Rückkehr aus Ägypten und die Wohnungsnahme in Nazareth. In 3,1-4,16 schließt sich die Schilderung der Vorbereitung des Auftretens Jesu an[134].

Im Anschluß an die Huldigung und den Abschied der Magier[135] erscheint[136] wie in 1,20 ein Engel des Herrn[137] dem Joseph[138] im Traum[139]. Er gibt ihm den Auftrag, auf schnellstem Weg[140] zum Schutz des Kindes[141] und seiner Mutter[142] nach Ägypten zu fliehen[143] und dort auf unbestimmte Zeit zu bleiben.

---

133 Übersetzung nach E. SCHWEIZER, Das Evangelium nach Matthäus, 19.
134 W.G. KÜMMEL, Einleitung in das Neue Testament, 74f; M. HENGEL - H. MERKEL, Die Magier aus dem Osten und die Flucht nach Ägypten (Mt 2) im Rahmen der antiken Religionsgeschichte und Theologie des Matthäus in: FS J. SCHMID zum 80. Geb., 140 teilen Mt 2 in fünf Akte (2,1-6.7-12.13-15.16-18.19-23) ein: "Das ganze Kapitel 2 ist im Grunde eine erzählerische E i n h e i t ".
135 ἀναχωρέω begegnet noch in Mt 2,12.14.22; 4,12; 9,24; 12,15; 14,13; 15,21; 27,5.
136 Zum Präsens historicum bei φαίνεται vgl. F. BLASS/A. DEBRUNNER/F. REHKOPF, Grammatik des neutestamentlichen Griechisch, § 321/3.
137 Der Gottesengel tritt noch in Mt 1,20.24; 2,19; 28,2 auf; bei ἄγγελος κυρίου fällt der fehlende Artikel auf, da normalerweise das regierende Nomen mit Artikel begegnet (vgl. F. BLASS/A. DEBRUNNER/F. REHKOPF, a.a.O. (Anm 147), § 259/4).
138 Joseph spielt nur in der matthäischen Kindheitsgeschichte Jesu eine Rolle (1,16.18.19.20.24; 2,19).
139 Zur Wendung κατ'ὄναρ vgl. Mt 1,20; 2,12.19.22; 27,19.
140 Zu ἐγερθείς, vgl. auch Mt 1,24; 2,14.20.21; 9,7.19.
141 Zu τὸ παιδίον vgl. noch Mt 2,8.9.11.14.20 (bis).21; 11,16; 14,21; 15,38; 18,2.3.4.5.
142 Zu ἡ μήτηρ bzw. ἡ μήτηρ αὐτοῦ vgl. noch Mt 1,18; 2,11.14.20.21; 10,35.37; 12,46.47.48.49.50; 13,55; 14,8.11; 15,4 (bis).5.6; 19,5.12.19.29; 20,20; 27,56.
143 φεύγω begegnet noch in Mt 3,7; 8,33; 10,23 (bis); 23,33; 24,16; 26,56.

Die Tradition von der Erwählung Israels in der Wüste   97

Als Begründung führt der Engel die tödliche Bedrohung durch
Herodes an[144]. Joseph gehorcht sofort und flieht unverzüglich mit dem Kind und seiner Mutter nach Ägypten. Wie sehr
Matthäus auf den Gehorsam des Joseph wertlegt, zeigt sich in
den genauen Entsprechungen bei der Wortwahl des Befehls und
seiner Ausführung. Bei den geringfügigen Abweichungen fällt
nur die Hinzufügung von νυκτός [145] in V.14 besonders auf.

V.15 schließt mit der Zitationsformel und dem Reflexionszitat aus Hos 11,1b. In der Zitationsformel fällt auf, daß
entgegen dem sonstigen Gebrauch der Prophet - an dieser
Stelle Hosea - nicht genannt wird. Dieser auffällige Unterschied zu den anderen matthäischen Zitationsformeln dürfte
im Anschluß an R. PESCH wohl so zu erklären sein, daß die
Wendung ὑπὸ κυρίου den Prophetennamen verdrängt hat. Um sie
zu betonen, läßt Matthäus den Propheten Hosea unerwähnt[146].
In dem Reflexionszitat aus Hos 11,1b fällt die genaue Übereinstimmung zwischen dem Zitat und der hebräischen Vorlage
auf:

      ἐξ Αἰγύπτου ἐκάλεσα τὸν υἱόν μου.

MT: וממצרים קראתי לבני

Vergleicht man das Reflexionszitat mit anderen Übersetzungen,
so finden sich vor allem in der Wiedergabe von לִבְנִי deutliche Unterschiede:

LXX: καὶ ἐξ Αἰγύπτου μετεκάλεσα τὰ τέκνα αὐτοῦ (≙ לְבָנָיו)

α' : καὶ ἐξ Αἰγύπτου ἐκάλεσα τὸν υἱόν μου (≙ לִבְנִי)

V : ... et ex Aegypto vocavi filium meum (≙ לִבְנִי)

T : וממצרים קריתי להון בנין (≙ לָהֶם בָּנִים)

S : ... wmn mṣrjm qrjth brj (≙ לִי בְנִי)

---
144 Zur Wendung μέλλει γάρ vgl. noch Mt 16,27; 17,12.22.
145 Akkusativ der Zeit; vgl. noch Mt 4,2; 12,40; 14,25; 25,6; 26,31.34;
    28,13.
146 R. PESCH, Bib. 48 (1967), 406f; dasselbe läßt sich zu Mt 1,22 sagen,
    wo ebenfalls die Wendung ὑπὸ κυρίου den Prophetennamen Jesaja ver-
    drängt hat.

98 Hauptteil: Exegese der Textstellen

Auffallend ist die Lesart bei LXX,T, die לְבָנָיו (LXX) bzw. לְהֹם בָּנִים (T) an Stelle von לִבְנִי voraussetzen, α', V, S lesen dagegen wie MT לִבְנִי . Die Plurallesart von בן bei LXX läßt sich wohl als Angleichung an die pluralischen Prädikate in Hos 11,2 erklären[147], diejenige bei T ist vielleicht als antichristliche Korrektur zu verstehen, um die christologische Verwendung in Mt 2,15 auszuschließen[148]. Der genaue Anschluß dieses Reflexionszitates an den hebräischen Text läßt darauf schließen, daß Matthäus mit dieser hoseanischen Stelle und ihrem Kontext gut vertraut war. In der Verwendung von Hos 11,1 darf man also m.E. nicht mit einer absichtslosen Gedächtniszitation rechnen[149]. Man wird am ehesten damit rechnen können, daß der Evangelist über die Herkunft dieses Zitates genau unterrichtet war[150].

Vergleicht man nun die Aussage von Hos 11,1b im Kontext von Hos 11,1-7 und Mt 2,13-15 so lassen sich folgende drei Hauptaussagen treffen, die zur Zitierung von Hos 11,1b in Mt 2,13-15 führten. Es geht dabei 1) um Gottes Schutz, 2) um Gottes Liebe und 3) um Gottes Enttäuschung und Israels alleinige Hoffnung.

---

147 So im Anschluß an H.W. WOLFF, BK XIV/1, 247.
148 So im Anschluß an W. RUDOLPH, KAT XIII/1, 209.
149 Mit einer absichtslosen Gedächtniszitation rechnet G. STRECKER, Der Weg der Gerechtigkeit, 83 vor allem bei den Reflexionszitaten, in denen sich Textmischungen finden, die nicht sachlich, sondern nur durch Stichwortverbindungen motiviert sind (Beispiel Mt 21,5).
150 Von dieser Voraussetzung geht R. PESCH, Bib. 48 (1967), 403 bei allen Reflexionszitaten aus. - In der Forschung wird die Frage nach der Herkunft der matthäischen Reflexionszitate sehr unterschiedlich beurteilt. Nach K. STENDAHL, The School of St. Matthew and its use of the Old Testament, 205 sind die Reflexionszitate "the fruits of the creative activity of the Matthaen church..."; für A. BAUMSTARK, Bib. 37 (1956), 296-313 entstammen die Zitate des Zwölfprophetenbuches im Mt.-Evangelium einem verschollenen Prophetentargum; nach G. STRECKER, Der Weg der Gerechtigkeit, 83 benutzt Matthäus in den Reflexionszitaten eine Sammlung prophetischer Weissagungen, die ihm in schriftlicher Form überliefert wurde; nach E. SCHWEIZER, Das Evangelium nach Matthäus, 11 ist der Hintergrund der Reflexionszitate in einer christlichen Schriftgelehrsamkeit zu suchen, die auf verschiedenen Stufen Jesusgeschichten mit alttestamentlichen Texten verknüpfte.

Die Tradition von der Erwählung Israels in der Wüste   99

Ad 1) *Gottes Schutz*: Die Autorität von Hos 11,1b liegt darin begründet, daß Gott selbst hier redet und handelt. Er verweist auf seine große Rettungstat der Herausführung Israels aus der ägyptischen Knechtschaft. Ägypten steht somit als Symbol für die tödliche Bedrohung Israels und die gnädige Errettung durch Gott. So wie Gott einst Israel aus der Todesgefahr errettete, so wird er auch jetzt seinen Sohn aus der Todesgefahr erretten.

Ad 2) *Gottes Liebe*: Hos 11,1 betont sehr stark, daß sich Gott zu seinem Volk bekannt hatte, als es selbst noch vollkommen unmündig und unselbständig war. Die Erwählung Israels durch Gott ist somit unabhängig von dessen Fähigkeiten und Leistungen. So wie sich Gott einst zu Israel ganz und gar bekannte, so bekennt er sich jetzt ganz und gar zu seinem Sohn. Gottes Bekenntnis zu Israel und zu seinem Sohn ist ein Bekenntnis von Anfang an.

Ad 3) *Gottes Enttäuschung und Israels Hoffnung*: Israel hat seine Bestimmung als Gottes Sohn durch den Abfall an die Baalsgötzen schändlich mißbraucht und Gott tief enttäuscht. An die Stelle Israels tritt deshalb Jesus, der als gehorsamer Sohn Gottes das ausführt, wozu das ungehorsame Israel nicht in der Lage war. Er geht unbeirrt den von seinem Vater vorgezeichneten Weg, verwirklicht Gottes Willen und wird somit zur einzigen Hoffnung des treulosen Israel.

VI. Jahwes Fürsorge in der Wüste und die Vergeßlichkeit
              Israels - Hos 13,4-8

1.   Übersetzung und textkritische Anmerkungen

4)   Ich bin Jahwe, dein Gott[a], vom Ägyptenland her,
     einen Gott außer mir kennst du nicht
     und einen Retter außer mir gibt es nicht.
5)   Ich habe dich in der Wüste erkannt[b],
     in einem ausgedörrten Land.

Haupttteil: Exegese der Textstellen

6) Entsprechend ihren Weiden^c wurden sie satt,
   sie sind satt geworden^d und ihr Herz schlug höher.
   Deshalb haben sie mich vergessen^e.
7) Und ich wurde^f für sie wie ein Löwe,
   wie ein Panther auf dem Weg Assurs^g.
8) Ich werde ihnen begegnen wie ein Bär, der der Jungen beraubt ist
   und ich werde ihre Herzkammern zerreißen,
   ich werde sie dort auffressen^h wie eine Löwin^i,
   die wilden Tiere werden sie zerreißen.

a Die LXX bietet hier einen umfangreichen Einschub: "der, der den Himmel festmacht und die Erde erschafft, dessen Hände das ganze Himmelsheer erschufen, und ich habe dich nicht angewiesen, hinter ihnen herzugehen; und ich führte dich heraus;" der erste Teil dieser Interpolation verherrlicht die Schöpfermacht Jahwes, der zweite kritisiert das abtrünnige Verhalten Israels.

b LXX liest ἐποίμαινόν σε (רְעִיתִךָ); nach WOLFF hat MT unter dem Einfluß von V.4b ר und ד verlesen und י vom vorausgehenden אני verdoppelt; daß auch V רְעִיתִךָ lesen soll (so WOLFF, BK XIV/1, 286f), stimmt nicht; sie liest ego cognovi te (יְדַעְתִּיךָ); zur Rechtfertigung der Lesart יְדַעְתִּיךָ siehe unten.

c WELLHAUSEN, Die Kleinen Propheten, 132 hat die Lesart בִּרְעוֹתָם "als sie weideten..." vorgeschlagen; ihm sind INA WILLI-PLEIN, Vorformen der Schiftexegese, 223 und J. VOLLMER, Geschichtliche Rückblicke, 67 gefolgt.

d BHS vermutet in שָׂבְעוּ eine Dittographie zu וַיִּשְׂבְּעוּ ; sie ist jedoch bei 4 Buchstaben nicht sehr wahrscheinlich (so auch INA WILLI-PLEIN, Vorformen der Schriftexegese, 223).

e Für J. VOLLMER, Geschichtliche Rückblicke, 67 ist V.6b eine erklärende Glosse zu וַיָּרָם לִבָּם , weil er metrisch die Zeile überfüllt.

f LXX, V lesen וָאֶהְיֶה als Angleichung an die folgenden Imperfekte; so auch J. VOLLMER, Geschichtliche Rückblicke, 67;

anders INA WILLI-PLEIN, Vorformen der Schriftexegese, 223.

g So mit LXX; zur Begründung siehe Auslegung zu V.7f; die meisten Kommentare sehen in אָשׁוּר eine Verbalform von שׁוּר "lauern" (INA WILLI-PLEIN, Vorformen der Schriftexegese, 223; H.W. WOLFF, BK XIV/1, 285); W. RUDOLPH, KAT XIII/1, 238 leitet es von a. שָׁנַר "springen" ab, weil sich die Bedeutung "lauern" nicht belegen läßt.

h LXX liest 3. Pers. Pl. καὶ καταφάγονται αὐτούς (שָׁם יֹאכְלֵם).

i W. RUDOLPH, KAT XIII/1, 236 liest פְּלָדִים , weil der Rückgriff auf das Löwenbild störend sein soll.

2.   Exegese von 13,4-8

Der Abschnitt wird in V.4 mit der Selbstvorstellungsformel Jahwes eingeleitet. Er endet in V.7f mit einem Gerichtswort an Ephraim, weil es seinen Herrn vergessen hat (V.6). Dem Abschnitt geht in V.1-3 eine Gerichtsankündigung voraus (V.1-2 Begründung; V.3 Gerichtsankündigung, mit לכן eingeleitet), eine solche folgt ihm auch in V.9-11.

Jahwe stellt sich hier dem Volk als derjenige dar, der es aus Ägypten herausgeführt hat (V.4). Er ist der einzige und wahre Gott, einen anderen Helfer außer ihm gibt es nicht. Das Wissen des Volkes um Gott wird mit dem Verb ידע ausgedrückt. Ähnliche Formulierungen finden sich vor allem im Exodusbuch und bei Deuterojesaja (Ex 7,17; 8,18; 9,14.29; Jes 45,3). J. VOLLMER hat auf Grund der Berührungen von V.4b zur Sprache Deuterojesajas und der Spannung dieser Zusage zu den Drohworten in V.1-3 und 6-8 geschlossen, daß V.4b ein späterer Zusatz sei[151]. Der bewußte Gegensatz von תדע in V.4b zu אני ידעתיך in V.5a spricht jedoch gegen diese Auffassung. SELLIN ist wohl im Recht, wenn er ידע im Sinne von "vertraut sein mit" wiedergibt[152]. Das Volk weiß deshalb um

---

151 J. VOLLMER, Geschichtliche Rückblicke, 68f.
152 E. SELLIN, Zwölfprophetenbuch, [1]1922, 101.

Jahwe als seinen alleinigen Herrn, weil er sich ihm in der
Wüste mitgeteilt hat und weil es ihn bei der Herausführung
aus Ägypten als seinen Retter (מוֹשִׁיעַ) erfahren hat. מוֹשִׁיעַ
steht in V.4b parallel zu אֱלֹהִים . SELLIN übersetzt es mit
"Heiland"[153]. Die Bezeichnung Jahwes als alleiniger Retter
aus der Not findet sich vor allem bei Deuterojesaja (43,3.11;
45,15.21; 49,26), Tritojesaja (60,16; 63,8), aber auch in
Ps 106,21. Jahwe möchte sein Volk aus der bedrohlichen Umklammerung durch die fremden Götzen befreien. Es braucht
nicht viele Götzen, sondern nur Jahwe als alleinigen Gott,
weil er der einzige ist, der wirklich helfen kann.

In V.5 wird meist יְדַעְתִּיךָ im Anschluß an die LXX in רְעִיתִיךָ
umgeändert. Man vermutet eine Verschreibung von ד und ר und
eine Dittographie des י von dem ihm vorausgehenden אֲנִי[155].
Gegen diese Lesart lassen sich jedoch gewichtige Argumente
anführen. Es ist nicht notwendig, daß כְּמַרְעִיתָם (V.6) ein
vorausgehendes רָעָה voraussetzt, denn וַיִּשְׂבָּעוּ erklärt
כְּמַרְעִיתָם hinlänglich[155].

יְדַעְתִּיךָ , 1. Pers. Sg. com. (V.5a), steht in direktem Gegensatz zu תֵדַע (2. Pers. Sg. m.). Hier steht sehr deutlich
die Absicht dahinter, die Vergeßlichkeit des Volkes und die
Fürsorge Jahwes einander gegenüberzustellen. Mit einer nach-
träglichen Angleichung von 6a und 5b haben wir es deshalb
nicht zu tun. BACH führt noch einen inhaltlichen Grund gegen
רָעָה an. "Es wäre dann nämlich gesagt, Jahwe habe Israel in
der Wüste geweidet, aber Israel wäre entsprechend seiner
Weide, also schon in der Wüste, satt und hochmütig geworden"[156]. Hosea aber läßt den Abfall erst im Kulturland

---

[153] ebd., 100.
[154] A. van HOONACKER, Les douze petits prophètes, 79; ORELLI, Die zwölf kleinen Propheten, 39; RIESSLER, Die kleinen Propheten oder das Zwölfprophetenbuch, 57; SELLIN, Zwölfprophetenbuch, ¹¹1922, 100f; MARTI, Dodekapropheton, 100f; NOWACK, Die kleinen Propheten, 76; ROBINSON, HAT 14, 50; RUDOLPH, KAT XIII/1, 235; WOLFF, BK XIV/1, 285; INA WILLI-PLEIN, Vorformen der Schriftexegese, 22f; VOLLMER, Geschichtliche Rückblicke, 66; KÜMPEL, Die Berufung Israels, 82f.
[155] So mit Recht R. BACH, Die Erwählung Israels, 36f; H. GESE, Bemer- kungen zur Sinaitradition, in: ders., VSZZ, 41 Anm. 49.
[156] R. BACH, Die Erwählung Israels, 37.

Die Tradition von der Erwählung Israels in der Wüste   103

einsetzen. Wie auch an den übrigen zur Tradition von der Erwählung in der Wüste gehörenden Stellen ist מדבר hier mehr als nur "Symbol für alles Bedrohliche... aus dem Jahwe Israel errettet"[157]. Hos 13,5 denkt an Jahwes Schutz und Sorge beim historischen Wüstenzug Israels[158]. Das legen der Hinweis auf den Auszug aus Ägypten (V.4a) und der Parallelausdruck zu במדבר in V.5b (בארץ תלאבות) unmittelbar nahe.

Jahwes Fürsorge führt bei seinem Volk zu einer falschen Sicherheit und Sattheit, was in drei sich steigernden Formulierungen zum Ausdruck gebracht wird (V.6). (a) Das Volk ist satt geworden (שבעו , 6aβ). Der gleiche Gedanke findet sich in Jer 5,7, wo Jeremia über die Großen, d.h. Begüterten und Gebildeten im Volk klagt, die hemmungslos die Forderungen Jahwes mißachten. Jahwe hat sie satt gemacht, sie aber sind zu Ehebrechern geworden. (b) Das Volk ist hochmütig geworden und (c) es hat seinen Herrn vergessen. In Dtn 8,14 wird vor Überheblichkeit und materieller Sorglosigkeit (V.12f) gewarnt, die leicht dazu führen kann, Jahwe zu vergessen (vgl. Hos 2,15; 4,6; 8,14). Hosea hat hier wie in 2,4-15 die Situation im Kulturland vor Augen. Daß sich dort das Volk immer weiter von seinem Herrn entfernt hat, drückt Hos 10,1b sehr deutlich aus.

V.7f nennen die Folgen der Gottesvergessenheit. Jahwe wurde für das Volk wie ein Löwe[159] und ein Panther[160]. Beide Bilder kennzeichnen die große Bedrohung, der Israel damit ausgesetzt ist. Löwe und Panther sind hier Vollstrecker des göttlichen Gerichts. Assur in 7b ist wohl als geographische Angabe zu verstehen. Darauf verweisen שם in V.8b und Hos 5,14, wo שחל in einer ähnlichen Verbindung begegnet: Jahwe ist wie ein Löwe gegen Ephraim und wie ein Junglöwe gegen

---

157 So R. KÜMPEL, Die Berufung Israels, 83; daß die "Wüste" bei Hosea mehr als nur theologische Chiffre ist, verteidigt auch H. UTZSCHNEIDER, Hosea, 173f.
158 Gegen R. KÜMPEL, Die Berufung Israels, 83.
159 Vgl. Hos 5,14; Prov 26,13; Ps 91,13; Hi 4,10; 10,16; 28,8.
160 Vgl. Jes 11,6; Jer 5,6; 13,23; Cant 4,8; Hab 1,8.

Juda[161]. V.8 kündigt weitere Taten Jahwes gegen Israel an.
Er wird ihm begegnen wie ein Bär, der der Jungen beraubt ist.
Auch dieses Bild bringt als Steigerung zu V.7 die große Bedrohung, der Israel ausgesetzt ist, zum Ausdruck. Der seiner
Jungen beraubte Bär ist unberechenbar und rasend vor Angst,
daß ihnen etwas zugestoßen sei. Er wird alles tun, um sie zu
finden und zu retten. Das gleiche Bild findet sich in Prov
17,12; II Sam 17,8. Es ist schwer zu entscheiden, was Hosea
unter סגור לבם versteht. Am ehesten wird damit der Brustkorb
gemeint sein, der mit den vorderen und hinteren Rippen das
Herz als Lebenszentrum schützt[162]. EHRLICH denkt an den stark
wattierten Wams, den man auf Reisen durch die Wüste zum
Schutz der Brust gegen wilde Tiere trug. Mit dem Zerreißen
des Wamses werde die Brust bloßgelegt, so daß man an sie
herankommen könne. Nur so paßt nach ihm das Verb in den Satz,
denn קרע werde im Alten Testament niemals vom Zerreißen
eines Menschen oder Tieres gebraucht[163]. Israel werde einer
tödlichen Bedrohung ausgesetzt sein.

Hos 13,4-8 betont die Hilfe und Fürsorge Jahwes für sein
Volk. Er hat es aus Ägypten herausgeführt und sicher durch
die Wüste geleitet. Israel wußte in dieser Zeit um Jahwe als
seinen wahren und einzigen Gott und Retter, weil es von ihm
erkannt (ידע) worden ist. Damit berührt sich der Abschnitt
inhaltlich sehr eng mit Hos 9,10; 10,1-2.11-13a; 11,1-7, wo
überall die enge Gemeinschaft zwischen Gott und Volk hervorgehoben wird. Sie wird hier jedoch nicht mit den Verben מצא
(9,10), עבר (10,11) oder קרא und אהב (11,1), sondern mit
ידע ausgedrückt. Der Überfluß der Fürsorge Jahwes aber ließ
das Volk hochmütig werden, so daß sie ihn vergaßen. Deshalb
wird Jahwe Israel bestrafen müssen.

---

161 So auch HITZIG/STEINER, Die zwölf kleinen Propheten, 61f; anders
SELLIN, Zwölfprophetenbuch, ¹1922, 101, denn nach ihm geht es hier
nicht um nach Assur gesandte Botschaften, sondern um ein Zerreißen
in Palästina, was keinesfalls mit den Worten "auf dem Weg nach Assur"
bezeichnet werden könnte; WELLHAUSEN, Die Kleinen Propheten, 132:
"Ungern entschließt man sich, אשור mit der Septuaginta als Assur zu
deuten (7,12). Indessen tut man es nicht, so hat שם in V.8 keine Beziehung".
162 So H.W. WOLFF, BK XIV/1, 294f; W. RUDOLPH, KAT XIII/1, 244; MARTI,
Dodekapropheton, 101; SELLIN, Zwölfprophetenbuch, ¹1922, 101.
163 EHRLICH, Randglossen Bd. 5, 208.

Die Tradition von der Erwählung Israels in der Wüste

VII. Gottes Werben um Israel in der Wüste: Hos 2,16f -
     Jos 7,1.5b-26

1.   Übersetzung und textkritische Anmerkungen

16) Darum: Siehe, ich umwerbe sie,
    führe sie[a] in die Wüste[b]
    und rede ihr zu Herzen.
17) Ich will ihr von dort[c] ihre Weinberge[d] geben
    und die Ebene Achor als Tor der Hoffnung.
    Sie wird dorthin willig folgen[e] wie in den Tagen ihrer
                                                    Kindheit
    und wie am Tag ihres Heraufziehens aus dem Land Ägypten.

a LXX gibt והלכתיה mit καὶ τάξω αὐτήν wieder; hier ist der
  Text innerhalb der LXX verdorben, statt καὶ τάξω muß deshalb
  καὶ κατάξω gelesen werden; vgl. dazu J. ZIEGLER,
  Duodecim prophetae, 121: "Ein lehrreiches Beispiel einer
  häufigen Textverderbnis sind die Futurformen κατάξω, καὶ
  τάξω, κατατήξω, πατάξω".

b V gibt המדבר mit dem allgemeineren und interpretierenden
  Ausdruck "in solitudinem" wieder.

c Die Fülle der hier vorgeschlagenen Textänderungen ist unnötig
  angesichts der eindeutigen Textüberlieferung; es wurde
  u.a. vorgeschlagen: K. MARTI, Dodekapropheton, 29:
  וְשַׁמְתִּי ; P. RIESSLER, Die kleinen Propheten oder das Zwölfprophetenbuch,
  11 und 16 Anm. 17: פַּרְמֵי הַשְּׁמָמָה "die üppigen
  Weinberge"; H.W. HERTZBERG, Prophet und Gott, 27: וְנָתַתִּי
  לִכְרָמִים אֶת־הַשַּׁמָּה "und ich mache zu Weinbergen die Wüste";
  P. HUMBERT, FS K. MARTI, 165 פַּרְמֵי הַמְּשַׁמּוֹת "die verwüsteten
  Weinberge, 165; J.R. DRIVER, JThS 39 (1938), 155:
  פַּרְמֵי שְׁמָמָה oder מְשַׁמָּה "die Weinberge von Šemama oder
  Mešamma; ROBINSON, HAT 14, 12: קְשֻׁרֶיהָ וְשַׂמְתִּי אֶת־
  "ihr Brautkleid, und ich will machen".

d LXX gibt כרמיה verallgemeinernd mit τὰ κτήματα αὐτῆς
  wieder.

e L. DELEKAT, VT 14 (1964), 41: ענה hat hier die Bedeutung
"den Gedanken, die Sache, das Angebot, den Wunsch usw. des
anderen aufnehmen, sich zu eigen machen". "Der Schwächere
tut das dem Stärkeren gegenüber normalerweise".

2.   Gliederung und Aufbau von Hos 2,4-25

Hos 2,4-25 läßt sich deutlich in drei Abschnitte gliedern:
I: V.4-15; II: V.16f; III: V.18-25. Der I. Abschnitt kündigt
das Strafgericht Jahwes gegen die untreue Ehefrau, aber auch
gegen ihre Kinder an. In V.4a werden die Kinder aufgefordert,
mit ihrer Mutter zu streiten und mit ihr zu brechen (ריבו);
V.4b richtet sich direkt an die Frau mit der Forderung, dem
Ehebrechen ein Ende zu bereiten. Sollte sie dies nicht tun,
wird sie bloßgestellt werden (V.5a) und sterben müssen
(V.5b). Die Schuld der Frau überträgt sich auch auf ihre
Kinder, denen ebenfalls kein Erbarmen geschenkt wird (V.6.
7a). Mit einem Lob der Frau auf ihre Liebhaber (V.7b)
schließt der 1. Unterabschnitt von V.4-15 ab. Mit לכן in
V.8a wird der 2. Unterabschnitt eingeleitet, der bis V.10
reicht. Die Wege zu den Liebhabern werden der Frau versperrt werden, so daß sie sie nicht erreichen wird (V.8ab.
9a). Ihr wird vorgeworfen, daß sie vergessen hat, wer ihre
eigentliche Lebensgrundlage ist (V.9b.10). Der 3. Unterabschnitt in V.11-15 wird ebenfalls mit לכן eingeleitet und
kündigt das Gericht über die Frau an. Durch die Rücknahme
von Getreide, Most, Wolle und Flachs (V.11a) wird ihr die
Lebensgrundlage entzogen. Sie wird entblößt werden (V.11b.
12) und keine Freudenfeste mehr feiern können (V.13f). Die
Tage der Heimsuchung sind gekommen, weil sie den Herrn vergessen hat (V.15).

V.4-15 stellt die Untreue der Frau sehr stark in den Vordergrund (V.6.7.9.14f). Sie verläßt sich ganz auf ihre Liebhaber und den Buhllohn, den sie von ihnen empfängt (V.7b.14)
und der ihr vollkommen den Blick dafür versperrt, wer ihr
eigentlicher Lebenserhalter ist (V.10). Die Strafe dafür wird
sehr hart sein: sie wird zur Wüste (V.5bα), sie wird ver-

Die Tradition von der Erwählung Israels in der Wüste 107

dursten (V.5bβ), die Lebensgrundlage wird ihr entzogen (V.11), sie wird bloßgestellt werden (V.5a.12) und ihre Feste werden ein Ende haben (V.13). V.15b faßt die Schuld der Frau in zwei Worten zusammen: ואתי שכחה.

Der II. Abschnitt beginnt in V.16; seine Einleitung mit לכן verbindet ihn mit dem vorausgehenden Abschnitt (vgl. V.8.11). Hier wird das Handeln Jahwes angesichts der in V.4-15 angeklagten Untreue der Frau beschrieben. Es besteht darin, daß Jahwe die Frau (Israel) in die Wüste führen wird, um dort abermals ihre Liebe zu gewinnen, damit ihr ein Neuanfang in Palästina ermöglicht werden kann. Das Verhalten Jahwes nimmt in V.16f eine überraschende und unerwartete Wende, denn der Hörer und Leser hätte angesichts der Schilderung der Untreue der Frau in V.4-15 das endgültige Gericht über sie erwartet.

Wie sehr das Handeln Jahwes an Israel auf eine sichere Existenz im Kulturland hinzielt, macht der III. Abschnitt (V.18-25) deutlich. In dem Bild von der Verlobung und der Ehe wird der Neuanfang in Palästina beschrieben. Die Baalsnamen werden entfernt (V.19), Jahwe wird einen Bund mit den Tieren schließen (V.20a) und er wird dem Krieg ein Ende bereiten (V.20b). Beides dient dem "sicheren Wohnen" (V.20b) des Volkes im Land[164]. Mit dem Bild der Verlobung wird in V.21f die innige und tiefe Verbindung Jahwes zu seinem Volk beschrieben. Er wird seinen Bund einhalten, der auf ewig bestehen soll. Israel wird dann seinen Herrn erkennen. "Hos 2,18-25 kann dem Volk des neuen Bundes helfen, die ihm geschenkte Existenz vor Gott und in der Welt nach allen Seiten glaubend und hoffend völliger zu ergreifen"[165].

---

164 Zum Motiv des gefahrlosen Zusammenlebens mit der Tierwelt vgl. Jes 11,6-9; 35,9; Ez 34,25.
165 H.W. WOLFF, BK XIV/1, 69; nach O. EISSFELDT, Einleitung in das Alte Testament, 524 sind V.23-25 nicht von Hosea; vgl. dazu unten S.138ff.

3.   Exegese von 2,16f

V.16 wird wie V.8.11 mit לכן eingeleitet. In allen drei Versen steht לכן am Anfang eines Abschnittes und zieht die Konsequenz aus dem schuldhaften Verhalten der Frau. Während V.8.11 Strafmaßnahmen ankündigen, Gefangennahme der Frau (V.8) und Entzug der Lebensgrundlage (V.11), leitet לכן in V.16 die Verheißung eines Neuanfanges in der Wüste ein[166].

Dieser Neuanfang gründet auf der Initiative Jahwes, was durch das betont vorausgestellte הנה אנכי, aber auch durch מפתיה zum Ausdruck gebracht wird. פתה bezieht sich auf "Gottes bezwingendes Überreden"[167]. In Jer 20,7 klagt Jeremia, daß Jahwe ihn mit seiner Allmacht überredet habe (פתיתני יהוה) und in Ez 14,9 sagt Jahwe von sich, er habe den Propheten überredet (אני יהוה פתיתי את הנביא). In Dtn 11,16 wird davor gewarnt, sich das Herz von anderen Göttern überreden zu lassen (vgl. auch Hi 31,27). Aus diesen Stellen läßt sich schließen, daß פתה in Hos 2,16 nicht so sehr das leicht verführbare[168], als vielmehr die unausweichliche und ganzheitliche Inanspruchnahme durch Jahwe betonen will. Israel wird in der Wüste ganz von seinem Herrn umfangen und von ihm fasziniert sein. פתה kann in gutem als auch in bösem Sinne gebraucht werden; da am Ende des Verses jedoch דברתי על-לבה steht, kann hier nur der gute Sinn gemeint sein[169]. דבר על לב findet sich noch in Gen 34,3, wo Sichem, der Sohn des Hemor, Dina, der Tochter Jakobs, zu Herzen redet und in Ruth 2,13, wo Boas Ruth zu Herzen redet. Es handelt sich hier um einen Ausdruck aus der Liebessprache, der hier die tiefe

---

166 In Hos 13,3 leitet לכן eine Strafmaßnahme ein.
167 M. SAEBØ, Art.: פתה, in: THAT II, Sp. 497: "Insonderheit aber bezieht sich die Vokabel auf Gottes bezwingendes Überreden: metaphorisch in bezug auf Gottes Gerichts- und Heilshandeln an Israel..., vor allem aber von Gottes machtvollem Bewirken in gewissen Propheten..." - פתה ist bei Hosea noch in 7,11 zu finden.
168 So die Interpretation von H.W. WOLFF, BK XIV/1, 50; GRACE I. EMMERSON, Hosea, 21ff.
169 In schlechtem Sinn etwa in: Prov 20,19; vgl. dazu EHRLICH, Randglossen Bd. 5, 169.

Zuneigung Jahwes zu Israel aussagen soll[170].

Der Ort der Begegnung zwischen Jahwe und Israel wird die Wüste sein. Er wird deshalb sein Volk noch einmal dorthin führen. Die Verbindung von הלך und מדבר zeigt[171], daß Hosea an ein dem ersten Wüstenzug entsprechendes Geschehen denkt (vgl. V.17bβ). Es steht allerdings insofern unter umgekehrtem Vorzeichen, als diesmal das Volk nicht aus der ägyptischen, sondern aus der selbstverschuldeten Baalsknechtschaft in Palästina herausgeführt werden soll.

Die Wüste ist aber nicht nur der Ort der Begegnung zwischen Jahwe und seinem Volk, sondern auch der Ort, an dem Jahwe als Zeichen seiner Verbundenheit mit dem Volk Weinberge und die Ebene Achor als Tor der Hoffnung als Geschenke austeilen wird. Die entscheidende Frage dabei ist, ob hier an eine Umwandlung der Wüste in Weinberge und der Ebene Achor in fruchtbares Land gedacht ist. Ihre Beantwortung hängt wesentlich an der richtigen Interpretation von משם . Syntaktisch bezieht es sich auf המדבר und muß deshalb mit "von dort, d.h. von der Wüste aus" übersetzt werden[172]. Damit aber scheidet der Gedanke an eine wundervolle Umwandlung der Wüste aus. Darauf weist auch das Suffix הָ in כְּרָמֶיהָ ; Israel bekommt noch auf dem Boden der Wüste die Weinberge zurück, die es im Kulturland besessen hat. Im Augenblick der Wüstensituation kann Jahwe die Rückgabe nur versprechen, aber sein Wort ist so gut wie die Gabe selbst[173]. ונתתי in V.17aα bezieht sich auf V.10 zurück, wo Jahwe betont, daß er es ist, der die Gaben des Kulturlandes spendet[174]. Das Volk hatte im Kulturland Jahwe als den Spender alles Lebens ignoriert; erst jetzt in der Wüste wird ihm bewußt, daß Jahwe allein sein Fürsorger und Erhalter ist.

---

170 דִּבֶּר mit der Präposition עַל findet sich noch in Hos 12,11; anders interpretiert G. FISCHER, Bib.65 (1984), 244-250 die Wendung.
171 Vgl. noch Ex 15,22; Ps 106,9.
172 Anders BUDDE, The Nomadic Ideal, 9, der משם mit "dort" übersetzt; so auch J. WELLHAUSEN, Die Kleinen Propheten, 12: "und sie ihr dort ihre Weinberge anweisen..."; A. WEISER, ATD 24, 22: "... und dort will ich ihr ihre Weinberge geben..."
173 W. RUDOLPH, KAT XIII/1, 77.
174 נתן ist bei Hosea oft belegt: in der Gottesrede 11,8; in Hoseas Bitte an Gott 9,14; in dem Lob der Frau über ihre Liebhaber 2,7.14; in dem

Israel bekommt als Geschenk nicht nur seine Weinberge zurück, sondern zudem wird die Ebene Achor für es zu einem Tor der Hoffnung werden. Hosea greift hier auf die Überlieferung von der Versündigung Achans und ihre Bestrafung zurück, die in Jos 7,1.5b-26 berichtet wird, wo sie mit der Überlieferung von dem Feldzug gegen Ai verbunden ist (Jos 7,2-5a; 8,1-29). Die Schuld Achans liegt darin, daß er sich an dem gebannten Gut vergriffen hatte, wodurch er nicht nur gegen Jahwes Gebot verstoßen hatte, sondern auch das gesamte Volk schuldig gemacht hatte. Achan wird seiner Schuld überführt[175] und im Tal Achor verbrannt und gesteinigt. Die Achangeschichte ist eine ätiologische Sage; 7,26 zeigt, daß der Haftpunkt dieser Überlieferung der große Steinhaufen in der Achor-Ebene war[176]. Hosea greift deshalb auf diese Überlieferung zurück, um zu zeigen, daß die Ebene Achor, die in Jos 7 für Israel zu einer Unglücksebene und zu einer gefährlichen Bedrohung der Landnahme geworden war, jetzt zu einem "Tor der Hoffnung"[177] wird und einen freudigen und zuversichtlichen Zug ins Kulturland ermöglicht[178].

V.17b[179] betont, daß Israel dem Werben und dem Ruf seines Herrn willig folgen wird. שמה bezieht sich auf die Ebene Achor als Tor der Hoffnung, d.h. als das Tor von der Wüste ins Kulturland. Hosea sieht in dem herzlichen Werben Jahwes und der willigen Gefolgschaft Israels eine Entsprechung zu den "Tagen ihrer Kindheit" und dem "Tag ihres Heraufziehens aus dem Ägyptenland". Mit כימי נעוריה ist die Zeit der Anfänge Israels, in der ein harmonisches Verhältnis zwischen Jahwe und seinem Volk bestand[180], gemeint. Dieser Ausdruck

---

Verlangen Ephraims nach einem König 13,10f; die Verbindung von נתן mit כרם findet sich in I Reg 21,2.6f; Num 16,14; I Sam 22,7; Cant 8,11.
175 Jos 7,14-18: Losverfahren zur Herbeiführung eines Gottesurteils; V.19: Schuldbekenntnis; V.20f: Geständnis des Achan; V.22f: das gestohlene Gut; V.24: Verbrennung und Tötung Achans.
176 M. NOTH, HAT 7, 43f.
177 Der Ausdruck פתח תקוה kommt nur hier in V.17 vor; die gleiche inhaltliche Aussage findet sich in Jer 31,17, wo Jahwe verheißt, daß es noch eine Hoffnung (תקוה) für die Kinder Rahels gibt, denn sie werden in ihre Gebiete (גבולם) zurückkehren können (vgl. dazu Jer 29,11).
178 Zur Frage der Lokalisierung der Ebene Achor vgl. H.-D.NEEF, ZDPV 100 (1984), 91-107.
179 Eine Umstellung von V.17b vor 17a, wie sie W. RUDOLPH, KAT XIII/1,76 vornimmt, ist unnötig.

findet sich sonst noch bei Jeremia (3,4) und Ezechiel (16,22. 43.60; 23,19). In Jer 3,4 bezeichnet Israel seinen Herrn als den Freund seiner Jugend (אלוף נערי) und in Ez 16,60 gedenkt Jahwe an seinen Bundesschluß mit Israel in den Tagen seiner Jugend. Mit עלה in V.17bβ greift Hosea auf den terminus technicus für den Auszug aus Ägypten zurück[181].

Hos 2,16f beschreibt das Werben und die Fürsorge Jahwes für sein Volk. Er wird es aus dem Kulturland herausführen, damit es nicht noch mehr den Fremdgöttern verfällt und sich dadurch zugrunde richtet. In der Wüste wird er einen Neuanfang mit seinem Volk wagen. Sie ist nicht nur der Ort des Werbens und der Geschenkübergabe, sondern auch der Ort, an dem Israel den Wert und die Einzigartigkeit seines Herrn erkennen wird, um sich ihm neu öffnen zu können. Die Exegese dieser Verse zeigt, daß Hosea hier nicht ein nomadisches Israel vertritt, wie es BUDDE und HUMBERT angenommen hatten. Die Wüste ist für ihn vielmehr ein Durchgangsstadium, denn Israel soll nicht in der Wüste bleiben, sondern in das Kulturland zurückkehren[182]. Man sollte deshalb auch nicht von der Wüste als dem Exil reden, in dem das Volk schmachten und leiden wird[183]. Ebenso verbieten die geographischen Angaben in 2,16f die Annahme, als ob Hosea den Auszug in die Wüste und den Wiedereintritt ins Kulturland lediglich bildlich-allegorisch versteht[184]. Israel muß deshalb noch einmal in die Wüste zurück, weil nur dort, fern von den Verlockungen des Kulturlandes, die Voraussetzungen für die Umkehr des Volkes zu seinem Herrn und für einen wirklichen Neuanfang zwischen ihm und Israel gegeben sind.

---

180 R. BACH, Die Erwählung Israels, 13f; M.A. FRIEDMAN, JBL 99 (1980), 199-203.
181 Vgl. dazu G. WEHMEIER, Art.: עלה, in: THAT II, Sp. 274f; begegnet sonst noch bei Hosea in 2,2; 8,9 (in Verbindung mit אַשּׁוּר); 12,14; 13,15 (in Verbindung mit מדבר); W. GROSS, ZAW 86 (1974), 439f.
182 Die Deutung von משם mit "von dort aus" und die Angabe der Ebene Achor sprechen auch gegen die Vorstellung der Umwandlung der Wüste in fruchtbares Land, wie sie etwa von J. WELLHAUSEN, Die Kleinen Propheten, 102, vertreten wird.
183 So HITZIG/STEINER, Die zwölf kleinen Propheten, 156.
184 R. KÜMPEL, Die Berufung Israels, 156.

VIII: Die Rückkehr in die Wüste: Hos 12,10

1. Übersetzung

Ich bin der Herr, dein Gott, vom Land Ägypten her,
noch einmal will ich dich in Zelten wohnen lassen
wie in den Tagen der Zusammenkunft.

2. Exegese von 12,10

Hos 12,10 bildet zusammen mit V.11 den 4. Abschnitt von Kapitel 12. Jahwe selbst kündigt hier an, daß er Ephraim wie in den Tagen der Vorzeit in Zelten wohnen lassen werde. Für die richtige Deutung von כימי מועד sind viele Vorschläge gemacht worden. KEIL hat es auf die sieben Tage des Laubhüttenfestes gedeutet, an denen Israel in Hütten wohnen sollte zum Andenken daran, daß Gott sie bei der Herausführung aus Ägypten in Hütten habe wohnen lassen[185]. KRAUS vermutet hinter diesem Ausdruck ein nomadisches Zeltfest, das in alter Zeit gefeiert wurde[186]. Da sich in Hos 2,17 (כימי נעוריה) und 9,9 (כימי הגבעה) entsprechende Formulierungen finden, die beide in die Anfänge der Geschichte Israels weisen, liegt es nahe, hier ebenso einen solchen Rückbezug zu finden. Der Hinweis, daß Israel noch einmal in Zelten wohnen soll, führt unmittelbar in die Wüstenzeit. "Israel wird aus der Umgebung entfernt, die das ursprüngliche Verhältnis zu Gott zerstört hat, damit es sich nochmals auf es besinnen kann"[187]. Der

---

[185] KEIL, Biblischer Commentar, 107; so auch RUDOLPH, KAT XIII/1, 234; WELLHAUSEN, Die Kleinen Propheten, 129f, hat diesen Vorschlag abgelehnt, weil das Laubhüttenfest חג heißt; er glaubt an eine Anspielung an das Passahfest, weil der Vergleich mit einer frohen Festsitte bei dieser Drohung nicht paßt. Er vermutet נְעוּרָיִךְ für מוֹעֵד; der Bezug zum Laubhüttenfest wird auch von NOWACK, Die kleinen Propheten, 72f, mit der gleichen Begründung wie bei WELLHAUSEN abgelehnt.
[186] H.-J. KRAUS, Gottesdienst in Israel, 156f; die These von KRAUS hat in der Forschung weithin Ablehnung gefunden: A. WEISER, ATD 24, 93 Anm.1; RUDOLPH, KAT XIII/1, 234; WOLFF, BK XIV/1, 279.
[187] G. FOHRER, ThZ 11 (1955), 177.

Die Tradition von der Erwählung Israels in der Wüste   113

Reichtum Kanaans hat Israel ins Unheil geführt. Damit berührt sich 12,10 sehr eng mit 2,16f, denn auch dort heißt es, daß Israel nochmals in die Wüste geführt werden muß, damit es nicht noch mehr den Fremdgöttern verfällt und sich damit selbst zugrunde richtet. Da in Hos 2,16f die Wüste ein Durchgangsstadium für eine neue Landnahme und einen Neuanfang in Palästina ist, darf auch Hos 12,10 nicht im Sinne eines nomadischen Ideals gedeutet werden[188]. "Nicht ein nomadisches Leben, sondern... ein neuer Beginn der Geschichte Jahwes mit Israel, die eschatologische Erneuerung des Volkes wird hier verheißen"[189]. W. RUDOLPH lehnt die Verbindung mit 2,16 ab, weil in 12,10 nicht sicher ist, ob hier ein Wüstenaufenthalt angedroht wird. Er glaubt, daß die Hinzufügung "wie in den Tagen des Festes" ironisch gemeint sei. Ein ironischer Unterton ist in 12,10 jedoch nicht ohne weiteres herauszuhören. Jahwe "führt Israel wieder in eine Existenz ohne Land, ohne Sicherheit, ohne Ruhe und Besitz zurück. Durch diese Wende ist die Heilsgeschichte nicht gegenstandslos geworden, sondern erlebt nach Jahwes Willen ihre Fortführung und Vertiefung"[190].

IX. Zusammenfassung: Die Tradition von der Erwählung Israels
             in der Wüste als Uminterpretation der
             Sinaitradition

Die an den Texten gemachten Beobachtungen und gewonnenen Ergebnisse sollen abschließend noch einmal zusammengefaßt und mit den in der Forschung vertretenen Thesen über die Wüstentradition bei Hosea konfrontiert werden.

---
188 So BUDDE, The Nomadic Ideal, 11.
189 E. ROHLAND, Die Bedeutung der Erwählungstraditionen Israels, 46.
190 W. RUDOLPH, KAT XIII/1, 234; Zitat bei R. KÜMPEL, Die Berufung Israels, 159.

114   Hauptteil: Exegese der Textstellen

1. Die Gemeinsamkeit der untersuchten Texte aus dem Hoseabuch besteht darin, daß sie von der *Wüste* handeln. Hos 9,10-17; 10,1-2.11-13a; 11,1-7; 13,4-8 stimmen darin überein, daß sie Israels Aufenthalt in der Wüste vor der Landnahme beschreiben. Hos 2,16f; 12,10 kündigen einen zweiten Wüstenaufenthalt entsprechend dem ersten an. מדבר findet sich explizit in 2,16; 9,10 und 13,5. Aus 13,5 geht hervor, daß für Hosea die Wüste ein Ort der Bedrohung und Gefährdung der Existenz Israels ist, denn er bezeichnet sie als "ausgedörrtes Land"[191].

2. Die Wüste als Ort der Begegnung zwischen Jahwe und Israel steht im Mittelpunkt des Interesses bei Hosea. Der Prophet bringt dies mit einer Reihe von Verben und sprachlichen Wendungen zum Ausdruck. Jahwe hat Israel in der Wüste gefunden (מצא ; 9,10a), er hat es dort geschaut (ראה ; 9,10a), er ist an ihm vorübergegangen (עבר ; 10,11a), er hat es geliebt (אהב ; 11,1a), er hat es gerufen (קרא ; 11,1b) und erkannt (ידע ; 13,5a). Obwohl sich die exakten Bedeutungen der einzelnen Verben nur schwer voneinander abgrenzen lassen, ist es doch offenkundig, daß sie die Zuwendung, Fürsorge und Liebe Jahwes zu seinem Volk aussagen sollen[192]. Weil er sich an *dieses Volk* binden will, ruft er es an und schenkt ihm seine Liebe. Wie groß die Zuneigung und wie brennend das Interesse Jahwes an Israel ist, wird besonders in Hos 2,16 durch den Gebrauch von Ausdrücken aus der Liebessprache deutlich (דבר על לב ; פתה). Hier ist die Wüste der Ort des Werbens Jahwes um Israel, der Ort der Geschenkübergabe (Weinberge, Ebene Achor) und auf seiten des Volkes der Ort der willigen Gefolgschaft.

---

191 Jeremia nennt sie entsprechend "saatloses Land" (ארץ לא זרועה ; Jer 2,2); vgl. auch die Beschreibung der Wüste in Jer 2,6 - zu diesen Texten aus dem Hoseabuch läßt sich Jer 2,2-13 hinzufügen, denn auch dort erscheint die Wüste als Ort der Begegnung zwischen Jahwe und Israel; vgl. zur Exegese von Jer 2,2-13 und den Beziehungen zu Hosea H.-D. NEEF, erscheint in ZAW 98 (1986).
192 Der Versuch KÜMPELS, Die Berufung Israels, 69f, die Bedeutungsnuancen der einzelnen Verben zu umschreiben, wirkt doch sehr gezwungen und zufällig.

3. Die Wüstenzeit sieht Hosea als die Zeit der *innigen Gemeinschaft zwischen Jahwe und Israel* an. Israels Verhalten seinem Gott gegenüber wird durchweg als positiv angesehen. Dazu gebraucht Hosea verschiedene Bilder. Er vergleicht Israel mit Trauben und Feigen in der Wüste (9,10a; 10,1), um Jahwes Freude und Stolz über sein Volk zum Ausdruck zu bringen. Er nennt Israel eine gelehrige und arbeitsame Jungkuh (10,11), um damit den unschätzbaren Wert Israels für Jahwe zu beschreiben. Er stellt Jahwe als Vater und Israel als seinen Sohn vor, den er liebevoll erzogen hat, um Jahwes unendliche Liebe zu seinem Volk hervorzuheben (11,1-4). Jahwes Hinwendung zu Israel in der Wüste wurde von dem Volk erwidert. Aus Hos 2,16f geht deutlich hervor, daß es ihm in der Wüste willig gefolgt ist. Aus diesen Texten läßt sich eine positive Wertung von Israels Verhalten unmittelbar entnehmen. Daß eine solche nur e silentio in ihnen enthalten sein soll, wie es C. BARTH vermutet, stimmt nicht[193]. Nicht nur die Taten Jahwes geben der Wüstenzeit bei Hosea einen positiven Aspekt[194], sondern auch das Verhalten Israels, denn es hat durch seinen Gehorsam und seine Treue gegenüber Jahwe wesentlich zu der innigen Gemeinschaft mit seinem Gott beigetragen.

4. Hos 2,16f; 12,10 zeigen, daß Hosea kein nomadisches Ideal vertritt. Er sieht zwar in der Wüste das Idealverhältnis zwischen Jahwe und seinem Volk verwirklicht, die Wüste selbst und das Leben in ihr werden von Hosea jedoch nicht idealisiert. Israel soll deshalb noch einmal in die Wüste geführt werden, damit es zu einer Erneuerung der Gottesbeziehung kommt. Israel soll zu der innigen Gemeinschaft mit Jahwe zurückfinden, wie sie vor der Landnahme bestanden hat. Es soll jedoch nicht in der Wüste bleiben, sondern ins Kulturland zurückkehren. Diesen Aspekt haben BUDDE[195] und HUMBERT[196] nicht gesehen. Sie haben zwar beide den erzieherischen Wert des Wüstenaufenthaltes für Israel sehr gut er-

---

193 C. BARTH, Zur Bedeutung der Wüstentradition, in: VT.S 15,18ff.
194 So BARTH, a.a.O., 19f.
195 K. BUDDE, The Nomadic Ideal, 7.9f.17.

kannt und beschrieben, sie sehen jedoch nicht, daß die Wüste nur eine Zwischenstation auf dem Weg Israels zu einer neuen Landnahme und einer intakten Gottesbeziehung ist. Damit wird auch die Vermutung BUDDES, daß Hosea im Umkreis der Rekabiten zu suchen sei, recht unwahrscheinlich[197].

5. Die Exegese von Hos 2,16f; 12,10; 9,10-17; 10,1-2.10-13; 11,1-7; 13,4-8 zeigt, daß diese Texte in einer einheitlichen traditionsgeschichtlichen Linie liegen, denn sie alle handeln von der Wüste als dem Ort der Begegnung zwischen Jahwe und Israel, und sie sehen die Wüstenzeit als die Zeit der innigen und idealen Gemeinschaft zwischen Gott und seinem Volk an. Da die textliche Grundlage dieser Tradition bei Hosea breit ist[198], muß ihr besondere Beachtung geschenkt werden.

6. R. BACH hat diese Texte einer Tradition zugeordnet, die er "Fundtradition" nennt. Sie soll "den Stand der Erwählung durch Jahwe, in dem der israelitische Glaube sich vorfand, begründen..."[199]. Da sich das Verb מצא jedoch nur in Hos 9,10 findet[200], ist dieser Name mehr oder weniger willkürlich. Angesichts der zahlreichen Ausdrücke zur Umschreibung der Begegnung zwischen Jahwe und Israel in der Wüste könnte die Tradition auch "Ruf-, Erkenntnistradition" o.ä. genannt werden. Die Vielzahl der Verben, Wendungen und Bilder spricht auch gegen BACHS Annahme, daß die "Fundtradition" eine eigenständige Erwählungstradition gewesen sein soll. Es kann zwar nicht geleugnet werden, daß die betreffenden Texte durch ein feststehendes Motiv gekennzeichnet sind, aber um daraus eine eigenständige Tradition zu gewinnen, müßten in ihnen mehr geprägte Wendungen und feststehende Formulierungen erscheinen[201]. Eigenständig ist sie nach BACH auch deshalb, weil sie unabhängig von der Exodus- und Sinaitradition sei.

---

196 P. HUMBERT, FS K. MARTI, 160f.164.166.
197 K. BUDDE, The Nomadic Ideal, 16.
198 Daß die Wüstenzeit eine Heilszeit für Israel gewesen sein soll, läßt sich nach C. BARTH, Zur Bedeutung der Wüstentradition, in: VT.S 15, 17 nur aus wenigen Texten erheben; am ehesten kommt nach ihm noch Jer 2,2b-3 in Frage.
199 R. BACH, Die Erwählung Israels, 28.
200 Außerdem noch in Dtn 32,10; Jer 31,2.
201 Zur Kritik an BACHS "Fundtradition" vgl. auch H. GESE, Bemerkungen zur Sinaitradition, in: ders., VSZZ, 40-42.

Die Tradition von der Erwählung Israels in der Wüste 117

Die Lokalisierung des Fundes in der Wüste ist für ihn ein entscheidendes Argument gegen die Auffassung, daß die Fundtradition von Anfang an den Exodus im Auge habe[202]. Hos 12,10; 13,4 zeigen jedoch, daß beide Traditionen sehr eng miteinander verbunden sind. Die Unabhängigkeit der "Fundtradition" von der Sinaitradition begründet BACH so: "In der Sinai-Tradition kommt das Volk zu Jahwe, in der Fundtradition kommt umgekehrt Jahwe an Israel vorüber und findet es."[203]. BACH hat hier das Wesen der Sinaitradition m.E. nicht sachgemäß wiedergegeben, denn für sie ist doch gerade die Selbstmitteilung Jahwes und seine dadurch zum Ausdruck kommende Liebe zu Israel charakteristisch. Insofern kommt ihr die "Fundtradition" doch sehr nahe.

7. Die von H. GESE vertretene Auffassung, daß die Fundtradition eine Uminterpretation der Sinaitradition sei, wird den oben untersuchten Texten am gerechtesten. Vor allem kann dadurch am besten erklärt werden, warum die Begegnung Jahwes mit Israel in der Wüste und seine innige Gemeinschaft mit ihm in den Texten so stark betont werden. Hosea verwendet deshalb die Verben ידע (13,5), עבר (10,11) und vor allem das Bild von Israel als Jahwes Sohn (11,1), weil dabei die Sinaitradition im Hintergrund steht. "An die Stelle der herkömmlichen Beschreibung der Jahweoffenbarung am Sinai sind die Bilder der personalen Selbsterschließung Jahwes getreten, statt der Theophanie wird theozentrisch vom Sehen, Finden, Erkennen, Vorübergehen Jahwes gesprochen, statt des Bundes vom Ehe-, Braut- und Kindesverhältnis"[204]. Dadurch läßt sich auch erklären, warum das Motiv des Murrens und des Versagens Israels in der Wüste mit keinem Wort erwähnt wird. Die Beschreibung der Begegnung und des Idealverhältnisses zwischen Jahwe und Volk steht so sehr im Mittelpunkt, daß ein Abfall unmöglich erscheint. Mit der Annahme, daß diese Texte die Sinaitradition zur Voraussetzung haben, kann auch die scheinbare

---
202 BACH steht damit im Gegensatz zu K. GALLING, Die Erwählungstraditionen Israels, 35f, für den die Vorstellung vom Finden in der Wüste charakteristisch für die Auszugstradition ist.
203 R. BACH, Die Erwählung Israels, 69 Anm. 127.
204 H. GESE, Bemerkungen zur Sinaitradition, in: ders., VSZZ, 42f; zur Kritik an GESE siehe J. VOLLMER, Geschichtliche Rückblicke, 126.

Spannung zur Exodustradition in Hos 13,4f aufgelöst werden[205].
Hier scheint ein Widerspruch vorzuliegen, denn in V.4 wird
Jahwe als der Gott gerühmt, der Israel aus Ägypten herausgeführt hat. In V.5 heißt es aber, daß er es erst in der Wüste
erkannt hat. Geht man jedoch wie H. GESE von der Priorität
der Sinai- vor der Exodustradition aus, so löst sich die
Spannung auf[206].

8. Die Schwierigkeit der These KÜMPELS, daß die Sondertradition von der "Erwählung Israels in der Wüste" in Wirklichkeit eine alte ismaelitische Stammesüberlieferung sei[207], besteht darin, daß er nicht erklären kann, auf welche Weise sie in den israelitischen Raum eingedrungen sein soll. Die von ihm festgestellte מצא-Überlieferung[208] legt auch nicht das Schwergewicht des Interesses auf die Darstellung des harmonischen Verhältnisses von Jahwe zu Israel, sondern auf die Beschreibung einer Notsituation und des rettenden Gefundenwerdens durch Jahwe.

9. Zum Schluß bleibt die Frage zu beantworten, warum Hosea auf die Tradition von der Erwählung Israels in der Wüste zurückgreift. Die Harmonie und die innige Gemeinschaft, die in der Wüste zwischen Jahwe und Israel bestand, steht in krassem Gegensatz zu derjenigen im Kulturland. Seit dem Einzug Israels nach Kanaan ist die ehemals so tiefe und enge Gemeinschaft mit Jahwe zerbrochen. Die Schuld daran trägt Israel allein. Es hat sich dort den heidnischen Götzen geweiht (9,10), es hat für die Baalim geopfert (11,2) und Altäre und Masseben für sie errichtet (10,2). Zu dem religiösen Verfall des Volkes kam der sittliche hinzu, denn die Bosheit, die Ungerechtigkeit, die Lüge (10,13) und vor allem der Hochmut (13,6) Israels wurden größer und größer. Es trennte sich von Jahwe und vergaß seinen einzigen Helfer und

---

205 Die Spannung ist deutlich von BACH, Die Erwählung Israels, 68, erkannt worden; er löst sie so auf, indem er die Erwählung in der Wüste hier als traditionelle Formel ansieht, "die ihren ursprünglichen Inhalt verloren hat und nun in einem Atemzug mit der Herausführung aus Ägypten genannt werden kann".
206 H. GESE, Bemerkungen zur Sinaitradition, in: ders., VSZZ, 33.
207 R. KÜMPEL, Die Berufung Israels, 31.
208 ebd., 19. Zur Kritik an der These KÜMPELS vgl. auch J. JEREMIAS, ATD 24/1, 122 Anm. 6.

Retter (11,3). Die Strafe, die Hosea deshalb ankündigt, ist schwer. Sie reicht von der Zerstörung der heidnischen Altäre und Masseben (10,2) bis zur Loslösung Jahwes von Israel (9,12.15.17) und seiner endgültigen Vernichtung (9,10.11-14; 11,5-7; 13,7f). Hosea greift auf die Anfänge der Geschichte Israels zurück, um die Schuld seines Volkes in aller Schärfe aufzuzeigen. Das Israel, das sich Jahwe in der Wüste erwählt, dem er seine ganze Liebe geschenkt und an dem er Freude hatte, hat mit dem Israel im Kulturland nicht mehr viel zu tun. Israels Treue ist zur Untreue, sein Wissen um Gott zur Gottesvergessenheit geworden. Israel hat seine Bestimmung als Jahwes Volk leichtfertig aufs Spiel gesetzt. Ein Neuanfang kann jetzt nur noch von Jahwe selbst gesetzt werden, weil das Volk dazu keine Kraft mehr hat. Es muß deshalb zurück in die Wüste (2,16f; 12,10), damit es sich seiner eigenen Schuld, aber vor allem der barmherzigen Liebe seines Gottes, an der es ehemals so viel Freude hatte, wieder neu bewußt wird.

§ 4   DIE BUNDES-TRADITION

I.   Forschungsgeschichtliche Orientierung

Hosea gebraucht an fünf Stellen den Begriff ברית . In Hos
2,20 verheißt Jahwe seinem Volk, daß er zugunsten Israels
einen Bund mit den Tieren des Feldes und den Vögeln des
Himmels schließen wird, um ihm zu einem umfassenden Frieden
in Ruhe und Geborgenheit zu verhelfen. In 6,7 wird dem Volk
ein Bundesbruch in Adam vorgeworfen, der zur Untreue gegenüber Jahwe führte. Eine Bundesübertretung wird Israel auch
in 8,1 vorgehalten. Es ist über den Bund Jahwes sorglos hin-
weggegangen und hat gegen sein Gesetz achtlos gesündigt, obwohl es seinen Gott sehr genau kennt. In 10,4 hält Hosea dem
Volk in einer langen Kette von Anschuldigungen vor, daß es
sinnlose Worte macht, Meineide schwört und Verträge schließt
und damit das Recht in Gift verwandelt. Ebenso sieht Hosea
in dem Paktieren Israels mit Assur und in seinen Handelsver-
flechtungen mit Ägypten einen Verrat an seinem Gott (12,2).
1. Die einfache Lektüre der betreffenden Stellen zeigt,
daß Hosea den Begriff ברית kennt und in seiner Verkündigung
gebraucht. In diesem Punkt findet sich in der Forschung auch
einhellige Übereinstimmung. In der Beurteilung seiner theologischen Aussagekraft gehen die Meinungen jedoch extrem aus-
einander. So sieht J. VALETON den theologischen Gebrauch des
Wortes nur auf Hos 8,1 beschränkt, denn weder in 2,20 noch
in 6,7 kann er "einen wesentlich religiösen Inhalt"[1] erkennen. In 10,4 und 12,2 steht das Wort in politischem Sinn.
Er kommt bei seiner Untersuchung zu dem Schluß, daß ברית
vor der deuteronomisch-jeremianischen Zeit in religiöser

---
1 J.J.P. VALETON, ZAW 13 (1893), 246.

Verwendung nur vereinzelt vorkomme (bei J, Hosea, I Reg 19, 14). Für ihn stammt der "eigentliche Gebrauch des Wortes in religiöser Beziehung... aus der deuteronomisch-jeremianischen Zeit"[2]. Er definiert ברית als "die stehende Benennung für ein freundliches, der göttlichen חסד entsprossenes Verhältnis zwischen Gott und dem betreffenden Menschen (Israel)"[3]. ברית gewährt den "Menschen Gottes gnadenreiche und hilfreiche Nähe, während sie von ihnen freiwilligen und unbedingten Gehorsam fordert"[4].

Ähnlich wie J.J.P. VALETON kommt E. KUTSCH[5] in seinen Untersuchungen zum ברית -Begriff zu dem Ergebnis, daß der Jahwebund in vordeuteronomischer Zeit nicht von Bedeutung gewesen ist. Anders als VALETON definiert er ברית jedoch nicht als Verhältnis, sondern als Verpflichtung. "$b^e r\bar{\imath}t$ bezeichnet nicht ein "Verhältnis", sondern ist die "Bestimmung", "Verpflichtung", die das Subjekt der $b^e r\bar{\imath}t$ übernimmt; in solchem Zusammenhang kann $b^e r\bar{\imath}t$ geradezu die "Zusage" meinen"[6]. In vordeuteronomischer Zeit bleibt ברית auf den zwischenmenschlichen Bereich in den Bedeutungen der Selbstverpflichtung (Hos 6,7; 10,4; 12,2), der Verpflichtung eines anderen sowie der gegenseitigen Verpflichtung beschränkt[7]. In der Theologie Israels spielt er in dieser Zeit für die Beziehung zwischen Gott und Mensch keine Rolle.

3. L. PERLITT hat sehr entschieden die These eines "Bundesschweigens" bei Hosea vertreten[8]. Hosea kannte weder das ברית -Verständnis der deuteronomisch-deuteronomistischen Epoche, noch finde sich der Topos der ברית -Theologie bei ihm. "Ein Blick in das Zentrum der Theologie Hoseas zeigt, daß dieses Theologumenon einer noch nicht gekommenen Stunde entbehrlich ist, ohne daß dabei die 'Sache' leidet. Hosea

---

[2] ebd., 278.
[3] ebd., 279.
[4] ebd., 279.
[5] E. KUTSCH, Der Begriff בְּרִית in vordeuteronomischer Zeit, in: FS L. Rost, 133-143; ders., Verheißung und Gesetz, 51-92; ders., Art.: בְּרִית , in: THAT I, Sp. 339-352.
[6] E. KUTSCH, Art.: בְּרִית , in: THAT I, Sp. 342.
[7] E. KUTSCH, Verheißung und Gesetz, 91f.
[8] L. PERLITT, Bundestheologie im Alten Testament.

weiß nichts von einem (etwa beiderseitig verpflichtenden) Vertrag Jahwes mit Israel, wohl aber von Jahwes Gabe und Wohltat und zuvorkommender Liebe, wie sie in der Geschichte von Ägypten her für Israel ablesbar waren"[9]. Nach PERLITT stehen die Aussagen über das Verhältnis zwischen Jahwe und seinem Volk ganz unter dem Einfluß des Ehebildes. "Was Hosea als Störung dieser Zuwendung beklagt und anklagt, ist nicht Vertragsbruch, sondern Ehebruch. Es gibt wenig Grund zu bezweifeln, daß dasselbe gemeint ist; aber es ist anders gesagt, und darum ist es exegetisch gekünstelt und religionsgeschichtlich achtlos, Hosea mit Hilfe der dt/dtr Bundestheologie auszulegen"[10]. Aus der prophetischen Vielfalt muß auf eine lange Zeit der Traditionsbildung geschlossen werden, die in den vordeuteronomischen Jahrhunderten "und wohl auch unter prophetischer Beteiligung zu jenem Reifestadium der dt Traditionsverknüpfung führte, innerhalb dessen die vielseitig angereicherte und abgezielte, aber auch in sich noch uneinheitliche Bundestheologie geradezu einen Kristallisationskern bildete"[11]. Auch die sprachlichen Berührungen bei Hosea mit der Bundesformel (1,9b: עמי ; 2,4aβ.25) sind nach PERLITT allein aus der Gesamtverkündigung Hoseas zu erklären und nicht aus einer "Bundestradition", nach der man die Gestaltung von 1,9; 2,4.25 "auf eine Hosea vorliegende oder gar von ihm 'erfundene' Bundesformel im wörtlichen Sinne zurückführen müßte"[12].

4. Ebenso wie L. PERLITT kommt W. THIEL in seiner Untersuchung zu dem Bundesgedanken in den Prophetenbüchern zu dem Ergebnis, daß man von einer Bundestheologie bei den Propheten des 8. Jahrhunderts nicht sprechen darf[13]. Hos 6,7; 10,4; 12,2 dürfen als Zeugen einer solchen Theologie nicht herangezogen werden, da sie nicht das Verhältnis Gottes zum Menschen, sondern zwischenmenschliche Beziehungen im Blick haben. Hos 8,1b entspricht ganz deuteronomistischer Sprache und deuteronomistischem Denken und stammt deshalb nicht von

---

9 ebd., 150.
10 ebd., 151f.
11 ebd., 153.
12 ebd., 108.

Hosea. Auch Hos 2,20 darf man Hosea nicht zuschreiben, denn
er gehört wegen des Gedankens des Tierfriedens eher in die
exilische oder nachexilische Zeit. Bundestheologische Aussagen erscheinen in der Verkündigung der Propheten erst bei
Deuterojesaja. Von Amos und Hosea an bis in die Exilszeit kann
von einem "Bundesschweigen" der Propheten gesprochen werden.
Dieser Befund läßt sich nach THIEL gleichzeitig als Argument gegen ein angeblich hohes Alter der Bundestheologie
verwenden[14]. "Die Rede vom Bund ist offenbar der prophetischen Botschaft wurzelfremd, sie wurde in anderen Kreisen
entwickelt, gepflegt und tradiert"[15]. Wäre die Rede vom Bund
zur Zeit der Propheten ein zentrales Theologumenon gewesen,
hätten es die Propheten sicherlich in ihre Verkündigung aufgenommen. "Daß sie ein altes, ehrwürdiges und zentrales
Theologumenon Israels in dieser Weise boykottierten, ist
schlechterdings unvorstellbar"[16]. Nach THIEL gibt es "keine
Bundestheologie *der* Propheten, es gibt aber ebensowenig die
Bundestheologie *eines* Propheten. Wo in prophetischen Texten
seit Deuterojesaja *berît* - Aussagen auftreten, stehen sie
entweder am Rande der prophetischen Verkündigung oder bezeichnen sehr unterschiedliche Sachverhalte"[17].

5. In einer ausführlichen Rezension des Buches von L.
PERLITT hat D.J. McCARTHY der These von dem "Bundesschweigen"
bei den Propheten heftig widersprochen[18]. Damit steht er
auch im Gegensatz zu W. THIEL. McCARTHY kritisiert vor allem,
daß PERLITT die historische Entwicklung des ברית -Begriffes
ungenügend berücksichtige. Nach seiner Darstellung gewinnt
man den Eindruck, als ob ברית eine Erfindung der deuteronomischen Schule sei. "Was there nothing in history which
prepared the word and the idea of $b^e rît$ for its role in the
Deuteronomic writings? Without doubting for a moment the
creativity of the Deuteronomists, I do wonder whether they

---

13 W. THIEL, Theologische Versuche IX (1977), 13.
14 ebd., 25f.
15 ebd., 26.
16 ebd., 26.
17 ebd., 26.
18 D.J. McCARTHY, Bib. 53 (1972), 110-121.

produced things *ex nihilo sui et subjecti*"[19]. Er weist Hos
8,1b nicht wie PERLITT und THIEL einer deuteronomistischen
Redaktion zu, sondern sieht darin einen hoseanischen Wegbereiter des Bundesgedankens im Alten Testament. "One cannot
avoid the conclusion that Hosea knew of a Yahweh b^{e}rit. This
does not mean that Deuteronomistic writers, influenced though
they were by Hosean ideas, did not develop the b^{e}rit concept
further, but it does mean that they were working out of a
tradition and that the history of b^{e}rit in Old Testament
theology was really an evolution of a concept. The Hosean
passage, with its variant terminology and similar ideas, is
a clear step in this evolution"[20].

6. Auf Ablehnung stieß die These L. PERLITTS auch bei R.
KÜMPEL[21]. Er gesteht zunächst zu, daß die hoseanische Theologie mit ihrem Reichtum an Bildern und Aussagen auch ohne
die Vorstellung vom Jahwebund hätte bestehen können. "Trotzdem möchte man die Bundesidee eben aufgrund seines prophetisch-schöpferischen Denkens eher Hosea zutrauen als dem
wackeren Deuteronomisten. Zudem ist es geistesgeschichtlich
außerordentlich selten, daß eine Vorstellung ihre höchste
Entfaltung in demselben Traditionsraum erfährt, in dem sie
entstanden ist"[22]. Definiere man ברית nicht in dem engen
Sinn als Vertrag zwischen Gott und Volk, sondern als die
Verpflichtung, die Jahwe einem anderen auferlegt oder als
die Verpflichtung, die er selbst einem anderen gegenüber
übernimmt[23], so eröffne diese nüchterne Beurteilung des Begriffs ברית , daß Hosea bereits solche Gedankengänge gekannt
habe. "Daß Israel nicht nur Jahwes Fürsorge in Anspruch nehmen darf, sondern - wie sich daraus ergibt - seinem Gott
gegenüber auch Verpflichtungen besitzt, ist der rote Faden,
der sich durch die gesamte Verkündigung des Propheten hindurchzieht"[24]. Auf Grund der Exegese der betreffenden Stellen
kommt er zu dem Ergebnis, daß ברית יהוה bei Hosea die

---

19 ebd., 112.
20 ebd., 114.
21 R. KÜMPEL, Die Berufung Israels, 93-112.
22 ebd., 97.
23 R. KÜMPEL folgt hier der Definition von E. KUTSCH.

Verpflichtung aussagt, die er durch sein Heilswirken dem
Volk auferlegt. "Sie schließt jede sonstige Verpflichtung
gegenüber dritten Mächten (Göttern und Völkern) aus. Formal
liegt sie darin begründet, daß Israel die Liebe und Treue
seines Gottes entsprechend erwidern muß. Ihre inhaltliche
Entfaltung erfolgt durch den Begriff der תּוֹרָה , der Willens-
kundgabe Jahwes"[24].

7. In jüngster Zeit hat A. DEISSLER zu zeigen versucht, daß
die These eines "Bundesschweigens" bei Hosea nicht aufrechterhalten werden kann[25]. Sowohl in Hos 6,7 als auch in 8,1b
ist die Kenntnis eines Bundes zwischen Jahwe und Israel vorausgesetzt. In 6,7ff muß ברית den "Bund" zwischen Jahwe und
Israel meinen, weil die Übertretung durch das Verbum בגד
erläutert wird. In der Perspektive von 6,7 ist עברו בריתי
in 8,1b kein Fremdkörper. Wenn man V.1 streicht, gerät auch
V.2 leicht ins Wanken, da 8,1-3 ein "gut strukturierter ge-
neralisierender Drohspruch"[26] ist. A. DEISSLER ist sich jedoch hinsichtlich der Bedeutung des Bundesgedankens bei Hosea
darüber bewußt, daß er als Theologumenon nicht in die Mitte
seiner Verkündigung gehört, da "der Akzent der $b^e rit$ für
Hosea auf der Inpflichtnahme Israels liegt (mit stark recht-
lichem Aspekt), andererseits die personale Zuwendung Jahwes
zu Israel als "Gemahl" und "Vater" für ihn im Vordergrund
steht..."[27].

Die Fülle der sich widersprechenden Meinungen zum Bundesgedanken bei Hosea zeigt deutlich die Schwierigkeit, ein
eindeutiges Verständnis für ברית aus den entsprechenden Textstellen zu erheben. Es muß deshalb mit Hilfe einer sorgfältigen Exegese von Hos 2,20; 6,7; 8,1; 10,4; 12,2 der Frage
nach der Verwendung des ברית -Begriffes nachgegangen werden.
Wie stellt Hosea damit die Untreue Israels gegenüber seinem
Gott dar? Worauf legt er bei seiner Darstellung das Gewicht?

---

24 ebd., 97.104.
25 A. DEISSLER, Das "Echo" der Hosea-Verkündigung im Jeremiabuch, in: FS
   J. SCHREINER zum 60. Geb., 61-75.
26 ebd., 66.
27 ebd., 67.

Sieht er ברית mehr als eine rechtliche Kategorie oder mehr als eine personale Kategorie an? Spielt der Begriff bei Hosea für die Beziehung zwischen Gott und Mensch wirklich keine Rolle (so E. KUTSCH)? Ist es angemessen, wie L. PERLITT und W. THIEL von einem "Bundesschweigen" bei Hosea zu reden? Schließlich muß auch die Frage im Blick bleiben, inwieweit Hosea als Vorläufer der deuteronomischen Bundestheologie angesehen werden kann[28].

---

[28] Die Schwierigkeit einer präzisen Definition oder Umschreibung dessen, was ברית im Alten Testament meint, zeigt sich in der fast unübersehbaren Literatur zu diesem Thema und in den vielfältigen Antworten auf das rechte Verständnis von ברית ; einen Forschungsbericht zur alttestamentlichen Bundesvorstellung hat D.J. McCARTHY, Der Gottesbund im Alten Testament, vorgelegt. - In seiner grundlegenden Untersuchung zu ברית hatte J. BEGRICH (Berît, in: ders., Ges. Studien zum Alten Testament, 55-66) zwischen einem älteren und jüngeren Verständnis unterschieden. In dem älteren Verständnis bezeichne ברית "ein Verhältnis, in welches ein Mächtiger einen minder Mächtigen zu sich setzt und welches näher durch die dem Empfänger gegenüber eingegangene Bindung und den Akt der Inkraftsetzung gekennzeichnet wird. Irgend eine aktive Bedeutung des Empfängers wird von dem Begriff nicht eingeschlossen. Daß ברית demnach nicht einem zweiseitigen Vertrag gleichzusetzen ist, in welchem zwei Partner sich gegenseitig Rechte und Pflichten einräumen, dürfte deutlich sein"(58). In dem jüngeren Verständnis wurde der Begriff zunehmend vom Vertragsdenken erfaßt und entsprechend umgebildet. "Mit der Inkraftsetzung einer ברית ist ein Verhältnis zweier Partner in einem rechtlichen Sinne zustande gekommen. Damit ist eine erste Annäherung an den zweiseitigen Vertrag gegeben" (58). Damit hat BEGRICH eine der Schwierigkeiten angesprochen, die sich mit dem ברית-Begriff ergeben: *die allmähliche Erweiterung des Begriffsinhaltes und die damit verbundene Vieldeutigkeit* (dies hat W. EICHRODT in ThZ 20 (1974), 192-206 sehr klar herausgestellt). - Eine weitere Schwierigkeit, die sich mit dem Nomen ברית verbindet, ist *die Unsicherheit in der etymologischen Herleitung*: vgl. dazu die Zusammenfassung der bisherigen Lösungsversuche bei E. KUTSCH, THAT I, Sp. 339-352 bes. 340; M. WEINFELD, ThWAT I, Sp. 781-808 bes. Sp. 783f; G. GERLEMANN, Studien zur alttestamentlichen Theologie. - Ein weiterer noch weitgehend unerforschter Tatbestand ist darin zu sehen, daß ברית *keinen Plural* bildet. Darauf hat vor allem J. BARR, Some Semantic Notes on the Covenant (FS W. ZIMMERLI, 23-38) hingewiesen: "*Berît* forms no plural; it is strange that this fact is not more frequently commented upon. Considering the number of important incidents that are named as the making of a *berît*, it is remarkable that no one counted them up as so many "Covenants" or formed any phrase that required the formation of a plural" (29). Dieser Tatbestand hebe das Wort von anderen Nomina deutlich ab. Dem Nomen ברית fehle es an *Durchsichtigkeit*, da es kein äquivalentes Synonym gäbe. "'Transparent' words are those having an association with another word appears to have related form and meaning and thus serves to make its sense "transparent", to furnish an apparent "reason" why the word has the meaning it has. Opaque words are those that lack this quality" (J.BARR, a.a.O., 25).

Die Bundes-Tradition

II.   Gottes ewige Heilszusage: Hos 2,18-25

1.   Übersetzung und textkritische Anmerkungen

18) An jenem Tag, spricht Jahwe[a],
    da wirst du rufen[b] "mein Mann"
    und du wirst mich nicht mehr rufen "mein Baal"[c].
19) Dann entferne ich die Namen[d] der Baale aus ihrem Mund,
    so werden sie nicht mehr bei ihrem Namen[e] genannt werden[f].
20) Ich schließe für sie einen Bund an jenem Tag[g]
    mit den Tieren des Feldes,
    mit den Vögeln des Himmels
    und dem Gewürm des Erdbodens.
    Und Bogen, Schwert und Krieg zerbreche ich und tilge sie aus dem Land[h],
    sie aber lasse ich sicher wohnen[i].
21) Ich will dich mir verloben auf immer.
    Ich will dich mir verloben in Recht und Gerechtigkeit[j],
    in Güte und Erbarmen.
22) Ich will dich mir verloben in Zuverlässigkeit,
    so daß du Jahwe[k] erkennst[l].
23) An jenem Tag werde ich erhören[m], spricht Jahwe,
    ich werde erhören die Himmel
    und sie[n] werden die Erde erhören.
24) Die Erde wird erhören das Getreide, den Most und das Öl
    und sie werden Jesreel erhören.
25) Und ich will sie mir einsäen[o] im Land
    und mich der Nichtbegnadeten gnädig erweisen.
    Ich will sagen zu Nicht-mein-Volk: mein Volk bist du
    und es wird sagen: mein Gott![p]

a ROBINSON, HAT 14, 12 setzt nach נאם־יהוה noch וְאָמַרְתִּי לָהּ ein, da diese Worte für den Sinn erforderlich seien. Er vermutet, daß sie durch die redaktionelle Wendung נאם יהוה verdrängt wurden.

b LXX, V lesen 3. Pers. Sg. f. תִּקְרָא (καλέσει/vocabit) und ergänzen - wohl als Angleichung zu V.18b - με bzw. me.

c LXX liest Plural בְּעָלִים (Βααλιμ).

d Auf Grund der Übereinstimmung von MT, LXX, V ist die Streichung von את שמות durch ROBINSON, HAT 14,12 unberechtigt!

e LXX,V lesen Plural שְׁמוֹתָם (τὰ ὀνόματα αὐτῶν /nominis eorum); dieser Lesart folgt u.a. ROBINSON, HAT 14,12; da hier wohl eine Angleichung an V.19a (שְׁמוֹת)vorliegt, ist in שְׁמָם die ursprüngliche Variante zu sehen.

f An Stelle von יִזָּכְרוּ liest SELLIN, Zwölfprophetenbuch, [1]1922, 32 יִזָּכֵר ; schwierig, da nicht in dieser Stammesmodifikation belegt, ist der Vorschlag von ROBINSON, HAT 14,12, der יִזָּכְרוּ als 3. Pers. Pl. m. Impf. Hof. יֻזְכְּרוּ vokalisiert.

g Unberechtigt sind die Änderungen von ROBINSON, HAT 14,12, der an Stelle von לָהֶם in V.20aα לָהּ liest und ביום ההוא streicht.

h Hier liegt eine constructio praegnans vor; vgl. dazu GK § 119 x.y.ff.

i LXX liest - wohl als Angleichung an V.21f - וְהִשְׁכַּבְתִּיהָ (κατοικιῶ σε); dieser Lesart schließt sich ROBINSON, HAT 14,12 an.

j ROBINSON, HAT 14,12 streicht בצדק ובמשפט wegen der Gleichmäßigkeit des Versbaus mit V.22; auch sachlich sollen diese beiden Bedingungen nicht als Grundlagen des neuen Liebesverhältnisses passen (siehe dazu unten).

k V liest כי אני יהוה (quia ego Dominus) an Stelle von את־יהוה.

l Auf Grund der Übereinstimmung von MT, LXX, V ist es nicht notwendig, wie ROBINSON, HAT 14,12 und SELLIN, Zwölfprophetenbuch, [1]1922, 32 וְיָדַעַתְּ in וּדְבַעַת umzuändern.

m אענה fehlt in LXX, vgl. dazu H.W. WOLFF, BK XIV/1, 57; W. RUDOLPH, KAT XIII/1, 74; ROBINSON, HAT 14,14.

n LXX liest für והם καὶ ὁ οὐρανός ; nach ZIEGLER, Duodecim prophetae, 132 ist ὁ οὐρανός entweder mechanische Verschreibung aus αὐτός oder es ist nach dem vorausgehenden τῷ οὐρανῷ absichtlich hergestellt.

o SELLIN, Zwölfprophetenbuch, [1]1922, 32 liest וְזָרַעְתִּיהָ an Stelle von וּזְרַעְתִּיהָ , da hier von Jesreel die Rede ist (vgl. dazu unten).

p LXX, V erweitern יְהוָה אֱלֹהַי zu אַתָּה אֱלֹהָי (κύριος ὁ θεός μου εἶ σύ /Deus meus es tu), vgl. Jes 25,1; אַתָּה יְהוָה אֱלֹהַי : Jer 31,18; Ps 40,6; אֱלֹהַי אָתָּה : Ps 31,15; אַתָּה אֱלוֹהָי : Ps 143,10.

2.   Gliederung und Aufbau von Hos 2,18-25

Hos 2,18-25 bildet den 3. Abschnitt von 2,4-25. Im 1. Abschnitt (V.4-15) wird das Strafgericht Jahwes gegen die untreue Ehefrau und ihre Kinder angekündigt. Im zweiten (V.16f) wird das Handeln Jahwes angesichts der Untreue der Frau beschrieben[29]. Der 3. Teil (V.18-25) läßt sich in drei Unterabschnitte gliedern (1. V.18f ; 2. V.20-22; 3. V.23-25), wobei jeder Abschnitt mit der Formel והיה ביום ההוא (V.18.23; in V.20 fehlt והיה ; an seine Stelle ist וכרתי להם ברית getreten) eingeleitet wird. Für jeden dieser Unterabschnitte ist der ständige Wechsel der Ankündigung eines Gotteshandelns mit der Nennung der Konsequenzen für Israel charakteristisch. V.18b nennt als Folge der in V.16f angekündigten Rückkehr in die Wüste und des neuen Exodus das neue Vertrauensverhältnis zwischen Jahwe und Israel. V.19a kündigt die Entfernung der Baalsnamen durch Jahwe an, damit sie nicht mehr bei ihrem Namen gerufen werden können (V.19b). In V.20-22 ist von einem zweifachen Gotteshandeln die Rede. Zum einen wird er zugunsten Israels einen Bund mit den Tieren schließen und jeglichen Krieg aus dem Land entfernen (V.20abα), so daß Israel in Sicherheit wohnen wird (V.20bβ). Zum anderen wird sich Jahwe für immer mit Israel verloben (V.21.22a), so daß es ihn als Gott erkennen wird (V.22b). V.23-25 kündigen ein Handeln Gottes an den Kindern Hoseas an (V.23-25abα), damit auch sie in eine neue Gottesgemeinschaft geführt werden können (V.25b).

---

29 Vgl. dazu ausführlicher oben § 3 S. 105ff.

Hauptteil: Exegese der Textstellen

V.18a } V.18b }	Folge (von V.16f):	<u>neue Gottesgemeinschaft:</u> "<u>mein Mann</u>"
V.19a	<u>Gotteshandeln</u>:	Entfernung der Baale
V.19b	<u>Folge</u>:	Verstummen der Baalsanrufung
V.20abα	<u>Gotteshandeln</u>:	Bundesschluß
V.20bβ	<u>Folge</u>:	Sicheres Wohnen
V.21.22a	<u>Gotteshandeln</u>:	ewige Verlobung
V.22b	<u>Folge</u>:	Gotteserkenntnis
V.23a	<u>Gotteshandeln</u>:	Erhörung der Himmel
V.23b.24	<u>Folge</u>:	Erhörung Jesreels
V.25abα	<u>Gotteshandeln</u>:	Erbarmen mit Lo-Ruhamma und Lo-Ammi
V.25bβ	<u>Folge</u>:	<u>neue Gottesgemeinschaft</u>: "<u>mein Gott</u>"

V.18 wird eingeleitet mit der Formel והיה ביום־ההוא . Sie dient hier ebenso wie in V.23 zur Einführung eines Verheissungswortes. In Hos 1,5 dagegen leitet sie ein Drohwort ein. Jahwe wird mit dem Zerbrechen des Bogens der militärischen Macht Israels ein Ende bereiten[30]. An diese Formel schließt sich die Wendung נאם־יהוה an, die in V.18.23 einleitende Funktion hat und die Rede ausdrücklich als Jahwerede kennzeichnen soll. In Hos 2,15; 11,11 begegnet sie als Abschluß eines als Jahwerede formulierten Abschnittes[31]. An jenem Tag der zweiten Rückkehr Israels aus der Wüste wird es Jahwe mit "mein Mann" (אישי) und nicht mehr mit "mein Baal" (בעלי)[32] ansprechen. In II Sam 11,26 werden beide Nomina nebeneinander

---
30 Nach H.W. WOLFF, BK XIV/1, 20f liegt in Hos 1,5 ein selbständiges Hoseawort vor, das nachträglich in die Erzählung eingefügt wurde. Es könne auf Grund der Strukturverschiedenheit mit V.4.6, die vom "Haus Israel" reden, nicht ursprünglich sein. - In Jer 30,8 leitet die Formel wie in Hos 2,18.23 ein Verheißungswort ein.
31 Die Wendung von V.18aα begegnet noch in Jer 4,9; 30,8; vgl. dazu R. RENDTORFF, Zum Gebrauch der Formel $n^{e}ūm\ jahwe$ im Jeremiabuch, in: ders., Gesammelte Studien zum Alten Testament, 256-266, bes. 257.
32 בעלי mit dem Suffix der 1.P.Sg.com. begegnet im Alten Testament nur hier.

gebraucht (אישה/בעלה), was zeigt, wie eng die Begriffe einander zuzuordnen sind. Bei בעלי schwingt wohl ein kultpolemischer Unterton mit, da sonst יהוה oder אלהי (vgl. V.25bβ) zu erwarten gewesen wäre. איש in der Bedeutung 'Ehemann' "ist neutraler als báʿal, das mehr an ein Besitzverhältnis denken läßt..."[33]. In dem Wechsel der Gottesrede zeigt sich die Befreiung und Lossagung Israels aus der Umklammerung der kanaanäischen Götzen sowie die neue, innige Gemeinschaft mit Jahwe.

V.19 ist mit V.18 durch die gleiche Thematik verknüpft, denn auch hier geht es um die Entfernung der Baalsgötzen[34]. Jahwe wird die Namen der Baale entfernen, so daß sie nicht mehr angerufen und angebetet werden können. Das Entfernen wird mit dem Verb סור ausgedrückt, das im Hifʿil etwa 40mal vor allem in den geschichtlichen und prophetischen Büchern mit Jahwe als dem Handelnden gegen oder zugunsten von Israel und Juda verbunden ist[35]. Indem die Namen[36] der Baale verschwinden, können sie nicht mehr negativ auf Israel einwirken. "Die Wirkung, welche ein Name auslöst, beruht auf der Macht, welche die Person, die diesen Namen trägt, besitzt"[37].

---

33 J. KÜHLEWEIN, Art.: בַּעַל , in: THAT I, Sp.327-334, Zitat Sp. 328; H.W. WOLFF, BK XIV/1, 60f; W. RUDOLPH, KAT XIII/1, 78f geht davon aus, daß zwischen איש und בעל kein Unterschied bestehe, da sie ohne weiteres im Wechsel gebraucht werden können. Die Übersetzungsmöglichkeiten von בעל (GESENIUS, 106f; GK § 128 u) sprechen jedoch dafür, daß mit בעל mehr ein rechtliches und weniger ein vertrautes, inniges Verhältnis angesprochen ist.
34 WELLHAUSENS Urteil (Die Kleinen Propheten, 103), V.18 stoße sich mit V.19, trifft deshalb nicht zu; V.18 darf aus diesem Grund auch nicht gestrichen werden.
35 Im Qal hat es die intransitive Bedeutung "weichen, abweichen"; die 1.P.Sg.com. Perf.cons. begegnet mit Jahwe als Subjekt noch in Ex 23, 25; 33,23; Ez 11,19; 36,26; Sach 9,7; mit Ausnahme von Ex 33,23 ist das Verb jeweils mit der Präposition מ konstruiert; in I Sam 17,46, wo auch וַהֲסִרֹתִי begegnet, ist David Subjekt; zu סור siehe S. SCHWERTNER, Art.: סור , in: THAT II, Sp. 148-150.
36 Zur Funktion der femininen Pluralendung bei maskulinen Nomina wie שֵׁמוֹת/שֵׁם siehe D. MICHEL, Grundlegung einer hebräischen Syntax I, 59.
37 A.S. van der WOUDE, Art.: שֵׁם , in: THAT II, Sp. 947.

Der Ausdruck נִזְכַּר שֵׁם begegnet an vier Stellen im Alten
Testament, wobei er zweimal auf den menschlichen Namen und
zweimal auf den Namen Gottes bezogen ist; an allen vier Stellen ist נִזְכַּר verneint; in Jer 11,19b geht es um die Bedrohung
Jeremias durch seine Mitbürger in Anathoth, die seinen (Jeremias) Namen nicht mehr nennen möchten (וּשְׁמוֹ לֹא־יִזָּכֵר עוֹד);
in Ps 83,5 heißt es, daß die Feinde Israel vertilgen wollen,
damit man nicht mehr an es denkt (וְלֹא־יִזָּכֵר שֵׁם־יִשְׂרָאֵל עוֹד);
nach W. SCHOTTROFF erinnert נִזְכַּר שֵׁם in Hos 2,19 deutlich an
die Herkunft von dem Ausdruck הִזְכִּיר בְּשֵׁם אֱלֹהִים , womit der
kultische Gebrauch des Gottesnamens bezeichnet wird; Sach
13,2 (וְלֹא יִזָּכְרוּ עוֹד ; ohne שֵׁם) soll die Aussage von Hos 2,19
erneuern. "לֹא נִזְכַּר , von Göttern ausgesagt, bedeutet jedenfalls das Aufhören des kultischen Namensgebrauchs in einem
bestimmten Bereich (= im Munde der Frau Israel, "im Lande")"[38].

Es ist das Verdienst Hoseas, mit diesem Spruch dazu beigetragen zu haben, daß man die Baalsnamen von nun an "für
immer verpönte und insbesondere aus dem Kult... verbannte"[39].
Mit V.20 beginnt der zweite Unterabschnitt (V.20-22) von
V.18-25. Er kündigt einen Bundesschluß Jahwes zugunsten Israels an. Der Vers wird eingeleitet mit der Formel וכרתי
להם ברית , die in dieser Form noch in Jer 32,40; Ez 34,25;
37,26 erscheint. In Jer 32,40 ist sie mit עולם und in Ez 34,
25; 37,26 mit שלום erweitert[40]. Jahwe wird im Interesse Israels einen Bund mit den Tieren des Feldes, den Vögeln des
Himmels und dem Gewürm des Erbodens schließen. Das Handeln
Gottes setzt voraus, daß das Zusammenleben von Israel und
den Tieren des Feldes gestört ist. In der Tat finden sich
im Alten Testament Aussagen über die wilden Tiere als eine
gefährliche Bedrohung für das Leben der Menschen (vgl. etwa
Ex 23,29; Lev 26,22; Ez 32,4; 34,5.8). In Jer 15,3 wird das

---

38 W. SCHOTTROFF, 'Gedenken' im Alten Orient und im Alten Testament,
   276f; - er schlägt vor, זכר im Nifʿal mit "genannt werden, erwähnt
   werden" zu übersetzen.
39 A. DEISSLER, Zwölf Propheten, 19.
40 Zu Ez 34,25; 37,26; vgl. W. ZIMMERLI, BK XIII/2, 844f . 914.

Auftreten von vier Sippen (מִשְׁפָּחוֹת) gegen das untreue Israel
angekündigt: 1) das Schwert, um zu morden; 2) Hunde, um fort-
zuschleppen; 3) die Vögel des Himmels (עוֹף הַשָּׁמַיִם) und die
4) Tiere des Feldes (בהמת הארץ), um zu vertilgen. Jahwe
wird jedoch nicht nur das gestörte Zusammenleben von Israel
und den Tieren, sondern auch das der Israeliten untereinander neu ordnen, indem er Bogen, Schwert und Krieg aus dem
Land vertilgen wird. Bogen und Schwert stehen hier zeichenhaft für Stärke und Macht. Der Bogen (קשת) diente als Jagd-
gerät (Gen 27,3) und Waffe (Gen 48,22) und war Symbol des
Kampfes (Hos 2,20; Sach 9,10) und der Stärke (Gen 49,24;
Hi 29,20)[41]. Das Schwert (חרב) wurde in erster Linie als
Angriffswaffe für den Nahkampf benutzt, es konnte jedoch
auch in übertragenem Sinn für den Krieg stehen (Lev 26,5f;
Ez 14,17; Mt 10,34; Röm 8,35)[42]. Bogen und Schwert werden
aus dem Land verschwinden und Krieg[43] wird nicht mehr sein.
ארץ meint hier am ehesten das Land als Wohnraum für Israel,
es kann kaum Bezeichnung für die ganze Welt sein[44]. Das Ziel
dieses Gotteshandelns liegt in dem sicheren Wohnen Israels.
Jahwe geht es allein um das Heil Israels. Er stiftet nicht
nur den "Bund der Aussöhnung"[45] zwischen Israel und den
Tieren, sondern er schenkt darüber hinaus noch Frieden für
sein Volk. Dieser Friede bedeutet vor allem Freiheit von
Bedrängnis und Angst.

---

41 G. FOHRER, Art.: Bogen, in: BHH I, 264f.
42 G. FOHRER, Art.: Schwert, in:BHH III, 1750f; zu Bogen und Schwert
   siehe H. BONNET, Die Waffen der Völker des Alten Orients, zum Schwert:
   ebd., 71-85 und die Abbildungen 27 a-i; 28; 29; 30 a-e; zum Bogen:
   118-156 und die Abbildungen 54 a-o; 55 a-f; 56-63; 64 a-d; 65; 66;
   67 a-d; - R. BACH, "... der Bogen zerbricht, Spiesse zerschlägt und
   Wagen mit Feuer verbrennt", in: FS G. von RAD, 13-26.
43 Zu מלחמה siehe M.Th. HOUTSMA, ZAW 22 (1902), 329-331; A.S. van der
   WOUDE, Art.: צבא, in: THAT II, Sp.498-507, bes. Sp. 502.
44 ארץ begegnet außer in den Verbindungen ארץ מצרים (2,17; 7,16; 11,5;
   12,10; 13,4), ארץ אשר (11,11), ארץ יהודה (9,3), ארץ ציה (2,5), א'תלאבת
   (13,5) in drei Bedeutungen: 1) Erdboden, Ackerland (2,2.23.24.25;
   6,3); 2) Wohnraum (2,20; 4,1 bis; 10,1); 3) Land = Israel (4,3; 1,2).
45 W. ZIMMERLI, BK XIII/2, 845: "Hos 2,20 scheint in der Tat den Bund mit
   den Tieren als solchen von Jahwe gestifteten "Bund der Aussöhnung"
   zu verstehen. Wenn Ez 34,25 aber von der Beseitigung der Tiere redet,
   so ist diese hoseanische Struktur zerstört zugunsten der üblichen Auffassung von den zwei Bundespartnern Jahwe und Israel".

Hos 2,20 wird in der Forschung sehr unterschiedlich bewertet. So hat H.W. WOLFF[46] die These aufgestellt, Jahwe trete hier in der Funktion eines Bundesvermittlers auf. Jahwe sei Subjekt des Bundesschließens, die ihm unterstehenden Partner seien die Israeliten und die Tiere des Feldes. Die Präposition ל weise darauf, daß Jahwe nicht im gleichen Verhältnis zu den beiden Partnern stehe. Zwar unterstehen ihm beide, aber Jahwes eigentliches Interesse gelte Israel. "Der Gedanke, daß Jahwe und die Tiere Bundespartner seien, ist durch den Zusammenhang völlig ausgeschlossen ..."[47]. Nach WOLFF ist die Vorstellung von der Bundesvermittlung traditionsgeschichtlich älter als die von der Bundesgewährung und erst recht älter als die des Bundesvertrages.

Zu einer völlig anderen Interpretation von 2,20 kommt L. PERLITT. Für ihn findet sich in dem Vers kein Hinweis auf den "Bund" Jahwes mit Israel. Israel stehe außerhalb der Verbündung, denn *zu seinen Gunsten* werde durch Inpflichtnahme der Tierwelt ein Friedenszustand erreicht. 2,20 spielt weder auf einen bevorstehenden noch gebrochenen Jahwebund an. 2,20 ist nach PERLITT ein Bildwort, das dem folgenden untergeordnet ist. Jahwe schließe hier keinen Bund mit Israel, sondern mit den Tieren[48].

PERLITT steht hier in einer Auslegungstradition, die sich bereits bei J. WELLHAUSEN findet, der zu 2,20 schreibt: "Es wäre hier eine treffliche Gelegenheit für Jahve, einen Bund mit Israel zu schließen. Er schließt ihn aber mit den Tieren, zum Schutz des Landes vor Wildschaden, Vögel- und Insektenfrass"[49]. In jüngster Zeit haben F. ANDERSEN und D. FREEDMAN diese Position wieder aufgegriffen. "The covenant is not between Yahweh and Israel, so we do not have here a renewal of the Sinai covenant, or any such early model. Nor is the covenant between "them" and the animals, mediated by Yahweh.

---

46 H.W. WOLFF, Jahwe als Bundesvermittler, in: ders., Gesammelte Studien, 387-391.
47 ebd., 389 Anm. 11.
48 L. PERLITT, Bundestheologie im Alten Testament, 144-146.
49 J. WELLHAUSEN, Die Kleinen Propheten, 103.

It is between Yahweh and the animals for the benefit of
"them". Yahweh asserts his power over all creation"[50].

Eine Steigerung der Aussage von V.20 begegnet in V.21f
durch die Ankündigung einer "ewigen Verlobung" Gottes mit
Israel. Hosea drückt dies mit dem Verb ארש aus, das er dreimal wiederholt (V. 21ab ; 22a). ארש begegnet elfmal im Alten
Testament und hat im Piʿel die Bedeutung "sich eine Frau
anverloben"[51]. ארש beinhaltet mehr als ein bloßes Ehever-
sprechen, es ist jedoch von der eigentlichen Eheschließung
zu trennen. In Dtn 20,7 heißt es im Kontext der Kriegsge-
setze, daß der, der sich mit einer Frau verlobt, sie jedoch
noch nicht geheiratet hat, nicht in den Krieg ziehen soll.
"Das Verlobtsein ist ein Rechtsverhältnis, das wie die Ehe
geschützt ist..."[52]. "Von daher legt es sich nahe, in ʾrś pi.
einen Akt zu sehen, der zwar mit der eigentlichen Eheschlies-
sung nicht identisch ist, der aber als öffentlich verbind-
licher Rechtsakt die Ehe rechtlich in Kraft setzt"[53].
Indem Hosea diesen Begriff aufnimmt und ihn auf die Gemeinschaft zwischen Gott und Israel überträgt, hebt er die Ver-
bindlichkeit und Gültigkeit von Gottes Zuwendung hervor.

Gottes Hinwendung an Israel wird von ewiger Dauer sein.
Dies wird durch die zeitliche adverbielle Bestimmung לעולם
in letzter Steigerung ausgesagt[54]. "lᵉʿōlām wird in Verbal-
und Nominalsätzen zum Ausdruck eines (erhaltenen, bewirkten,
nicht zu verändernden) bleibenden Zustandes verwendet, hat
also weitgehend die qualitative Bedeutung der Dauerhaftig-
keit, Endgültigkeit, Unabänderlichkeit..."[55].

---

50 J. ANDERSEN/D.N. FREEDMAN, Hosea, 280f. - NOWACK, Die kleinen Propheten, 24 leugnet die hoseanische Herkunft von 2,20; die formelhaften
Wendungen רמש האדמה , עוף השמים, חית השדה entsprechen eher der Sprache von P (vgl. Gen 9,2), nicht aber der prägnanten Kürze des Hosea;
ebenso finde sich der Gedanke des Sicherwohnens erst in späteren Weissagungen (Lev 26,5; Ez 34,25.28). Mit überzeugenden philologischen
und inhaltlichen Gründen verteidigt dagegen GRACE I. EMMERSON, Hosea,
31f, die hoseanische Verfasserschaft von 2,20. - K. MARTI, Dodekapropheton, 30 sieht in "die Vögel des Himmels" und "das Gewürm des
Erdbodens" spätere Einschübe; ומלחמה und מן הארץ interpretiert er als
verdeutlichende Glossen.
51 Piʿel: Dtn 20,7; 28,30; II Sam 3,14; Hos 2,21f (3x); Puʿal: Ex 22,15;
Dtn 22,23.25.27.28.

In V.21b.22a wird mit fünf Nomina die unverbrüchliche Treue Gottes zu Israel dargestellt. Es sind Jahwes Brautgeschenke an Israel. Syntaktisch werden sie jeweils eingeführt durch das ב-pretii[56]. Als erstes Paar begegnet צדק ומשפט. צדק gebraucht Hosea an dieser Stelle und in 10,12bβ. Dort wird Israel aufgefordert, einen Neuanfang mit seinem Gott zu wagen. Als Belohnung soll ihm Gottes Gerechtigkeit zuteil werden[57]. Indem Gott seinem Volk צדק ומשפט schenkt, garantiert er ihm ein heilsames, auf einer gedeihlichen und intakten Ordnung aufgebautes Leben[58]. Als zweites Begriffspaar werden חסד ורחמים genannt. חסד wird bei Hosea mit Ausnahme von 2,21 ausschließlich als Eigenschaft des Volkes genannt[59]. Es steht hier im Singular vor רחמים (so auch in Jer 16,5; Sach 7,9; Dan 1,9; Ps 103,4). Aus dieser Stellung läßt sich nach H.J. STOEBE das Sinnverhältnis beider Worte ableiten. חסד ist der übergeordnete Begriff und demzufolge in erster Linie Ausdruck für eine gütige Gesinnung oder Freundlichkeit.

---

52 J. KÜHLEWEIN, Art.: אַרשׂ , in: THAT I, Sp. 241.
53 ebd., Sp. 241f; E. JENNI, Das hebräische Piᶜel, 248.
54 עולם ist hier mit der Präposition ל verbunden; möglich ist ebenso die Verbindung mit עד , wobei ל im zeitlichen Sinn weniger stark ist als עד (vgl. den verstärkten Ausdruck עד־לעולם I Chr 23,25; 28,27; ebenso לעד לעולם Ps 111,8); לעולם hat mehr die statische Bedeutung "für immer, auf immer, immerdar"; vgl. dazu E. JENNI, Art.: עוֹלָם , in: THAT II, Sp. 228-243; bes. Sp. 233f.
55 E. JENNI, THAT II, Sp. 234.
56 Das ב -pretii ist eine Untergruppe des ב -instrumentalis: "das Mittel oder Werkzeug (auch der persönl. Vermittler) wird so als etwas hingestellt, *womit* man sich zum Vollzug einer Handlung in Verbindung gesetzt hat" (GK § 119o; vgl. auch § 119 h-q).
57 Zu צדק siehe K. KOCH, Art.:צדק , in: THAT II, Sp. 507-530, bes. Sp. 512; 515f.
58 משפט begegnet im Hoseabuch noch in 5,1.11; 6,5; 10,4; 12,7; zu צדק ומשפט siehe Ps 89,15; 97,2; Prov 1,3; 2,9; משפט וצדק : Ps 119,121; Koh 5,7; in Gestalt einer Constructusverbindung begegnen beide Nomina in Dtn 16,18; Jes 58,2; Ps 119,7.160.164; vgl. auch Jes 1,21; 16,5; Ps 72,2; 94,15; 119,75.
59 Hos 4,1; 6,4.6; 10,12; 12,7. - Vgl. dazu unten § 5 S.195f.

רחמים meint dann die konkrete Auswirkung dieser Gesinnung[60]. "ḥäsäd und raḥᵃmīm ergänzen sich gut: ḥäsäd betont das Willensmoment, das Gemeinschaft schafft und stärkt. raḥᵃmīm meint die (unwillkürlichen) Affekte und Regungen, die innerhalb einer gegebenen Beziehung zu Taten führen. raḥᵃmīm bringt somit als Ergänzung zu ḥäsäd ein emotionales Element ein"[61]. Die beiden Begriffspaare fügen sich inhaltlich sehr gut zusammen. Wird im ersten betont, daß Israels Lebensordnung allein auf Recht und Gerechtigkeit gründet, so fügt das zweite hinzu, daß sich diese heilvolle Lebensgemeinschaft allein der Güte und dem Erbarmen Gottes verdankt. Als letztes Brautgeschenk an Israel erscheint אמונה, was sich am besten mit "Zuverlässigkeit, Redlichkeit" übersetzen läßt[62]. Das Nomen begegnet in Prov 12,17. 22 als Gegenbegriff zu שקר. Damit wird unmißverständlich klar, daß der Gott, der sich Israel in Freiheit und Liebe zuwendet, um es überreich zu beschenken, ein verläßlicher Gott ist. Israel kann ihm getrost vertrauen[63]. Durch diesen letzten Begriff bekommt die Aussage von V.21f eine kaum mehr zu überbietende Geschlossenheit. Israel wird Heil im umfassendsten Sinn geschenkt. Als Folge der Übergabe dieser Gottesgeschenke an Israel wird das Volk Jahwe als seinen alleinigen und wahren Gott erkennen. V.22b bezieht sich damit antithetisch auf 2,10, wo Israel noch ganz dem Stadium der Unwissenheit verhaftet ist und nicht erkennt, daß Jahwe allein sein Lebenserhalter ist. Gotteserkenntnis meint in

---

60 H.J. STOEBE, VT 2 (1952), 247f; er vermutet, daß der mit dem Verb רחם bestimmte Vorstellungskreis seine Wurzeln in einem Brauch hat, nach dem der Vater durch eine Handlung, die die Geburt des Kindes symbolisiert, das neugeborene Kind als das Seine anerkannt hat (Gen 30,3; 48,12); H.J. STOEBE, Art.: רחם in: THAT II, Sp. 762f; "raḥᵃmūm bezeichnet allgemein das Gefühl des Erbarmens, ursprünglich wohl den Sitz dieses Gefühls..."; "raḥᵃmīm ist also ein auf Konkretisierung hin angelegtes Gefühl".
61 E. KELLENBERGER, ḥäsäd wä'ämät als Ausdruck einer Glaubenserfahrung, 76f. - Zur Funktion der Pluralendung bei רחמים siehe GK § 124 a.e.
62 H. WILDBERGER, Art.: אמן, in: THAT I, Sp. 196-201.
63 Sieht man diese Aussage auf dem Hintergrund des ganzen Hoseabuches, so fällt der weite und von Israel nicht mehr zu überbrückende Graben zwischen Gottes Treue und Israels Untreue (9,10; 10,2.13; 11,2f; 13,6 u.ö.) auf.

V.22b "die Erkenntnis, die Israel gewinnt infolge der Thaten Gottes, all der Fürsorge, die Jahwe ihm zu teil werden läßt..."[64].

E. KELLENBERGER hat in seiner Dissertation[65] die These vertreten, daß Hos 2,21f nicht von Hosea stammen könne. Er schreibt die Verse einem "Deuterohosea" zu und verteidigt diese Zuordnung mit folgenden Argumenten: 1. לעולם (V.21a) verändere die hoseanische Theologie grundsätzlich. 2. Die Forderung nach Ordnung und Recht (V.21b) finde sich nirgends im Hoseabuch. 3. Die Wendung חסד ורחמים sei im Hoseabuch singulär. 4. Die hoseanische Theologie werde in V.21f konsequent weitergedacht. Es sei zwar möglich, daß Hosea zu dieser eschatologischen Heilsverheißung geführt wurde, naheliegender sei jedoch die andere Möglichkeit, "dass hier aus der Erfahrung einer späteren Zeit hoseanische Anliegen aufgenommen und zu etwas ganz Neuem umgeschaffen worden sind"[66]. - Das erste Argument unterstellt der hoseanischen Theologie ein zu enges Gottesverständnis. Der Gott, den Hosea vor Augen hat, liebt sein Volk über alles (Hos 11,9). Die Aussage einer "ewigen Verlobung" fügt sich deshalb ohne weiteres in die hoseanische Verkündigung ein. Gegen die Argumente 2-4 läßt sich m.E. vorbringen, daß die einmalige Erwähnung einer Aussage oder Wendung in einem Prophetenbuch noch nicht dazu ausreicht, sie dem betreffenden Propheten abzusprechen.

Mit V.23 beginnt der dritte und letzte Unterabschnitt von V.18-25, der wie V.18 mit der Formel והיה ביום ההוא eingeleitet wird. In V.23a ist zunächst von einem Gotteshandeln die Rede, das in seiner Wirkung Himmel und Erde in Bewegung setzt. Beides wird mit dem Verb ענה "erhören" be-

---

64 K. MARTI, Dodekapropheton, 31; anders E. BAUMANN, EvTh 15 (1955), 420: "'Erkennen'? - Das heißt alles andere als begreifend zur Kenntnis nehmen, sondern in aller Ergriffenheit sich geben und ergreifen". Zu דעת אלהים vgl. § 3 S.102f.und § 5 S.195f.
65 E. KELLENBERGER, ḥäsäd wäʾᵃmät als Ausdruck einer Glaubenserfahrung, 162-165. - Die hoseanische Verfasserschaft von 2,21f wird dagegen von GRACE I. EMMERSON, Hosea, 27, verteidigt: "There are no elements here which suggest that it is of secondary origin".
66 ebd., 163.

schrieben. "Es bringt in einer bestimmten Situation die
Reaktion einer Person in bezug auf eine andere zum Ausdruck"[67]. V.23a und 23b.24 sind auf das engste miteinander
verkettet, da das Akkusativobjekt im jeweils folgenden Verbalsatz als Subjekt erscheint:

23: והיה ביום ההוא
אענה נאם־יהוה
אענה את־השמים
                     ↑
      והם יענו את־הארץ :
                              ↑
24: והארץ תענה את־הדגן...ואת־היצהר
                                ↑
      והם יענו את־יזרעאל :

Zunächst fällt die doppelte Wiederholung von אענה auf. Hosea
will damit Jahwe als Urheber und Movens dieses weltweiten Geschehens hervorheben. Verstärkt ist diese Aussage noch durch
die Hinzufügung von נאם־יהוה . Jahwe wird zunächst die Himmel
erhören und diese wiederum werden die Erde erhören. השמים
als Akkusativobjekt in V.23aβ erscheint in V.23b als Subjekt
der finiten Verbform verstärkt durch das selbständige Personalpronomen der 3.P.Pl.m. Aus V.24a läßt sich schließen,
daß mit ארץ hier der Erdboden bzw. das Ackerland gemeint
ist[68]. Der Boden wiederum wird das Getreide[69], den Most[70]
und das Öl[71] erhören. Sie sind alle drei Produkte gewachsener Früchte, die den Reichtum des Landes dokumentieren sollen[72]. Der Abschnitt endet in V.25 mit einer konkreten Heils-

---

67 C.J. LABUSCHAGNE, Art.: ענה , in: THAT II, Sp. 337; m.E. ist die Übersetzung von ענה in Hos 2,23f mit "erhören" doch der etwas holprig klingenden Wiedergabe mit "willig reagieren hinsichtlich" (so LABUSCHAGNE) vorzuziehen.
68 Hos 2,2.23.24.25; 6,3.
69 Hos 2,10.11.24; 7,14; 9,1; 14,8.
70 Hos 2,10.11; 4,11; 7,14; 9,2.
71 Hos 2,10.24.
72 Öl und Wein werden in Dtn 7,13; 11,14; II Reg 18,32; Joel 2,19 als von Gott gegebene Landesprodukte bezeichnet; vgl. zur Ernte G. DALMAN, Arbeit und Sitte III, 1ff; zu Öl: Arbeit und Sitte IV, 153-290; zum Wein: Arbeit und Sitte IV, 291ff.

zusage an die Mutter[73] und ihre Kinder. Ihre Symbolnamen
לא רחמה und לא־עמי [74] werden ihren unheilsträchtigen Charakter verlieren, weil sich Gott Nicht-Erbarmen erbarmen und zu Nicht-mein-Volk "mein Volk bist du" sagen wird. Der Vers endet mit dem Bekenntnis Israels zu Jahwe, was durch die neue Anrede Gottes mit "*mein* Gott" zum Ausdruck gebracht wird! Damit wird wieder auf den Anfang des Abschnittes V.18 zurückgegriffen (אישי V.18aβ; בעלי V.18b). "In Gebet und Klage ist das "Mein Gott" getragen von - bald getroster, bald bänglicher - Hoffnung, daß Jahwe die Bitten seines Volkes erhören wird (Jer 31,18), und solches Vertrauen kann, ohne mit einer Bitte verbunden zu sein, in der Aussage "*Mein Gott*" auch selbständigen Ausdruck gewinnen (Hos 2,25). Jedenfalls klingt hier überall aus dem "*Mein Gott*" mehr heraus als die bloße Feststellung, daß der Sprechenden Gott Jahwe ist"[75].

3. Zusammenfassung

Abschließend sollen die Ergebnisse der Exegese von Hos 2, 18-25 im Hinblick auf das hier zum Ausdruck kommende ברית -Verständnis zusammengefaßt werden.

1) Hos 2,20 ist fest in den Abschnitt Hos 2,18-25 eingebettet. V.20aα kann geradezu als Überschrift von V.20-22 angesehen werden. Man sollte deshalb vorsichtig sein, diesen

---

[73] וְזָרַעְתִּיהָ ist als lectio difficilior der Form mit dem Suffix der 3.P.Sg.m. וּזְרַעְתִּיהוּ (so etwa J. WELLHAUSEN, Die Kleinen Propheten, 102f) vorzuziehen.

[74] Composita mit לא begegnen oft im Alten Testament: vgl. etwa Dtn 32, 21: לא־אל ; Dtn 32,17: לא אלה ; II Chr 13,9; Jer 5,7: לא אלהים ; Dtn 32,21: לא־עם ; Am 6,13: לא דבר ; Jes 10,15: לא־עץ ; Jes 31,8: לא־איש.

[75] O. EISSFELDT, ZAW 61 (1945/48), 8f; EISSFELDT unterscheidet folgenden Gebrauch von אֱלֹהַי : 1) als Bezeichnung eines Gottes - oder Götzenbildes (Gen 31,30 u.ö.); 2) zur Darstellung eines Gegensatzes zu anderen Göttern (Num 22,18 u.ö.); 3) zur Kennzeichnung der Zugehörigkeit zu Jahwe, wobei der Blick auf die anderen Götter fehlt (Dtn 4,5 u.ö.); 4) in Gebet und gebetsartiger Rede (Hos 2,15; 8,2); 5) in den Psalmen (Ps 22,2f.11 u.ö.).

Vers dem Propheten Hosea abzusprechen[76], um ihn als "ein versprengtes Heilswort, das allzu sehr an Lev 26,5f und exilisch/nachexilische Heilsworte erinnert"[77] zu bezeichnen.

2) Jahwe schließt einen Bund mit den Tieren, wobei sein Hauptinteresse jedoch Israel gilt (וכרתי להם). Der Tierbund dient nicht so sehr "zum Schutz des Landes vor Wildschaden, Vögel- und Insektenfrass"[78] als vielmehr dem Wohlergehen seines Volkes. Jahwe nimmt die Tiere zum *Heil Israels* in Dienst. Er versetzt sein Volk damit in einen Zustand, den man treffend als שלום "Heil, Wohlergehen" im umfassendsten Sinn bezeichnen kann. Israel wird auf Grund des Handelns seines Gottes in Frieden mit der Tierwelt (V.20aβ), in Frieden mit sich und seinen Nachbarn (V.20b) und in Frieden mit Gott leben können (v.21ff).

3) Jahwe allein ist Bürge für das neue Heil, das er seinem Volk schenkt. Ihm allein verdankt Israel den neuen Frieden. Weil Jahwe allein der Schenkende und sein Volk der Empfangende ist, ist das neue Heil reine Gnade. Eine aktive Rolle Israels ist hier ausgeschlossen. Die Unbegreiflichkeit dieses Gotteshandelns wird erst in ihrer vollen Schärfe auf dem Hintergrund von V.4-15 bewußt. Hier wird Israel in Gestalt der Ehefrau Hoseas angeklagt, falschen Göttern hinterhergelaufen zu sein und sich allein auf sie gestützt zu haben (V.6.7.9.14f). Die Anklage gipfelt in dem Vorwurf der Gottesvergessenheit (V.15b). Wie sehr jedoch Gottes Handeln Israels Leben von Grund auf erneuern wird, zeigt sich in der Umwandlung der Gottvergessenheit in das Bekenntnis "mein Gott" (V.25).

4) Die Schaffung eines umfassenden Friedens mit der Tierwelt, die Stiftung neuer Gemeinschaft Israels untereinander und mit seinen Nachbarn, das gefahrlose Wohnen im Land, die

---

76 So W. THIEL, Theologische Versuche IX (1977), 12: "... Hos 2,20 und 8,1 wird man *mit Gewißheit* (Hervorh. von mir) der Verkündigung Hoseas absprechen müssen".
77 L. RUPPERT, Beobachtungen zur Literar- und Kompositionskritik von Hosea 1-3, in: FS J. SCHREINER, 170; RUPPERT sieht in Hos 2,4-25 eine sehr komplexe Spruchheit, die in nicht weniger als vier Überlieferungs- bzw. Kompositionsphasen entstand; 2,20 rechnet er zu einer exilischen Redaktionsschicht.
78 So J. WELLHAUSEN, Die Kleinen Propheten, 103.

Erhörung von Himmel und Erde, der Gnadenzuspruch an Hoseas Frau und seine Kinder, das Erkennen Gottes und das Bekenntnis zu ihm ist nun nichts anderes als die Entfaltung dessen, was Hosea in 2,18-25 unter ברית versteht. Hosea verwendet hier den Begriff ברית zwar zur Kennzeichnung des Bundes zwischen Jahwe und den Tieren, aber dieser Bundesschluß zielt ganz und gar auf das Heil Israels. Sachlich berührt sich der Gedanke der Bundgewährung auf das engste mit dem Erwählungsgedanken. "ברית ist... Ausdruck für die Erwählung Israels durch Jahwe und die von ihm gewährten Gaben. Es fehlt aber völlig jeder Zusammenhang von ברית und Gesetz"[79].

III. Der Bundesbruch in Adam: Hos 6,7-11a - Jdc 12,1-6

1.   Übersetzung und textkritische Anmerkungen

7) Sie aber haben in Adam[a] den Bund übertreten[b],
   dort haben sie mich treulos verlassen.
8) Gilead ist eine Stadt von Übeltätern,
   voller Blutspuren[c].
9) Es lauert[d] wie ein Räuber[e]
   die Rotte[f] der Priester.
   Sie töten auf dem Weg[g] nach Sichem,
   Schändliches vollbringen sie.
10) Im Haus Israel[h] habe ich Schauderhaftes gesehen,
    dort[i] ist die Untreue Ephraims,
    Israel hat sich verunreinigt.
11) Auch dir Juda ist eine Ernte[j] bereitet.

---

79 J. BERGRICH, Berīt (in: ders., Ges.Studien), 62. - Es ist wohl kein Zufall, wenn 2,20 hier im unmittelbaren Anschluß an den Abschnitt 2,16f folgt, der zu der bei Hosea belegten Tradition von der Erwählung Israels in der Wüste (2,16f; 9,10-17; 10,1-2.11-13a; 11,1-7; 12,10; 13,4-8) zu zählen ist.

a Wegen des folgenden שָׁם lies: בְּאָדָם ; so schon J. WELLHAUSEN, Die Kleinen Propheten, 116; E. SELLIN, Zwölfprophetenbuch, ¹1922, 32; Th. ROBINSON, HAT 14, 26; W. RUDOLPH, KAT XIII/1, 141f (dort weitere Literatur); H.W. WOLFF, BK XIV/1, 135; Ina WILLI-PLEIN, Vorformen der Schriftexegese, 151.

b Sehr gewagt ist die Konjektur von EHRLICH, Randglossen Bd. 5, 179f, der עֲבָדַי בְּרִית אָדָם für עָבְרוּ בְרִית liest. — S,T lesen בְּרִיתִי.

c LXX liest für עקבה מדם sehr frei ταράσσουσα ὕδωρ (eine Stadt..., die Wasser aufwühlt); vielleicht las sie רֹפְשָׂה מַיִם (vgl. Ez 32,2; 34,18 und Ez 34,19): τὸ τεταραγμένον ὕδωρ); unwahrscheinlich ist die Annahme von W. RUDOLPH, KAT XIII/1, 142, der glaubt, LXX habe עָכְרָה מַיִם gelesen, da עכר in LXX nie mit ταράσσειν wiedergegeben wird. — E. SELLIN, Zwölfprophetenbuch, ¹1922, 54 und H.W. WOLFF, BK XIV/1, 135 vokalisieren עֲקֻבֵיהֶם "ihre Fußspuren sind blutig"; nach I. WILLI-PLEIN, Vorformen der Schriftexegese, 151 liegt hier vielleicht eine beabsichtigte Doppeldeutigkeit vor, da in Hos 12,4 עָקַב (1) = "betrügen" belegt ist (siehe dazu unten § 1).

d וּכְחַכֵּי ist nach GK § 75 aa als Inf. cs. Piʿel mit der Präposition כ und Waw copulativum anzusehen, ungewöhnlich ist die Orthographie חַכֵּי an Stelle der regelmäßigen Schreibung חַכּוֹת ; wenn וכחכי richtig als Inf. cs. bestimmt ist, kann die Wendung וכחכי איש גדודים als Konstructusverbindung angesehen werden, wobei וכחכי als nomen regens und als Subjektsnominativ anzusehen ist (vgl. dazu GK § 114); WOLFF, BK XIV/1, 135 liest וּמְחַכֶּה כְּאִישׁ ; Ina WILLI-PLEIN, Vorformen der Schriftexegese, 152 liest וּכְחַכֵּי ? "sie verbergen sich wie Räuber": "MT vermutet richtig hinter dem verderbten Konsonantengerüst eine Verbform und versucht, sie unter möglichster Beibehaltung des Buchstabenbestandes herzustellen. Es liegt eine grammatische Korrektur vor". — LXX liest וּלְחָךְ für וכחכי .

e Zur Umschreibung eines Eigenschaftsbegriffes mit Hilfe einer Konstructusverbindung vgl. GK § 128 s.t.; WELLHAUSEN, Die Kleinen Propheten, 117 möchte an Stelle von איש גדדים lieber אַנְשֵׁי גָּדוּד lesen.

144   Hauptteil: Exegese der Textstellen

f LXX, S, T haben hier ein Verb, LXX ἔκρυψαν (חָבְּאוּ); S,T: חָבְרוּ "sie verbündeten oder sie verschworen sich".

g דרך ist ein Akkusativ des Ortes (GK § 118 d-h); wörtlich: "auf/an dem Weg morden sie auf Sichem zu"; SELLIN, Zwölfprophetenbuch, [1]1922, 54 stellt ירצחו vor דרך ; schwer nachvollziehbar ist die Konjektur und die Deutung von V.9aβ durch EHRLICH, Randglossen Bd.5, 180: er liest: דֶּרֶךְ יְרָצְחוּ שָׂמֵחוּ ; seine Deutung: "wie wenn ein einziger Mann eine Räuberbande zurückschlägt, die eine Reisegesellschaft von Priestern auf dem Weg ermorden will, so freuen sie sich, wenn sie eine Schandtat verübt haben". "Von mordenden Priestern kann hier die Rede nicht sein, weil in diesem Abschnitt nur das gesamte Volk als solches in Betracht kommt, nicht aber eine besondere Volksklasse".

h Eine Änderung in בֵּית אֵל (so WELLHAUSEN, Die Kleinen Propheten, 117; SELLIN, Zwölfprophetenbuch, [1]1922, 54; ROBINSON, HAT 14, 26) ist nicht notwendig.

i Ina WILLI-PLEIN, Vorformen der Schriftexegese, 153 liest שַׁמָּה an Stelle von שָׁם , da שַׁמָּה in Hos 5,9 begegnet und dort die Verwüstung des Landes bezeichnet; זנות deutet sie als einen die Gesamtbotschaft des Hosea konkretisierenden späteren Zusatz; וְשַׁמָּה liest auch ROBINSON, HAT 14, 26.

j E. SELLIN, Zwölfprophetenbuch, [1]1922, 54 liest קֶשֶׁר לִי "eine Verschwörung gegen mich" für קציר לך .

2.   Exegese

Dem Abschnitt Hos 6,7-11a geht ein Bußlied (v.1-3) sowie die göttliche Antwort (v.4-6) auf den Bußwillen des Volkes voraus. V.1 fordert zur Umkehr zu Jahwe auf. Da alle Not und Schicksalsschläge von ihm ausgingen, kann nur er wirklich heilen. Die Gewißheit der Hilfe und des Beistandes Jahwes wird in V.2 zum Ausdruck gebracht. Das Bußlied schließt in V.3 mit einem weiteren Aufruf, nach Gotteserkenntnis zu streben. Die Reaktion Jahwes auf den Bußwillen des Volkes (V.4-6) zeigt, wie unsicher er sich über die Ernsthaftigkeit des Umkehrwillens ist. Er kennt sein Volk sehr genau

Die Bundes-Tradition 145

und weiß, daß seine Treue so flüchtig wie Morgengewölk und
Tau ist. Er hat deshalb Propheten auftreten lassen, die sein
Recht verkündeten, denn an Treue und Gotteserkenntnis hat
Jahwe mehr Gefallen als an Opfern.

V.7 beginnt mit dem selbständigen Personalpronomen der
3.P.Pl.m., das hier adversativ an V.6 anknüpft. Es wird sowohl durch seine Stellung am Anfang des Satzes als auch
durch das hinzugefügte Waw copulativum unvergleichlich stark
hervorgehoben[80]. Dem Volk wird vorgeworfen, in Adam einen
Bund übertreten zu haben. Da dieser Vorwurf - zumindest für
heutige Leser - nicht ohne weiteres verständlich ist, hat
er auch zu den unterschiedlichsten Interpretationsversuchen
geführt.

Die Mehrzahl der Kommentare geht davon aus, daß die Ereignisse, auf die Hosea anspielt, nicht mehr rekonstruiert werden können. Sie nehmen deshalb auch an, daß ברית in V.7a
nicht auf den Jahwe-Israel-Bund anspielt. Nach W. RUDOLPH
spielen V.7ff. auf Begebenheiten der jüngsten Vergangenheit
an, denn "Hosea kann doch nicht gut Ereignisse aus ganz verschiedenen Jahrhunderten nebeneinanderstellen und für alle
zugleich die gegenwärtige Generation verantwortlich machen
(6,10; 7,2)"[81]. Hosea will lediglich sagen, daß es zum
Schauderhaften in Israel gehört, daß sogar bestimmte Priester
auf die Stufe von Wegelagerern und Mördern herabgesunken
sind. "Daß sich wegen V.7b der in Adam gebrochene Bund (V.7a)
auf den Bund mit Jahwe, also letztlich auf den Sinaibund
beziehen müsse..., ist ein voreiliger Schluß, denn dann wäre
wohl "*mein* Bund" zu erwarten gewesen..."[82]. Ähnlich urteilt

---

80 Das selbständige Personalpronomen mit Waw copulativum findet sich im
Hoseabuch an folgenden Stellen: ואנכי / ואני : 1,9; 5,2.12; 7,13.15;
10,11; 11,3; 12,10; 13,4; ואתה : 12,7; והוא : 5,13; והיא : 2,10;
והם / והמה : 2,24; 6,7; ohne Waw copulativum: אנכי / אני 5,3.14;
13,5; 14,9; הוא : 10,2; 13,15; המה : 9,10.- והמה findet sich besonders oft im Jeremia- und Ezechielbuch (Jer 2,11; 11,10; 14,15;
16,20; 31,1.22; 42,5; Ez 2,5; 8,16; 23,8; 25,4; 33,17; 34,30; 37,27;
44,11.16). - Zum Waw copulativum in hervorhebender Funktion vgl.
GK § 154 Anm. 1b.
81 W. RUDOLPH, KAT XIII/1, 145.
82 ebd., 145.

auch L. PERLITT über V.7ff: "... sicher ist nur, daß 6,7-10a
nicht von einer einzigen Untat, sondern von mehreren Einzel-
fällen redet, die für Hosea und seine Hörer nach Ort, Zeit
und Umstand konkret und verständlich gewesen sein müssen.
Nicht eine allgemeine Sündhaftigkeit wird behauptet, sondern
präzise Schuldaufdeckung geleistet"[83]. Von einem Jahwe-Israel-
Bund kann nicht die Rede sein. "Hos 6,7a böte nach Zeit und
Sprachgebrauch den einzigen Fall überhaupt, in dem der 'Bund'
nicht als das bezeichnet würde, was er in der dtr Literatur
ist: *sein* Bund"[84].

Eine Reihe von Kommentatoren zu V.7ff sieht hier jedoch
keine Anspielung auf zeitgenössische, sondern auf historische Ereignisse. Daraus und aus inhaltlichen Gründen ziehen
sie den Schluß, daß ברית in V.7a auf den Bund Jahwes mit
Israel abspiele. So urteilt E. SELLIN: "Der Abschnitt[85] ist
oft mißdeutet, weil man ihn auf zeitgeschichtliche Ereignisse
bezog, wobei man dann stritt, ob kultische oder politische
Vergehen gegeißelt würden; indessen ist sowohl durch den Inhalt von V.7-11 selbst wie durch 7,1f klar, daß er Sünden-
taten der Vergangenheit im Auge hat..."[86]. In V.8 sieht er
eine Anspielung auf die Niedermetzelung der Ephraimiten durch
die Gileaditen bei der Furt von Adam (Jdc 12,1-6), V.9 bezieht er auf Gen 34 sowie auf Jdc 9 und V.10 deutet er als
Hinweis auf die Aufstellung des goldenen Kalbes[87]. - Auch
H.W. WOLFF deutet ברית in V.7a nicht als irgendeinen Vertrag, sondern als die Gemeinschaft mit Jahwe. Er begründet
dies vor allem mit der engen Verbindung von V.7-10a mit
V.1-6[88] und der Parallelaussage von V.7a in V.7b. - Das Fehlen des Suffixes der 1.P.Sg.c. bei ברית spricht nach

---

83 L. PERLITT, Bundestheologie im Alten Testament, 142.
84 ebd., 143. - Die gleichen Argumente wie bei W. RUDOLPH und L. PERLITT
   finden sich u.a. in den Kommentaren von K. MARTI, Dodekapropheton,
   56ff; NOWACK, Die kleinen Propheten, 45f; WELLHAUSEN, Die Kleinen Propheten, 116ff; Ina WILLI-PLEIN, Vorformen der Schriftexegese, 151;
   J. JEREMIAS, ATD 24/1, 93 Anm. 20.
85 Damit meint SELLIN Hos 6,7-7,2.
86 E. SELLIN, Zwölfprophetenbuch, $^{2.3}$1929-30, 76.
87 Er liest בְּבֵית אֵל für בבית ישראל.
88 H.W. WOLFF, BK XIV/1, 154; so auch A. DEISSLER, Zwölf Propheten, 33f.

ANDERSEN/FREEDMAN keinesfalls gegen die Bezugnahme zum Jahwebund. "The lack of a suffix on the noun here does not make the word "covenant" general, as if it could refer to other agreements, such as political treaties. The parallel, "they deceived *me*", shows that Yahweh's convenant is meant"[89].

Trotz dieser unterschiedlichen Interpretation von בכאדם/ עברו ברית in den Kommentaren gehen doch fast alle davon aus, daß mit אדם keine Anspielung auf Gen 2f vorliegt. Lediglich C. von ORELLI und C.F. KEIL deuten כאדם als Hinweis auf das göttliche Gebot, nicht vom Baum der Erkenntnis zu essen: "Dieses Gebot war der Sache nach ein Bund, den Gott mit ihm geschlossen, indem er die Erhaltung Adams in der Lebensgemeinschaft mit dem Herrn bezweckte, wie der Bund, den Gott mit Israel geschlossen"[90]. Wie Adam (vgl. Hiob 31,33), der durch seinen Ungehorsam die Gemeinschaft mit Gott verscherzte, so ist Israel bundbrüchig geworden[91]. Es erscheint jedoch sehr gewagt, Hos 6,7 mit Gen 2f in Verbindung zu bringen, da in der jahwistischen Schöpfungs- und Urgeschichte das Wort ברית nicht begegnet. Zudem weist die adverbielle Bestimmung שם in V.7b auf einen Ortsnamen. Adam begegnet als Ortsname noch in Jos 3,16. In Jos 3 wird von dem Zug Israels durch den Jordan gesprochen. Sie brechen auf von Sittim (V.1) und durchziehen mit der Lade trockenen Fußes den Jordan. In V.16 heißt es, daß sich beim Durchzug die Wasser wie ein Wall (נד) erhoben, weit entfernt von der Stadt Adam (הרחק מאד באדם העיר), die zur Seite von Sartan liegt (אשר מצד צרתן).

Adam kann mit großer Wahrscheinlichkeit mit dem *Tell ed-Dāmje* (Koordinaten 2018.1679) identifiziert werden[92]. *Tell ed-Dāmje* liegt etwa 500 m östlich des Jordanlaufs unmittelbar unterhalb der Einmündung des Jabbok in den Jordan. Er ist hoch und schön geformt, jedoch von sehr geringem Umfang[93]. Nach dem archäologischen Befund bestand von der

---
89 ANDERSEN/FREEDMAN, Hosea, 439.
90 C.F. KEIL, Biblischer Commentar, 71.
91 C. von ORELLI, Die zwölf kleinen Propheten, 23.

148   Hauptteil: Exegese der Textstellen

Spätbronzezeit an, durch die Eisenzeit hindurch sowie in römischer und byzantinischer Zeit hier eine Siedlung[94]. "Groß ist die Siedlung, die hier gelegen hat, nie gewesen. Das entspricht durchaus den natürlichen Voraussetzungen ihrer Existenz. Einen besonderen Grund wird die Anlage einer Siedlung an dieser Stelle darin gehabt haben, daß in ihrer unmittelbaren Nähe eine wichtige Jordanfurt den Verkehr zwischen West und Ost vermittelte, sie also den Vorzug einer sehr günstigen und vielleicht auch ertragreichen Verkehrslage genoß"[95]. Hatte man die Jordanfurt beim *Tell ed-Dāmje* überschritten, so konnte man ohne größere Schwierigkeiten in Richtung Norden in die Ebene von Beth Shean, in Richtung Nordwesten durch das *Wādi el-Fārᶜa* nach Nablus und in Richtung Süden nach Jericho und weiter zum Toten Meer gelangen.

Adam als Ort in unmittelbarer Nähe einer bedeutenden Jordanfurt und die Nennung von Gilead als Ortsname (V.8) weisen auf die Erzählung der Niederschlagung der Ephraimiten durch die Gileaditen in Jdc 12,1-6. Sie steht in dem größeren Kontext der Auseinandersetzung Israels mit den Ammonitern. In V.1 wird von dem Zug der Ephraimiten nach Zaphon[96] berichtet, wo sie mit Jephta sprechen und ihm vorwerfen, ohne ihr Wissen und ihr Mitwirken gegen die Ammoniter gekämpft zu haben[97]. In V.2 verteidigt sich Jephta gegen den Vorwurf

---

92 So E. BAUMANN, PJ 2 (1906), 140; H. GUTHE, FS K. MARTI zum 70.Geb. 1925, 97.106; W.F. ALBRIGHT, JPOS 5 (1925), 33; ders., BASOR 19 (1925), 5-19; W.J. PHYTHIAN-ADAMS, PEFQSt 68 (1936), 141-149, bes. 144; F.M. ABEL, Géographie de la Palestine II, 238; N. GLUECK, AASOR 25-28 (1945-1949), 329-331; B. MAZAR, VTS 4 (1956), 61; M. NOTH, ZDPV 72 (1956), 125f; S. HERRMANN, ZDPV 80 (1964), 67f.75.
93 Eine sehr schöne Abbildung des *Tell ed-Dāmje* findet sich bei N. GLUECK, AASOR 25-28 (1945-1949; 330 Fig. 103; 332f Fig. 104f.
94 M. NOTH, ZDPV 72 (1956), 125; W.F. ALBRIGHT, BASOR 19 (1925), 15; N. GLUECK, AASOR 25-28 (1945-1949), 331.
95 M. NOTH, ZDPV 72 (1956), 125f. - Eine anschauliche Abbildung des Jordangrabens bei Adam findet sich bei B. REICKE - L. ROST, BHH II, Tafel 25b.
96 צפונה gibt LXX^A mit Σεφινα und LXX^B mit εἰς βορρᾶν wieder; צפון erscheint als Ortsname noch in Jos 13,27 und wird dort zusammen mit Sukkoth genannt.
97 Eingeleitet wird die Frage der Ephraimiten mit dem Fragewort מדוע, bei dem im Unterschied zu למה ein vorwurfsvoller Unterton mitschwingt (GK § 150 e).

der Ephraimiten, indem er ihnen seinerseits vorwirft, auf sein Hilfegesuch nicht reagiert zu haben[98]. Da ihm Ephraim keinen militärischen Beistand gewährte, zog er allein gegen die Ammoniter los und Jahwe gab sie in seine Hand (ויתנם יהוה בידי   V.3aβ)[99]. Nachdem V.1-3 die Veranlassung der Auseinandersetzung zwischen Ephraim und Gilead schildern, berichten V.4-6 vom Krieg selbst. Da Ephraim mit verächtlichen Worten Gilead gereizt hatte (V.4b.5bα), ging es mit erbarmungsloser Härte gegen Ephraim vor. Sogar die aus der Schlacht entronnenen Ephraimiter verfolgte Jephta mit den Gileaditern, indem sie die Jordanfurten (מעברות הירדן   ) besetzten und ihnen damit die Rückkehr in das im Westjordanland liegende Ephraim verwehrten.

Sehr schwierig zu beantworten ist die Frage nach der Überlieferungs- und Redaktionsgeschichte von Jdc 12,1-6. Der Hinweis auf einige in der Forschung unterbreitete Lösungsvorschläge soll hier genügen. K. BUDDE unterscheidet in der Jephtageschichte eine Ammoniter- und eine Moabiterfassung. Zur ersteren zählt er 10,17.18 z.T.; 11,1-10 und 12,1-6 und zur letzteren 11,12-28.30f.32f.z.T.34-40. Die seit J. WELLHAUSEN immer wieder vertretene These einer schriftstellerischen Abhängigkeit von 8,1-3 und 12,1-6 und umgekehrt lehnt BUDDE ab[100]. - K. WIESE sieht in 12,1-6 einen Nachtrag zu der Jephtageschichte. Zur ältesten Schicht von 12,1-6 rechnet er V.5f, denn sie "allein verdient historisch genannt zu werden"[101]. Nach WIESE sind V.1-4 zu V.5f hinzukomponiert. - Für W. RICHTER ist der Abschnitt 12,1-6 eine Komposition, die in Anlehnung an Jdc 11,29.32 "aus einem (Schimpf-)Wort gegen Gilead, das Rivalitäten im Hause Joseph spiegelt, und der Schiboleth-Szene zwischen Gileaditern und Ephrathiten eine Auseinandersetzung zwischen dem Gileadit Jephtah und den

---

[98] Zur Wendung איש ריב (V.2a) siehe Jer 15,10.
[99] Die Übereignungsformel beggenet in leicht abgewandelter Form noch in Jdc 11,9.21.30.32.
[100] K. BUDDE, Das Buch der Richter, 82.
[101] K. WIESE, in: S. SPRANK/K.WIESE, Studien zu Ezechiel und dem Buch der Richter, 48.

Ephraimiten formt"[102]. 12,1-4a sieht er als eine "konstruierte Erzählung" an, bei der mit Hilfe gileaditischer Tradition die Bedeutung Jephtas ausgeweitet werden soll; V.4b (ab כי) deutet er als Zusatz; V.5f sei eine unvollständig erhaltene Erzählung, deren Anliegen in der "Betonung der Interessengegensätze unter den Nachbarn, deren Grenze der Jordan ist und die Feststellung der Differenz bis ins Sprachliche hinein" bestehe[103].

Trotz der Schwierigkeiten der genaueren Bestimmung der Überlieferungs- und Redaktionsgeschichte ist deutlich, daß Jdc 12,1-6 in seiner jetzigen Gestalt drei Akzente setzt[104]: 1. In dem Abschnitt spiegelt sich eine Auseinandersetzung zwischen Ephraim und Jephta wider. Jephta verhandelt mit den Ephraimiten und beweist ihnen gegenüber seine Unschuld. Er kann jedoch die eifersüchtigen Ephraimiten nicht überzeugen. 2. Es stehen sich hier nicht nur Ephraim und Jephta, sondern auch Ephraim und Gilead gegenüber. Der Sieg Gileads unter der Führung Jephtas über die Ammoniter hat Ephraim unsicher werden lassen, da es Angst um seine Vorherrschaft in Israel hatte. Sie bezeichnen deshalb Gilead verächtlich als "Flüchtling Ephraims" (פליטי אפרים V.4b), so, "als hätten die (ostjordanischen) Manassiten, Gilead, gar kein Recht zu selbständiger Kriegsführung, als bloße Ausreißer des Hauses Joseph"[105]. 3. Die Schibbolethszene unterstreicht

---

102 W. RICHTER, Traditionsgeschichtliche Untersuchungen zum Richterbuch, 327.
103 W. RICHTER, Bib. 47 (1966), 521;- Vgl. auch E. BERTHEAU, Das Buch der Richter und Ruth, 199f; C.F. KEIL, Biblischer Commentar Bd. 1: Josua, Richter und Ruth, 301; C.F. BURNEY, The Book of Judges, 325-329; O. EISSFELDT, Die Quellen des Richterbuches, 70-81; A. SCHULZ, Das Buch der Richter und das Buch Ruth, 71f; C.A. SIMPSON, Composition of the Book of Judges, 45-53; G.F. MOORE, Judges, 305-309; E. TÄUBLER, Biblische Studien. Die Epoche der Richter, 282.293f; J.D. MARTIN, The Book of Judges, 146-148.
104 Vgl. dazu W. RICHTER, Traditionsgeschichtliche Untersuchungen zum Richterbuch, 325-328.
105 S. OETTLI, Das Deuteronomium und die Bücher Josua und Richter, 270; - K. BUDDE, Das Buch der Richter, 89 und V. ZAPLETAL, Das Buch der Richter, 199 streichen in V.4 כי אמרו פליטי אפרים אתם , da פליט keinerlei verächtlichen Nebenton habe; sie vermuten eine Wiederholung aus V.5.

Die Bundes-Tradition   151

noch einmal die Rivalität zwischen Ephraim und Gilead, indem der Gegensatz beider Stämme bis in sprachliche Unterschiede hinein aufgezeigt wird.

In Jdc 12,1-6 geht es um den zänkischen Streit der Ephraimiten mit Jephta und um ihre rücksichtslose Verfolgung und Tötung durch die Gileaditen. Durch das Aufzeigen der Gegensätze im Volk wird implizit an das Zusammengehörigkeitsgefühl der Stämme appelliert. "Die Episode ist ein eigentümlicher Erweis für das Wissen um die Zusammengehörigkeit Israels und für die Gegensätze innerhalb des Volkes"[106].

Der Name "Gilead" hat sich bis heute in der im Ostjordanland gelegenen Ḫirbet Ğelʿad (Koordinaten 2235.1695) erhalten, die zwischen zwei eingesenkten Ebenen (ard el-ʿarde und el-bukēʿa) liegt[107] und in der Eisenzeit sowie in der hellenistisch-römischen Zeit besiedelt war. Gilead bezeichnet im Alten Testament das Gebiet des durch den Jabbok zweigeteilten Ostjordanlandes (Jos 12,2.5). Als Name einer Ortschaft (Ḫirbet Ğelʿad) begegnet er in Jdc 10,17f und Hos 6,8[108]. Gilead als Landschafts- und Ortsbezeichnung hat seine Bedeutung für die israelitische Geschichte vor allem durch seine Grenzlage gewonnen[109].

Ist es richtig, in Hos 6,7-11a eine Bezugnahme zu Jdc 12,1-6 zu ziehen, so wird hier Israel vorgehalten, sich untereinander in einen sinnlosen Bruderkrieg verwickelt zu haben, den Hosea als Bundesübertretung deutet[110]. Daß es sich dabei

---

106 H.W. HERTZBERG, Die Bücher Josua, Richter, Ruth, 218.
107 Zur Lage siehe M. NOTH, ZDPV 75 (1959), 30f; zur Ḫirbet Ğelʿad siehe: G. DALMAN, PJ 6 (1910), 20-22; R. de VAUX, RB 47 (1938), 416f; M. NOTH, PJ 37 (1941), 59-61; N. GLUECK, BASOR 92 (1943), 15f; M. NOTH, ZDPV 72 (1956), 48f; E. KUTSCH, ZDPV 81 (1965), 127f.
108 G. SAUER, Art.: Gilead (BHH I), Sp. 571f.
109 Vgl. dazu M. NOTH, ZDPV 75 (1959), 33f.
110 Das Verb עבר begegnet mit ברית in: Jos 7,15: עבר את־ברית יהוה ; Dtn 29,11: לעברך בברית יהוה אלהיך ; Jos 23,16: בעברכם את־ברית יהוה ; Jos 7,11; Jdc 2,20; Hos 8,1; Jer 34,18: את...עברו / העברים ; Dtn 17,2; II Reg 18,12: ויעברו / לעבר בריתו ברִיתי . - Zu עבר vgl. H.-P. STÄHLI, Art.: עבר , in: THAT II, Sp. 200-204; zur Wiedergabe der Aussage einer Verletzung oder Aufhebung einer ברית vgl. E. KUTSCH, Art.: פָּרַר , in: THAT I, Sp. 345.

um die Übertretung des Gottesbundes handelte, wird m.E. durch V.7b deutlich: "dort haben sie *mich* treulos verlassen". In Parallele zu עברו (V.7a) steht in V.7b בגדו. בגד begegnet im Hoseabuch noch in 5,7, wo Israel vorgehalten wird, an Jahwe treulos gehandelt zu haben (ביהוה בגדו). Nach Jer 3,20 zeigt sich die Treulosigkeit gegen Jahwe darin, daß man nicht mehr auf seine Stimme hört und ihn vergißt (בגדתם בי בית ישראל)[111]. Nach M.A. KLOPFENSTEIN liegt der ursprüngliche Sitz im Leben dieses Verbs vermutlich im eherechtlichen Bereich und meint dort das Handeln gegen "die von der Rechtsordnung geforderte oder durch ein eingegangenes Loyalitätsverhältnis gebotene Pflicht" (Ex 21,8)[112]. Diese "eherechtliche Linie" wurde bei Hosea - und Jeremia - auf das Gottesverhältnis übertragen.

Werden in V.7 die Bundesübertretung und die Treulosigkeit des Volkes als Hauptanklagepunkte aufgeführt, so folgt in V.8ff ein langes Sündenregister. Zunächst wird Gilead vorwurfsvoll als eine Stadt von Übeltätern[113] angeklagt, die voller Blutspuren ist (V.8). און steht im Alten Testament als Bezeichnung für ein verhängnisvolles Unheilsgeschehen. Da das Nomen nie für das Tun Gottes gebraucht wird, ist jede Unheilstat ein gottwidriges Handeln, bei dem Jahwes heilschaffendes Wirken geleugnet wird[114]. Daß Gilead besonders grausam gehandelt hat, wird durch die Aussage von

---

[111] Inhaltlich ähnliche Aussagen finden sich in I Sam 14,33; Jer 5,11; Ps 78,57; 119,158; Mal 2,10ff u.ö.
[112] M.A. KLOPFENSTEIN, Art.: בגד , in: THAT I, Sp. 262; er weist בגד fünf Bereichen zu, in denen es Verwendung findet: 1) eherechtlicher Bereich; 2) politisch-völkerrechtlicher B.; 3) kultisch-sakralrechtlicher B.; 4) sozialer B.; 5) theologischer B.; vgl. noch S. ERLANDSSON, Art.: בגד , in: ThWAT I, Sp. 508: "Das Verb drückt das unbeständige Verhältnis des Menschen zu einer bestehenden festen Ordnung aus und kann mit "treulos handeln" übersetzt werden".
[113] Die Wendung פעלי און begegnet im Alten Testament in erster Linie in den Psalmen: 5,6; 6,9; 14,4; 28,3; 36,13; 53,5; 64,3; 92,8.10; 94,4. 16; 101,8; 125,5; 141,4.9; מפעלי און : Ps 59,3; sonst noch in Jes 31,2; Hi 34,8.22; לפעלי און : Prov 10,29; 21,15; Hi 31,3.
[114] R. KNIERIM, Art.: אָוֶן , in: THAT I, Sp. 83f; K.-H. BERNHARD, Art.: אָוֶן , in: ThWAT I, Sp. 155,159.

V.8b unvergleichlich stark hervorgehoben[115]. In V.9 werden die Priester mit Räubern verglichen und der Morde beschuldigt. Gerade sie als die Verantwortlichen für die Verehrung Jahwes und die Einhaltung seiner Gebote verstoßen gegen seine Weisungen, indem sie auf dem Weg nach Sichem morden[116]. Sichem besaß durch seine Lage im Einschnitt zwischen Ebal (938 m) im Norden und dem Garizim (868 m) im Süden eine verkehrstechnische und strategische Schlüsselposition[117]. Die Stadt erlangte dadurch die Vorherrschaft über den mittelpalästinischen Raum[118]. Wenn Hosea hier die Priester anklagt, auf dem Weg nach *Sichem* zu morden, so hat er hier den Weg durch das *Wādī Fārᶜa* vor Augen, denn er ist vom *Tell ed-Dāmje* aus eine schnelle und bequeme Verbindung nach Sichem[119]. Er lag in unmittelbarer nördlicher Nachbarschaft zur östlichen Grenze des ephraimitischen Stammesgebietes[120]. Die Priester töten also auf einem Weg, der von vielen Menschen benutzt wurde. Ihr Verhalten ist deshalb um so schlimmer zu bewerten. Hosea verwendet hier das Verb רצח, das das ungesetzliche, beabsichtigte und hinterlistige Morden bezeichnet[121]. Die Priester stehen damit auf gleicher Stufe mit allen Israeliten, denen Hosea in 4,2 vorwirft, Meineide zu leisten, zu lügen, zu morden (רצח), zu stehlen und die Ehe zu brechen. Sie werden außerdem angeklagt, Schändliches (זמה) zu tun. זמה findet sich in erster Linie im Ezechielbuch als Bezeichnung für den schändlichen Wandel Jerusalems[122].

---

115 עָקְבָה (m. עָקֹב) wird in dem Wörterbuch von GESENIUS, 613 als Denominativ von עקב angesehen; KBL¹, 729 liest עֲקֻבְּהֶם דָּם; ANDERSEN/FREEDMAN, Hosea, 441 sehen den Ausdruck עקבה מדם in Analogie zu ähnlichen Wendungen in Ez 22,3 (עִיר שֹׁפֶכֶת דָּם), Ez 22,2; 24,6.9; Nah 3,1 (עִיר (ה)דמים) und Hab 2,12 (עִיר בדמים).
116 Vgl. die ähnliche Anklage gegen die Priester in Jer 2,8.
117 K. ELLIGER, Art.: Sichem, in: BHH III, Sp.1781-1783; Helga WEIPPERT, Art.: Sichem, in: K. GALLING (Hg), Biblisches Reallexikon, 293-296 (dort weitere Literatur). - Sichem wird bei Hosea nur an dieser Stelle genannt.
118 J.A. SOGGIN, ZDPV 83 (1967), 193: "Seine (sc. Sichem) Bedeutung in israelitischer Zeit verdankt es hauptsächlich seiner Lage als Zentrum zuerst des Zwölfstämmeverbandes, dann der Samaritaner".
119 Vgl. hierzu die Karte 1:100 000 des "Survey of Israel 1980", Sheet 5-9.
120 Siehe die Karten bei M. NOTH, Das Buche Josua, 77; Y. AHARONI, The Land of the Bible, 213 (Map 15).
121 Vgl. dazu oben § 5 S.199ff

Das Nomen meint meist Vergehen gegen sexuelle Vorschriften[123].
In V.10 werden die Sünden des Hauses Israel[124] aufgezeigt.
Das "Schauderhafte"[125] seines Handelns lag in seiner Untreue,
mit der es sich verunreinigt hat. Mit זנות wird das entscheidende Motivwort aufgegriffen, mit dem Hosea den Abfall
Israels von Jahwe beschreibt[126]. V.11a kündigt mit dem Bild
der Ernte das Gericht auch für Juda an[127].

3.   Zusammenfassung

1. Der Vorwurf des Bundesbruches in Hos 6,7a bezieht sich
auf den Verlust der Gemeinschaft zwischen Jahwe und Israel.
ברית kann hier wohl kaum ausschließlich auf einen zwischenmenschlichen Bund eingeengt werden. Das adversative והמה
in V.7a knüpft an die Aussage von V.6 an, wo mit חסד und
דעת אלהים zwei hoseanische Leitbegriffe zur Umschreibung
der Verbundenheit Israels mit Jahwe begegnen.
2. Das Fehlen des Suffixes der 1.P.Sg.c. bei ברית ist kein
hinreichender Grund dafür, den Bund von V.7a als zwischenmenschlichen Vertrag zu deuten (so L. PERLITT), denn das
"Fehlen des Possessivpronomens "mein (Bund)" ist durch "mir"
kompensiert"[128]. Auch wenn ברית als Bezeichnung des Gottes-

---

122 Ez 16,27.43.58; 22,9.11; 23,21.27.29.35.44.48.49; 24,13; vgl. auch Jer 13,27.
123 Lev 18,17; 19,29; 20,14.
124 Zur Verwendung von בית ישראל vgl. Hos 1,6; 5,1; 12,1.
125 שערוריה (ק) begegnet noch in Jer 5,30 (שערורה), wo es neben שמה steht; hier liegt das Entsetzen und Schauderhafte darin, daß Propheten in Lüge weissagen, wobei die Priester ihnen noch zur Seite stehen und sogar Zustimmung beim Volk finden ; vgl. auch Jer 18,13.
126 Hos 1,2; 2,4.6.7; 3,3; 4,10.11.12.13f.15.18; 5,3.4; 6,10; 9,1; vgl. vor allem die Parallelität der Aussage von Hos 5,3 und 6,10.
127 Zum Erntebild als Ansage des Gerichts vgl. Am 8,2; ob in V.11a eine judäische Glosse vorliegt (so Ina WILLI-PLEIN, Vorformen der Schrift-exegese, 154; H.W. WOLFF, BK XIV/1, 157; W. RUDOLPH, KAT XIII/1, 146; GRACE I. EMMERSON, Hosea, 86f.), soll hier nicht entschieden werden; an Stelle von יהודה liest EHRLICH, Randglossen Bd. 5, 179 f יהוה als Subjekt des Verbs.
128 A. DEISSLER, Zwölf Propheten, 33.

bundes in der deuteronomistischen Literatur fast ausschließlich in suffigierten Formen begegnet, so ist dies ebenfalls kein hinreichendes Argument dafür, in Hos 6,7 nicht von einem Bundesbruch mit Jahwe zu sprechen, denn Hosea muß als Vorläufer derartiger Wendungen nicht unbedingt mit dem späteren Gebrauch übereinstimmen[129].

3. Ist die Verbindung von Hos 6,7-11a zu Jdc 12,1-6 richtig bestimmt, so sieht Hosea die Schuld Israels bereits in seiner Vergangenheit begründet. Der sinnlose und grausame Bruderkrieg zwischen Ephraim und Gilead wird von Hosea als Bruch der Gemeinschaft mit Jahwe gedeutet. Die Schuld dafür spricht er in besonderer Weise den Priestern zu, die ihre eigentliche Aufgabe und Bestimmung als Hüter der Gottesbeziehung ins Gegenteil pervertiert haben. Mit dem Bezug zu Jdc 12,1-6 läßt er sowohl die schwere Schuld Israels und insbesondere seiner religiösen Führer als auch das Leiden Jahwes an ihr in einem um so stärkeren und eindrücklicheren Licht erscheinen.

4. Wenn sich Hosea mit Adam, Gilead und Sichem auf Ortslagen im Grenz- bzw. Kerngebiet von Kulturland und Wüste bezieht, so lassen sich V.7-11a inhaltlich mit den Stellen in Verbindung bringen, die davon berichten, daß mit dem Einzug Israels nach Kanaan und seiner Seßhaftwerdung der Bruch der Gemeinschaft Israels mit Jahwe begann (9,10; 10,2.13; 11,2.3; 13,6)[130].

IV. Die Mißachtung des göttlichen Heilswillens: Hos 8,1-3

1.   Übersetzung und textkritische Anmerkungen

1) An deinen Gaumen das Signalhorn[a],
   wie der Adler[b] kommt es über das Haus Jahwes.
   Denn sie haben meinen Bund übertreten,
   und gegen mein Gesetz gefrevelt.

156   Hauptteil: Exegese der Textstellen

2) Zu mir^c schreien sie: Mein Gott^d, wir kennen dich,
                                            Israel!^e
3) Israel hat Gutes verworfen,
    der Feind wird ihm nachjagen^f.

a   LXX liest in V.1aα Εἰς κόλπον αὐτῶν ὡς γῆ und scheint damit אֶל־חֵקָם / חֻקָּם כְּעָפָר vorauszusetzen; WELLHAUSEN, Die Kleinen Propheten, 120 läßt V.1aα unübersetzt: "Die Corruption erstreckt sich auch noch über den Anfang dieses Verses. Man setzt die Posaune an den Mund, nicht an den Gaumen; sonst kann man nicht blasen"; auch Th. ROBINSON, HAT 14, 30 gibt keinen Übersetzungsvorschlag: "Der Anfang ist hoffnungslos verderbt". Demgegenüber übersetzen W. RUDOLPH, KAT XIII/1, 157; H.W. WOLFF, BK XIV/1, 169 und Ina WILLI-PLEIN, Vorformen der Schriftexegese, 163 zu Recht den Vers ohne Änderung des Textes.

b   An Stelle von כַּשֹּׁפָר wurden פַּנֵּצֶר bzw. כַּשֹּׁמֵר vorgeschlagen (siehe dazu unten); SELLIN, Zwölfprophetenbuch, ^11922, 64 liest ebenfalls נֵצֶר . H. TORCZYNER, BZAW 41 (1925), 277f liest כַּנֹּשֵׁר "wie der Ausrufer"; er leitet das Nomen von arab. našara "öffentlich verbreiten, promulgieren" ab; im Bibl.-hebr. ist diese Wurzel jedoch nicht belegt.

c   Nicht zwingend ist die Vermutung von Ina WILLI-PLEIN, Vorformen der Schriftexegese, 164, vor לִי sei durch Haplographie mit dem vorangehenden Wort ein ו ausgefallen, da V.2 syntaktisch und sinngemäß zu V.1b gehöre; - V.2 kann auch asyndetisch angefügt sein.

d   LXX liest ὁ θεός (אלהים); ROBINSON, HAT 14, 30 schließt sich LXX an; SELLIN, Zwölfprophetenbuch, ^11922, 64 liest אֱלֹהַי ; versteht man אֱלֹהַי als kollektive Gebetsanrede, so kann es durchaus neben dem pluralischen Subjekt der Verbalform bestehen (Ina WILLI-PLEIN, Vorformen der Schriftexegese, 169).

---

129 Vgl. dazu D.J. McCARTHY, Bib. 53 (1972), 113: "... the appeal to normal prose usage to argue that berît here cannot refer to Yahweh berît is in danger of begging the question". - Siehe auch J.L. MAYS, Hosea, 99-103.
130 Siehe dazu unten § 3 S.58ff.

e ישראל ist Apposition zu ידענו (WOLFF, BK XIV/1, 169; W.
RUDOLPH, KAT XIII/1, 157); ישראל fehlt in LXX und S;
ROBINSON, HAT 14, 30 und Ina WILLI-PLEIN, Vorformen der
Schriftexegese, 164 scheiden ישראל als Hinzufügung aus
dem Kontext aus.
f LXX versteht אויב als Akkusativobjekt und liest ἐχθρὸν
κατεδίωξαν (רְדָפוֹ אוֹיֵב); ungewöhnlich ist bei רְדָפוֹ das
Suffix der 3.P.Sg.m. in der Form וֹ, da die regelmäßige
Suffixbildung der 3.P.Sg.m. bei konsonantisch endenden
Formen im Imperfekt mit הו ... erscheint (vgl. dazu GK
§ 60d); vgl. noch Ex 22,29; Jos 2,4; I Sam 21,14; II Sam
14,6; Jer 23,6; Koh 4,12; Ps 35,8; nach BAUER-LEANDER,
Hist. Grammatik § 48u, S. 338 erklären sich diese Formen
"als eine analogische Verbreitung der Endung des Nominals".

2.   Exegese

Hos 8,1-3 leitet ein Kapitel ein, in dem an Hand eines
langen Sündenregisters die große Schuld Israels beklagt
wird[131]. V.1-3 bilden einen Unterabschnitt des 8. Kapitels,
da sich V.4-6 durch die Nennung zweier konkreter Verfehlungen des Volkes - sie setzen ohne das Wissen Jahwes Könige
ein und lassen ihren Gottesdienst zu einem heidnischen
Götzendienst verkommen - deutlich von V.1-3 abheben[132].
V.1a beginnt mit dem lebhaften Aufruf, das Signalhorn an
den Gaumen zu führen. Angeredet ist hier wohl kaum ein militärischer Befehlshaber[133], sondern Hosea selbst[134]. Der Prophet wird von Jahwe aufgefordert, Alarm zu blasen, denn
Israel steht ein unmittelbares Gericht bevor. Daß es sich

---

131 V.1: Bundesübertretung, Vergessen der Tora (V.12); V.4a: Königseinsetzung ohne Wissen Jahwes; V.4b-6: Götterbilder; V.7f: Nutz- und Wertlosigkeit Israels; V.13: falscher Opferdienst; V.14: Vergessen des Schöpfers.
132 Siehe dazu unten § 5, S.181ff.
133 So H.W. WOLFF, BK XIV/1, 170f; wer sollte mit diesem militärischen Befehlshaber gemeint sein?
134 So etwa W. RUDOLPH, KAT XIII/1, 161f; A. DEISSLER, Zwölf Propheten, 38f; H. UTZSCHNEIDER, Hosea, 107f.

hier um ein hereinbrechendes Unheilsgeschehen handelt, wird durch die Verwendung des Schophar und den Vergleich mit dem Adler zum Ausdruck gebracht. Der Schophar war das gebräuchlichste Signalinstrument, um ein bevorstehendes Gericht oder einen Krieg anzukündigen[135]. Der Adler wird deshalb genannt, um die Bedrohung zu verdeutlichen, der sich Israel jetzt ausgesetzt sieht (Dtn 28,49; Prov 30,17; Hab 1,8)[136]. בית יהוה am Ende von V.1a bezeichnet hier entgegen der üblichen Bedeutung "Tempel/Heiligtum Jahwes" (Ex 23,19; 34,26; I Reg 6,37; 7,12 u.ö.) das ganze Land Israel. Für Hosea ist das Land mit all seinen Früchten ein Geschenk Jahwes (2,10). Da Israel dieses Geschenk mißbraucht hat, wird er es aus seinem Haus (= Land; vgl. 9,15) vertreiben[137].

---

135 Zur Ankündigung eines bevorstehenden Gerichtes: Jer 4,5.19.21; 6,1.17; 42,14; 51,27; Jes 27,13; Ez 33,4f; Hos 5,8; 8,1; Am 2,2; 3,6; Zeph 1,16; zur Ankündigung von Krieg: Jos 6,4.5.6.8.9.13.16.20; Jdc 3,27; 6,34; 7,8.16.18.19.20.22; I Sam 13,3; II Sam 2,28; 18,16; 20,1.22; Ez 33,3.6; Hi 39,24f; Neh 4,12.14; - der Schophar begegnet sonst noch in folgenden Funktionen: kultische Funktion: Lev 25,9; Theophanie: Ex 19,16.19; 20,18; Sach 9,14; Ladeüberführung: II Sam 6,15; I Chr 15,28; Königssalbung: II Sam 15,10; I Reg 1,34.39.41; II Reg 9,13; Jubel für Jahwe: II Chr 15,14; Ps 47,6; 81,4; 98,6; 150,3; Ankündigung von wichtigem Geschehen: Jes 18,3; 58,1; - zum Schophar siehe H.P. RÜGER, Art.: Musikinstrumente, in: Biblisches Reallexikon, 235 (siehe Abb. 84,2.4); A. SENDREY, Musik in Alt-Israel, 320-338, Zitate 322.334: Der Schophar war hauptsächlich auf zwei Töne beschränkt, "auf die Oktave und obere Quinte des Grundtones. Es ist daraus ersichtlich, daß dem schofar keine musikalisch-künstlerische Aufgabe zufallen konnte und er ausschließlich als Signalinstrument Verwendung fand"; "Für Kriegshandlungen war der schofar das allgemein gebräuchliche Signalinstrument, sei es, um die Kämpfer zu sammeln, den Feind anzugreifen, ihn zu verfolgen oder den errungenen Sieg anzukündigen".
136 Mt 24,28; Lk 17,37.
137 In Jer 12,7 steht ביתי in Parallele zu נחלתי . GRACE I. EMMERSON, VT 25 (1975), 700-710, Zitat 708 sieht in בית יהוה einen Hinweis auf das Heiligtum von Bethel, da dieser Ort enge Beziehungen zu älteren, jahwistischen Traditionen hatte. "... the argument for the meaning 'sanctuary' is strengthened by the close association of prophet with priest and sanctuary evident elsewhere in Hosea".

Die Bundes-Tradition

In V.1b folgt die mit der Konjunktion יען [138] eingeleitete Begründung für das Gericht: Israel hat Gottes Bund übertreten und gegen sein Gesetz gefrevelt. בריתי und תורתי stehen in Parallele zueinander. ברית mit dem Suffix der 1.P.Sg.c. begegnet bei Hosea nur an dieser Stelle[139]. Von dem Gesetz Jahwes ist im Hoseabuch noch in 4,6 und 8,12 die Rede. In dem zu dem Schelt- und Drohwort 4,6-19 zählenden Vers 6 heißt es, daß Gott die Israeliten vergessen wird, weil sie seine Weisung vergessen haben:

"Vernichtet ist mein Volk ohne Wissen,
  denn du hast das Wissen (הדעת) verworfen,
  und so verwerfe ich dich, damit du nicht mehr Priester
                                   für mich seist,
  du hast das Gesetz deines Gottes (תורת אלהיך)
                                   vergessen,
so vergesse auch ich deine Söhne".

Angeredet ist hier der Priester, dem vorgehalten wird, das "Wissen" verschmäht und das Gottesgesetz vergessen zu haben. Damit ist vorausgesetzt, daß der Priester das Wissen zu hüten und die Gottestora zu beachten hat[140]. Mit דעת wird ein Motivwort aufgegriffen, dem in der Verkündigung Hoseas eine zentrale Bedeutung zukommt. Das Wissen beinhaltet alle bisherigen Heilssetzungen Jahwes an seinem Volk Israel. Wer sie vergißt, vergißt deshalb Jahwe selbst als den Schöpfer und Erhalter Israels[141]. V.6 knüpft unmittelbar an Hos 4,1f an, wo konkret genannt wird, was unter der דעת אלהים zu verstehen ist[142]. Da mit הדעת in V.6 ein umfassendes Wissen um die Taten Jahwes gemeint ist, muß תורת אלהיך im gleichen Sinn

---

[138] Die Konjunktion יען begegnet vor allem in der prophetischen Literatur: Jes 9mal; Jer 11mal; Ez 35mal; Hos 1mal; Am 1mal; Hag 1mal.
[139] Die Wendung עברו בריתי findet sich noch in Jos 7,11; Jdc 2,20; -תורתי begegnet außer Hos 8,1.12 noch in Jes 51,7; Jer 9,12; 16,11; 31,33; Ez 22,26; Ps 78,1; 89,31; Prov 3,1; 4,2; ותורתי: Jer 6,19; Prov 7,2; בתורתי : Ex 16,4; Jer 26,4; 44,10; II Chr 6,16.
[140] Jer 2,8.
[141] Vgl. dazu H.W. WOLFF, "Wissen um Gott" bei Hosea als Urform von Theologie, in: ders., Gesammelte Studien, 182-205.
[142] Vgl. unten § 5 S.195f.

gemeint sein, da es in Parallele zu הדעת steht. "Die Parallelität der Begriffe "Wissen" und "Tora" zeigt hier, daß Tora in umfassendem Sinn die Gesamtheit des Offenbarungsinhaltes bezeichnen kann. Diesem totalen und nicht partiellen Sinn entspricht der singularische Gebrauch des Wortes Tora"[143]. Der singularische Gebrauch von תורה findet sich noch in 8,12:

"Schreibe ich ihm die Menge meiner Weisung (תורתי) auf, so gelten sie wie Fremdes"[144].

Die Verfehlung, die Israel mit der Übertretung des Gottesgebotes begangen hat, wird mit dem Verb פשע zum Ausdruck gebracht. Die Verbindung dieses Verbs mit der Präposition על findet sich nur in Hos 8,1, ansonsten wird es mit ב konstruiert[145]. In V.2 wird ein weiteres Vergehen Israels genannt. Obwohl sie Gottes Bund gebrochen und gegen sein Gesetz gesündigt haben, rufen sie ihn scheinheilig an, reden ihn sogar mit "mein Gott" (siehe Hos 2,25) an und geben vor, ihn zu kennen. Ungewöhnlich ist hier ebenso wie in V.1b die Verbindung des Verbs mit der Präposition ל , da זעק nur in I Chr 5,20; Jes 15,5 und Jer 48,31 mit ל verbunden ist, sonst begegnet es mit אל [146]. Hosea weist in V.2 den Widerspruch im Verhalten Israels gegenüber seinem Gott auf, denn es ist nicht möglich, Jahwes Bund und Gebote zu kennen und gleichzeitig gegen sie bewußt zu verstoßen.

Als eine prägnante Zusammenfassung der Verfehlungen Israels (V.1a.2) kann V.3a angesehen werden: "Israel hat Gutes verworfen". זנח begegnet vor allem in den Psalmen, wo es dazu dient, die qualvolle Situation des Beters oder der klagenden

---

143 H. GESE, Das Gesetz, in: ders., ZBTh, 57.
144 LXX, S lesen wegen der pluralischen Verbform תּוֹלתַי ; nach PERLITT, Bundestheologie im Alten Testament, 147 Anm.2 kann תורתי "neben 'דבר ' gar nicht anders als תּוֹלתַי gelesen werden"; in dieser Ausschließlichkeit kann die Aussage nicht aufrechterhalten werden, da Singulare, die einen Kollektivbegriff enthalten, gerne mit dem Plural des Prädikats konstruiert werden (GK § 145 b-g).
145 Vgl. etwa Hos 7,13; Jes 1,2; 43,27; Jer 2,8; 33,8; Ez 2,3; I Reg 8,50; R. KNIERIM, Art.: פָּשַׁע , in: THAT II, Sp. 488-495, bes. Sp. 491.
146 Jdc 3,9.15; 6,6.7; 10,10.14; 12,8.10; I Sam 7,8.9; 15,11; II Sam 19,29; II Chr 20,9; Jer 11,11.12; Hos 7,14; Mi 3,4; Joel 1,14; Hab 1,2; Jon 1,5; Ps 22,6; 107,13.19; 142,2.6; Neh 9,4.

Die Bundes-Tradition 161

Volksgemeinde darzustellen, die von Gott verstoßen worden sind[147]. טוב findet sich sechsmal im Hoseabuch[148]. In Hos 2,9 dient es zur Umschreibung von Wohlergehen als Grundlage der Existenz. Mit "Glück, Gelingen, Wohlergehen" läßt sich טוב auch in V.3a übersetzen. טוב hat einen direkten Lebensbezug. "Dahinter steht das Wissen darum, daß Leben nur in Ordnungen möglich ist, zu denen die mit ṭōb gemachte Aussage gleichfalls eine Beziehung herstellt, weil es jenseits von ihnen kein Leben gibt"[149]. Weil Israel "Gutes"[150], d.h. Gottes Bund und seinen im Gesetz geoffenbarten Heilswillen verworfen hat, steht ihm das Gericht bevor. Deshalb wird es von einem nicht näher genannten Feind verfolgt werden (V.3b).

Hos 8,1-3 zeigt einen überlegten Aufbau. Der Abschnitt wird eröffnet mit einem Alarmruf (V.1aα), dem die Ankündigung des Gerichtes, das durch den Adler symbolisiert wird, folgt (V.1aβ). In V.1b.2 und 3a folgen die Begründung und der Schuldaufweis, wobei V.3a als Zusammenfassung von V.1b verstanden werden kann. V.3b beschließt den Abschnitt mit der Ankündigung des Gerichtes, das durch den nachjagenden Feind symbolisiert wird. V.3b weist damit auf den Anfang V.1aβ zurück.

---

147 Ps 43,2; 44,10.24; 60,3.12; 74,1; 77,8; 88,15; 89,39; 108,12.
 - ANDERSEN/FREEDMAN, Hosea, 490: "It (sc. זנח) implies complete severance of relationships, as in the firing of an employee. It usually designates a drastic action of God, and Israel is nearly always the object".
148 Hos 2,9; 10,1 (bis); 4,13; 8,13; 14,3; טוב Hos 3,5; 10,11.
149 H.J. STOEBE, Art.: טוב , in: THAT I, Sp. 660; siehe auch J. HÖRER-JOHAG, Art.: טוב , in: ThWAT III, Sp. 333.
150 In jüngeren Texten und in der Psalmensprache wird Gott selbst טוב genannt: Ps 25,8; 34,9; 73,1; 86,5; 119,68; 135,3; 145,9; Thr 3,25; II Chr 30,18 u.ö.; so interpretieren auch ANDERSEN/FREEDMAN, Hosea, 491f. V.3a und übersetzen (S.481): "The Good One rejects Israel"; mit dieser Übersetzung geht jedoch der Bezug von טוב zu V.1b verloren; zudem ist die Wortstellung Verb - Objekt - Subjekt für den hebräischen Verbalsatz ungewöhnlich (GK § 142f).

162   Hauptteil: Exegese der Textstellen

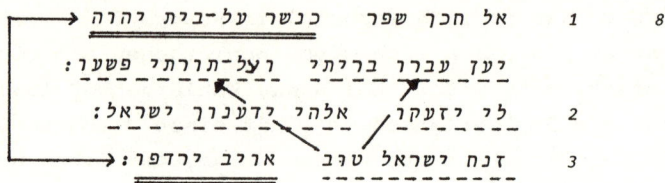

```
V.1aα   : Alarmruf
V.1aβ   : Das Gericht: Geier
  V.1bα :                        Bundesübertretung
  V.1bβ :  Begründung und        Verachtung d. Gottesgesetzes
  V.2   :  Schuldaufweis         Heuchelei
  V.3a  :                        Verwerfung des Guten
  V.3b  : Das Gericht: Feind
```

Auf Grund dieses durchdachten Aufbaus bleibt zu fragen, ob K. MARTI und L. PERLITT mit ihrer Meinung, V.1b könne nicht von Hosea stammen, sondern sei ein späterer Zusatz, wirklich im Recht sind. Für K. MARTI ist die Aussage von V.1a "schon an sich unglaublich; denn die Posaune setzt man an den Mund und steckt sie nicht in den Gaumen, und die Posaune im Gaumen schadet man schwerlich dem Hause Jahwes"[151]. Da für ihn V.1a Glosse ist, muß auch V.1b Glosse sein, denn er ist ohne V.1a nicht verständlich. Dem ist jedoch entgegenzuhalten, daß V.1a durchaus eine sinnvolle Aussage ergibt, wenn man V.1aα als Alarmruf interpretiert. Zudem fügt sich V.1b gut in die Struktur von V.1-3 ein. PERLITT schreibt V.1b deshalb nicht Hosea zu, weil der Wortgebrauch und die Aussage von V.1b außerhalb des Hoseabuches liegt und beides dem Propheten fremd sei[152]. Hier ist zu fragen, ob diese

---

151 K. MARTI, Dodekapropheton, 65; er liest: אֶל־מֶחְשָׁךְ כַּשּׁוֹפָר חֵרֵם קוֹלָהּ עַל בֵּית יְהוָה
152 L. PERLITT, Bundestheologie im Alten Testament, 146-148; ähnlich wie L. PERLITT argumentiert J. JEREMIAS, ATD 24/1, 104f.

Aussage wirklich in solcher Ausschließlichkeit aufrechterhalten werden kann, da ברית in ähnlicher Bedeutung wie 8,1b noch in 2,20 und 6,7 und תורה noch in 4,6 und 8,12 begegnet. Es muß zudem grundsätzlich gefragt werden, ob nicht die Deutung Hoseas als Wegbereiter und Vorläufer deuteronomistischer Theologie weit einfacher und wahrscheinlicher ist als die Annahme eines deuteronomistischen Redaktors, der - aus welchen Gründen auch immer - V.1b später hinzugefügt hat[153].

3.   Zusammenfassung

1. Wenn die Annahme richtig ist, daß V.1b dem Propheten Hosea zuzuschreiben ist, haben wir damit einen weiteren Beleg für den Bundesgedanken bei Hosea. ברית meint hier die gnädige Zuwendung Jahwes zu seinem Volk. Aus der Parallelstellung von ברית und תורה läßt sich entnehmen, daß sich Gottes Bund in seinen Heilssetzungen gegenüber Israel konkretisiert. Sie gewähren ihm damit ein heilvolles und sicheres Leben, schließen aber auch die Verpflichtung ein, Gottes Geboten zu folgen[154].

2. Der Bruch des Gottesbundes und die Übertretung des Gottesgesetzes dienen Hosea als Begründung für das bevorstehende Gericht. Eine schärfere und einsichtigere Begründung dafür kann es nicht geben, denn wer Gottes Hingabe mißachtet und seinen Heilswillen verschmäht, verwirft damit Gott selbst. "Wenn sie (sc. Israel) Bund und Gesetz zurückweisen, so schlagen sie Jahwes Geschenk aus und verlangen absolute Selbstbestimmung. Damit ist das Gottesverhältnis zerstört. Jede weitere Hilfe von seiten Jahwes ist unmöglich; sie würde Israel nur in seiner Schrankenlosigkeit bestärken und bis zur Selbstvergötzung treiben"[155].

---

[153] So auch D.J. McCARTHY, Bib.53 (1972), 114: "It is easier to imagine traditionists garbling a Deuteronomistic interpolator than it is to imagine a Deuteronomistic interpolator composing gibberish or indulging in obscurantist poetry".

[154] J.J.VALETON, ZAW 13 (1893), 279: "Folglich gewährt sie (sc. בְּרִית) den Menschen Gottes gnadenreiche und hilfreiche Nähe, während sie

164   Hauptteil: Exegese der Textstellen

3. Nennen V.1-3 Israels Schuld in sehr grundsätzlicher
Weise beim Namen, so lassen sich V.4ff als deren Explikation
und Konkretisierung verstehen. V.1-3 können deshalb als
Überschrift von Kapitel 8 angesehen werden.

V. Das Bundschließen Israels mit fremden Mächten: Hos 10,3f

1.   Übersetzung und textkritische Anmerkungen

3)   Denn nun werden sie sagen:
     Wir haben keinen König,
     denn wir haben Jahwe nicht gefürchtet
     und der König, was tat er für uns?
4)   Sie machen eitle Worte[a],
     sie schwören falsch[b] für Nichtiges,
     sie schließen einen Bund
     und es sproßt wie Giftkraut das Recht[c]
     an den Furchen des Feldes.

a LXX liest λαλῶν (הְבֵּר); WELLHAUSEN, Die Kleinen Propheten,
  125; WOLFF, BK XIV/1, 22 und Ina WILLI-PLEIN, Vorformen
  der Schriftexegese im Alten Testament; 183f lesen Inf. abs.
  Pi‘el: דַּבֵּר; dazu W. RUDOLPH, KAT XIII/1, 193: "Da V.4b
  vom Tun des Königs handelt, ist der Plur. דברו falsche Auflösung des den folgenden Infinitiven parallelen Inf.abs.
  דַּבֵּר vgl. LXX λαλῶν, das auf eine Form ohne ו weist (הְבֵּר)";
  אלות und כרת können jedoch als Formen des Infinitiv abso-
  lutus auch als Stellvertreter finiter Verbformen (אָלֹה;
  פָּרְתוּ) angesehen werden, so daß דברו nicht in דַּבֵּר umgeändert zu werden braucht; vgl. GK § 113y: "Der Infin.absol.
  erscheint endlich nicht selten als *Stellvertreter des Verbum finitum*, wenn entweder die bloße Nennung des Verbal-

---

    von ihnen freiwilligen und unbedingten Gehorsam fordert".
155 R. KÜMPEL, Die Berufung Israels, 105.

begriffs genügt..., oder wenn sich die hastige oder sonstwie erregte Rede absichtlich mit derselben begnügen *will*, um so den Verbalbegriff desto reiner und nachdrücklicher hervortreten zu lassen..."; zur unregelmäßigen Form des Inf. abs. von אָלָה (אָלוֹת statt אָלֹה) siehe GK § 75n; GESENIUS nimmt an, daß wegen des Gleichklangs zu כָּרֹת die Form אָלוֹת gewählt wurde (vgl. ähnlich Jes 22,13).
b V gibt אלות mit visionis wieder.
c NOWACK, Die kleinen Propheten, 63 schlägt als Lesart הָפְכוּ לְרֹאשׁ vor.

2.   Exegese

Hos 10,3f gehört zu dem größeren Abschnitt V.1-8, der sich durch die Rede von Israel in der 3. Person (ab V.9 direkte Anrede), das Fehlen der Ichrede Jahwes sowie den Rückverweis von V.8 auf V.1 (מזבחותם V.8aβ; למזבחות V.1b - Vernichtung der zahlreichen Höhen und Altäre) als Einheit erweist (V.1f: Israels Götzendienst; V.3f: Israels Hybris; Folge: V.5f: Trauer und V.7f: Tod)[156]. V.1f berichten von der Frühzeit (V.1), wo Israel so kostbar und nützlich wie ein üppiger Weinstock war. Aber je seßhafter Israel wurde, desto zahlreicher wurden seine Altäre[157].

V.3a beginnt mit כי עתה יאמרו und knüpft damit an V.2a an, wo es heißt, daß Israel für sein trügerisches Herz büßen muß (עתה יאשמו)[158]. V.3a führt die Gerichtsandrohung an Israel (V.2) weiter und ist deshalb auf die Zukunft zu beziehen. Im Gericht wird Israel erkennen, daß der Zusammenbruch des Königtums seinen Grund in der mangelnden Gottesfurcht Israels hat[159]. V.3 läßt sich somit als Schuldbekenntnis Israels verstehen[160].

---

156 H.W. WOLFF, BK XIV/1, 222f; anders W. RUDOLPH, KAT XIII/1, 190ff.
157 Vgl. dazu oben § 3 S. 76ff.
158 עתה mit folgendem Imperfekt findet sich bei Hosea in 2,12; 4,16; 5,7; 8,10.13; 10,2.3; 13,2; עתה mit folgendem Perfekt in 5,3; 7,2; 8,8.
159 Hosea redet auch an anderen Stellen vom Zusammenbruch des Königtums: 3,4 (אין מלך); 7,7; 10,7.15.

Da die Aussage von V.3 sich nicht ohne weiteres exakt bestimmen läßt - die finiten Verbformen in V.3b können imperfektisch[161] und präsentisch[162] übersetzt werden -, hat die Interpretation von V.3 zu ganz unterschiedlichen Lösungen geführt. So deuten NOWACK, WOLFF, RUDOLPH, CRÜSEMANN und DEISSLER V.3 als Steigerung der Drohung von V.2 und als Hinweis auf die Zeit des eintretenden Gerichts. Für sie hat V.3 (+4) die Funktion einer "Strafsentenz"[163], die die Anklage der Gott- und Gesetzlosigkeit zum Audruck bringe. "Im Gericht wird deshalb von Israel erkannt werden, daß die Beseitigung des Königtums auf das gestörte Verhältnis Israels zu Jahwe zurückgeht: "denn wir haben Jahwe nicht gefürchtet" (10,3)"[164].

Demgegenüber beziehen Ina WILLI-PLEIN und H. UTZSCHNEIDER עתה und damit V.3 auf die Gegenwart. Ina WILLI-PLEIN sieht in V.3b ein fingiertes Zitat, in dem der Prophet die tadelnswerte Haltung der Bescholtenen erst ans Licht bringe. "Das fingierte Zitat spiegelt eine Situation der Resignation oder Hoffnungslosigkeit. Es gibt keinen rechten König mehr, weil es keine Jahwefurcht gibt und mithin auch kein König etwas ausrichten kann"[165]. UTZSCHNEIDER versteht V.3 als Zitat des Volkes und als Momentaufnahme der vielen Herrscherwechsel nach 745[166]. Diese Interpretation ist jedoch insofern schwierig, als Israel nach Hos 8,2 fest davon überzeugt ist, Jahwe zu fürchten.

---

160 Zur Verbindung von ירא mit Jahwe als Objekt vgl. Dtn 31,12; Jos 4,24; II Reg 4,1; 17,25; Jer 26,19; 44,10; Ps 55,20.
161 יראנו ist von der Form her ein Perfekt (1.P.Pl.com.); יעשה als 3.P.Sg.m.Impf. kann als Vergangenheitsstufe übersetzt werden, wenn es Handlungen zum Ausdruck bringt, die länger andauerten (iterativ) bzw. sich in der Vergangenheit wiederholen (modus rei repetitiae), GK § 107 b.e.
162 ירא ist ein Verb, das einen sog. geistigen Affekt oder Zustand zum Ausdruck bringt und deshalb als Präsens übersetzt werden kann (GK § 106g).
163 A. DEISSLER, Zwölf Propheten, 46.
164 F. CRÜSEMANN, Der Widerstand gegen das Königtum, 90.
165 Ina WILLI-PLEIN, Vorformen der Schriftexegese im Alten Testament, 184.
166 H. UTZSCHNEIDER, Hosea, 111f.

ROBINSON sieht in 10,3f eine Interpolation aus der Zeit zwischen 735 und 730. "Hosea spricht hier keine Anerkennung des Königtums aus, vielmehr mißbilligt er das Verhalten derer, die ihre Gesetzlosigkeit (4) mit der Ohnmacht des Königtums entschuldigen wollen"[167]. K. MARTI versteht V.3 so, daß Israel keinen rechtmäßigen König mehr hat, denn er ist gestürzt und der Usurpator (המלך) tut nichts für sie. V.3bα hält er für eine spätere Glosse[168]. Nach ANDERSEN/FREEDMAN steht hinter מלך Jahwe, denn Hosea wußte von Königsdesignationen, also muß hier Jahwe gemeint sein (מלך - יהוה - מלך)[169].

V.4 setzt den Gedankengang mit der Nennung dreier konkreter Verfehlungen Israels fort. Als erste Anklage werden ihre "eitlen Worte"[170] genannt. Die Formulierung דברו דברים läßt nicht mit letzter Sicherheit darauf schließen, was Hosea damit meint[171]. Der Kontext läßt die Vermutung zu, daß es hier um sinnlose innen- und/oder außenpolitische Händel geht (vgl. 5,13; 8,9; 12,2)[172]. Der zweite Vorwurf richtet sich gegen den leichtfertigen Umgang Israels mit seinem Gott, denn sie "schwören falsch für Nichtiges". Jdc 17,2 zeigt, daß אלה das Verfluchen eines anderen unter *mißbräuchlicher Anrufung Gottes* bedeutet. Die Verbindung von אלה mit שוא verweist auf Ex 20,7, wo davor gewarnt wird, den Namen Gottes nicht zu einem "nichtigen Zweck" auszusprechen[173]. Das unstete Wesen Israels zeigt sich also nicht nur im politischen, sondern auch im religiösen Bereich (vgl. 10,2a). Als drittes und letztes Vergehen wird das Bundschließen Israels angeklagt (כרת ברית)[174]. Nach L. PERLITT gebraucht Hosea "ברית hier ohne besondere Hervorhebung sowie ohne die geringste Assoziation an eine etwa bekannte (und dann doch hier für eine Anspielung überaus naheliegende) Jahwe - ברית"[175]. Für PERLITT ist der Gegen-

---

167 Th. ROBINSON, HAT 14, 39.
168 K. MARTI, Dodekapropheton, 79.
169 ANDERSEN/FREEDMAN, Hosea, 547.553f.
170 Zur Übersetzung von דברו דברים siehe GESENIUS, 153.
171 Ähnliche Wendungen finden sich in Gen 24,33 (דברתי דברי); Jes 8,10 (דברו דבר); 58,13 (ודבר דבר); Jer 29,23 (וידברו דבר).

satz zu "Verträge schließen" nicht ein Vertrag mit Jahwe, sondern "*keine* Verträge schließen". Es geht hier um die Verlogenheit solcher Verträge. Mit dieser Deutung wird jedoch den drei Anklagen ihre eigentliche Spitze genommen, denn gerade die zweite zeigt sehr deutlich, daß es hier auch um ein Vergehen gegen Jahwe, d.h. um den Bruch seiner Gemeinschaft geht. Je mehr sich Israel in seine Bündnispolitik verstrickt, um so mehr entfernt es sich von Jahwe (V.1b)[176]. V.4b läßt sich wohl am ehesten analog der Aussage von Am 6,12 verstehen, wo Israel angeklagt wird, das Recht in Giftkraut verwandelt zu haben (כי הפכתם לראש משפט)[177]. "... wenn der Text richtig ist, so muß eine prägnante Ausdrucksweise angenommen werden, die die Verwandlung des Rechtes in Gift einschließt"[178].

3.   Zusammenfassung

Die Wendung כרת ברית in Hos 10,4 bezieht sich auf die innen- und außenpolitische Bündnispolitik Israels. Die Stellung von כרת ברית als drittes Glied in einer Kette von konkreten Anschuldigungen an Israel sowie die Einbettung von V.4 in die Liste der Sünden Israels - Errichtung von Altären und Mazzeben (1b); falsches Herz (2a); Bündnispolitik (4a); lügenhaftes Schwören (4a); Götzendienst (5a) - zeigen, daß Hosea in Israels Bundschließen mit fremden Mächten einen Bruch der Gemeinschaft mit Jahwe sieht.

---

172 So W. RUDOLPH, KAT XIII/1, 194; H.W. WOLFF, BK XIV/1, 227; H. UTZSCHNEIDER, Hosea, 112f.
173 Vgl. dazu unten § 5 S. 196ff.
174 Die Wendung begegnet im Alten Testament nur an dieser Stelle.
175 L. PERLITT, Bundestheologie im Alten Testament, 141.
176 ANDERSEN/FREEDMAN, Hosea, 554: "Because Israel is under oath to Yahweh, any further oaths would necessarily be false".
177 Eine literarische Abhängigkeit im engeren Sinn ist wohl nicht anzunehmen (Ina WILLI-PLEIN, Vorformen der Schriftexegese, 183f).
178 K. MARTI, Dodekapropheton, 79 -פרח begegnet bei Hosea noch in 14,6.8; zu ראש siehe H. u. A. MOLDENKE, Plants of the Bible, 48-50.78-82; ראש wird in LXX mit χολή wiedergegeben; vgl. Mt 27,34; Act 8,23; Apk 8,10f; nach MARTI, a.a.O., 79 ist על תלמי שדי Hos 12,12 entnommen.

VI.   Israels Bund mit Assur: Hos 12,2

Ephraim weidet Wind
und jagt den ganzen Tag dem Ostwind nach,
Lüge und Gewalttat mehrt es,
und einen Bund schließen sie mit Assur
und Öl bringen sie nach Ägypten[a].

a Zur Textkritik siehe oben § 1 S. 16f.

Hos 12,2 kann zusammen mit V.1 als Überschrift zu Kapitel 12 angesehen werden, denn hier wird bereits mit der Nennung der Vergangenheit Ephraims das angesprochen, wovon das ganze Kapitel handelt. V.2a nennt drei Vergehen Ephraims: es weidet Wind, jagt dem Ostwind nach und vermehrt Lüge und Gewalttat. Hosea klagt damit das flatterhafte und rücksichtslose Wesen Israels an, dem es ganz und gar an Treue und Beständigkeit mangelt. In V.2bα wird der Bundesschluß mit Assur als verfehlte Politik gebrandmarkt. V.2bβ polemisiert gegen den Handel mit Ägypten. Auffallend an V.1f ist, daß alle Anklagen - mit Ausnahme des schwer verständlichen V.1b - bereits in ähnlicher Form in den vorangegangenen Kapiteln genannt werden. Der Vorwurf der Lüge (12,1) wird schon in 7,13 und 10,4 erhoben. Die Charakterisierung Israels als flatterhaft und unbeständig ist in 5,11; 7,11 und 10,4 mit anderen Worten vorweggenommen. Ebenso sind das Bundschließen sowie die engen Kontakte mit Fremdvölkern schon mehrmals genannt worden (8,9; 7,11; 10,4).

Auf Grund der Einbettung von V.2bα in die Liste der Sünden Israels gegen Jahwe - wie in Hos 10,3f - ist deutlich, daß die Vertragspolitik mit fremden Völkern als Bruch der Gemeinschaft mit Jahwe gewertet wird. Die Hinwendung zu Assur und Ägypten führt deshalb immer mehr zur Abwendung von Jahwe. Damit ist hier ebenso wie in 10,4 der Bundesbegriff mit der Offenbarung und Erwählung Israels durch Jahwe in Verbindung gebracht[179].

Hauptteil: Exegese der Textstellen

VII.   Zusammenfassung: Bund als Erwählung

Abschließend sollen noch einmal die exegetischen Beobachtungen zusammengefaßt und weiterführende Schlußfolgerungen daraus gezogen werden.

1. Es kann kein Zweifel darin bestehen, daß Hosea den Begriff ברית kennt und ihn in seiner Verkündigung verwendet. Die fünf Verse, in denen ברית erscheint (2,20; 6,7; 8,1; 10,4; 12,2), stammen alle mit großer Wahrscheinlichkeit von Hosea selbst. Hos 2,20 redet von einem Bund Jahwes mit der Tierwelt zum Heil Israels. Hos 6,7 und 8,1 klagen Israel an, die Gemeinschaft mit Jahwe zerbrochen und seine gnädige Zuwendung mißachtet zu haben. In Hos 10,4 und 12,2 werden die innen- und außenpolitischen Verträge Israels als Abkehr von seinem alleinigen und wahren Herrn gedeutet.

2. Von einem Bundesschluß Jahwes mit den Tieren *zugunsten Israels* ist in Hos 2,20 die Rede (וכרתי להם ברית). Hier geht es allein um das Heil Israels, denn es wird ihm sowohl ein äußerer und innerer als auch ein religiöser Friede verheißen. Es wird zu einer Aussöhnung zwischen Israel und den Tieren kommen, so daß das Volk sich angstfrei im Land bewegen kann. Ebenso wird es unter dem Krieg und seinen Folgen nicht mehr leiden müssen, da Jahwe alle Kriegswaffen und den Krieg selbst aus dem Land vertilgen wird. Schließlich wird die durch die Untreue Israels zerstörte Gemeinschaft zwischen Jahwe und seinem Volk durch Jahwes Verlobung mit Israel zu einer neuen, ewig gültigen und idealen Gemeinschaft verwandelt. Über den hier vollzogenen Bundesschluß lassen sich drei Aussagen machen:

a) Jahwe schließt zwar einen Bund mit den Tieren, aber sein leitendes Interesse ist ganz und gar auf Israels Heil gerichtet. Deshalb berührt ברית in 2,20 eng die Gemeinschaft zwischen Jahwe und Israel.

---

179 Anders L. PERLITT, Bundestheologie im Alten Testament, 140 zu 12,2: "Diese Vertragspolitik ist zwar eine profilierte Art des Gottesbetrugs, korrespondiert aber nicht... mit... einem mit Jahwe geschlossenen oder von Jahwe gewährten 'Vertrag'...".

b) Jahwe allein handelt bei diesem Bundesschluß, denn die Tiere als seine Bundespartner treten ganz in den Hintergrund und Israel tritt nur als ein Empfangender und Beschenkter auf.

c) Weil Jahwe als der allein Handelnde auftritt, ist er zugleich Bürge für sein Tun. Da die Initiative für den Bundesschluß sowie dessen Durchführung allein von ihm ausgehen, übernimmt er die Verantwortung für seinen Bundespartner.

3. In Hos 6,7 (עברו ברית) und 8,1 (עברו בריתי) wird gegen Israel der Vorwurf des Bundesbruches erhoben. Aus beiden Stellen geht hervor, daß ברית hier nicht einen zwischenmenschlichen Bund bezeichnet, sondern speziell den Bund zwischen Jahwe und Israel meint. Das geht in Hos 6,7 vor allem aus V.7b (שם בגדו בי) und in 8,1 - unter der Voraussetzung der hoseanischen Verfasserschaft - aus ברית + Suffix 1.P.Sg.c. hervor. Ist der traditionsgeschichtliche Bezug von Hos 6,7 zu Jdc 12,1-6 richtig bestimmt, so sieht Hosea die Wurzeln des Bruches Israels mit Jahwe bereits in der Vergangenheit vorgezeichnet. Er lokalisiert ihn in Adam, einem Ort an der Grenze zum Kulturland. Hos 6,7 läßt sich eng mit den Stellen in Verbindung bringen, die davon berichten, daß die in der Wüste so ideale Gemeinschaft zwischen Jahwe und Israel (2,16f; 9,10-17; 10,1-2.11-13a; 11,1-7; 12,10; 13,4-8) mit dem Betreten des Kulturlandes zerbrach. Dort hat sich das Volk heidnischen Götzen geweiht (9,10), den Baalim Opfer dargebracht (11,2) und Altäre und Masseben für sie errichtet (10,2). Je seßhafter Israel wurde, desto stärker wich es von seinem Gott ab[180]. In 8,1 ist ברית zu תורה in Parallele gesetzt. Da תורה hier die Gesamtheit des Offenbarungsinhaltes bezeichnet, kann ברית als die gnädige Zuwendung Jahwes zu Israel verstanden werden. Gottes Bund mit Israel konkretisiert sich in seinen Geboten, denn in ihnen wird Jahwes Heilswille greifbar. Wenn Israel Jahwes Bund und seine Gebote übertritt und mißachtet, verleugnet es damit Jahwe selbst.

---

180 Vgl. dazu oben § 3.

4. In Hos 10,4 (כרת ברית) und 12,2 (וברית...יכרתו) ist von Bundesschlüssen Israels die Rede. Die Einbettung der beiden Verse in lange Anklagereden Jahwes gegen sein Volk zeigt, daß Israels Bundesschlüsse als Bruch der Gemeinschaft mit seinem Gott verstanden werden müssen.

5. Wenn die an den Texten gemachten Beobachtungen richtig sind, so verbindet sich mit dem ברית -Begriff bei Hosea weniger ein rechtlicher als vielmehr ein *personaler Aspekt*. ברית meint bei Hosea ein von Jahwe gestiftetes, in seiner Liebe gründendes und in seiner Treue fest bestehendes Verhältnis zwischen Gott und Israel. Gottes ברית schafft für Israel einen Heilsraum, in dem es allein auf Jahwe und seine Gebote geworfen ist. ברית meint bei Hosea nicht einen Vertrag zweier gleichberechtigter Partner, sondern er ist "die stehende Benennung für ein freundliches, der göttlichen חסד entsprossenes Verhältnis zwischen Gott und dem betreffenden Menschen (Israel)"[181].

6. Es bleibt deshalb zu fragen, ob die These von einem "Bundesschweigen" (so L. PERLITT und W. THIEL) bei Hosea wirklich aufrecht erhalten werden kann. Nach W. THIEL bleibt von einer Bundestheologie bei den Propheten des 8. Jahrhunderts nichts übrig. Für ihn ist die Rede vom Bund der prophetischen Botschaft wurzelfremd: "Wo in prophetischen Texten seit Deuterojesaja $b^e r\hat{\imath}t$- Aussagen auftreten, stehen sie entweder am Rande der prophetischen Verkündigung oder bezeichnen sehr unterschiedliche Sachverhalte"[182]. Wird hier nicht ein für die Theologie Hoseas unzutreffendes Urteil gefällt? Auch wenn der ברית -Begriff bei dem Propheten nur an fünf Stellen begegnet, so beinhaltet er doch das Zentrum hoseanischer Theologie, die gnädige Hinwendung Jahwes zu dem untreuen Volk Israel.

7. Ist es richtig, den Bundesgedanken in der hoseanischen Theologie verwurzelt zu finden, so bleibt zu fragen, ob die deuteronomische Bundestheologie nicht doch tiefer von Hosea beeinflußt wurde als es etwa L. PERLITT annimmt. Für ihn

---

181 J.J.P. VALETON, ZAW 13 (1893), 279; D. KINET, Baʿal und Jahwe, 136-139.
182 W. THIEL, Theologische Versuche IX (1977), 26.

besagen sprachliche und theologische Berührungen des Dt[183] mit Hosea "fast nichts über die Herkunft des Dt aus dem Norden; einerseits würde die Bekanntschaft dieser Männer mit den Sprüchen Hoseas genug erklären, andererseits liegt die Überlieferungsgeschichte sowohl des Hoseabuches als auch der dt Predigt im Dunkel der Geschichte des 7. Jh.s"[184]. Ist es aber nicht wahrscheinlicher, daß sich der Bundesbegriff in einem lange Zeit andauernden Prozeß über viele Stationen hinweg - u.a. auch über Hosea - zu dem entwickelt hat, was er dann im Deuteronomium besagt, als jegliche Verbindung zwischen Hosea und deuteronomischer Schule von vorneherein zu leugnen? Ein solcher Entwicklungsprozeß kann ja durchaus den Bundesbegriff verändernd geprägt haben. Man muß hier W. EICHRODTS Urteil zustimmen, "daß der Vieldeutigkeit von berit ein sprachgeschichtlicher Vorgang zugrundeliegt, der einem ursprünglich eindeutigen Begriff durch *allmähliche Erweiterung* seines Inhalts die Eignung zur Umschreibung verschiedener Möglichkeiten verlieh, die allerdings nur durch genaue Beachtung des jeweiligen Kontextes festgestellt werden können"[185].

8. Unsere Untersuchung ergibt indirekt eine Bestätigung der These J. BEGRICHS, daß in dem Augenblick, in dem der Begriff ברית auch zur Kennzeichnung des Verhältnisses von Gott und Mensch verwendet wurde, Erwählung und Bund aneinander rücken. "Sachlich ist der Anschluß des Bundes nichts anderes als der Ausdruck der Erwählung"[186]. Demnach wird die

---

183 Dt ist bei PERLITT Abkürzung für das deuteronomische Gesetz mit seinem älteren paränetischen Rahmen (vornehmlich Deuteronomium 5-28) sowie der (die) entsprechende(n) Verfasser/Prediger/Verkündiger.
184 L. PERLITT, Bundestheologie im Alten Testament, 281.
185 W. EICHRODT, ThZ 30 (1974), 206. - Vgl. zu diesem Problem die Erwägungen W. ZIMMERLIS, Das Gottesrecht bei den Propheten Amos, Hosea und Jesaja (in: FS C. WESTERMANN); 227 Anm. 43: "Grundsätzlich möchte ich die Frage stellen, ob man nicht angesichts von so klar in Hoseas Worten verankerten Aussagen, wie etwa die Dekalogpräambel Ex 20,2/ Dtn 5,6 unverkennbar in Hos 12,10; 13,4 ihr Vorbild hat, doch viel ernsthafter mit der Möglichkeit rechnen muß, daß die dt. Sprache, einschließlich der Verwendung der Bundeskategorie, ihre Wurzeln in früheren Nordreichstraditionen hat".
186 J. BEGRICH, Berīt, in: ders., Gesammelte Studien, 62.

Definition von "Bund" durch J. HEMPEL ohne weiteres durch das Hoseabuch bestätigt. Der Bund ist Ausdruck "für den Glauben an die Erwählung Israels zum exklusiven Eigentum Jahwes und zu seiner Alleinverehrung durch sein Volk, das in ihm allein seine Lebenssicherung hat..."[187]. Da Erwählung und Bund eng aufeinander bezogen werden, sollte man ברית bei Hosea eher mit "Bund" als mit "Verpflichtung"[188] übersetzen. Es ist zwar richtig, daß Jahwe mit seiner ברית auch eine Verpflichtung eingeht, aber da er allein Handelnder ist, gründet sein Bund in seiner Liebe. Er ist bei Hosea deshalb weniger Ausdruck einer Last als vielmehr der freien Hinwendung zu Israel.

---

[187] J. HEMPEL, Art.: Bund II. Im AT: RGG I, Sp. 1516. - So auch F.C. FENSHAM, The Covenant-Idea in the Book of Hosea, in: Studies on the Books of Hosea and Amos (OTWSA 7-8), 35-49.
[188] So E. KUTSCH, FS L. Rost, 133-143; ders., BZAW 131, 51-92; ders., Art. בְּרִית , in: THAT I, Sp. 339-352.

§ 5   DIE DEKALOG-TRADITION

I.   Forschungsgeschichtliche Orientierung

An einigen Stellen im Hoseabuch finden sich Aussagen, die
unmittelbar an den Dekalog erinnern. In 12,10 und 13,4 begegnet die Selbstvorstellungsformel in dem Zusammenhang der
Auseinandersetzung Jahwes mit seinem untreuen Volk. In Hos
8,4-6 und 13,1-3 polemisiert Hosea gegen Israels Bilder-
und Götzendienst und in Hos 4,2 wird der Vorwurf erhoben,
daß sich Meineid, Lüge, Mord, Diebstahl und Ehebruch immer
mehr ausbreiten. Der Anklang an die Dekaloggebote hat in der
alttestamentlichen Wissenschaft immer wieder neu die Frage
nach der Beziehung Hoseas zum Dekalog aufgeworfen. Dabei
geht es vor allem um die Beantwortung folgender strittiger
Fragen: Kannte Hosea bereits den Dekalog? Ist der Dekalog
nicht erst im Gefolge der hoseanischen Verkündigung entstanden?
  1. Eine große Anzahl von Gelehrten und Kommentatoren ist
davon überzeugt, daß Hosea den Dekalog bereits kannte und
in seine Verkündigung aufnehmen konnte[1]. Diese Auffassung
vertritt etwa E. SELLIN, wobei er sich in seiner Begründung
vor allem auf Hos 4,2 stützt: "Der v. macht es jedenfalls
wahrscheinlich, daß Sammlungen der Forderungen Jahwes wie
der Dekalog von Ex 20 oder das Zwölfgebot von Deut 27,15ff.
damals schon im Volke verbreitet waren, an die Reihenfolge

---

1 Als bedeutende Vertreter dieser Meinung seien u.a. genannt: A. van
  HOONACKER, Les douze petits prophètes, 41; W.R. HARPER, A critical
  and exegetical commentary on Amos and Hosea, 250; O. PROKSCH, Die
  Kleinen Prophetischen Schriften vor dem Exil, 32; E. SELLIN, Zwölfprophetenbuch, [1]1922, 39; H. SCHMIDT, Mose und der Dekalog, in:
  ΕΥΧΑΡΙΣΤΗΡΙΟΝ. H. GUNKEL zum 60. Geb., 104; J. LIPPL/J. THEIS, Die
  zwölf kleinen Propheten, 40; H.J. STOEBE, WuD N.F. 3 (1952), 113;
  H. JUNKER, BZ N.F. 4 (1960), 171; A. WEISER, ATD 24, 42; W. RUDOLPH,
  KAT XIII/1, 101; H.W. WOLFF, "Wissen um Gott" bei Hosea als Urform
  von Theologie, in: ders., Gesammelte Studien, 193f; ders. BK XIV/1,
  84f.

eines von diesen hält er sich aber nicht"[2]. Hos 4,2 zieht auch H.J. STOEBE als Argument für die vorhoseanische Existenz des Dekalogs heran: "Es finden sich sowohl Hos. 4 als Jer 7 Anspielungen an den Dekalog, die erkennen lassen, daß er als geschlossene Größe bekannt gewesen ist"[3]. Auf der gleichen Linie liegt A. WEISER, für den Hos 4,2 eindeutig gegen die Meinung spricht, "daß der Dekalog erst aus der Zusammenfassung der prophetischen Forderungen entstanden sei..."[4]. Nach W. RUDOLPH darf man aus der Freiheit, mit der Hosea die Reihenfolge der Dekalogworte umstellt, noch nicht schließen, daß der Dekalog damals noch nicht fixiert war[5]. Hoseas Freiheit im Umgang mit dem Dekalog erklärt H. SCHMIDT mit den Besonderheiten der Sprache Hoseas. "Er hat das, was er in der Stellung zu Gott vermißt hat, mit den ihm eigentlichen Begriffen, אמת , חסד und דעת אלהים ausgedrückt"[6]. In Hos 4,2 sieht SCHMIDT deutliche Bezüge zum Dekalog: "In den weiteren Worten aber, die Sünden gegen Leben, Ehe, Eigentum und gegen die Wahrheit aufzählen, dabei für die drei ersten Fälle sogar dieselben Worte gebrauchend wie unser Dekalog, ist doch die zweite Tafel kaum zu verkennen, wenn auch die Reihenfolge ein wenig anders ist, und der Rhytmus der Rede eine Wiederholung der Gebote vom Morden und Stehlen mit anderen eigenen Worten herbeigeführt hat"[7]. In die gleiche Richtung geht die behutsam formulierte Überlegung W. ZIMMERLIS: "Wenn man auch hier (sc. Hos 4,2) nicht kurzschlüssig einen Beleg für die Kenntnis des klassischen Dekalogs von Ex 20 reklamieren kann, so ist doch nicht zu verkennen, daß im Hintergrund dieser Anklage Formulierungen liegen, die nahe an die Formulierungen der zweiten Hälfte jenes Dekalogs heranführen"[8].

---

2 E. SELLIN, Zwölfprophetenbuch, [1]1922, 39.
3 H.J. STOEBE, WuD N.F. (1952), 113.
4 A. WEISER, ATD 24, 42.
5 W. RUDOLPH, KAT XIII/1, 101.
6 H. SCHMIDT, Mose und der Dekalog, in: ΕΥΧΑΡΙΣΤΗΡΙΟΝ. H. GUNKEL zum 60. Geb., 104.
7 ebd., 104; SCHMIDT sieht auch in Jer 7,9 einen deutlichen Bezug auf den Dekalog.
8 W. ZIMMERLI, Das Gottesrecht bei den Propheten Amos, Hosea und Jesaja, in: FS C. WESTERMANN, 224.

2. Die Annahme, daß Hosea den Dekalog bereits gekannt habe, ist jedoch im Laufe der Forschung immer wieder auf heftigen Widerstand gestoßen. So warnte K. MARTI vor allzu schnellen Schlußfolgerungen aus Hos 4,2: "Aus unserer Stelle ist nicht zu schliessen, dass Hosea den Dekalog kennt, sondern vielmehr zu ersehen, daß der Dekalog die prophetischen Forderungen zusammenfaßt"[9]. Auch J. WELLHAUSEN äußerte sich zu Hos 4,2 sehr vorsichtig: "Die aufgezählten Sünden richten sich gegen das zweite, fünfte, siebente und sechste Gebot; offenbar folgt daraus nicht, dass Hosea den Dekalog gekannt hat"[10]. In jüngster Zeit hat sich F.-L. HOSSFELD zu diesem Problem ausführlich geäußert. Am Beispiel des Bilderverbots versucht er zu verdeutlichen, daß Hoseas Polemik gegen die Bilderverehrung nicht in seiner Besinnung auf das dekalogische Bilderverbot gründet[11], sondern daß für ihn die Bilderverehrung Symptom der Krise zwischen Jahwe und seinem Volk ist. Das Bilderverbot ist von Hosea her zu lesen. "Der Prophet formuliert konkret, aus der jeweiligen Situation heraus. Er verrät an keiner Stelle die Normierung durch ein vorgegebenes Dekalogverbot"[12]. In Hos 4,2 sieht HOSSFELDT keinen Bezug zum Dekalog. Warum sollte Hosea die Dekalogprohibitive sekundär durch absolute Infinitive nominalisiert haben? Warum zitiert er nur drei Prohibitive? "Der Dekalog-Grundtext setzt die absoluten Infinitive von Hos 4,2 in Prohibitive um und wählt aus"[13]. "Hos 4,2 blickt also nicht auf den Dekalog, sondern auf die Verkündigung Hoseas"[14]. Hos 4,2 zähle neben Ex 34 und Jer 7,9 zu "den Ahnen des Dekalog-Grundtextes"[15]. Zur gleichen Einschätzung kommt

---

9 K. MARTI, Dodekapropheton, 39.
10 J. WELLHAUSEN, Die Kleinen Propheten, 109.
11 Er wendet sich damit gegen W. ZIMMERLI, Das Bilderverbot in der Geschichte des alten Israel, in: ders., Studien zur alttestamentlichen Theologie und Prophetie, 252-254.
12 F.-L. HOSSFELD, Der Dekalog, 272.
13 ebd., 276.   14 ebd., 277.
15 ebd., 283; in die gleiche Richtung gehen die Überlegungen von C. LEVIN, Die Verheißung des neuen Bundes, 91f: "Die eigentümliche Reihung der absoluten Infinitive an beiden Stellen läßt sich mit jeweils unabhängiger Beziehung auf den Dekalog nicht erklären. Dagegen ist eine Abhängigkeit des Jeremiabuches vom Hoseabuche an mehr als einer Stelle zu erweisen... Da aber eine Beziehung zwischen Hos 4,2 und dem Dekalog

F. CRÜSEMANN, für den Hos 4,2 kein Beleg für die Existenz
des Dekalogs im 8. Jahrhundert sein kann. "Alles spricht
dafür, daß Hosea hier eine der Reihen apodiktischer Gebote
zitiert, aus denen auch der Dekalog Formulierungen aufgenommen hat. Diesen selbst *kann* er noch nicht gekannt haben"[16].

Es stehen sich hier zwei Positionen gegenüber, die kaum in
Übereinstimmung miteinander gebracht werden können. Beide
tragen Argumente vor, die nur sehr schwer zu beweisen sind.
Die Gemeinsamkeit beider Standpunkte liegt darin, daß bei
Hosea Anklänge an den Dekalog vorliegen. Der Streitpunkt
liegt darin, wie sie zu interpretieren sind. Die sachgemäße
Beurteilung des Problems läßt sich nur durch eine eingehende
Exegese der Textstellen finden. In Hos 12,10 und 13,4 muß
deshalb nach der Kontextstellung und dem Sinn der Selbstvorstellungsformel gefragt werden. Die Argumente, die Hosea
gegen den Götzen- und Bilderdienst Israels vorträgt, sind
aus Hos 8,4-6 und 13,1-3 zu entnehmen. Schließlich bleibt
in Hos 4,1-3 zu fragen, worin Hosea den Treuebruch Israels
sieht. Alle Stellen müssen gleichzeitig zum Dekalog in Beziehung gebracht werden, damit ihr Aussagegehalt möglichst
präzise erfaßt werden kann.

II. Die Selbstvorstellungsformel: Hos 12,10; 13,4

Die Selbstvorstellungsformel[17] begegnet zweimal in der
gleichen Gestalt in Hos 12,10; 13,4: ואנכי יהוה אלהיך
מארץ מצרים . In der älteren Schriftprophetie ist Hosea
der einzige Zeuge für die Verwendung der Formel, denn bei
Jesaja, Amos und Micha fehlt sie.

---

offenkundig besteht, muß sie umgekehrt verlaufen: Hos 4,2 ist über
das Zwischenglied Jer 7,9 die Keimzelle des Dekalogs".
16 F. CRÜSEMANN, Bewahrung der Freiheit, 24.
17 Vgl. W. ZIMMERLI, Ich bin Jahwe, in: ders., Gottes Offenbarung, 11-40;
K. ELLIGER, Ich bin der Herr - euer Gott, in: ders., Kleine Schriften,
211-231; W. GROSS, ZAW 86 (1974), 425-453.

Die Dekalog-Tradition

Hos 12,10 gehört mit V.11 zum 4. Abschnitt des 12. Kapitels. Im vorausgehenden 3. Abschnitt V.8f werden der Betrug und das selbstgerechte Prahlen Ephraims mit seinem Reichtum angeklagt. Die Selbstvorstellungsformel leitet in V.10 die Jahwerede ein, in der Jahwe ankündigt, daß er Ephraim wie in den Tagen der Vorzeit in Zelten wohnen lassen wird[18]. Er verweist auf seine Offenbarungen und läßt dadurch die Schuld Israels um so stärker hervortreten (V.11). In Hos 13,4 steht die Selbstvorstellungsformel am Anfang des Abschnitts V.4-8, in dem die Hilfe Jahwes für sein Volk beim Auszug aus Ägypten, während der Wüstenwanderung und beim Einzug ins Kulturland beschrieben wird. Jahwes Fürsorge verleitete jedoch sein Volk zu einer falschen Sicherheit, die dazu führte, daß es seinen Herrn vergaß.

Die Selbstvorstellungsformel begegnet bei Hosea in den Abschnitten, in denen Jahwe durch den Mund des Propheten über die Undankbarkeit seines Volkes klagt. Der Fürsorge Jahwes für Israel steht dessen Gottvergessenheit entgegen. Indem Hosea in diesem Zusammenhang auf die Selbstvorstellungsformel zurückgreift, macht er zweierlei deutlich: zum einen hebt er hervor, daß Jahwe *Israels* Gott ist. Jahwes Offenbarung galt diesem Volk allein, er wollte für es allein da sein. Zum anderen wird in dem Hinweis auf die Herausführung aus Ägypten deutlich, daß Jahwe durch sein Handeln an diesem Volk seine Treue und Liebe zu Israel unter Beweis gestellt hat. "Jahwe ist Gott von Ägypten her, das heißt ein Gott, der damals in Ägypten an Israel gehandelt und es seither geleitet hat, dem man also trauen darf, daß er auch in Zukunft für Israel da sein wird. Einen anderen Gott *kennt* Israel nicht, das bedeutet: mit einem anderen Gott ist es nicht vertraut, ein anderer Gott ist nicht fähig, ihm zu helfen"[19]. In der Selbstvorstellungsformel sind alle wichtigen Aussagen über das Wesen Jahwes prägnant enthalten: seine Geschichtsmächtigkeit und seine unbegreifliche Huld[20].

---

18 Vgl. dazu oben § 3 S.112f.
19 Helen SCHÜNGEL-STRAUMANN, Der Dekalog - Gottes Gebote?, 108.
20 K. ELLIGER, a.a.O. (Anm.17), 216; ELLIGER bezeichnet diese Formel als Heilsgeschichts- oder Huldformel; der einfachen Selbstaussage "Ich bin Jahwe" gibt er den Titel "Heiligkeits- oder Hoheitsformel".

In Hos 12,10; 13,4 geht es nicht um eine original prophetische Form der Selbstvorstellung Jahwes, in der er sich durch den Mund Hoseas in Israel neu vorstellen möchte. Die Einfügung der Formel in den Zusammenhang des Rechtens Jahwes mit seinem Volk weist vielmehr auf eine Israel schon längst bekannte Selbstvorstellung zurück "und appelliert an sie als an die Wirklichkeit, unter der Israel zu stehen hätte"."Auf Grund dieser, schon für das alte Credo grundlegenden Heilsbeziehung wird er neu, und zugleich in wunderlicher Weise an das Alte gemahnend, mit Israel handeln..."[21].

Die Selbstvorstellungsformel begegnet in Ex 20 in dem den Gebotssätzen vorangestellten Vorspruch V.2. Er unterscheidet sich von Hos 12,10; 13,4 durch die Hinzufügung des mit אשר eingeleiteten Relativsatzes אשר הוצאתיך und der adverbiellen Bestimmung מבית עבדים [22]. Ihre Stellung als Eröffnung des Dekalogs zeigt, daß sie den tragenden Grund für die Aussage

---

21 W. ZIMMERLI, a.a.O. (Anm.17), 28; ZIMMERLI konnte in seiner Untersuchung herausarbeiten, daß die Selbstvorstellungsformel in der prophetischen Rede keinen eigenen Sitz im Leben hat. Ihr reiches Vorkommen bei Ezechiel ist nicht Bestandteil der prophetischen Komponenten bei Ezechiel, sondern weist in sein priesterliches Traditionsgut zurück. Die Erwähnungen bei Deuterojesaja entstammen den gottesdienstlichen Redeformen der Selbstverherrlichung Jahwes. "Durch die Stellung bei Hosea schimmert die alte Credoformulierung Israels durch" (S. 34). - Neben Hos 12,10; 13,4 findet sich noch in 2,17 ein Hinweis auf den Auszug aus Ägypten. Weil Israel seinen Gott vergessen hat, wird es noch einmal in die Wüste geführt werden, damit ihm dort ein Neuanfang ermöglicht wird. In dem zweiten Aufenthalt sieht Hosea eine Entsprechung zu den "Tagen der Kindheit" und "dem Tag ihres Heraufziehens aus dem Ägyptenland", weil damals ein harmonisches Verhältnis zwischen Jahwe und seinem Volk bestand. Ob in כימי עלתה מארץ מצרים eine eigenständige Formel vorliegt, läßt sich auf Grund der geringen Zahl der Belege (vgl. noch ähnlich: Dtn 16,3; Mi 7,15; Jes 11,16; Jer 7,22; 11,4; 34,13) nicht mit Sicherheit entscheiden; mit מארץ מצרים ist jedoch ein klarer Hinweis auf das Ereignis des Auszugs gegeben (vgl. dazu W. GROSS, ZAW 86, 1974, 439f).

22 Nach ZIMMERLI, a.a.O. (Anm. 17), sind die unterschiedlichen sprachlichen Ausdrucksformen der Selbstvorstellungsformel von der Wurzel "Ich bin Jahwe" her gewachsen. Diese Kurzform enthält das Element der Selbstvorstellung unter dem Eigennamen in reiner Form. Die vollere Formulierung "Ich bin Jahwe, euer Gott" fügt noch hinzu, daß Jahwe sich Israel nie anders kundgegeben hat als Israels Gott. Daraus schließt ZIMMERLI, daß die Aussage der Selbstvorstellung Jahwes auf Entfaltung und weitere Explikation drängt.

der Gebote darstellt[23]. Weil Jahwe sich mitgeteilt hat, kann das Volk die Gebote einsehen und halten. "Der Dekalog formuliert nicht ein Israel wesensmäßig fremdes Gesetz, das zu halten Voraussetzung für eine gnädige Zuwendung Gottes ist, sondern der Dekalog konstituiert jenen šalôm-Zustand, in dem sich Israel als Empfänger der Offenbarung befindet. Das Gesetz ist nicht die Bedingung des Bundes, sondern sein heilvoller Inhalt"[24].

Hosea gebraucht die Selbstvorstellungsformel, um Israel deutlich vor Augen zu führen, daß Jahwe die Begegnung mit seinem Volk sucht. Er hat sich ihm geoffenbart und in seinen Geschichtstaten seine Treue bewiesen. Im Gegensatz dazu aber kümmert sich Israel nicht um seinen Gott, es hat ihn vergessen. Damit hat es eine unwiderrufliche Schuld auf sich geladen, die allein Jahwe durch ein neues Handeln von ihm wegnehmen kann[25].

III.   Die Anspielungen auf das Bilderverbot

1.   Die Untreue Israels: Hos 8,4-6

a)   Übersetzung und textkritische Anmerkungen

4) Sie setzen Könige ein, ich aber habe keine Ahnung davon.
    Sie wählen[a] Fürsten, ich aber weiß nichts davon.
    Ihr Silber und ihr Gold verarbeiten sie zu Götzenbildern,
    deswegen wird es vernichtet[b].

---

23 W. ZIMMERLI, a.a.O. (Anm.17), 36f: "Eine Aussage der Selbstvorstellung gehört, solange sie streng als solche verstanden ist, an die Spitze der Rede. Sie schafft dem Redenden die Bekanntheitsqualität, die seiner nachfolgenden Rede den Boden ebnet".
24 H. GESE, Der Dekalog als Ganzheit betrachtet, in: ders., VSZZ, 66; vgl. auch Helen SCHÜNGEL-STRAUMANN, Der Dekalog - Gottes Gebote?, 104ff.
25 Die überlegte Einbettung der Selbstvorstellungsformel in den Zusammenhang der Auseinandersetzung Jahwes mit seinem untreuen Volk läßt die Annahme K. MARTIS, Dodekapropheton, 97.100f, daß in Hos 12,10; 13,4 ein nachträglicher Einschub vorliege, als nicht sehr wahrscheinlich erscheinen.

5) Verstoßen^c ist dein Kalb, Samaria,
   mein Zorn ist entbrannt gegen sie,
   wie lange bleiben sie unfähig zur Reinheit?^d
6) Denn aus Israel sind sie doch!^e
   Der Werkmeister hat es gemacht,
   es ist aber kein Gott,
   denn zu Holzsplittern wird das Kalb Samarias.

a Zu השירו vgl. GK § 67v.
b LXX (ἐξολεθρευθῶσιν) und V (interirent) setzen יִכָּרְתוּ
   voraus; sie beziehen sich auf εἴδωλα bzw. idola zurück.
c 1. c. V (proiectus est) Ptz. Pass. Qal זָנוּחַ ; MT liest
   3.P.Sg.m. Qal; das Subjekt muß nach MT Jahwe sein, was
   sich jedoch mit der Form der Gottesrede stößt; J. HUESMAN,
   Bib. 37 (1956), 294; W. RUDOLPH, KAT XIII/1, 157;
   ANDERSEN/FREEDMAN, Hosea, 494 und Ina WILLI-PLEIN, Vorformen der Schriftexegese, 164f lesen Inf. abs. Qal זָנֹחַ ;
   H. UTZSCHNEIDER, Hosea, 106 liest זְנֵה ; ROBINSON, HAT 14,
   66 und A. WEISER, ATD 24, z.St. lesen 1.P.Sg. Perf. Qal
   זָנַחְתִּי ; W.R. HARPER, A critical commentary on Amos and
   Hosea, 312 und J. WELLHAUSEN, Die Kleinen Propheten, 120
   lesen 1.P. Sg. Impf. Qal אֶזְנַח ; die beiden letzten Konjekturen sind wohl auszuschließen, da sie zu sehr in die
   vorliegende Gestalt des Textes eingreifen.
d So H.W. WOLFF, BK XIV/1, 168; Ina WILLI-PLEIN, Vorformen
   der Schriftexegese, 165 liest נְקִידוֹ כַפַּיִם יִשְׂרָאֵל? .....
   "Bis wann vermag Israel nicht Reinheit der Hände durchzu-
   halten?" = Wie lange noch wird es vor Jahwe sündigen?
e W. RUDOLPH, KAT XIII/1, 158 liest מָה יִשְׂרָאֵל?   "Was ist
   Israel und es?" = Was haben beide miteinander zu tun?

b)   Exegese

Die dem Abschnitt Hos 8,4-6 vorausgehenden Verse 1-3 kündigen das Gericht über Israel an, weil es Jahwes Bund übertreten und gegen sein Gesetz gefrevelt hat. V.4-6 schließen
sich daran mit der Nennung zweier konkreter Verfehlungen des
Volkes an. Sie setzen Könige ein, ohne daß es Jahwe weiß

und ihr Gottesdienst ist zu einem heidnischen Götzendienst
verkommen. Die Ahnungslosigkeit Jahwes im Hinblick auf die
Machenschaften Israels bei der Königswahl wird in V.4a dargestellt. Er wird eingeleitet durch das betont vorangestellte
Personalpronomen der 3.P.Pl.m., das das im finiten Verb
enthaltene Subjekt hervorheben soll[26]. Die Eigenmächtigkeit
und Gleichgültigkeit Israels gegenüber Jahwe wird im synonymen Parallelismus membrorum ausgedrückt:

הם המליכו ולא ממני השירו ולא ידעתי

Hierbei fällt die Inkongruenz bezüglich der Form von ולא
ממני und ולא ידעתי auf. Mit ולא ידעתי liegt ein negierter
Verbalsatz vor, während bei ולא ממני das finite Verb fehlt.
Der Ausdruck setzt sich aus der Verneinungspartikel und
der Präposition מן mit dem Suffix der 1.P.Sg. zusammen[27].
Er steht in Parallele zu ולא ידעתי , dessen Subjekt Jahwe
ist. ידעתי mit Jahwe als Subjekt findet sich noch in Hos 5,3,
wo in V.3a wie in 8,4a ... לא ממני - allerdings mit dazwischentretendem finiten Verb (נכחד) - auftritt[28]. השירו
leitet sich von der Wurzel שׂרר ab, die im Qal "herrschen"[29],
im Hif'il "zum Beamten wählen" und im Hitpa'el "sich zum
Herrscher machen"[30] bedeutet[31].

---

26 Vgl. dazu GK § 135a.
27 H. UTZSCHNEIDER, Hosea, 105f sieht in ולא ממני einen unvollständigen Nominalsatz, da das Subjekt fehlt. Er ergänzt als mögliche Subjekte (a) מַלְכֵיהֶם "ihre Könige" bzw. den (b) Inf. cs. Hif. הַמְלִיכוֹ
"Königsmachen" und übersetzt entsprechend (a) "Sie machen Könige,
und/aber ihre Könige sind nicht von mir". (b) "Sie machen Könige,
- aber (sie tun dies) nicht von mir". - Zu den verschiedenen
Verwendungsmöglichkeiten von מן vgl. GK § 119 v-x.
28 Das Verb ידע mit "Gott" als Objekt steht in: 2,10.22; 5,4; 6,3; 8,2;
13,4.
29 GESENIUS, 795; KBL[1], 933; Jes 32,1; Prov 8,16; Est 1,22; I Chr 15,22
(unsicher!).
30 Num 16,13, mit על konstruiert.
31 G.R. DRIVER, Problems of the Hebrew Text and Language, in: F. NÖTSCHER
zum 60. Geb., 50 bringt השירו mit arab. *ašāra* "Ratschläge geben"
in Verbindung: "Surely the Hebr. השירו must be compared with the
Arab. *ašāra* 'gave advice', which is in harmony with the preceding
verb". Seine Übersetzung von V.4 lautet: "they have taken counsel
but not of me; they have got advice, and I know not (of it)".

Den Angaben in V.4a läßt sich nicht mit Sicherheit entnehmen, ob Hosea hier an ein konkretes geschichtliches Ereignis denkt. Man wird vielmehr damit rechnen müssen, daß er auf die lange Reihe der Revolutionskönige mit ihren Thronkämpfen zurückblickt[32]. Sein Hauptvorwurf lautet: Israel hat sich diese Könige gewählt, ohne dabei auf Jahwe zu hören. In I Sam 11,15 wird die Königswahl Sauls so geschildert, daß Israel ihn *vor Jahwe* (וימלכו שם את־שאול לפני יהוה) zum König ausruft. Eben dieses Versammeln *im Angesicht Jahwes* vermißt Hosea bei Israel. Er wendet sich gegen das selbstherrliche Handeln seines Volkes, das die Verbindung mit seinem Herrn unterbrochen hat und nach ihm weder fragt noch auf ihn hört[33]. Er kritisiert hier nicht das Königtum als solches, sondern klagt vielmehr über die gottlose Art und Weise der Königswahlen[34].

Israels Abwendung von Jahwe zeigt sich jedoch nicht nur bei den Königswahlen, sondern auch in dem Götzendienst, dem es ganz und gar verfallen ist. Indem sie das eigene Gold und Silber zu Götzenbildern verarbeiten, verschwenden sie

---

32 So WOLFF, BK XIV/1, 178; RUDOLPH, KAT XIII/1; A. CAQUOT, RHPhR 41 (1961), 138; "il peut être question des successeurs de Zacharie, mais aussi de tous les souverains du Nord depuis le schisme..."; anders H. CAZELLES, CBQ 11 (1949), 21, der die in V.4 angesprochenen Fürsten und Könige als Götterstatuen interpretiert; er schreibt zu 8,10 und 8,4: "If the kings and princes of verse 10 are statues of gods carried in triumphal state it would seem reasonable to hold that the kings and princes of verse 4 are equally so". Anders ANDERSEN/FREEDMAN, Hosea, 492: "In V 4 the making of kings and princes is so closely linked with the making of idols (V 4b) that it is likely that much Canaanite kingship ideology had been incorporated into Israel's cultic and political life".

33 Ina WILLI-PLEIN, Vorformen der Schriftexegese, 164: "Hosea wendet sich hier gegen Israels selbstherrliche Etablierung im Kulturland, die es nicht nach Jahwe fragen läßt". Ähnliche Aussagen wie in Hos 8,4 finden sich in 7,3.7, wo der Prophet über die Bosheit und Lüge bei den Thronwechseln klagt, da niemand Jahwe anruft (V.7bβ : איך־קרא בהם אלי).

34 So auch H.W. WOLFF, BK XIV/1, 178; H. UTZSCHNEIDER, Hosea, 110: "Das Handeln Israels ist in einem weiten Spektrum im Blick. Dabei wird in allen Bereichen des Spektrums - innere Herrschaftsordnung, Außenpolitik und Lebensgestaltung - ein gemeinsamer Faktor bedacht: der Bruch mit Jahwe". - Anders A. CAQUOT, RHPhR 41 (1961); 123-146, der bei Hosea eine grundsätzliche Verurteilung des Königtums sieht.

gedankenlos die kostbarsten Reichtümer, die sie besitzen
(V.4b)[35]. למען יכרת fügt sich mit der Nennung der Konsequenzen sehr gut in den Gedankengang von V.4b ein, so daß hier wohl kein späterer Zusatz vorliegt[36]. Neben den Götzenbildern (עצבים) wird in V.5a noch das "Kalb Samariens" angesprochen, das Jahwe bereits verworfen hat[37]. Ob aus dieser Anmerkung geschlossen werden darf, daß in Samaria ein Jungstierbild stand, kann nicht mit letzter Sicherheit bejaht werden. In Hos 10,5 werden die Bewohner Samarias als Verehrer des Jungstiers von Bethel genannt[38]. Man wird עגלך wohl auf das von Jerobeam I. errichtete Kultbild beziehen müssen[39].

Jahwes Zorn ist über sein Volk entbrannt (V.5aβ)[40]. Er fragt sich, wie lange Israel noch dieses schändliche Treiben ausüben kann (V.5b)[41]. Weil sie *Jahwes* Volk sind, brauchen sie die nichtigen Götzen samt ihren bildlichen Darstellungen nicht[42]. V.6a gibt noch eine weitere Begründung. Das Kult-

---

35 Nach Ez 7,19; Zeph 1,18 kann das Volk am Tag des Gerichts weder durch ihr Gold noch durch ihr Silber gerettet werden. Vgl. auch Hos 13,2 (siehe dazu unten). - עצב begegnet im Alten Testament 19mal; I Sam 31,9; II Sam 5,21; I Chr 10,9; II Chr 24,18; Jes 10,11; 46,1; 48,5; Jer 22,28; 50,2; Hos 4,17; 8,4; 13,2; 14,9; Mi 1,7; Sach 13,2; Ps 106,36.38; 115,4; 135,15; in Ps 115,4; 135,15 heißt es, daß die Götzen der Heiden Silber und Gold sind; in II Chr 24,18 werden עצבים neben אשרים, in Mi 1,7; Jes 48,5 neben פסילים (Jes 48,5 Singular) genannt. Zu עצבים vgl. Chr. R. NORTH, The Essence of Idolatry, in: BZAW 77 (1958), 155: "All these words, עצבים, גלולים and שקוץ come into use comparatively late and became more or less clichés. In expansive denunciations two or more of them might be used together, and שקוץ especially was substituted for "god"...".
36 למען יכרת sehen A. WEISER, ATD 24, 66 und Ina WILLI-PLEIN, Vorformen der Schriftexegese, 164 als spätere Eintragung an. למען יכרת ist noch in Ob 9 belegt.
37 זנח begegnet 21mal im Alten Testament, wobei an folgenden Stellen Jahwe Subjekt ist: Ps 44,10.24; 74,1; 88,15; 89,39; 43,2; 60,3.12; 108,12; 77,8; Thr 2,7; 3,31; Sach 10,6.
38 So A. ALT, Kleine Schriften III, 295 Anm. 2; ALT glaubt nicht, daß V.5f auf Hosea zurückgehen; er sieht in ihnen eine "sekundäre literarische Nachbildung".
39 So WOLFF, BK XIV/1, 180; RUDOLPH, KAT XIII/1, 164; WEISER, ATD 24, 68.
40 Die Wendung חרה אפי בם findet sich in leicht veränderter Form noch in Ex 22,23; Dtn 7,4; 11,17; 31,17; Jos 23,16; II Reg 23,26; Jes 5,25; Sach 10,3; Hi 32,2f; 42,7.
41 נקה begegnet nur noch in Gen 20,5; Am 4,6; Ps 26,6; 73,13. - Nach Ina WILLI-PLEIN, Vorformen der Schriftexegese, 165 ist V.5b eine Glosse, denn er stört den Zusammenhang von V.5a und V.6. "Der Satz ist

bild ist das Werk eines Menschen und ist deshalb menschlicher Verfügungsgewalt ausgeliefert. Wie alles Menschenwerk aber ist es vergänglich und kann damit weder die Gottheit repräsentieren noch gar Gott selbst sein (V.6b)[43]. שבבים kommt im Alten Testament nur hier vor. Seine Bedeutung kann jedoch auf Grund der Belege aus dem Mittelhebräischen (שבב Pi. behauen)[44] und aus dem Arabischen (šabba schneiden)[45] erschlossen werden.

Hos 8,4-6 handelt von der Treulosigkeit Israels gegenüber seinem Herrn. Sie äußert sich darin, daß es bei der Königswahl eigenmächtig einen König bestimmt, ohne die Zustimmung Jahwes zu erbitten (V.4a). Durch die Anfertigung von Götzenbildern ist der Bruch mit Jahwe endgültig geworden (V.4b-6). Der Gleichgültigkeit Israels steht die zornige Erregung Jahwes gegenüber, der das Treiben seines Volkes nicht verstehen kann (V.5aβ.6aα). Diese Aussage wird umrahmt von der Beschreibung des Materials und der Herstellungsart der Götterbilder (V.4bα und 5aβγ) sowie der daraus folgenden Konsequenz ihrer Zerstörung (V.4bβ.5aα.6aβγb). Dieser sinnvolle Aufbau von V.4-6 rechtfertigt keine Umstellung von Versen[46]. Die inhaltliche Klammer zwischen V.4a und V.4b-6 ist die Treulosigkeit Israels gegenüber Jahwe.

---

die verzweifelte Interjektion (vgl. Jes 6,11) eines Lesers, der den Text offenbar für seine Zeit aktualisierte, in der "Israel" auf die Glaubensgemeinschaft bezogen werden konnte".

42 In כי מישראל liegt ein unvollständiger Satz vor, da das Subjekt aus dem Zusammenhang ergänzt werden muß; er ist als ein Ausruf zu verstehen, in der auf Grund der Erregung des Redenden ein an sich unentbehrliches Satzglied fehlt; vgl. GK § 147c; eine ähnliche Erscheinung findet sich in Partizipialsätzen, wo das als Subjekt zu erwartende Personalpronomen oft ausgelassen ist; vgl. dazu GK § 116s.

43 Polemik gegen eine solche Art von Götzendienst findet sich vor allem bei Deuterojesaja (40,19f; 44,12f); vgl. auch Dtn 27,15; Jer 10,3.9.

44 DALMAN, 412; JASTROW, 1510.

45 LANE, 1284.

46 ROBINSON, HAT 14, 31f ordnet die Versfolge so: 8,4ab.5b-6a.4c-5a.6b-7; zu V.4ab schreibt er (S. 31): "Ein Fragment, das weder mit dem Vorhergehenden noch mit dem Folgenden in Verbindung steht". WEISER, ATD 24, 67f hat folgende Versfolge: 4b-7.4a.8-10; SELLIN, Zwölfprophetenbuch, [1]1922, 64f: 4b.5.6.7.4a.8b.9.

2. Der Götzendienst Israels: Hos 13,1-3

a) Übersetzung und textkritische Anmerkungen

1) Wenn Ephraim redete, entstand Schrecken[a],
   erhaben war es[b] in Israel[c].
   Da verschuldete es sich[d] durch Baal
   und starb[e].
2) Und nun[f] sündigen sie weiter:
   sie fertigen sich ein Gottesbild,
   aus ihrem Silber nach ihrer Kunstfertigkeit[g] Götzenbilder[h],
   Handwerkerarbeit ist alles[i].
   Zu ihnen[j] sagen sie: Opfer der Menschen![k]
   Sie küssen Kälber.
3) Deshalb werden sie sein wie Morgennebel,
   wie Tau, der früh verschwindet,
   wie Spreu, die von der Tenne fliegt[l]
   und wie Rauch, der durch das Gitter zieht.

a LXX übersetzt רתת mit δικαιώματα; BHS schlägt deshalb vor, תּוֹרֹת zu lesen; im Zwölfprophetenbuch wird תורה jedoch fast durchweg mit νόμος wiedergegeben: Hos 4,6; 8,1; 8,12 (νόμιμα); Am 2,4; Mi 4,2; Hab 1,4; Zeph 3,4; Hag 2,11; Sach 7,12; Mal 2,6.7.8.9; 3,24; δικαιώματα findet sich zweimal im Zwölfprophetenbuch: in Mi 6,16 als Übersetzung von חֻקּוֹת und in Mal 3,22 als Übersetzung von מִשְׁפָּטִים. Da תורה in der Mehrzahl der Fälle mit νόμος übersetzt wird, sollte man dem Vorschlag der BHS nicht folgen und רתת beibehalten. - SELLIN, Zwölfprophetenbuch, [1]1922, 98 liest in V.1aα: פְּדַבֵּר אֶפְרַיִם תּוֹרָתִי "Solange Ephraim meiner Thora gedachte". - WELLHAUSEN, Die Kleinen Propheten, 19 läßt die Übersetzung offen.

b 1 Ptz. Sg.m. Ni. נָשָׂא; V.1aβ läßt sich als Nominalsatz verstehen, dessen Prädikat voransteht, weil auf ihm ein besonderer Nachdruck liegt (vgl. GK § 141l); läge in V.1aβ ein Verbalsatz vor, so stünde das Personalpronomen wohl

vor dem finiten Verb (vgl. etwa Hos 5,3.14; GK § 135a);
RUDOLPH, KAT XIII/1, 237, WELLHAUSEN, Die Kleinen Propheten,
19 und ROBINSON, HAT 14, 48 lesen נָשִׂיא .

c Statt בישראל liest SELLIN, Zwölfprophetenbuch, [1]1922, 98
רֹאשׁוֹ.

d LXX liest καὶ ἔθετο αὐτά (וַיְשִׂמֵם).

e RUDOLPH, KAT XIII/1, 237 liest וַיֶּאְשַׁם מֵת : "Da מת in der
Bedeutung "absterben", die es hier haben müßte, nirgends
vorkommt und da die Zeile zu kurz ist, lese ich וַיֶּאְשַׁם
מֵת (haplogr.)".

f ועתה übersetzt H.A. BRONGERS, VT 15 (1965), 296f mit "und
was dem Heute anbelangt"; K. RUDOLPH, KAT XIII/1, 235
schlägt die Übersetzung "trotzdem" vor.

g Schwer zu erklären ist die Form כִּתְבוּנָם , die grammatisch
richtig כְּתַבְנִיתָם lautet (vgl. GK § 91e); BHS schlägt vor,
im Anschluß an LXX κατ'εἰκόνα ,כְּתַבְנִית , zu lesen, was
jedoch nie als Wiedergabe von εἰκών erscheint; תַּבְנִית
wird übersetzt mit ὁμοίωμα (Dtn 4,16.17.18; Jos 22,28;
Ez 8,3; 10,8; Ps 106,20; 144,12); παράδειγμα (Ez 25,9;
IChr 28,11.12.18.19); μορφή (Jes 44,13) und ῥυθμός
(II Reg 16,10); RUDOLPH, KAT XIII/1, 237 vermutet ein im
nordisraelitischen Dialekt bekanntes Substantiv תָּבוֹן
das dem normalen תַּבְנִית entsprach; am ehesten wird man mit
einer - bewußten oder unbewußten - Verkürzung rechnen
können.

h SELLIN, Zwölfprophetenbuch, [1]1922, 98 liest שׁוֹר statt
עצבים.

i Vgl. zu dieser Schreibweise GK § 91d; וֹ oder ה (aus a[h]û).

j BHS schlägt vor, אֱלִקִים zu lesen, was jedoch durch die Versionen nicht gedeckt ist; אֱלִקִים lesen auch ROBINSON, HAT
14, 48 und WEISER, ATD 24,94.

k lies זֹבְחֵי ; אדם kann auch als gen. objectivus aufgefaßt
werden; "Opfer für Menschen",vgl.: זבח אלהים (Ps 51,19);
GK § 128h. - LXX, V lesen Imp. Pl. m. זִבְחוּ ; anders WEISER,
ATD 24,94 und ROBINSON, HAT 14, 48, die זֹבְחַי lesen; nach
RUDOLPH, KAT XIII/1, 237 ist hier nicht von Menschenopfern
die Rede, denn "dieses gräßliche Opfer" hätte Hosea
nicht nur so im Vorübergehen gestreift.

1 BHS schlägt das passendere יִסָּעֵר (Pu.) "verweht, hinweg-
getrieben werden" vor; so auch ROBINSON, HAT 14, 48;
WEISER, ATD 24, 94; WOLFF, BK XIV/1, 286.

b) Exegese

In Hos 13,1-3 liegt eine Gerichtsankündigung vor. V.1f
zeigen an Hand des Abfalls des Volkes von Jahwe und seinem
Götzendienst die tiefe Schuldverstrickung Ephraims auf, V.3
leitet mit לכן die eigentliche Gerichtsankündigung ein.
V.1a redet von der alles beherrschenden Vormachtstellung
und Autorität Ephraims in der Vergangenheit. Der Vers wird
eingeleitet mit einem Infinitv constructus und folgendem
Subjekt; die gleiche Konstruktion findet sich sonst noch am
Ende bedeutender Reden wichtiger Männer: bei der Rede Aarons
zu der israelitischen Volksgemeinde (Ex 16,10), bei der Rede
des Gottesboten zu Israel (Jdc 2,4) und als Abschluß der
Rede des Gottesmannes zum König von Israel[47]. "Schrecken"
kam auf, wenn Ephraim redete. רתת begegnet im Alten Testament
nur hier. Seine Bedeutung kann jedoch aus dem Aramäischen
erschlossen werden[48]. Ephraim verspielte durch den Abfall zum
Baal sein Ansehen und geriet in eine ausweglose Situation.
Nach H.W. WOLFF blickt Hosea hier auf die Zerstörung des
Staats- und Volkskörpers durch Tiglatpileser III. im Jahre
733 zurück[49]. Ina WILLI-PLEIN hält es für möglich, daß die
Katastrophe von 722 bereits erfolgt ist, da die Ereignisse
von 733 nicht als ein "Sterben" bezeichnet werden können,
denn der Rumpfstaat Ephraim blieb erhalten[50]. Ist es aber
nicht auch möglich, daß Hosea hier einen viel umfassenderen
und größeren Zeitraum vor Augen hat? Aus 9,10f; 11,1-7; 13,4-
8 geht deutlich hervor, daß Israels Abfall mit dem Betreten

---

47 Vgl. auch Hi 2,10.
48 Pa‛el: רְתַת "erschrecken"; vgl. die Belegstellen bei JASTROW, 1504;
רתת ist auch in der Qumranliteratur belegt (1 QH 4,33).
49 H.W. WOLFF, BK XIV/1, 391f.
50 Ina WILLI-PLEIN, Vorformen der Schriftexegese, 220f; so auch ROBINSON,
HAT 14, 49: "Nur kann der letzte Stichos von 1 mit der Erwähnung von
Ephraims "Tod" schwerlich vor 721 v.Chr. geschrieben sein; er ist
spätere Glosse".

des Kulturlandes begann. Je länger es hier lebte, um so mehr
wich es von Jahwe ab, um anderen Göttern zu dienen. Dadurch
wurde das Gespräch mit Jahwe unterbunden, Israel "starb",
d.h. es war ihm nicht mehr möglich, Jahwe kultisch oder auf
andere Weise zu dienen. Hosea kann deshalb vom Tod Ephraims
reden, weil die heilsnotwendige Beziehung zu Jahwe zerbrochen
ist[51].

V.2 konkretisiert die Schuld Ephraims, indem auf seinen
schändlichen Bilderdienst verwiesen wird. Aus ihrem kostbaren Silber fertigen sie sich nichtsnutzige Gottesbilder.
מסכה meint das Metallgußbild (Ex 32,4.8; Dtn 9,16; Neh 9,18).
Im kultischen Dekalog Ex 34,17 wird ausdrücklich das Verbot
ausgesprochen, ein Gottesbild herzustellen: אלהי מסכה
לא תעשה־לך [52]. Zu der Herstellung von Gottesbildern tritt
noch die von Götzenbildern. עצב ist im Alten Testament ein
verächtlicher Ausdruck für die Götzenbilder der Heiden. In
Ps 115,4[53]; 135,15 werden sie als ein Machwerk der Menschen
bezeichnet, das niemals Anspruch darauf erheben kann, wahrhaftig Gott zu sein oder ihn auch nur im entferntesten zu
verkörpern[54]. Ephraim aber ist stolz auf die Götzenbilder.
Sie sehen in ihnen Opfer für die Götter[55]. Wie sehr sie
ihnen Ehrerbietung zukommen lassen, zeigt sich darin, daß
sie sie küssen. Hier wird für Hosea in aller Anschaulichkeit
die vollkommene Unterwerfung und Preisgabe Ephraims an den
Götzendienst deutlich[56].

---

51 H. GESE, Der Tod im Alten Testament, in: ders., ZBTh, 31-54, bes. 38ff.
52 Vgl. auch Lev 19,4; wie oft Israel gegen dieses Verbot verstieß, zeigen Dtn 9,12; II Reg 17,16 u.ö.
53 H.J. KRAUS, BK XV/2, 964f vermutet in Ps 115,4 eine traditionsgeschichtliche Abhängigkeit von Deuterojesaja; es bedürfte einer genaueren Untersuchung, ob auf Grund der sprachlichen und sachlichen Übereinstimmung mit Hosea auch eine Abhängigkeit von ihm angenommen werden kann.
54 Daß die Götzen der Heiden "Machwerk" von Menschen sind, wird im Alten
   Testament sehr oft (Jes 37,19; Jer 10,3; 25,6f; 32,30; II Chr 32,19
   u.ö.), vor allem aber bei Deuterojesaja ausgesprochen: Jes 40,18-20;
   41,6-7; 44,9-20; 46,1-7.
55 Die Wendung המה אמרים / הם begegnet oft bei Jeremia (14,15; 17,15;
   27,9; אתם : Jer 32,36.43; 33,10); vgl. noch Ez 20,32; 21,5; II Chr
   28,10.13.
56 WELLHAUSEN, Die Kleinen Propheten, 130f und WEISER, ATD 24, 96 beziehen עגלים auf die Stierbilder, die Jerobeam I. in den Heiligtümern
   Bethel und Dan aufstellen ließ (I Reg 12,26ff; 19,18).

In V.3 wird die mit לכן eingeleitete Gerichtsankündigung an Ephraim ausgesprochen[57]. Sie wird von Hosea mit vier Bildern anschaulich zum Ausdruck gebracht: sie werden sein wie Morgennebel, wie Tau, wie Spreu und wie Rauch. Sie stehen sinnbildlich für schnelles und flüchtiges Verschwinden. Die beiden ersten Bilder waren von Hosea bereits in 6,4 herangezogen worden, um Israels mangelnde Gemeinschaft mit Jahwe zu beklagen. Das Bild von der Spreu, die von der Tenne fliegt, begegnet in Ps 1,4; Hi 21,18 als Bezeichnung für die Gottlosen (רשעים)[58]. An diesen Abschnitt schließen sich V.4-8 an, die konstrastierend zu V.1-3 Jahwes Ausschließlichkeitsanspruch sowie seine Hilfe und Fürsorge für sein Volk hervorheben[59].

3.   Das Bilderverbot bei Hosea

Aus Hos 8,4-6; 13,1-3 läßt sich eine deutliche und scharfe Kritik Hoseas am Bilder- und Götzendienst Israels entnehmen. Er polemisiert leidenschaftlich gegen die Gottesbilder, die das Volk aus kostbarem Silber und Gold anfertigt (8,4b; 13,2). Ebenso verwirft er das Stierbild von Bethel als ein von menschlicher Hand angefertigter und damit vergänglicher Gegenstand. Hosea ist entrüstet über die Treulosigkeit und Gleichgültigkeit seines Volkes gegenüber Jahwe. Er weiß, daß es sich mit diesem schändlichen Bilderdienst immer mehr von seinem wahren Gott entfernt und Jahwes alleinigen Herrschaftsanspruch über Israel verwirft. "Die unheimliche Verwechslung, in welcher das den Sinnen greifbare Begleitbild alle Liebe und Gläubigkeit auf sich zu ziehen beginnt und diese Liebe von dem Herrn, dem das Bild zu dienen hätte,

---

57 לכן leitet in der Regel ein Gerichtswort ein (vgl. Hos 2,8.11); in 2,16 wird mit לכן ein Heilswort eingeführt.
58 Zum Bild von der Spreu vgl. auch Jes 17,13; 29,5; 41,15; Zeph 2,2; Ps 35,5.
59 Vgl. dazu oben § 3 S.99ff.

ablenkt, steht voll vor seinen Augen"[60]. In Hoseas Stellung
zum Bilderverbot lassen sich Verbindungen zu den Aussagen
des zweiten Dekaloggebotes (Ex 20,4-6) ziehen, denn in beidem geht es um die Aussage, daß Jahwe allein Herr über Israel sein will und keine anderen Götter neben sich duldet.
Sein Alleinanspruch gründet in seiner Selbstoffenbarung, in
der er als *Person* Israel gegenübertrat[61]. Weil er sich selbst
offenbarte und mitteilte, braucht Israel keine anderen Götter anzufertigen und anzubeten. "Wohl aber erkennen wir auf
der ganzen Linie ein scharfes Wachen darüber, daß der Mensch
dieses Hereintreten Jahwes in die ungeschützte Sphäre menschlicher Geschichte nicht eigenmächtig mißbrauche und zu seinem Eigenen, dessen er habhaft sein könnte, mache"[62]. Das
Bilderverbot gehört zur "differentia specifica"[63] Israels.
In ihr zeigt sich ein Welt- und Gottesverständnis, das von
dem anderer Religionen grundlegend unterschieden ist. Die
Welt ist keine Emanation der Gottheit, sondern Gott und Welt
werden durch das Bilderverbot scharf voneinander geschieden[64]. Jahwe kann Israel nicht in Gestalt eines Götzenbildes
nahe kommen, weil er bereits durch sein Reden und Wirken
Israel nahe ist. Hosea weiß um die Nähe Jahwes, die nicht
durch ein Bild erkauft zu werden braucht, weil sie bereits
wirklich ist. Er polemisiert deshalb so scharf gegen jede
Form des Bilderdienstes, weil in ihm die Nähe und Göttlichkeit Jahwes mißachtet wird. Es ist deshalb wohl eine bewußte
Komposition Hoseas, wenn er der Polemik gegen die Götzenbilder in 13,1-3 die Verse 4-6 folgen läßt, die Jahwe als
alleinigen Gott und Helfer Israels preisen: "Ich bin Jahwe,
dein Gott vom Ägyptenland her, einen Gott außer mir kennst
du nicht und einen Retter außer mir gibt es nicht" (13,1).

---

60 W. ZIMMERLI, Das Bilderverbot in der Geschichte des alten Israel, in: ders., Studien zur alttest. Theologie, 253; er weist hier darauf hin, daß sich im Gefolge Hoseas das Geschichtsbild vom bildnerischen Nordreich, das an der "Sünde Jerobeams" zugrundeging, gebildet hat.
61 H. GESE, Der Dekalog als Ganzheit betrachtet, in: ders., VSZZ, 74.
62 W. ZIMMERLI, Das zweite Gebot, in: ders., Gottes Offenbarung, 246.
63 G. von RAD, EvTh 24 (1964), 60.
64 Den Zusammenhang zwischen Bilderverbot und alttestamentlichem Schöpfungsglauben hat vor allem G. von RAD betont: EvTh 24 (1964), 60ff; ders., Theologie Bd. I, 231: "Die Natur war nicht eine Erscheinungs-

IV. Israels Treuebruch: Hos 4,1-3

1. Übersetzung und textkritische Anmerkungen

1) Hört das Wort, ihr Israeliten,
   denn einen Rechtsstreit führt Jahwe mit den Bewohnern des Landes,
   denn es ist keine Treue und keine Hingabe und keine Gotteserkenntnis im Land.
2) Meineid und Lüge und Mord und Diebstahl und Ehebruch[a],
   sie brechen ein[b]
   und Blutschuld reiht sich an Blutschuld.
3) Deshalb trauert das Land
   und jeder, der darin wohnt, verschmachtet[c],
   die Tiere des Feldes[d]
   und die Vögel des Himmels,
   sogar die Fische des Meeres werden umkommen.

a Zu den Formen des Inf. abs. siehe GK § 113.
b LXX übersetzt κέχυται ἐπὶ τῆς γῆς (בָּאָרֶץ פָּרַץ); vielleicht verschwand בָּאָרֶץ durch Homoioteleuton hinter וּפָרָצוּ ; אָרֶץ fügen u.a. ein: Th. ROBINSON, HAT 14, 16; W. RUDOLPH, KAT XIII/1, 96; H.W. WOLFF, BK XIV/1, 81.
c LXX liest σὺν πᾶσιν τοῖς κατοικοῦσιν (בְּכָל oder עָם־).
d LXX ergänzt καὶ σὺν τοῖς ἑρπετοῖς τῆς γῆς (וּבְרֶמֶשׂ הָאֲדָמָה).

2. Exegese

Hos 4,1-3 leitet den zweiten großen Abschnitt des Hoseabuches (Hos 4-14) ein, der vorwiegend aus Einzelsprüchen

---

form Jahwes, sondern er stand ihr als Schöpfer gegenüber. Das heißt dann aber, daß das Bilderverbot zu der Verborgenheit gehört, in der sich Jahwes Offenbarung in Kultus und Geschichte vollzog".

und Gedichten besteht[65]. Hos 4,1-3 ist gegenüber dem folgenden Abschnitt selbständig, denn 4,4ff richtet sich an die Priester. Er wird eingeleitet durch die Proklamationsformel in V.1a, die in dieser Form nur hier erscheint[66]. Man sollte vorsichtig sein, sie dem Propheten abzusprechen[67]. Er kennzeichnet damit V.1-3 und auch 4,4ff ausdrücklich als ein Wort Jahwes. Die Adressaten dieses Gotteswortes sind die Israeliten. Der Ausdruck בני ישראל begegnet bereits in Hos 3,1.5, wo es heißt, daß Jahwe die Israeliten liebt, obwohl sie sich an fremde Götter wenden.

V.1bα kündigt einen Rechtsstreit Jahwes mit den Bewohnern des Landes an. Damit wird schon von Anfang an klargemacht, daß im Volk und vor allem in seiner Beziehung zu Jahwe etwas nicht in Ordnung ist. Aus diesem Grund wendet sich Jahwe direkt an Israel, um mit ihm Gericht zu führen[68]. Die gleiche Ausgangssituation findet sich in Hos 12,3-7, wo von einem Rechtsstreit Jahwes mit Juda und Israel die Rede ist. Auch hier wird ריב mit der Präposition עם verbunden[69]. Ob es

---

[65] O. EISSFELDT, Einleitung in das Alte Testament, 521f.527f; daß Hos 4,1-3 die Funktion einer Überschrift zu Kap. 4-11 hat, wird auch von J. JEREMIAS, Hosea 4-7, in: FS E. WÜRTHWEIN, betont hervorgehoben; - I. CARDELLINI, Hosea 4,1-3, eine Strukturanalyse, in: FS G.J. BOTTERWECK, 259-270. Zu Hos 4,1-3 im größeren Kontext von 4,1-5,7 vgl. HELGARD BALZ-COCHOIS, Gomer. Der Höhenkult Israels im Selbstverständnis der Volksfrömmigkeit, 21ff; in dieser Studie dient 4,1-5,7 als Ausgangspunkt für die "Rekonstruktion des volkstümlich-synkretistischen Höhenkultes im Israel des 8. Jahrhunderts, mit besonderem Blick auf die Verehrung weiblicher Gottheiten neben Jahwe, die kultische Rolle der Frauen und die Eigenart und Bedeutung der Sexualriten" (Zitat S.7).
[66] Sie begegnet oft bei Jeremia, wo als Empfänger des Gotteswortes das Haus Jakob und alle Geschlechter des Hauses Israel (2,4), ganz Juda (7,2; 44,24.26), die Könige Judas (17,20; 19,3), die Völker (31,10), der Rest aus Juda (42,15) und die Gola (29,20) genannt werden; vgl. auch Jos 3,9; Jes 1,10; 28,14; 66,5; Ez 6,3; 13,2; 34,9; 36,1.4; 37,4.
[67] So H.W. WOLFF, BK XIV/1, 82f.
[68] B. GEMSER, The Rîb- or Controversy-Pattern in Hebrew Mentality, in: VT.S 3, 120-137, bes. 136; nach J. HARVEY, Bib. 43 (1974), 180 muß der Ursprung der rîb-Gattung im internationalen Recht gesucht werden: "... il faut chercher l'origine de la Gattung dans le droit international, et plus précisement dans le même droit international qui a fourni le schéma de l'alliance". Hier ist ריב die Kriegserklärung des Herrschers gegenüber den untreuen Vasallen. In die gleiche Richtung gehen die Erwägungen von J. LINDBURG, JBL 88 (1969), 291-304.
[69] Die Konstruktion ריב + עם findet sich noch in Mi 6,2; in Jer 25,31 lautet sie רִיב + בְּ .

Die Dekalog-Tradition   195

diese Konstruktion als sicher erscheinen läßt, daß ריב
hier nicht die Anklage, sondern die Prozeßführung als ganze,
speziell die Urteilsverkündigung meint, läßt sich nicht unmittelbar beweisen[70]. Die Angeklagten sind die Bewohner des
Landes, die vollkommen vergessen haben, daß *Jahwe* ihr eigentlicher Lebenserhalter ist[71]. Jahwes Fürsorge führte bei seinem Volk zu einer falschen Sicherheit und Sattheit[72], die
letztlich zu einer Abkehr Israels von seinem Herrn führte[73].
יושבי הארץ steht im Parallelismus zu בני ישראל . Der Ausdruck begegnet bei den Propheten in erster Linie dann, wenn
es um das Gericht über die Einwohner des Landes geht[74].

In V.1bβ beginnt Hosea mit der Aufzählung der einzelnen
Anklagepunkte, die durch die drei Nominalsätze, die Negation
אין und ihre dreimalige Wiederholung unvergleichlich stark
hervorgehoben werden. Er beklagt das Fehlen von Treue, Hingabe und Gotteserkenntnis im Land. אמת begegnet im Hoseabuch
nur hier. Es fällt auf, daß entgegen der sonst üblichen Wort-
folge אמת vor חסד steht und durch die Negation von ihm ge-
trennt ist[75]. Hos 4,1 berührt sich hier eng mit Mi 7,20:
תתן אמת ליעקב חסד לאברהם . חסד wird bei Hosea mit Ausnahme
von 2,21 ausschließlich als Eigenschaft des Volkes genannt[76].
Was der Prophet darunter versteht, wird besonders in 6,6
deutlich, wo חסד ebenfalls zusammen mit דעת אלהים genannt
wird. Es meint die bedingungslose Hingabe des Volkes an
seinen Gott. Opfer allein genügen nicht, Israel muß vielmehr bereit sein, sich mit ganzem Herzen Jahwe anzuvertrauen.

---
70 So H.J. BOECKER, Redeformen des Rechtslebens, 152; anders Ina WILLI-
   PLEIN, Vorformen der Schriftexegese, 129f.
71 Hos 2,9b.10.
72 Hos 13,6.
73 Hos 11,2.
74 Jer 1,14; 6,12; 10,18; 13,13; 25,29f; Zeph 1,18; Sach 11,6; er begegnet auch bei Joel in dem Aufruf zur Volksklage Joel 1,2 und zu Beginn
   der eigentlichen Volksklage Joel 1,14; 2,1.
75 חסד ואמת begegnen in Gen 24,49; 47,29; Ex 34,6; Jos 2,14; II Sam
   2,6; 15,20; Ps 25,10; 61,8; 85,11; 86,15; 89,15; Prov 3,3; 14,22;
   16,6; 20,28.
76 Hos 4,1; 6,4.6; 10,12; 12,7; bei Jeremia ist es umgekehrt, denn dort
   wird nur in Jer 2,2 von der חסד des Volkes, aber sonst nur von der
   חסד Gottes geredet: Jer 9,23; 31,3; 32,18; 33,11.

חסד und אמת kennzeichnen die Verhaltensweise, mit der es
seinem Herrn begegnen soll. Mit der Klage über den Mangel
an Gotteserkenntnis spricht Hosea Israel als erwähltes Volk
an, das das heilschaffende Handeln seines Gottes vergessen
hat. Der Begriff דעת אלהים "spricht Israel auf das Geschehen
hin an, in dem ihm Jahwe bekannt geworden ist. In der Frühgeschichte war Israel alles gegeben, was es zum Leben
braucht. Die דעת אלהים ist der Kanon, in dem ihm sein Heil
gegenwärtig bleiben sollte"[77]. Indem es all das vergessen
hat, was Jahwe für es getan hatte[78], vergaß es ihn selbst.
Weil Israel nicht mehr beständig und hingebungsvoll auf seinen Herrn vertraute und hoffte, verlor es ihn immer mehr aus
dem Blick. Es vergaß seinen Schöpfer und Erhalter[79].

In V.2 wird die Liste der Anschuldigungen gegen Israel
fortgesetzt. Hosea nennt fünf Einzelvergehen:

a)   Der Meineid

אלה begegnet außer in Hos 4,1 noch in Jdc 17,2; I Reg 8,13;
II Chr 6,22; I Sam 14,24 und Hos 10,4. In Jdc 17,2 spricht
die Mutter Michas einen Fluch unter Anrufung Gottes gegen
denjenigen aus, der ihr 1100 Lot Silber gestohlen hat. In
I Reg 8,31, das hier in der Aufzählung einer Reihe von An-
lässen für künftige Bittgebete steht, wird der Rechtsfall
geschildert, bei dem jemand einer Verfehlung gegen seinen
Nächsten verdächtigt wird, ohne daß es sich nachweisen läßt.

---

77 H.W. WOLFF, "Wissen um Gott" bei Hosea als Urform von Theologie, in:
ders., Gesammelte Studien zum Alten Testament, 200; W. ZIMMERLI,
Das Gottesrecht bei den Propheten Amos, Hosea und Jesaja, in:
FS C. WESTERMANN, 216-236, bes. 220-228.
78 Hos 2,10.15; 4,6; 8,14; 13,4-6.
79 E. KELLENBERGER, ḥäsäd wä'ᵃmät als Ausdruck einer Glaubenserfahrung,
160: "Damit die Gotteserkenntnis nicht 'vergessen' wird, bedarf es
der unermüdlichen Offenheit und Hingabe an Jahwe. So ist ḥäsäd die
Voraussetzung für die Gotteserkenntnis, und diese wiederum für ein
ethisches Verhalten". Vgl. dazu die älteren Beiträge: G. WINTER,
ZAW 9 (1889), 211-246, bes. 214; H.J. STOEBE, Gottes hingebende
Güte und Treue, 90.
80 M. NOTH, BK IX/1, 185f; E. WÜRTHWEIN, ATD 11/1, 97f.

Man fordert deshalb eine Art Gottesurteil heraus, indem eine bedingte Verfluchung über den Verdächtigen ausgesprochen wird. Er ist damit aufgefordert, sich auf eine vor dem Altar ausgesprochene Verfluchung einzulassen. Nun soll Jahwe entscheiden, den Schuldigen gemäß der Verfluchung sein Tun erleiden lassen, den Gerechten aber für gerecht erklären[80].

אלה wird in Hos 10,4 in einer Reihe von Anklagen gegen Israel genannt; es ist hier mit שוא verbunden. Dieses Stichwort verweist auf Ex 20,7, wo davor gewarnt wird, den Namen Gottes nicht zu einem "nichtigen Zweck"[81] auszusprechen. In Israel war die Nähe Gottes durch seine Offenbarung im Namen gesetzt. Indem er seinen Namen bekanntgemacht hat, hat er sich als Person dem Volk Israel erschlossen. "Gott hat einen Namen, er ist Person und erschließt sein Selbst in der Offenbarung, die darum in der alles andere ausschließenden Zuordnung zu ihm besteht"[82]. Wer deshalb den Namen Jahwes mißbraucht, mißbraucht das Vertrauen, das Jahwe mit seiner Namensoffenbarung in Israel gesetzt hat. Wer den Namen Jahwes zum Nichtigen, Geheuchelten und zum falschen Schwören anwendet, verletzt die Würde und Ehre Jahwes. "Wenn es heißt, daß man den Namen Jahwes nicht zum Eitlen anwenden darf, dann ist dies nicht eben eine Warnung vor dem falschen Schwur, sondern davor, bei allen unbedeutenden Gelegenheiten zu schwören, denn dadurch verliert der Gebrauch des Namens Jahwes seine Würde und Bedeutung"[83].

Das Verbot des Mißbrauchs des Gottesnamens ist eng mit dem Verbot verbunden, als falscher Zeuge gegen den Nächsten auszusagen (Ex 20,16). An Stelle von שוא in Ex 20,7 steht bei

---

81 So die Übersetzung von M. NOTH, ATD 5, 131.
82 H. GESE, Der Name Gottes im Alten Testament, in: H. von STIETENCRON (Hg.), Der Name Gottes, 79.
83 J. PEDERSEN, Der Eid bei den Semiten, 191; vgl. auch J.J. STAMM, ThR N.F. 27 (1961), 288-290; W.E. STAPLES, JBL 58 (1939), 326 bezieht שוא in Ex 20,7 konkret auf das Götterbild: "The Third commandment tacitly acknowledges the presence of idols, and warns the people not to consider that such idols are representations of Yahweh. It is a commandement which protests against any attempt at syncretizing Jahweh with the local baalim". Nach B. LANG, ThQ 161 (1981), 97-105 bezieht sich Ex 20,7 auf den Meineid, den er als falschen forensischen Reinigungseid mit exculpatorischer Wirkung definiert.

diesem Verbot jedoch שקר. Daß שוא und שקר sehr dicht beieinanderliegen, zeigt die deuteronomische Fassung des Dekalogs, wo sich שוא in Dtn 5,20 an Stelle des שקר von Ex 20,16 findet. Voraussetzung für die Praxis des Verbotes in Ex 20,16 ist die Pflicht des Zeugen, ein ihm bekanntgewordenes Vergehen der Gemeinschaft mitzuteilen und Klage zu erheben. Er spielt somit im israelitischen Rechtsleben eine entscheidende Rolle, weil von ihm letztlich die Ahndung des Vergehens abhängig ist[84].

Mit אלה beklagt Hosea das völlige Zerbrechen der *Beziehung Israels zu seinem Gott*. Es fragt nicht mehr nach seinem Herrn. Das Vertrauen, das Jahwe Israel mit seiner Namensoffenbarung gezeigt hat, wird von seiten des Volkes nicht erwidert. Es glaubt nicht mehr an ihn. אלה berührt sich inhaltlich sehr eng mit der Klage um den Mangel an Gotteserkenntnis in V.1bβ. Beide Anklagepunkte werfen Israel vor, daß es sich von seinem Herrn und Gott immer mehr abwendet. Sie mißbrauchen nicht nur seinen Namen und damit seine Ehre, sondern sie haben auch vollkommen vergessen, daß er sich im Laufe der Geschichte durch sein Heilshandeln immer wieder neu zu seinem Volk bekannt hat. Die Stellung von אלה am Anfang des Verses ist deshalb kein Zufall. Inhaltlich steht אלה V.1bβ sehr nahe, zugleich aber leitet es zu der konkreten Verfehlung in V.2 über.

b)   Die Lüge

Der Vorwurf der Lüge begegnet außer hier noch in 10,13 und 12,1. Hos 10,13 gehört zu dem Scheltwort 10,11-13a, in dem Ephraim mit einer gelehrigen Jungkuh verglichen wird, die Jahwe sowohl durch ihre Schönheit als auch durch ihre Nützlichkeit fasziniert hat. Er wendet sich direkt an Ephraim, um ihm zu sagen, was es alles tun kann, damit das harmonische und friedvolle Verhältnis zu seinem Herrn auch in Zukunft bestehenbleibt. Das gegenwärtige Israel aber hat seine

---

84 H.J. STOEBE, WuD N.F. 3 (1952), 108-126.

eigene Bestimmung in das genaue Gegenteil verkehrt, denn es
ist boshaft, ungerecht und lügenhaft. כחש steht hier auf der
gleichen Linie wie רשע und עולתה. Der positive Gegenbegriff
zu כחש ist ניר (V.12a). Mit ihm wird das Volk aufgerufen,
sein bisheriges unheilvolles Tun aufzugeben, um für einen
Neuanfang bereit zu sein. Das Volk soll einen neuen Lebenswandel beginnen. In Hos 12,1 steht כחש in Parallele zu
מרמה . Mit diesen Vokabeln werden in Hos 12 die Hauptanklagepunkte gegen Israel zusammengefaßt.

כחש in V.2aα ist inhaltlich eng mit dem Verbot in Ex 20,16,
nicht als falscher Zeuge gegen den Nächsten auszusagen, verbunden. Die Verbindung dazu ist ja bereits mit אלה gegeben.
Das Verbot in Ex 20,16 ist ausdrücklich im Blick auf den
Nächsten, d.h. auf den Menschen, mit dem man täglich zu tun
hat, ausgesprochen. Es gehört in den speziellen Sitz im
Leben in der israelitischen Gerichtspraxis hinein. "Im 8.
Gebot wird nicht von der schlichten Wahrheitsrede untereinander in jedem Fall und unter jeder Voraussetzung geredet,
sondern hier ist speziell das Zeugnis vor Gericht gemeint"[85].
Die Zeugenaussage vor Gericht hatte entscheidende Bedeutung
über Leben und Tod des Angeklagten. Gerade hier waren die
schwächeren Glieder der Gemeinschaft der Willkür in starkem
Maße ausgeliefert. Das Gebot meint also nicht die Lüge im
allgemeinen[86].

Mit כחש beklagt Hosea den *Zerfall des Rechts in Israel*.
Es gibt keine Garantie mehr dafür, daß Vergehen geahndet und
Schuldige bestraft werden, weil auf die Zeugen kein Verlaß
mehr ist. Hosea spricht damit die tiefe Schuldverstrickung
Israels aus und zeigt seinem Volk in welche ausweglose
Situation es sich damit gebracht hat.

c) Der Mord

Hosea beklagt außerdem das Morden im Volk. רצח begegnet
46mal im Alten Testament, wovon 27 Stellen zur gesetzlichen
Literatur zu rechnen sind[87]. In Dtn 4,42; 19,1ff; Num 35 und
Jos 20; 21 werden Freistädte für diejenigen genannt, die
einen Menschen unvorsätzlich getötet haben. In Num 35,16ff

werden jedoch die Fälle aufgezählt, die einen Menschen zum
Mörder werden lassen. Wer jemanden mit einem eisernen oder
hölzernen Werkzeug oder Stein tödlich verletzt, wird zu
einem Mörder, der selber getötet werden muß. Aus der gesetzlichen Literatur lassen sich somit zwei Bedeutungen des
Verbs רצח erheben: zum einen das unvorsätzliche Totschlagen
und zum anderen das vorsätzliche Morden.

In der weisheitlichen Überlieferung kommt רצח in Ps 94,6[88];
Hi 24,14 und Prov 22,13 vor. In Ps 94,5 klagt der Beter über
die Übeltäter, die Witwe und Fremdling töten und die Waisen
morden. רצח steht hier in Parallele zu הרג. In Hi 24,14 wird
der Mörder zusammen mit dem Dieb genannt und ihr unheilstif-
tendes Tun beklagt. Aus diesen beiden Stellen geht deutlich
hervor, daß רצח das beabsichtigte Töten und Morden bezeichnet. Diese Bedeutung wird durch die prophetischen Stellen
bestätigt. In Hos 6,9 werden die Priester mit einer Räuberbande verglichen, die auf dem Weg nach Sichem morden. Ebenso
ist in Jes 1,21 und Jer 7,9 vom bewußten Töten die Rede.
רצח meint also außer dem unvorsätzlichen Töten auch das ungesetzliche, beabsichtigte und hinterlistige Morden.
"rāṣach ist ein gegen die Gemeinschaft gerichtetes und nicht
ein in ihrem Dienst stehendes Töten"[89]. רצח wird nie vom
Töten im Kampf oder Vernichten durch Gott gebraucht. STAMM
erklärt dies damit, daß es als ein Verb, das das ungesetzliche und willkürliche Totschlagen bedeutet, nicht dazu
geeignet war, ein Töten zu bezeichnen, das im Dienst der
Gemeinschaft geschah. "Darum wird es nie für den Kampf verwendet. Aus dem gleichen Grunde wurde es meist vermieden,
wo es sich um ein gesetzlich gebotenes Töten handelte.
Das gebotene Töten des Gesetzes mußte schon in der Wortwahl geschieden sein vom unvorsätzlichen oder vorsätzlichen
Totschlagen. Und das Verb, welches inhaltlich in bestimmter

---

85 H.J. STOEBE, WuD N.F. 3 (1952), 111.
86 H. GRAF REVENTLOW, Gebot und Predigt im Dekalog, 84.
87 Ex 20,13; Num 35,6.11.16.17.18.21.25.26.27.28.30.31; Dtn 4,42; 5,17;
   19,3.4.6; 22,26; Jos 20,3.5.6; 21,13.21.27.32.36.
88 Schwierig zu übersetzen ist Ps 62,4, denn die Stelle ist korrupt.
89 J.J. STAMM, ThZ 1 (1945), 84.

Richtung festgelegt war, konnte nicht gebraucht werden, wenn
von Gottes richtendem Töten gesprochen wurde"[90].

Im Dekalog wird also nicht jedes Töten, sondern nur das
gegen die Gemeinschaft gerichtete Morden verboten. Damit
soll das Leben in Freiheit geschützt und gewährleistet werden. Indem Hosea Israel vorwirft, dieses Grundrecht des Menschen skrupellos zu mißachten, beklagt er den *völligen Zerfall des Gemeinschaftslebens*. Weil die Achtung vor dem
Nächsten verlorengegangen ist, kann er seines Lebens nicht
mehr sicher sein.

d) Der Diebstahl

Hosea beklagt hier das rücksichtslose Stehlen im Volk.
גנב betont im Unterschied zu לקח und גזל das Moment der
Heimlichkeit[91]. Das zeigt etwa die Parallelisierung in Prov
9,17: "Gestohlenes Wasser ist süß, und heimliches Brot
schmeckt gut". In Hi 27,20 heißt es, daß Schrecken den Gottlosen in der Nacht hinweggraffen (גנב) wird[92]. Die Objekte
des Diebstahls können Vermögensgegenstände oder Personen
sein. Rahel stiehlt den Teraphin ihres Vaters (Gen 31,19),
die Brüder Josephs werden beschuldigt, goldene und silberne
Becher gestohlen zu haben (Gen 44,8), und im Bundesbuch finden
sich Bestimmungen über die Bestrafung derer, die Vieh (Ex
21,37), Geld und sonstiges Gut (Ex 22,6) gestohlen haben.
Fälle von Menschendiebstahl werden in Ex 21,16 und Dtn 24,7
genannt. Für sie kennt das israelitische Recht die Todes-
strafe, ebenso für den Diebstahl am Gotteseigentum als sa-
kralem Delikt. Weil sich Achan entgegen dem Verbot Jahwes
(Jos 6,18) an dem gebannten Gut der eroberten Stadt Jericho
vergriffen hatte, wird er in der Ebene Achor gesteinigt.
Ob das gegen ihn angewandte Ermittlungsverfahren auch sonst
bei Diebstahlsverdacht geübt wurde, läßt sich angesichts

---

90 ebd., 87; vgl. dazu J.J. STAMM, ThR N.F. 27 (1961), 296-298; H.
SCHMIDT, Mose und der Dekalog, in: ΕΥΧΑΡΙΣΤΗΡΙΟΝ. H. GUNKEL zum 60.
Geb., 98.
91 F. HORST, Der Diebstahl im Alten Testament, in: ders., Gottes Recht,
167-175.

des Fehlens von weiteren Belegen nicht sicher entscheiden[93].

Die regelmäßige Erwähnung des Diebstahlverbotes in unmittelbarem Zusammenhang mit den gegen das Leben und die Ehe des Mitmenschen gerichteten Vergehen führte A. ALT zu der Frage, worin es sich eigentlich vom Verbot des Begehrens von fremdem Gut, mit dem es sich sachlich doch am nächsten zu berühren scheint, unterscheidet[94]. Hier kann doch nicht der gleiche Inhalt gemeint sein, denn das widerspricht dem Dekalog, der regelmäßig jedem Rechtsgebiet nur einen einzigen Satz widmet. Er bringt deshalb das Verbot des Diebstahls mit Ex 21,16 und Dtn 24,7 in Verbindung. Beide Stellen haben nicht den gemeinen, sondern nur den an Menschen begangenen Diebstahl im Auge. Der Bezug auf den Menschendiebstahl erklärt sehr gut die Stellung dieses Verbots innerhalb des Dekalogs. Es hat seinen Platz im Zusammenhang derjenigen Sätze, deren Aufgabe die Sicherung der gottgegebenen Grundrechte der einzelnen Person im Volk Israel ist: Leben - Ehe - Freiheit - Ehre. ALTS Deutung des Diebstahlverbotes fand weitgehende Zustimmung, u.a. von M.H. GOTTSTEIN[95] und J.J. PETUCHOWSKI[96], die darauf hinweisen, daß die von ALT vorgeschlagene Interpretation bereits in der jüdischen Auslegung[97] zu finden ist.

H. KLEIN dagegen hat A. ALT widersprochen. Daß das Diebstahlverbot zwischen Geboten steht, die das Leben und die Ehe des Nächsten betreffen, kann nicht den Schluß erzwingen, daß hier zunächst an Menschendiebstahl gedacht sei. "Es ist möglich, dass a u c h daran gedacht ist, aber der Wortlaut gibt das nicht her"[98]. Mit dem Verbot des Stehlens und dem des Begehrens sind zwei völlig andere Verhaltensweisen gemeint. Das Stehlen geschieht vor allem im Verborgenen, während das Begehren ein Wegnehmen mit Macht ist. "Der Deka-

---

92 Das Moment der Heimlichkeit findet sich auch in II Sam 21,12.
93 F. HORST, a.a.O. (Anm. 91), 21.
94 A. ALT, Kleine Schriften I, 333-340.
95 M.H. GOTTSTEIN, ThZ 9 (1953), 394f.
96 J.J. PETUCHOWSKI, VT 7 (1957), 297f.
97 Bab. Talmud, Sanhedrin 86a; Jer. Tal, Sanhedrin VIII, 3.
98 H. KLEIN, VT 26 (1976), 165.

log verbot nicht zunächst den Menschendiebstahl, sondern den Diebstahl überhaupt, wobei der Menschendiebstahl darin eingeschlossen gewesen sein mag. Ebenso aber verbot er eine Haltung des Begehrens des Gutes Anderer, das zur Tat schreitet und einfach wegnimmt"[99].

Die Argumente A. ALTS überzeugen m.E. jedoch noch immer. Indem Hosea die Mißachtung des Verbotes des Menschendiebstahls beklagt, führt er seinem Volk vor Augen, daß in Israel die *Freiheit des Menschen* nicht mehr geachtet wird. Seine Bewegungsfreiheit ist damit eingeschränkt, weil er seines Lebens nicht mehr sicher sein kann. Inhaltlich berührt sich diese Anklage Hoseas eng mit dem Vorwurf der Mißachtung des Tötungsverbotes, denn in beiden geht es um das Leben des Menschen in Freiheit[100].

e)   Der Ehebruch

Als letzten Anklagepunkt nennt Hosea das Auseinanderbrechen der Ehen. Der Ehebruch spielt in seiner Verkündigung eine wichtige Rolle. So werden in 2,4 die Kinder der untreuen Ehefrau aufgefordert, mit ihrer Mutter zu streiten und zu brechen, der Frau selbst wird befohlen, dem Ehebrechen ein Ende zu bereiten. Hosea bekommt den Auftrag, eine Frau zu lieben, die Ehebruch betreibt (3,1). In 7,4 steht der Ehebruch zugleich als Bild für die Treulosigkeit Ephraims. Eine ähnliche Aussage findet sich in Jer 3,8f, wo sich Jahwe darüber beklagt, daß er wegen des Ehebruchs das abtrünnige Israel verstoßen muß. Israels Söhne sind zu Ehebrechern und zu einer Rotte von Betrügern geworden (Jer 5,7; 9,1). Die Töchter Israels dagegen brechen in fremde Ehen ein (Hos 4,13f). Wie schändlich das Ehebruchsvergehen für Israel war, zeigen die Stellen, an denen Ehebrecher und Ehebrecherinnen zusammen mit Dieben (Ps 50,18), Meineidigen (Mal 3,5) und Mörderinnen (Ez 16,38; 23,45) genannt werden.

---

99 ebd., 169.
100 H. GESE, Der Dekalog als Ganzheit betrachtet, in: ders., VSZZ, 79.

Im Heiligkeitsgesetz (Lev 20,10) ist als Strafe für den
Ehebruch der Tod festgelegt. Auch die weisheitliche Überlieferung weiß um die Aussichtslosigkeit dieses Vergehens:
wer Ehebruch begeht, ist ohne Verstand und stürzt sich
selbst ins Verderben (Prov 6,32; 30,21; Hi 24,15).

Hosea beklagt hier, daß der *Schutz der Familie* in Israel
nicht mehr gesichert ist. Das Volk kennt auch im Geschlechtlichen keine Grenzen mehr. "Auf jeden Fall ist in dem נאף
mehr enthalten als die Verletzung eines bloßen Rechtsinsti-
tuts. Hier ist vielmehr ein Akt gemeint, der die sakrale
Sexualzone tangiert"[101]. Das Verbot des Ehebruchs umgreift
das gesamte Gebiet des Geschlechtlichen, "das in seinen
mannigfachen Versuchungen eine besonders große Gefahr für
eine dem Jahweglauben gemäße Lebensführung bedeutete"[102].
Das Geschlechtliche hatte auch eine religiöse Dimension,
denn es war das besondere Kennzeichen der in Kanaan prakti-
zierten Naturkulte. Deshalb wurde es vom Jahweglauben in
dieser Form als jahwefeindlicher Götzendienst kategorisch
abgelehnt.

Hosea nennt in 4,2a solche Vergehen, die sowohl gegen Jahwe selbst als auch gegen den Mitmenschen verstoßen. Sie mißachten die Ehre Gottes und das Leben jedes einzelnen in
Israel. V.2b unterstreicht noch einmal mit der Nennung von
דמים דמי die Verbrechen, die gegen Menschen ohne Rücksicht
auf ihr Leben begangen werden. דמים ist hier mit "Blutschuld" zu übersetzen. Da רצע als dritte Sünde bereits das
vorsätzliche Morden meint, bezeichnet דמים wohl nicht noch
einmal "Bluttaten", sondern dient als Zusammenfassung der
aufgezählten schweren Versündigungen. "Diese alle werden
'Blutschuld' genannt, sei es wie sonst zuweilen im Sinne
von 'Schuld schlechthin', sei es hier vielleicht noch in
einem rechtlichen Sinn: Verschuldigungen, die schuldhaftem
Töten gleichgerechnet werden und darum den Tod verdienen"[103].

---

101 H. GRAF REVENTLOW, Gebot und Predigt im Dekalog, 79.
102 ebd., 79.
103 H. CHRIST, Blutvergiessen im Alten Testament, 52f; zur Unterscheidung von דמים mit und ohne Artikel siehe ebd., 36ff. - Zur Bedeutung und Unterscheidung von דם und דמים siehe GK § 124 n; D. MICHEL, Grundlegung einer hebräischen Syntax, 87f sieht דמים als einen Plural

V.3 nennt die Konsequenz aus dem jahwewidrigen Verhalten
Israels: das Land trauert und jeder, der darin wohnt, ver-
welkt. Das Volk bestraft sich mit seinem frevlerischen Tun
selbst. "Der Boden des heiligen Landes, in dem der Gehorsam
gegen den göttlichen Willen die Lebensnorm sein sollte, wendet sich gleichsam in Abscheu gegen die schuldigen Bewohner
und versagt ihnen den Dienst"[104]. Ob der konkrete Anlaß für
diese Verkündigung Hoseas eine außerordentliche Dürre bzw.
Regenmangel war, wie HITZIG/STEINER[105] und RUDOLPH[106] vermuten, ist nicht sehr wahrscheinlich. Das Fehlverhalten
Israels bildet vielmehr den Hintergrund dieser Strafankündigung. אבל und אמלל begegnen noch bei Jesaja und Jeremia:
der Wein trauert und die Rebe verschmachtet (Jes 24,7), das
Land trauert und welkt (Jes 33,9), Juda trauert und das
Volk verschmachtet (Jer 14,2). Inhaltlich ähnliche Aussagen
finden sich noch in Am 8,8; 9,5; Jer 4,28; 12,4; 23,20. Wie
umfassend das Gericht sein wird, zeigt nicht nur der Ausdruck כל־יושב בה [107], der alle Bewohner des Landes einschließt, sondern auch die Nennung der Land[108]-, Luft[109]-
und Wassertiere[110]. Land- und Lufttiere wurden schon in 2,10
genannt, wo Jahwe ankündigt, daß er einen Bund mit ihnen
schließen wird. Da V.3 als Abschluß der kleinen Einheit Hos

---

der räumlichen Ausdehnung an ("Blutlache").
104 W. RUDOLPH, KAT XIII/1, 101.-Zu על־כן als Einführung einer schon
    eingetretenen Folge siehe H. LENHARD, ZAW 95 (1983), 296-272.
105 F. HITZIG/H. STEINER, Die zwölf kleinen Propheten, 20.
106 KAT XIII/1, 101f.
107 Jer 47,2; 50,3; Am 8,8; daß mit כל יושב בה nicht die Menschen, son-
    dern die Tiere gemeint sein sollen, ist unwahrscheinlich (so C.F.
    KEIL, Biblischer Commentar, 53).
108 Gen 2,19f; 3,1.14; Ex 23,11.29; Lev 26,22; Dtn 7,22; II Sam 21,10;
    II Reg 14,9; Jes 43,20; Jer 12,9; 27,6; 28,14; Ez 31,6.13; 34,5.8;
    38,20; 39,4.17; Hos 2,14; 13,8; Hi 5,23; 39,15; 40,20; II Chr 25,18.
109 Gen 1,26.28.30; 2,19f; 6,7; 7,23; 9,2; Dtn 28,26; I Sam 17,44.46;
    II Sam 21,10; I Reg 14,11; 16,4; 21,24; Jes 7,33; 16,4; 19,7; 34,20;
    Jer 4,25; 15,3; Ez 29,5; 31,6.13; 32,4; 38,20; Hos 7,12; Zeph 1,3;
    Ps 79,2; Hi 12,7; 28,21; 35,11.
110 Gen 9,2; Num 11,22; Ez 38,20; Hi 12,8; Ps 8,9; Zeph 1,3; Hab 1,14.
    - Einer eingehenderen Untersuchung bedarf die Anschauung von M.
    DEROCHE, VT 31 (1981), 400-409, der aus den Anklängen in Hos 4,2f;
    2,11.20 die Kenntnis der Priesterschrift bei Hosea voraussetzt.

4,1-3 sehr gut paßt, weil er die Konsequenzen aus dem Abfall Israels von Jahwe nennt, ist er wohl nicht als ein Einschub anzusehen, der den Zusammenhang von V.4 mit V.2 stört[111]. Weil Israel das Leben verkehrt und die Ordnung der Schöpfung zerstört hat, verfällt die ganze Schöpfung mit allen Lebewesen[112].

V. Zusammenfassung: Die Vorstufe des Dekalogs bei Hosea

Die Beobachtungen, die an den Einzeltexten gemacht wurden, sollen abschließend zusammengefaßt und mit den bisherigen Ergebnissen der Forschung verglichen werden.
1. In der Verkündigung Hoseas sind deutlich Bezüge zum Dekalog erkennbar. In Hos 12,10 und 13,4 verwendet der Prophet die Selbstvorstellungsformel, um dem Volk den Kontrast zwischen der Liebe Jahwes zu Israel und dessen Gottesvergessenheit aufzuzeigen. Im Gegensatz zu Ex 20,4 fehlen in dem mit אשר eingeleiteten Relativsatz das Prädikat sowie die adverbielle Bestimmung מבית עבדים . Enge Berührungen mit den Aussagen des zweiten Dekaloggebotes (Ex 20,4-6) finden sich in Hos 8,4-6; 13,1-3. Hier weist Hosea in aller Schärfe auf, wie weit sich Israel mit seinem schändlichen Bilderdienst von Jahwe als dem alleinigen und wahren Gott entfernt. In Hos 4,1-3 finden sich Anschuldigungen gegen das Volk, die sich deutlich zum Dekalog in Beziehung setzen lassen (Ex 20,7.13.14.15.16). Israel mißbraucht nicht nur den Gottesnamen, sondern auch untereinander sind sie zerstritten, indem sie als falsche Zeugen gegen den Nächsten aussagen und in fremde Ehen einbrechen. Es scheut sogar nicht davor zurück, Mitmenschen zu töten. Die Freiheit ist nicht mehr ge-

---

111 So K. MARTI, Dodekapropheton, 38f; er sieht in der Aussage der Mitleidenschaft der Natur an der Gottlosigkeit der Menschen einen inhaltlich späteren Gedanken; als Grundstelle vermutet er Jer 12,4; so auch O. EISSFELDT, Einleitung, 522.
112 Zur Aktualität von Hos 4,1-3 siehe J.A. WHARTON, Interp. 32 (1978), 78-83.

währleistet, weil niemand mehr seines Lebens sicher sein kann.

2. Bei dem Vergleich der hoseanischen Stellen mit dem Dekalog in Ex 20 fällt auf, daß die beiden wichtigen Gebote, den Sabbat zu heiligen und Vater und Mutter zu ehren, fehlen. Dieser Umstand kann damit erklärt werden, daß beide Gebote erst in einem jüngeren Entwicklungsstadium in den Dekalog eingefügt wurden. So geht W.H. SCHMIDT davon aus, daß der Sabbat ursprünglich nur durch das Verbot aller Arbeit charakterisiert war. Er hatte in altisraelitischer Zeit mit dem positiven Kultus nichts zu tun. Das Sabbatgebot stellt formal und sachlich eine Spätform dar[113]. Nach H. SCHMIDT stammt die Hinzufügung der Gebote vom Sabbat und von den Eltern erst aus der Zeit nach Jeremia. Vielleicht wurde das Sabbatgebot erst im Exil oder danach eingefügt. In diese Zeit paßt auch die Einschiebung des Elterngebots, denn nach der Zerstörung des Staates Juda rückt unter den Juden der Zerstreuung die Familie in den Mittelpunkt des Lebens zurück[114].

3. Läßt sich an Hand dieser Beobachtungen die in der Forschung so sehr umstrittene Frage, ob Hosea den Dekalog kannte, beantworten? Der exegetische Befund läßt sich m.E. so interpretieren, daß Hosea in seiner Verkündigung bereits auf älteres Traditionsgut zurückgreifen konnte. Die deutlichen Verbindungslinien zum Dekalog setzen voraus, daß sich Hosea auf ältere Rechtssätze beziehen konnte. Hosea kannte wohl eine *Vorform des Dekalogs*. Daß er ihm bereits in der Gestalt von Ex 20 vorlag, läßt sich nicht mit letzter Sicherheit sagen, da der Dekalog einen langen Wachstumsprozeß hinter sich hat[115]. Darauf weist die unterschiedliche Reihenfolge der Gebote hin: *Ex 20,13-15*: V.13:רצח ; V.14:נאף ; V.15: גנב . - *Ex 20 LXX*: V.13: οὐ μοιχεύσεις ; V.14:οὐ κλέψεις ; V.15: οὐ φονεύσεις ; *Hos 4,2*: 1. רצח; 2. גנב; 3. נאף;

---

[113] W.H. SCHMIDT, VT.S 22 (1972), 201-220, bes. 209.
[114] H. SCHMIDT, Mose und der Dekalog, in: ΕΥΧΑΡΙΣΤΗΡΙΟΝ, H. GUNKEL zum 60. Geb., 106.

Jer 7,9: 1. גנב; 2. רצח; 3. נאף; Dtn 5,17-19 LXX: V.17: οὐ μοιχεύσεις ; V.18:οὐ φονεύσεις ; V.19: οὐ κλέψεις
- so auch in Röm 13,9; Lk 18,20. In ihrem Grundbestand muß diese Vorform dem in Ex 20 überlieferten Dekalog sehr nahekommen, da bereits deutliche Bezüge zum 1. und 2. Gebot (Ex 20,3f) sowie zum 3. (Ex 20,7) und 6.-9. Gebot (Ex 20,13-16) vorliegen.

4. Die These HOSSFELDTS, daß der Dekalog sich erst von Hosea her entwickelt habe, läßt sich mit den exegetischen Beobachtungen nur sehr schwer in Einklang bringen. Es ist unwahrscheinlich, daß Hosea ohne Rückgriff auf traditionelles Gut seine Anklagen gegen Israel formuliert hat. Hoseas Angriffe werden in ihrer vollen Schärfe vom Volk erst richtig erkannt, wenn ihnen bewußt wird, daß sie mit ihrem schändlichen Bilderdienst, mit ihrem Töten, Lügen, Stehlen und Ehebrechen gegen die Gebote Jahwes verstoßen.

---

115 F. HORST, Art.: Dekalog, in: RGG II, 70: "Zweifellos ist also älterer, knapperer Text mit der Zeit ins Wachsen geraten und wechselnd interpretiert worden". - W.H. SCHMIDT, VT.S 22 (1972), 212: "Mit Ausnahme von einem oder höchstens zwei Geboten, nämlich dem siebten und neunten, wird der Dekalog insgesamt durch eine klar ausgeprägte Tendenz zur Bedeutungserweiterung und Verallgemeinerung seiner Forderungen beherrscht". - In der Dekalogforschung ist man in der Frage nach dem Alter des Dekalogs noch zu keiner endgültigen Antwort gelangt. So urteilt M. NOTH, ATD 5, 134f: "Für die Beantwortung der Frage nach Alter und Herkunft des Dekalogs fehlt es an sicheren Anhaltspunkten". Er hält es für wahrscheinlich, "daß der Dekalog... aus der Zeit vor der klassischen Prophetie stammt. Dafür spricht einmal die Tatsache, daß sich im Dekalog noch nicht das schon für die ältesten Propheten so wichtige Element der im engeren Sinne sozialen Forderungen findet; und sodann die weitere Tatsache, daß die Propheten das Bekanntsein des Dekalogs in Israel vorauszusetzen scheinen (vgl. vor allem Hos 4,2). Für die vorprophetische Zeit aber bleiben alle Datierungsmöglichkeiten offen". - Sicherer urteilt J.J. STAMM, ThR N.F. 27 (1961), 233: "Die Herleitung des Dekalogs erst aus der prophetischen Zeit hat sich als unmöglich herausgestellt. Er ist vorprophetisch. Das kann als sicheres Ergebnis festgehalten werden". - Anders dagegen L. HOSSFELDT, Dekalog, 283f und F. CRÜSEMANN, Bewahrung der Freiheit, 23f; da in Hos 4,2 nur drei Verben "Töten, Stehlen, Ehebrechen" auch im Dekalog auftauchen, kann nach F. CRÜSEMANN Hos 4,2 nicht als Beleg für die Kenntnis des Dekalogs zur Zeit des Endes des Nordreiches herangezogen werden. - Zurückhaltung gegenüber der These, daß Hosea bereits den fertigen Dekalog gekannt habe, übt auch J. JEREMIAS, ATD 24/1, 62 Anm.4.

Der Bruch mit Jahwe wird dem Volk von Hosea dadurch aufgezeigt, daß er ihnen ihre Mißachtung des Gottesrechtes schonungslos vorhält. Es ist deshalb wohl bewußte Komposition Hoseas, wenn er den Anschuldigungen von 4,2 die Klage über die mangelnde Gotteserkenntnis Israels vorausgehen läßt. Die Abkehr von Jahwe bedeutete für Israel gleichzeitig die Abkehr von jenem Heilszustand, den Jahwe seinem Volk durch seine Gebote geschenkt hatte[116].

---

[116] W. ZIMMERLI, Das Gottesrecht bei den Propheten Amos, Hosea und Jesaja, in: FS C. WESTERMANN, 228: "Hosea gibt sich in seiner starken Traditionsverbundenheit und dem steten Rückverweis auf den von altersher in Israel bekannten Gott keineswegs als Revolutionär. Er ist ein Zeuge für ein ihm vorausliegendes Gottesrecht, das er in der Stunde der nahenden Radikalbedrohung Israels diesem in bohrender Nachfrage nach dem Kern des Gottesgebotes vorhält. Aus der Übertretung dieses Gebotes versteht er den unweigerlich nahenden Zusammenbruch seines Volkes und die Rücknahme Israels hinter das erfahrende Heil der Landgabe. Man wird bei Hosea, diesem gottesdienstnäheren Nordreichspropheten noch stärker als bei Amos darauf geführt, daß Israel um eine explizite Kundgabe des Gottesrechtes weiß und vom Propheten auf dieses Wissen hin behaftet wird".

§ 6   MIZPA, TABOR UND SITTIM
       UND DIE SCHULD DER FÜHRER ISRAELS: HOS 5,1-7

I.   Übersetzung und textkritische Anmerkungen

1) Hört dies, ihr Priester!
   Merkt auf, ihr vom Haus Israel[a]!
   Und ihr vom Königshaus, hört genau hin!
   Denn euch[b] gilt das Gericht,
   denn eine Falle seid ihr für Mizpa[c] geworden,
   und ein Netz, ausgespannt auf dem Tabor.
2) Und eine Grube in Sittim, die man tief grub[d].
   Ich aber bin ein Zuchtmeister[e] für euch alle.
3) Ich, ich kenne Ephraim
   und Israel ist mir nicht verborgen,
   denn jetzt hast du Unzucht getrieben[f],
   Israel ist verunreinigt.
4) Ihre Taten erlauben es ihnen[g] nicht,
   zu ihrem Gott zurückzukehren,
   denn Unzuchtsgeist ist in ihrer Mitte
   und den Herrn kennen sie nicht.
5) Der Hochmut Israels[h] zeugt gegen es selbst,
   Israel[i] und Ephraim straucheln an ihrer Schuld,
   auch Juda strauchelt mit ihnen.
6) Mit ihren Schafen und mit ihren Rindern machen sie sich auf,
   um den Herrn zu suchen,
   sie finden ihn aber nicht,
   er hat sich ihnen entzogen[j].
7) Den Herrn[k] haben sie treulos verlassen,
   denn Söhne haben Bastarde gezeugt.
   Nun wird der Verderber ihre Felder verzehren[l].

a W. RUDOLPH, KAT XIII/1, 116 fügt vor בית ישראל noch שְׁנֵי
ein, da בית ישראל nie die Volksvertretung, sondern nur das
Volksganze bezeichne; שְׁנֵי konnte hinter שִׁיבָה leicht über-
sehen werden; ähnlich E. SELLIN, Zwölfprophetenbuch, ¹1922,
45: er liest für בית jedoch שִׁפְטֵי (siehe dazu unten).

b Unnötig ist der Änderungsvorschlag von EHRLICH, Randglossen
Bd. 5, 175 und W. RUDOLPH, KAT XIII/1, 116, die לְכֻלְּכֶם an
Stelle von לכם lesen; nach ihrer Auffassung ist לכם Haplo-
graphie von לְכֻלְּכֶם.

c Für למצפה liest LXX τῇ σκοπιᾷ (לְמִצְפֶּה); V liest speculatio-
ni; T liest לְמַלְפְנִיכוֹן "für eure Lehrer".

d lies in V.2a וְשַׁחַת הַשִּׂטִּים הֶעְמִיקוּ ; so mit J. WELLHAUSEN, Die
Kleinen Propheten, 113; E. SELLIN, Zwölfprophetenbuch, ¹1922,
45; EHRLICH, Randglossen Bd. 5, 175f; NOWACK, Die kleinen
Propheten, 36; W. RUDOLPH, KAT XIII/1, 116; H.W. WOLFF, BK
XIV/1, 119; A. DEISSLER, Zwölf Propheten, 28; Ina WILLI-
PLEIN, Vorformen der Schriftexegese, 141: "Warum das ח durch
ט ersetzt wurde, bleibt also, wenn es sich nicht um einen
unwahrscheinlichen Hörfehler handelt, unklar. Aberatio oculi
oder psychologisch bedingter Fehler nach dem ט in שטים
ist gleichwohl möglich". K. ELLIGER, ZAW 69 (1957), 157 und
A. WEISER, ATD 24, 50 lesen שַׁחַת בַּשִּׁטִּים : "eine Grube in
Schittim, die man eingetieft hat"; siehe zu diesem Vorschlag
Ina WILLI-PLEIN, Vorformen der Schriftexegese, 141;
ROBINSON, HAT 14, 20 liest הֶעְמִיקוּ für הֶעְמִיקוּ : "die Grube
von Sittim macht ihr tief"; H. DONNER, Israel unter den
Völkern, 43 liest וְהַשֵּׂטִים שַׁחַת הֶעְמִיקוּ "und ihr Abtrünnigen
wart eine Fallgrube, die man eingetieft hat"; zu diesem
Vorschlag siehe die überzeugenden Gegenargumente bei Ina
WILLI-PLEIN, Vorformen der Schriftexegese, 140f.

e l.c. LXX מְיַסֵּר (παιδευτής) für מוּסָר ; vgl. dazu K. ELLIGER,
ZAW 69 (1957), 155: "Wenn man schon ändert, scheint mir das
persönliche מיסר den Vorzug vor der unpersönlichen "Fessel"
zu verdienen; im übrigen kann man sich auf G παιδευτής be-
rufen". מוּסָר "Fessel" lesen u.a. E. SELLIN, Zwölfprophenten-
buch, ¹1922, 45; A. WEISER, ATD 24,50; H. DONNER, Israel
unter den Völkern, 43; EHRLICH, Randglossen Bd. 5, 175f
versteht מוּסָר als Ptz.Sg.m. Hof. von סור und übersetzt

demnach: "mich aber haben sie alle abgeschafft"; "Es handelt sich hier also nicht um heidnische Züge im JHVH-Kultus, sondern um gänzliche Verdrängung des letzteren durch völlig heidnische Kulte". Vgl. zu diesem Vorschlag kritisch H.W. WOLFF, BK XIV/1, 120.

f LXX liest für הזנית 3.P.Sg.m. הִזְנָה (ἐξεπόρνευσεν); so auch ROBINSON, HAT 14, 20; W. RUDOLPH, KAT XIII/1, 116 sowie ANDERSEN/FREEDMAN, Hosea, 389 lesen in Parallelität zu נטמא 2.P.Sg.m.Perf. Hof. הָזְנֵיתָ : "daß nämlich nunmehr du, Ephraim, zur Unzucht 'verführt' bist!" Dieser Textvorschlag ist insofern problematisch, als זנה im Hofʿal nicht belegt ist und der darin zum Ausdruck gebrachte Gedanke nicht mit hoseanischem Denken übereinstimmt, denn Hosea ist fest davon überzeugt, daß sich Israel *aus eigenem Verschulden* in diese ausweglose Situation gebracht hat (siehe V.4a). EHRLICH, Randglossen Bd. 5, 176; J. WELLHAUSEN, Die Kleinen Propheten, 113 und H.W. WOLFF, BK XIV/1, 120 lesen an Stelle von עתה das selbständige Personalpronomen der 2.P.Sg.m. אתה .

g l.c. S und EHRLICH, Randglossen Bd. 5, 176; SELLIN, Zwölfprophetenbuch, [1]1922, 45; ROBINSON, HAT 14, 20; WEISER, ATD 24, 51; RUDOLPH, KAT XIII/1, 117 und WOLFF, BK XIV/1, 120 יְקַנְּגֵם ; das Suffix der 3.P.Pl.m. ist wohl durch Haplographie weggefallen; es ist jedoch auch mit der Möglichkeit zu rechnen, daß das pronominale Objekt von vornherein nicht vorhanden war, da es dort, wo es aus dem Kontext leicht ergänzt werden kann, sehr oft ausgelassen wird (vgl. GK § 117f).

h Auf Grund der übereinstimmenden Textüberlieferung (LXX,V) sollte גאון־ישראל nicht in־עֹז abgeändert werden (so EHRLICH, Randglossen Bd. 5, 176 im Anschluß an Jer 14,7).

i Es ist schwer zu entscheiden, ob man וישראל in V.5bα streichen soll; RUDOLPH, KAT XIII/1, 117 streicht וישראל als versehentliche Wiederholung aus V.5a; so auch u.a. WELLHAUSEN, Die Kleinen Propheten, 113; WEISER, ATD 24, 51; Ina WILLI-PLEIN, Vorformen der Schriftexegese, 142; DEISSLER, Zwölf Propheten, 28; auch WOLFF, BK XIV/1, 120 tilgt וישראל und liest in V.5bα יִכָּשֵׁל בַּעֲוֹנוֹ :

"Die plur.Formen von M sind Folge der Zufügung von וישראל".

j SELLIN, Zwölfprophetenbuch, [1]1922, 45 liest חלף für חלץ ; so auch EHRLICH, Randglossen Bd. 5, 176, der auf die ähnliche Konstruktion des sinnverwandten עבר in I Reg 22,24 verweist.

k Sehr gewagt ist der Vorschlag von EHRLICH, Randglossen Bd. 5, 176f, der יהוה für ביהוה liest und es zu V.6 als Subjekt von חלף zieht; בגדו כי ändert er ab in בּוֹ בָּגְדָה פִּי ; פִּי vor בגדו בן fügt auch Ina WILLI-PLEIN, Vorformen der Schriftexegese, 142 im Anschluß an LXX ein: "Der Ausfall des פִּי ist durch verschreibende Haplographie begründet". Zur Rechtfertigung des jetzigen Konsonanten- und Wortbestandes siehe W. RUDOLPH, KAT XIII/1, 117.

l MT ist schwer zu verstehen: "der Monat/Neumond wird/soll sie fressen"; V.7b fehlt in S ganz; lies deshalb יֹאבַל מַשְׁחִית ; so auch ROBINSON, HAT 14, 22; A. WEISER, ATD 24, 51; LXX liest für חֹדֶשׁ ἡ ἐρυσίβη (חָסִיל : I Reg 8,37; Ps 78,46; Joel 1,4; 2,25); WOLFF, BK XIV/1, 120 folgt dem Vorschlag der LXX und liest יֹאבַל חָסִיל ; dazu mit Recht W. RUDOLPH, KAT XIII/1, 117: "Auf keinen Fall darf man mit Berufung auf G das graphisch so unähnliche חָסִיל einsetzen ..."; RUDOLPH ändert den Text nicht und versteht ihn folgendermaßen: "nun wird ein (einziger) Monat sie verschlingen samt ihren Grundstücken"; folgende Änderungsvorschläge finden sich in der Literatur: EHRLICH, Randglossen Bd. 5, 177: יֹאכְלוּ מֶחָדָשׁ "nunmehr sollen sie von der neuen Ernte ihr Teil essen" = sie sollen ihrem jüngsten Betragen gemäß behandelt werden"; SELLIN, Zwölfprophetenbuch, [1]1922, 45: für חֹדֶשׁ אֵת liest er אֵשׁ אֵת מַשְׁחָת "jetzt wird Verderben sie fressen, Feuer ihre Äcker"; DEISSLER, Zwölf Propheten, 29 יֹאכַל חֲרִישִׁית "ein glühender Wind frißt ihren ererbten Besitz"; zu diesen Vorschlägen siehe K. BUDDE, JPOS 14 (1934), 14: "Sachlich kommt es wenig darauf an, wie man sich entscheidet, da in jedem Fall hier die Gerichtsdrohung stehen muß".

II.　　　　　　　　　Exegese von Hos 5,1f

1 שִׁמְעוּ־זֹאת הַכֹּהֲנִים וְהַקְשִׁיבוּ בֵּית יִשְׂרָאֵל וּבֵית הַמֶּלֶךְ הַאֲזִינוּ
כִּי לָכֶם הַמִּשְׁפָּט
כִּי־פַח הֱיִיתֶם לְמִצְפָּה וְרֶשֶׁת פְּרוּשָׂה עַל־תָּבוֹר: 2 וְשַׁחֲטָה שֵׂטִים הֶעְמִיקוּ
וַאֲנִי מוּסָר לְכֻלָּם:

V.1aα beginnt mit einem dreigliedrigen Aufruf an die Führer des Volkes, auf Jahwes Wort zu hören. Als Adressaten werden zunächst die Priester genannt: שִׁמְעוּ זֹאת הַכֹּהֲנִים . In der Form des Lehreröffnungsrufes[1] werden sie zum aufmerksamen Hinhören aufgefordert. Aus Hos 4,1 kann man schließen, daß sie auf Jahwes Wort hören sollen, da dort דבר יהוה an Stelle von זאת erscheint. זאת wurde in 5,1 wohl aus metrischen Gründen der Wendung דבר יהוה vorgezogen. Damit weist זאת auf die folgende Gottesrede voraus und nicht auf das in Kapitel 4 bereits Gesagte zurück[2]. Angeredet werden die Priester, die in 4,4.9 in einem äußerst schlechten Licht erscheinen. Sie können durch ihr schändliches Verhalten nicht zum Vorbild des Volkes werden. In 6,9 werden sie sogar mit Räubern verglichen und der Morde beschuldigt[3].

Der Ruf Jahwes richtet sich nicht nur an die Priester, sondern auch an die vom "Haus Israel"[4]. Aus dieser Anrede läßt sich nicht ohne weiteres ersehen, wer damit gemeint ist. Beachtenswert ist der Vorschlag von H.W. WOLFF, der בית יש" im Anschluß an Mi 3,1 (שִׁמְעוּ־נָא רָאשֵׁי יַעֲקֹב וּקְצִינֵי בֵּית ישראל) und 3,9; Dtn 19,12; I Sam 11,3; I Reg 21,8 auf die

---

1 So die Bezeichnung von H.W. WOLFF, BK XIV/1, 122f; in ähnlicher Form findet sich der Lehreröffnungsruf in Ps 49,2 (שִׁמְעוּ־זֹאת כָּל־הָעַמִּים) und Joel 1,2 (שִׁמְעוּ־זֹאת הַזְּקֵנִים); vgl. auch Jes 28,23; 49,1; Jer 13,15; Hos 4,1.
2 Anders KEIL, Biblischer Commentar, 60, der זאת auf das in Kapitel 4 Gesagte bezieht.
3 Siehe dazu oben § 4, S. 151ff.
4 Der Imperativ wird im zweiten Glied des Aufrufs durch das Verb קשׁב Hi. ausgedrückt; bei diesem Verb fällt auf, daß von den 45 Belegen im Hif'il allein 23 auf Imperativformen fallen; Imperativformen von קשׁב Hif. begegnen in Parallele mit שׁמע noch in Jes 28,23; 49,1; Jer 18,19; Ps 17,1; 61,2; Hi 13,6; 33,31; Prov 4,1; 7,24; Mi 1,2; Dan 9,19; zu קשׁב vgl. W. SCHOTTROFF, Art.: קשׁב , in: THAT II, Sp. 684-689.

Sippenhäupter bezieht. Die שרים können damit wohl nicht bezeichnet sein, da sie vielmehr zum בית המלך hinzugehören dürften; auch können die נביאים nicht gemeint sein, da sie Hosea nie unter seinen Gegnern nennt[5]. Als dritte Gruppe werden die vom "Königshaus" aufgefordert, auf Jahwes Wort zu hören. בית המלך dient hier als Bezeichnung des Hofs und seiner obersten Beamten. Im Vergleich mit den beiden ersten Gliedern fällt die Umstellung von Subjekt und Prädikat auf. Indem V. 1aα mit der Aufforderung zum Hören beginnt (שמעו) und endet (האזינו), wird die Dringlichkeit und Bedeutung der Anrede ungemein stark hervorgehoben und betont[6].

In V.1aβ folgt die Begründung des Aufrufs: כי לכם המשפט. Die Schwierigkeit des Verses liegt in der genauen Übersetzung und in der inhaltlichen Deutung von משפט. Meint משפט hier die heilsame Lebensordnung oder das Gericht? Eine genaue Trennung läßt sich wohl nicht durchführen, da die drei Adressaten zu den führenden Kreisen Israels zählen, denen als Wahrer der Religion und des Rechts eine besondere Verantwortung für das Volk obliegt[7]. Aus V.1b.2 geht hervor, daß sie sich schuldig gemacht haben und deshalb mit einem Strafurteil rechnen müssen. "In der Ambivalenz der Ausdrucksweise dürfte vielmehr Absicht liegen. Die Angeredeten hörten wohl in erster Linie ihre Verantwortlichkeit für das Recht heraus; und das war auch die Meinung des Propheten. Aber zu-

---

[5] H.W. WOLFF, BK XIV/1, 122f; ähnlich wie H.W. WOLFF argumentiert A. WEISER, ATD 24, 50f, der im "Haus Israel" die Versammlung der freien Bürger sieht, denen in ihren Gemeinden die Wahrung des Rechts anvertraut war; so auch H. UTZSCHNEIDER, Hosea, 139: "Der König entscheidet in eigener Machtvollkommenheit, was "sein Haus" betrifft. Alles, was darüberhinaus Leben und Eigentum des Volkes betrifft, wird von der Versammlung der Ältesten mitberaten und mitentschieden". Dies entspricht nach UTZSCHNEIDER genau der begrifflichen Unterscheidung von בית ישראל und בית המלך in Hos 5,1. -בית ישראל begegnet im Hoseabuch nur in 1,4.6; 5,1; 12,1.
[6] Der Imperativ wird im dritten Glied des Aufrufs durch das Verb אזן Hi. ausgedrückt; ebenso wie bei קשב Hi. fällt bei diesem Verb auf, daß von den 40 Belegen im Hifʿil allein 30 auf Imperativformen fallen (davon begegnen 12 in den Psalmen); שמע und אזן begegnen in Parallele zueinander in Dtn 32,1; Jdc 5,3; Jes 1,2.10; 32,9; Jer 13,15; Hi 34,2; Joel 1,2; Ps 49,2; שמע, קשב Hi. und אזן Hi. begegnen als Imperativ- bzw. Adhortativformen nebeneinander noch in Jes 28,23 und Ps 17,1; zu אזן vgl. G. LIEDKE, Art.: אזן, in THAT I, Sp. 95-98; bes. Sp. 97.

gleich sollten sie schon das Donnerrollen des nahenden Gerichts wenigstens ahnen"[8].

1. Mizpa und der Bundesschluß zwischen Jakob und Laban:
    Hos 5,1bα - Gen 31,43ff

Ebenso wie V.1aβ beginnt V.1b mit einem begründeten כי .
Den Priestern, den Sippenältesten und dem Königshof wird vorgeworfen, zu einer Falle (פח) für Mizpa geworden zu sein.
Hosea verwendet hier das Bild von der Falle, das vor allem
in den Psalmen, den Weisheits- und Prophetenbüchern zum Ausdruck heimtückischer Anschläge sowie tödlicher Bedrohung
dient[9]. פח diente vor allem zum Fangen von Vögeln, um die
erstrebte Tötung zu ermöglichen[10]. Dabei handelte es sich
in der Regel entweder um ein kleines, rundes, auf einen Reifen
gespanntes und mit einem Stab für Lockspeise versehenes
Klappnetz oder um ein viereckiges, auf gekreuzte Stäbe gespanntes Vogelfangnetz, das als Klappe eingerichtet war und
einer Falle glich[11]. Indem Hosea auf das Bild von der Falle

---

7 Vgl. etwa Jer 2,8.
8 K. ELLIGER, ZAW 69 (1957); W. RUDOLPH, KAT XIII/1, 119 deutet V.1aβ ausschließlich als Strafurteil: V.1b.2a wird den Angeredeten ein Unrecht vorgeworfen; wären sie als Rechtswahrer angesprochen, könnte das erste כי nur adversativen Sinn haben, was jedoch vor dem zweiten כי sehr hart wäre. "Dann ist auch der Schluß von V.1a ein Vorblick auf den Schluß von V.2, wo die Strafdrohung tatsächlich ausgesprochen wird". - H.W. WOLFF, BK XIV/1, 124 übersetzt משפט in V.1aβ mit "Recht": "Hosea denkt an das Miteinander der Instanzen und also bei dem ihnen gemeinsam... anvertrauten משפט an die rechte heilsame Lebensordnung im ganzen, die mit dem Recht Jahwes in Israel gegeben ist..."; so auch H. UTZSCHNEIDER, Hosea, 136; zu משפט siehe G. LIEDKE, Art.: שפט in: THAT II, Sp. 999-1009, bes. Sp. 1004-1007.
9 Vgl. etwa Hos 9,8; Am 3,5; Jes 8,14; 24,27f; Jer 18,22; 48,43f; Ps 69,23; 119,110; 124,7; 140,6; 141,9; 142,4; Prov 7,23; 22,5; Hi 18,9; 22,10; Koh 9,12.
10 Vgl. nur Am 3,5.
11 G. DALMAN, Arbeit und Sitte in Palästina VI, 338f; Abbildungen von Vogel- und Steinfallen finden sich bei DALMAN, 321 (Abb. Nr. 60.61. 62); G. FOHRER, Art.: Falle, in: BHH I, Sp. 463; Abbildungen zum Vogelfang finden sich ebenso bei A. ERMAN-H. RANKE, Ägypten und Ägyptisches Leben im Altertum, 266f; O. KEEL, Die Welt der altorientalischen Bildsymbolik und das Alte Testament, 78-82.

zurückgreift, verdeutlicht er ungemein eindrücklich die tödliche Bedrohung, die von den Priestern, Sippenältesten und dem Königshof ausgeht. Doch worauf spielt er mit dem Bezug zu "Mizpa" an?

Mizpa begegnet im Alten Testament als Name für Ortslagen sowohl in Palästina als auch im Ostjordanland. Das bekannteste Mizpa ist das in Benjamin. Es spielte in der Vorkönigszeit als Versammlungsort des Zwölfstämmeverbandes und in der Samueltradition eine wichtige Rolle (Jos 18,26; Jdc 20,1.3; 21,1.5.8; I Sam 7,5.6.7.11f.16; 10,17). In I Reg 15,22 wird der Ausbau von Mizpa als judäische Grenzfestung durch den König Asa berichtet. Nach der Zerstörung Jerusalems regierte Gedalja von Mizpa aus (II Reg 25,23.25; Jer 40,6.8.10.12f.15; 41,1.3.6.10.14.16)[12]. Das ostjordanische Mizpa ist vor allem mit der Jephtaüberlieferung verbunden (Jdc 10,17; 11,11.34)[13]. Neben diesen beiden Ortslagen ist in Jos 11,3.8 von einem "Land Mizpa" (ארץ המצפה) bzw. von einer "Talebene von Mizpa" (בקעת מצפה) die Rede[14]. In Jos 15,38 wird Mizpa als Ortschaft am Rande des Stammes Juda[15] und in I Sam 22,3 als Ort in Moab genannt[16].

In Gen 31,49 wird von der Entstehung des Heiligtums Mizpa berichtet. Sollte Hosea hierauf anspielen? Diese Anspielung ist deshalb nicht auszuschließen, da Gen 31,49 zu dem Kreis der Jakob-Laban-Geschichten zählt, die Hosea sehr gut kennt und in seine Verkündigung aufnimmt (vgl. Hos 12)[17].

---

12 Das benjaminitische Mizpa ist mit großer Wahrscheinlichkeit mit dem *Tell en-Naṣbe* zu identifizieren (K. ELLIGER, Art.: Mizpa, Mizpe, in: BHH II, Sp. 1228; M. NOTH, HAT 7, 112).
13 Das ostjordanische Mizpa wird von den meisten Gelehrten mit *Ḫirbet el-Mšrefe*, ca. 12 km nordnordöstlich von *eṣ-Ṣalt* identifiziert; so etwa A. KUSCHKE, Art.: Mizpa, in: RGG IV, Sp. 1065; M. NOTH, ZDPV 75 (1959), 36; S. MITTMANN, ZDPV 85 (1969), 66; anders K. ELLIGER, a.a.O. (Anm. 12), 1228f, der Mizpa auf der *Ḫirbet Rēschūni*, nordwestlich der *Ḫirbet Dschelʿad* sucht.
14 Zu Jos 11,3.8 siehe M. NOTH, HAT 7, 69.
15 Zu Jos 15,38 siehe M. NOTH, ebd., 95.
16 Zu I Sam 22,3 siehe H.J. STOEBE, KAT VIII/1, 403f.
17 H. GESE mündlich! Siehe dazu oben § 1.

Gen 31 schildert in V.1-16 die Vorbereitungen Jakobs zur
Flucht, in V.17-24 ist dann von der Flucht selbst die Rede.
Daran schließt sich in V.25-35 die Begegnung zwischen Jakob
und Laban sowie in V.36-42 die Verteidigungsrede Jakobs an.
Von dem Vertrag Labans mit Jakob wird in V.43-54 berichtet.
Die Entscheidung in dem Streit zwischen Jakob und Laban hat
V.42 gebracht. "Jakob wäre in diesem Streit als der Schwächere unweigerlich unterlegen; nun aber ist Gott für ihn ein-
getreten und hat ihm Recht verschafft"[18]. Laban gibt sich
geschlagen (V.43) und schlägt einen Bundesschluß (נכרתה
ברית ; V.44a) vor. Als Bundeszeichen wird ein Steinhaufen errichtet, der als Zeuge zwischen Jakob und Laban dienen soll
הגל הזה עד ביני ובינך ; V.48a). Weil Jahwe als Zeuge über
diesen Bund wachen soll (יצף יהוה; V.49a.50), soll der Ort
des Bundesschlusses von nun an Mizpa [מִצְפָּה (·הַ)] heißen.
Die Abmachung verpflichtet Jakob, Labans Töchter nicht
schlecht zu behandeln (V.50). Gleichzeitig sollen beide den
Ort als Grenze zweier Völker respektieren (V.52). Jakob und
Laban verpflichten sich, nicht in das Gebiet des anderen in
feindlicher Absicht einzudringen. Sie bekräftigen ihren Willen zum friedlichen Nebeneinander durch die Anrufung und das
Schwören bei ihrem Gott (V.52f). "Die Vorstellung dabei ist,
daß jeder der Partner sich durch den Schwur bei seinem eigenen Gott bindet. Bricht er den Schwur, wird der eigene
Gott ihn wegen des Eidbruches bestrafen"[19].

Äußerst schwierig ist in Gen 31 die Quellenscheidung durchzuführen. "Die Quellenscheidung ist besonders schwierig, da
der Red. die beiden Rezensionen mit eigenen Zutaten zu einem
Ganzen verwoben hat"[20]. H. GUNKEL teilt die einzelnen Verse
folgenden Quellen zu: V.1-3 JE; V.4-16 E; V.17-25 E davon
18aβγδb P; V.19a.21.25 J; V.26-34 E davon Einsätze aus J:
27.31.36a.38-40; bei dem Bundesschluß zwischen Jakob und Laban unterscheidet H. GUNKEL eine Gileadrezension (V.44.46.51
-53a.48), die er J zurechnet und eine Mizparezension (V.45.

---

18 C. WESTERMANN, BK I/2, 607.
19 ebd., 610.
20 H. GUNKEL, Genesis, 350.

49.50.53b.54), die er E zuschreibt[21].

Anders sieht die Quellenscheidung bei M. NOTH aus: P: V. 18aβb; J: V.1.3.17.18aα.19a.20.21aαb.22.23.25b.26aα.27.30a. 31.36a.38-40.46.47.48.49.51-53a; E: V.2.4-16.19b.21aβ.24.25a. 26aβb.28.29.30b.32-35.36b.37.41-44.45.50.53b.54[22].

Nach G. von RAD gehört der weitaus größere Teil der Erzählung zu E: V.2.4-18a.19-24.26.28-45.53-32,1[23].

C. WESTERMANN schreibt Gen 31 sogar ganz J zu (außer V.18 aβb P), denn eine "elohistische Quelle ist in Gn 31 nicht anzunehmen, weil die Erweiterungen verschiedener Art sind"[24].

Obwohl eine genaue Quellenscheidung schwer durchzuführen ist, läßt sich doch auf Grund der Spannungen im Text vermuten, daß das Kapitel von Hause aus nicht einheitlich ist. In V.45 wird als Bundeszeichen eine Massebe (מצבה), in V.46 dagegen ein Steinhaufen (גל) errichtet. V.46b.54 berichten von zwei Opfermahlzeiten und V.47f.49 nennen zwei Namen: Gilead und Mizpa. M. NOTH versucht, das Werden dieser Erzählung folgendermaßen zu rekonstruieren: den Ausgangspunkt bildete der Vertrag zwischen Jakob und Laban, der auf dem "Gileadberg" abgeschlossen wurde. Dabei diente ein Stein als Grenzscheide zwischen Israeliten, d.h. den ephraimitischen Siedlern dieser Gegend und Aramäern. Das Übereinkommen beinhaltete neben der Regelung der Nutzung von Weideplätzen und Wasserquellen, daß "die Verfolgung von Vergehen an der Grenzscheide ein Ende fand und der Delinquent straffrei wurde, sobald er diese glücklich passiert hatte, da eine gegenseitige Auslieferung nicht stattfand"[25].

Trotz der literarkritischen und überlieferungsgeschichtlichen Probleme ist das Ziel deutlich, auf das Gen 31 in seiner jetzigen Gestalt zuläuft. Es geht um die friedliche Beilegung eines Konflikts und die Respektierung zweier Abmachungen: 1. Jakob soll Labans Töchter nicht schlecht behan-

---

21 ebd., 340-353.
22 M. NOTH, Überlieferungsgeschichte, 18; 30f; 38.
23 G. von RAD, ATD 2-4, 245-254.
24 C. WESTERMANN, BK I/2, 598.
25 M. NOTH, Überlieferungsgeschichte, 101.

deln (V.50). 2. Jakob und Laban sollen den Ort als Grenze beachten und sich nichts Böses antun. Durch das gemeinsame Mahl bekunden beide ihren Willen zur friedlichen Vereinbarung. Indem sie im Angesicht Jahwes essen und in seinem Namen schwören, bringen sie ihre Verpflichtung gegenüber ihm als dem Hüter dieses Bundes zum Ausdruck. "Das Bundesmahl dokumentiert die gütliche Einigung der Partner; es ist aber ein sakrales Mahl, d.h. die Gottheit, die die Abmachungen sanktioniert, nimmt als unsichtbarer Mahlgenosse daran teil. Die Erzählung stellt es so dar, daß dieser Gott Jahwe, der Gott Abrahams, der Schrecken Isaaks gewesen sei"[26].

Ist es richtig, in Hos 5,1bα einen Bezug zu Gen 31,43ff. zu sehen, so muß mit Mizpa das ostjordanische Mizpa gemeint sein[27]. Wenn Hosea den Bundesschluß zwischen Jakob und Laban vor Augen hat, so klagt er hier die Priester, die Sippenhäupter und den Königshof in einer radikalen Weise an. Er wirft ihnen vor, den von Jakob und Laban vor Jahwe bezeugten Willen zum friedlichen Nebeneinander mit den Nachbarvölkern in schändlicher Weise mißachtet zu haben. Sie sind dadurch zu einer Falle, d.h. zu einer tödlichen Bedrohung dieses Bundesschlusses geworden. Die Verpflichtung, die Jakob und Laban *Jahwe gegenüber* eingegangen sind, haben sie leichtfertig verworfen. Sie haben damit Jahwe den Rücken gekehrt und mit ihm gebrochen. Durch die Abkehr von Jahwe sind sie zugleich zu einer tödlichen Bedrohung für das Volk geworden, da sie ihrer Verantwortung für Religion und Recht nicht mehr nachkommen

2. Der Tabor und der Segensspruch über Sebulon und Issachar: Hos 5,1bβ - Dtn 33,18f

Hosea klagt die Priester, Sippenhäupter und den Königshof an, sie seien zu einem Netz geworden, das auf dem Tabor aufgespannt ist. רשת bezeichnet im Unterschied zu פח nicht das Klappnetz, sondern das Netz, das verdeckt auf dem Boden liegt.

---
26 G. von RAD, ATD 2-4, 253.

Es wird verborgen, damit es für das Opfer unsichtbar bleibt und sein Fuß sich darin verfängt[28]. Ebenso wie פח steht רשת hier als Bild für einen gefährlichen Hinterhalt und eine tödliche Bedrohung[29]. Ist das Bild mit dem Netz aus sich heraus ohne weiteres verständlich, so bleibt zu fragen, warum sich Hosea gerade auf den Tabor bezieht?

Der Tabor erscheint explizit in Jos 19,12.22.34 als ein Grenzpunkt der Stämme Issachar, Sebulon und Naphtali, in Jdc 4,6.12.14 wird er als Sammlungsort der Israeliten in ihrem Kampf gegen die Kanaanäer genannt. In Ps 89,13 begegnet er zusammen mit dem Hermon und in Jer 46,18 zusammen mit dem Karmel[30]. Implizit ist vom Tabor im Mosesegen Dtn 33,19 in dem Spruch über Sebulon und Issachar die Rede. Dort heißt es:

> "Völker laden sie auf den Berg (הר),
> dort schlachten sie wohlgefällige Opfer
> (זבחי צדק).
> Denn den Überfluß des Meeres saugen sie
> und die verborgensten Schätze des Sandes"[31].

Nach diesem Spruch besitzen Sebulon und Issachar ein gemeinsames Wallfahrtsheiligtum. Der hier genannte Berg wird am ehesten im Bereich der beiden Stämme liegen, vielleicht auf der Grenze zwischen beiden. Deshalb kommen der Karmel oder der Zion schwerlich in Frage, da sie in einiger Entfernung der Stammesgebiete von Sebulon und Issachar liegen. Sehr gut paßt dagegen der Tabor, der sich genau in der Mitte zwischen

---

27 Anders H.W. HERTZBERG, ZAW 47 (1929), 164f: "In der späteren Königszeit wird Mizpa als Heiligtum nur einmal, bei Hosea, genannt, zusammen mit dem Tabor, dem alten heiligen Berg (5,1). Wenigstens bin ich... der Meinung, daß es sich hier um Mizpa Benjamin handelt". An das benjaminitische Mizpa denkt auch H.W. WOLFF, BK XIV/1, 124f.
28 G. DALMAN, Arbeit und Sitte in Palästina VI, 335f.
29 C. EDLUND, Art.: Netz, in: BHH II, Sp.1302; im Alten Testament steht רשת fast durchweg als Bild für einen Hinterhalt, für Bedrohung und Gericht: Hos 7,12; Ez 12,13; 17,20; 19,8; 32,3; Ps 9,16; 10,9; 25,15; 31,5; 35,7f; 57,7; 140,6; Prov 1,17; 29,5; Hi 18,8.
30 Siehe noch I Chr 6,62; Jdc 8,18.
31 Übersetzung nach G. von RAD, ATD 8, 145.

beiden Stämmen befindet[32]. Gestützt wird diese Vermutung durch die Angaben in Jos 19,12.22, wo der Tabor in den Grenzbeschreibungen beider Stämme erscheint. Das Fehlen des Artikels bei הר ist wohl kein Zufall, denn die "Prägnanz, die im Fehlen des Artikels zum Ausdruck kommt, verstärkt den durch den fehlenden Namen des Berges hervorgerufenen Eindruck, daß es sich um eine *bekannte* (Herv. v. mir), noch damals benutzte Kultstätte handelt"[33]. Nach V.19aβ ist das Besondere von Sebulon und Issachar in ihrem Kult auf dem Tabor zu sehen, der einen weiten Kreis von Kultteilnehmern anzog. Auf dem Berg wurden זבחי צדק dargebracht. Diese Wendung begegnet noch in Ps 4,6; 51,21 und bezeichnet dort mehr die Haltung und weniger die Richtigkeit und Reinheit, in der die Opfer dargebracht werden[34]. Von daher sollte man זבחי צדק in Dtn 33,19 eher mit "wohlgefällige, aufrechte Opfer" als mit "reiche, verschwenderische Opfer"[35] übersetzen.

Nach O. EISSFELDT[36] war der für den palästinischen Tabor bezeugte Kultus älter als Israels Einwanderung in Kanaan, "da nach der Analogie aller ähnlichen Fälle anzunehmen ist, daß Israel ihn von den Vorbewohnern des Landes übernommen

---

32 So im Anschluß an K. BUDDE, Der Segen Mose's. Deut. 33, 39: "Vortrefflich paßt dagegen in jeder Beziehung der Tabor, über den recht wohl die Grenze der Bruderstämme laufen konnte". BUDDE ergänzt vor הר noch תגבול als die vermutlich ältere Lesart; nach ihm muß der Name oder die Lage des gemeinsamen Wallfahrtsheiligtums von Sebulon und Issachar in V.19aα genannt sein, da שם in V.19aβ darauf zurückweist.
33 E. TÄUBLER, Biblische Studien, 125.
34 E. TÄUBLER, a.a.O. (Anm. 33), 126: "In diesen Fällen wird man sicher den Ton nicht auf die von selbst darin enthaltende kultische Richtigkeit und Reinheit des Opfers, sondern auf die Gesinnung, mit der es dargebracht wird, zu legen haben".
35 So übersetzt BUDDE, Der Segen Mose's. Deut. 33, 49 זבחי צדק ; BUDDE interpretiert זבחי צדק auf Grund von V.19b als die verschwenderische Reichlichkeit der Opfer. - Verbindungen mit זבח als nomen regens im Pl. st.cs. beggnen oft im Alten Testament:/זבחי שלמים שלמיכם : Lev 17,5; Num 10,10; Jos 22,23; I Sam 10,8; Prov 7,14; II Chr 30,22; 33,16; מזבחי שלמיהם : Ex 29,28; Lev 7,34; מזבחי שלמי בני ישראל : Lev 7,32; מזבחי שלמיכם Lev 10,14; זבחי אלהים / אלהיך : Ps 51,19; זבחי הבהבי : Hos 8,13; זבחי תרועה : Ps 27,6; זבחי מתים : Ps 106,28; זבחי תורה : Ps 107,22; זבחי ריב : Prov 17,1.
36 Der Gott des Tabor und seine Verbreitung, in: ders., Kleine Schriften II, 29-54.

hat und Hoseas Polemik gegen ihn dies geradezu beweist"[37].
Er stellt auf Grund der Namensgleichheit Verbindungslinien
zwischen dem Gott des palästinischen Tabor und dem Zeus Atabyrios auf Rhodos her. Vermutlich wurde der Name von Palästina nach Rhodos übertragen, da "die Form Ἀταβύριον,
Ἰταβύριον, mag nun das ihr zugrunde liegende Wort von Haus
aus semitisch sein oder nicht, ganz den semitischen Sprachgesetzen bzw. der Art, wie sonst semitische Worte gräzisiert
werden, entspricht"[38]. Er stützt seine These mit religionsgeschichtlichen Beobachtungen[39]. Über das Wesen des Gottes
vom Tabor lassen sich kaum sichere Aussagen machen. Möglicherweise war er ein Berg- und Wettergott. "Vielmehr ist er ein
Gott, von dem die Gemeinschaft seiner Verehrer Förderung
ihrer Bestrebungen und Abwendung von Not und Gefahren erwartet"[40].

V.19b nennt den Reichtum, den beide Stämme erhalten. Der
Vers bezieht sich damit auf V.18 zurück, in dem die verschiedene Lebensart beider Stämme einander gegenübergestellt wird.
Sebulon wird durch seine Seefahrten und Issachar durch seine
Tätigkeit im Land wirtschaftlichen Erfolg haben. "In beiden
Fällen handelt es sich um beträchtliche Gewinne, die der
eine aus ertragreichem Überseehandel und der andere aus einträglichem Karawanenhandel zieht, denn חוֹל in Verbindung mit
אֹהֶל bezeichnet nicht den Sand an der Meeresküste, sondern
den der Steppe oder Wüste (Ex 2,12)"[41].

Der Spruch über Sebulon und Issachar in Dtn 33,18f legt
auf zwei Aussagen besonderes Gewicht. Zum einen betont er
sehr stark die Jahweopfer, die auf dem Tabor von den Kultteilnehmern in verantwortungsvoller und aufrechter Weise
dargebracht werden. Sie werden als זבחי צדק bezeichnet und
damit als etwas Besonderes und Hochgeschätztes herausgestellt. Zum anderen wird den beiden Stämmen aufgrund ihres

---

37 ebd., 31.
38 ebd., 37.
39 ebd., 39ff.
40 ebd., 52.
41 H.-J. ZOBEL, Stammesspruch und Geschichte, 38f.

See- und Landhandels wirtschaftlicher Erfolg und Wohlleben verheißen. In beidem konkretisiert sich der Segen, den Mose über Sebulon und Issachar ausspricht[42]. Was meint nun Hosea, wenn er von dem ausgespannten Netz auf dem Tabor spricht? K. BUDDE[43] und O. EISSFELDT[44] sehen in Hos 5,1bß eine radikale Kritik Hoseas an den Opferfesten auf dem Tabor, in denen der Prophet eine böse Verführung und Götzendienst sieht. Diese Auslegung geht von der Voraussetzung aus, daß die Gefahr für Israel vom Tabor mit dem dort geübten Kult ausgeht. Nach der Meinung Hoseas aber geht die Bedrohung vor allem von den Priestern, den Sippenältesten und dem Königshof aus. Sie werden für die, die zum Opfern auf den Tabor kommen, zu einer tödlichen Bedrohung, weil sie offenbar nicht mehr die ordnungsgemäße Durchführung der einst so geschätzten Opfer (זבחי צדק) gewährleisten können und wollen. Sie vergehen sich damit wissentlich nicht nur an Israel, sondern letztlich an Jahwe selbst. Hosea kritisiert hier nicht den Kult auf dem Tabor an sich, sondern vielmehr den rücksichtslosen und verantwortungslosen Umgang mit ihm durch die Verantwortlichen, d.h. hier vor allem durch die Priester des Volkes[45].

---

42 Mose ist in Dtn 33 "als "Gottesmann", d.h. als Prophet verstanden, der angesichts seines nahen Todes weissagende Worte über die Zukunft der einzelnen Stämme spricht. Der Segen eines so gewaltigen Mannes ist viel mehr als nur ein leerer Wunsch; er enthält schöpferische Worte, die die Zukunft zu gestalten vermögen" (G. von RAD, ATD 8, 146); - zur literar-, redaktions- und überlieferungsgeschichtlichen Frage von Dtn 33 siehe F.M. CROSS/D.N. FREEDMAN, JBL 67 (1948), 191-210; O. EISSFELDT, Einleitung, 303-306; O. KAISER, Einleitung, 135f.
43 K. BUDDE, Der Segen Mose's. Deut. 33, 39: "Daß ihn (sc. den Tabor) ein altes Heiligtum krönte, versteht sich im Grunde von selbst, wird aber vollends durch Hos 5,1 bezeugt, wo vielleicht eben die Opferfeste, die unser Vers rühmt, als böse Verführung gekennzeichnet werden".
44 O. EISSFELDT, Der Gott des Tabor (s.Anm.36), 54: "Der Gott vom Tabor wie all die anderen kanaanäischen Ba'ale ist also dem Prophetismus erlegen".
45 Hos 5,1bß berührt sich inhaltlich eng mit 6,9, wo die Priester mit Räubern verglichen und der Morde beschuldigt werden (siehe dazu oben § 4 S.152f).

3. Sittim und der Abfall zum Baal Peor:
Hos 5,2a - Num 25,1-5

Wenn die Konjektur in V.2a "und eine Grube in Sittim, die man tief grub" dem ursprünglichen Wortlaut der Stelle entspricht, so blickt hier Hosea auf den Abfall Israels zum Baal Peor (Num 25,1-5) zurück. Dort hatte sich Israel mit den Töchtern Moabs eingelassen (V.1b), sich an Opfern für den moabitischen Gott beteiligt (V.2a), ihn angebetet und ihm gedient (V.2b.3a)[46]. Im Urteil Hoseas hat sich Israel an dem Kult des Baal Peor versündigt, denn es hat sich an Stelle von Jahwe als seinem Herrn dem Götzen Baal Peor geweiht (Hos 9,10b). In Hos 5,2a wird die Schuld für diesen Abfall präzisiert und den Priestern, Sippenältesten und dem Königshof zugeschrieben. Ebenso wie in V.1b wird die tödliche Bedrohung für das Volk durch ein Bild aus dem Jagdleben anschaulich verdeutlicht. Die Verantwortlichen des Volkes wurden zu einer tiefen Grube und damit zu einer todbringenden Gefahr. Ebenso wie פח und רשת dient שחת im Alten Testament als Bild der Vernichtung[47].

4. Zusammenfassung

Mit den drei Bildern aus dem Jagdleben stellt Hosea sehr scharf die Schuld der leitenden Kreise Israels heraus und verdeutlicht mit dem Rückblick in die Geschichte des Volkes die von ihnen ausgehende tödliche Bedrohung[48]. Mizpa, Tabor und Sittim stehen alle in Verbindung mit dem Verhalten Israels zu seinem Gott. Die heilsame Verpflichtung, die Jakob und Laban in Mizpa vor Jahwe eingegangen sind, haben die

---

46 Vgl. dazu ausführlicher oben § 3, S. 72f.
47 Vgl. nur Ps 9,16 (in Parallele zu רשת); 35,7; Prov 26,27; Jes 38,17 (שחת בלי); in Jon 2,7 ist die Grube Symbol der Gottverlassenheit.
48 Die Verwendung von Bildern aus der Jagd bei Hosea - aber auch in den Psalmen und den Weisheitsbüchern - zeigt, "daß die Jagd volkstümlich und allgemein bekannt war..." (G. DALMAN, Arbeit und Sitte in Palästina VI, 329).

verantwortlichen Kreise leichtfertig aufs Spiel gesetzt.
Der hohe Respekt, den Israel einst auf dem Tabor Jahwe gegenüber bezeugte, ist in Gleichgültigkeit und Verantwortungslosigkeit umgeschlagen. Die Abkehr von Jahwe und die Hinwendung zu fremden Göttern hat sich seit dem Abfall zum Baal Peor in Sittim nicht geändert. Die Schuld daran tragen nach Hosea in erster Linie die Priester, die Sippenältesten und der Königshof, die damit zu einer immer größer werdenden Gefahr für Israel werden, weil die Freiheit und der Friede des Volkes dadurch immer bedrohter werden. Jahwe wird deshalb zum Zuchtmeister (מוסר V.2b) aller werden[49].

III.   Exegese von Hos 5,3-7

Während in V.1f die Schuld der leitenden Kreise beim Namen genannt wird, zählen V.3-7 die Schuld des Volkes auf. Sowohl in V.1f als auch in V.3-7 geht es um die Abkehr und um das Vergessen Jahwes. Auf Grund dieser inhaltlichen Übereinstimmung sollte man V.1-7 trotz der Bedenken K. ELLIGERS als eine Einheit auffassen[50]. Ebenso wie V.1f sind auch V.3-7 sehr kunstvoll aufgebaut.

---

49 Diese Interpretation von V.1b.2a ist m.E. zutreffender als die von H. DONNER, Israel unter den Völkern, 45, der V.1b.2a auf politische Ereignisse bezieht. Seine Deutung nimmt den Aussagen der beiden Vershälften ihre eigentliche Spitze. Die Schuld Israels liegt für Hosea in der Abkehr von Jahwe (vgl. V.3-7); nach DONNER stehen Mizpa und Tabor stellvertretend für Gilead und Galiläa, die beide in ihrer Freiheit gehemmt sind. "Die angesprochenen Kategorien, also ganz Israel, tragen die Schuld, daß im gileaditischen Mizpa und auf dem galiläischen Tabor jemand gefangen ist; die beiden Örtlichkeiten sind dadurch charakterisiert, daß es in ihnen keine Bewegungsfreiheit mehr gibt. Von kultischen Vergehen, die dort verübt worden wären, ist nicht die Rede". Nach DONNER geht es um den Verlust von Territorium und Volkskraft, was auf die Situation nach 733 weist; DONNERS Interpretation ist abhängig von der Lesart in V.2a: וְהַשְׁטִים שַׁחַת הֶעְמִיקוּ.
50 K. ELLIGER, ZAW 69 (1957), 151ff verteidigt die Trennung von V.1f und V.3-7 vor allem mit dem Hinweis auf den klaren Aufbau von V.1f.

Innerhalb von V.3-7 gehören zunächst V.3 und 4 eng zusammen. V.3aα beginnt mit der Feststellung Jahwes: "Ich kenne Ephraim", was als Gegensatz zu V.4bβ steht: "Jahwe kennen sie nicht". In V.3aα und V.4bβ steht der betonte Satzteil (1.P.Sg.c. verstärkt durch das selbständige Personalpronomen der 1.P.Sg. - V.3aα ; Akkusativobjekt - V.4bβ) jeweils am Anfang. V.3aβ führt den Gedanken von V.3aα weiter, wobei als Wortstellung Subjekt-Prädikat erscheint. Israel kann sich nicht vor Jahwe verstecken (נכחד)[51]. V.3b gibt die mit כי eingeleitete Begründung: Ephraim hat Unzucht getrieben[52] und Israel hat sich versündigt. Im Gegensatz zu V.3aβ steht in V.3bβ wegen der Parallelität zu V.3bα das Prädikat vor dem Verb. V.3b ist inhaltlich und formal eng mit V.4bα (כי) verbunden, da hier der Unzuchtsgeist[53] in Israels Mitte beklagt wird. Die Kernaussage von V.3f steht in V.4a: wegen seiner schlechten Taten kann Israel nicht zu seinem Gott zurückkehren[54]. V.5 betont, daß der Hochmut und die Schuld für Israel und Ephraim zum Selbstgericht werden[55]. Der Vers dient als Bindeglied zwischen V.3f und 6f, wo deutliche Bezüge zueinander bestehen[56]. Auf Grund der Aussage von V.4a ist deutlich, daß jede Mühe Israels, Jahwe zu finden, letztlich vergeblich sein muß (V.6a). Es kann aus eigener Kraft den Herrn nicht mehr finden, da er sich ihnen entzogen hat (V.6b). Die Aussage von V.6b steht dabei in eigenartiger Spannung zu V.3aβ. Obwohl sich Jahwe Israel entzogen hat (V.6b), kann sich Israel vor Jahwe nicht verbergen. Er bleibt trotz seiner Verborgenheit Israels scharfer Beobachter. V.7aα unter-

---

51 כחד begegnet im Nifᶜal außer in Hos 5,3 noch in Ex 9,15; I Sam 18,13; Sach 11,9 (bis).16; Hi 4,7; 15,28; 22,20; Ps 69,6; 139,15.
52 Mit זנה begegnet eines der für das Hoseabuch charakteristischen Motivworte: vgl. 1,2; 2,7; 3,3; 4,10.12-15.18; 9,1; zu נטמא ישראל vgl. 6,10; 9,4 (Hitp.).
53 Der Ausdruck begegnet noch in 4,12; zu זנוניהם vgl. noch 1,2; 2,4.6.
54 מעלל findet sich bei Hosea ausschließlich als Bezeichnung der bösen Tat (4,9; 7,2; 9,15; 12,3); zu שוב bei Hosea siehe 2,9.11; 3,5; 5,4.15; 6,1.11; 7,10.16; 8,13; 9,3; 11,5.9; 12,7; 14,2.3.5.8.
55 Vgl. nur Hos 14,2.
56 V.5b ist möglicherweise Zusatz eines Späteren.

streicht noch einmal mit Hilfe des Verbs נגד die Abkehr von Jahwe[57]. V.7aβ sieht den Grund dafür (eingeleitet mit כי) in Israels Hurengeist. Er berührt sich formal und inhaltlich eng mit V.3b.4bα (jeweils eingeleitet mit כי; Thema: Israels Unzuchtsgeist). Als Konsequenz der Untreue Israels wird der "Verderber" Israels Felder verwüsten (V.7b).

---

[57] Zum Verb נגד siehe oben § 4 S. 151f.

C. ZUSAMMENFASSUNG UND SCHLUSS

Die Heilstraditionen Israels

C. ZUSAMMENFASSUNG UND SCHLUSS

In diesem Schlußkapitel sollen erstens die wichtigsten Ergebnisse der Untersuchung zur Verwendung der Traditionen Israels im Hoseabuch im Hinblick auf die Einzeltraditionen zusammengefaßt (I) und zweitens ihre Leistung im Kontext des ganzen Hoseabuches gewürdigt werden (II).

I. Die Heilstraditionen Israels in der Verkündigung des Propheten Hosea

1. Hosea und die Jakob-Tradition

Hosea hat für seine Verkündigung in breiter Weise die Jakobtradition aufgenommen, die in Hos 5,1-7; 12,1-15 fest mit den Aussagen über die Verdorbenheit Israels verknüpft ist. Die inhaltliche Zusammengehörigkeit der Jakobtradition in Hos 12 darf nicht zu ihrer Herauslösung aus dem Kapitel oder zur Umstellung von Versen führen. Dagegen spricht der Aufbau des Kapitels (V.1-2; V.3-7; V.8-9; V.10-11; V.12; V.13-14), die Verbindung von V.12 und V.13 durch das Stichwort שׂדה sowie die in V.10 beginnende und sich in V.11f fortsetzende Gottesrede in der 1. Person.

In Hos 12,4a liegt ein Bezug zur Geburtsgeschichte Jakobs in Gen 25,21-26a.27-34 vor. Die Bezeichnung Jakobs als איש תם (Gen 25,27b) sowie sein Eingebundensein in Gottes Heilsplan (Gen 25,23) erlauben in Gen 25 eine positive Sicht Jakobs. Hoseas Rückbezug auf die Geburtsgeschichte rät dazu, das Verb עקב (Gen 25,26) in Hos 12,4a mit "an der Ferse halten" und nicht mit "betrügen" zu übersetzen. Jakobs Kampf am Jabbok (Gen 32,23-33) bildet den Hintergrund von Hos 12,4b-5a. Dafür spricht die Aufnahme des Motivs von Jakobs Stärke (Hos 12,4b; Gen 32,26) sowie von wichtigen Motivworten (שׂרה

Gen 32,29b - Hos 12,4b; אלהים Gen 32,19.31 - Hos 12,4b; יכל
Gen 32,26 - Hos 12,5a). Hos 12,5aβ bezieht sich auf Jakobs
Streben nach dem göttlichen Segen (Gen 32,27). In dem Handeln
Jakobs, in seinem Kampf mit Gott sowie in seinem Flehen um
Gottes Segen zeigt sich sein unbeugsames Insistieren auf
Jahwes Zuwendung. Hosea greift auf diese Erzählung deshalb
zurück, um Jakob als den um Jahwe eifernden Gottesstreiter
mit Israel als dem von Jahwe sich abwendenden Gottesvolk zu
kontrastieren[1]. Hos 12,5b zeigt das Ergebnis von Jakobs Bitte,
was durch eine Anspielung auf die Erzählung von Jakob in
Bethel zum Ausdruck gebracht wird (Gen 35). Die Erzählung von
Jakobs Dienen um Rahel (Gen 29,1-30) greift Hosea in 12,13
auf, was sich aus der Verwendung des Motivwortes עבד sowie
in der Ähnlichkeit der Formulierung zwischen Gen 29,18 und
Hos 12,13b schließen läßt. Ebenso wie in Hos 12,4a.5aβb läßt
sich hier eine positive Interpretation Jakobs ableiten, da
Jakobs Flucht und sein Dienen um Rahel als Zeichen seiner
Liebe angesehen werden.

Auf eine andere Erzählung aus dem Kreis der Jakob-Laban-
Geschichten greift Hosea in 5,1f zurück. Die Nennung von
Mizpa läßt an die Entstehung des gleichnamigen Heiligtums
in Gen 31,43ff denken, wo von der friedlichen Beilegung eines
Konfliktes zwischen Jakob und Laban berichtet wird. Indem
Hosea auf diese Erzählung zurückgreift, möchte er die Schuld
der führenden Kreise des israelitischen Volkes unmißverständlich aufzeigen. Sie haben durch die Verwerfung der Verpflichtung, die Jakob und Laban in Mizpa Jahwe gegenüber eingegangen sind, die Gemeinschaft mit Jahwe gebrochen.

Wenn unsere Beobachtungen richtig sind, hat Hosea in breiter Weise auf die Jakobtradition zurückgegriffen. Dabei nimmt
er ihre wesentlichen Hauptbestandteile, die Erzählungen von
Jakob und Esau, Jakob und Laban sowie den Bericht über die
Gotteserscheinungen auf. Dies setzt voraus, daß die Jakober-

---

1 P.R. ACKROYD, VT 13 (1963), 251 hat darauf aufmerksam gemacht, daß
  das Insistieren auf Gottes Segen und die Bitte um seine Zuwendung
  ein im Alten und Neuen Testament geläufiges Motiv sei (Gen 18,22f;
  Am 7,1-6; Lk 11,1-8; 18,1-8 u.ö.).

zählungen, die ihrerseits das Ergebnis einer langen und vielschichtigen Überlieferungsgeschichte sind, bereits eine in den Quellen J und E fixierte Gestalt gefunden hatten[2]. Hosea setzt ihre Kenntnis bei seinen Hörern voraus, da ihre Aufnahme ansonsten sinnlos gewesen wäre. Hosea ändert die ihm vorgegebene Tradition nicht ab, sondern stellt ebenso wie sie Jakob als den "Träger des Segens"[3] dar. Es bleibt deshalb zu fragen, ob das in der Literatur sich häufig findende Urteil, daß Hosea die Kenntnis der Jakobtradition voraussetze und darauf aufbaue, daß er aber die Abfolge der Einzelheiten verschieden von der J-Fassung (Gen 25; 27ff; 32) komponiere und die Gestalt Jakobs völlig anders werte, als eine sachgemäße Exegese der Textstellen angesehen werden kann[4]. Wenn die Aufnahme und vor allem die Deutung der Tradition in das Belieben Hoseas gestellt wäre, hätte sie sehr schnell ihre eigentliche Aussagekraft verloren. Gerade dadurch, daß Hosea die Jakobtradition weder umändert noch umwertet, wird die Schuld Israels um so deutlicher.

Hosea möchte Jakob als *nachahmenswertes Vorbild* Israel gegenüberstellen, weil auf diese Weise die Schuld des Volkes erst in ihrer vollen Schärfe entlarvt wird. Israel hat sich mit seinen Lügen und seiner Gewalttat, mit seiner verhängnisvollen Bündnispolitik (12,2) und mit seiner Selbstgerechtigkeit und Prahlsucht (V.9) von seinem Gott entfernt und losgesagt. Diesem in Sünde und Schuld verstrickten Israel stellt Hosea Jakob als den gegenüber, der unablässig nach dem Segen seines Gottes strebte. Der Vergleich zwischen dem Urvater Jakob und dem gegenwärtigen Israel zeigt, wie tief das Volk gesunken ist. Jakob hat sich in seiner Not an Jahwe gewandt, Israel dagegen wendet sich immer mehr von ihm ab und stürzt so in das eigene Unglück. Hosea sieht in Jakob nicht den Betrüger oder den Gottbekämpfer, er möchte auch nicht dessen Hybris darstellen. An diesem Jakobbild müßte sich Israel wenig interessiert zeigen, es könnte sich sogar in seinem

---

2 A. WEISER, Art.: Jakob, Patriarch, in: RGG Bd. 3, Sp. 517-520.
3 ebd., 518.
4 So etwa R. KÜMPEL, Die Berufung Israels, 65.

gottlosen Verhalten bestätigt sehen. Hoseas Rückgriff auf die Jakobtradition wird dann verständlicher, wenn er damit die unüberbrückbare Kluft zwischen dem *hoffnungsvollen* Anfang und dem gegenwärtigen *hoffnungslosen* Zustand Israels aufzeigen will.

2. Hosea und die Mose-Tradition

Die Mosetradition ist im Hoseabuch in 12,14 greifbar. Durch den Bezug zur Herausführung aus Ägypten durch "einen Propheten" kann kaum angezweifelt werden, daß damit Mose gemeint ist. Er wird von Hosea als Prophet bezeichnet, der im Auftrag Jahwes Israel aus Ägypten geführt und es sicher durch die Wüste geleitet hat. V.14 gehört sehr eng mit V.13 zusammen, da beide Verse in Prosa und in bewußter Entsprechung zueinander formuliert sind. Es ist beabsichtigte Komposition Hoseas, wenn er Jakob und Mose im gleichen Kapitel nennt und nebeneinanderstellt. Beide sind für Hosea die Repräsentanten des geschichtlichen Anfangs Israels. In Jakob begegnet der Stammvater Israels, der zum Träger des göttlichen Segens wurde, Mose ist der Diener Jahwes, der in dessen Auftrag Israel aus der tödlichen ägyptischen Knechtschaft befreite. Beide stehen in einer engen Gemeinschaft mit Jahwe. Jakob kämpfte mit Jahwe, um den göttlichen Segen zu erlangen und in Bethel wurde ihm eine Gotteserscheinung zuteil. Mose fand so sehr das Vertrauen Jahwes, daß dieser ihn mit der Führung seines Volkes beauftragte. Da ihr Tun und Handeln zugunsten Israels geschah, sind sie beide für das Volk Zeugen der Zuwendung und Liebe Jahwes zu Israel. Auf diesem Hintergrund stellt Hosea die unermeßliche Schuld des gegenwärtigen Israel dar, das mit seiner Lüge, seiner Selbstgerechtigkeit und seiner Prahlsucht die Leitfiguren Jakob und Mose vollkommen aus dem Blickfeld verloren hat. "Ephraim kränkte bitterlich, sein Blut wird über ihn kommen, sein Zorn wird der Herr ihm vergelten" (V.15) ist das furchtbare Fazit Hoseas. Indem Jakob und Mose seinen Zuhörern als Leit- und Vorbild vor Augen führt, legt er die Schuld Israels bloß. Diese Interpretation von 12,13f ist verständlicher als die sonderbare Deutung, hier gehe es um die Gegenüberstellung zwischen dem um eine *Frau* dienenden Jakob und dem in *Gottes* Diensten stehenden Mose[5].

3. Hosea und die Wüstenerwählungs-Tradition

Die zur Wüstenerwählungstradition zählenden Texte (9,10-17; 10,1-2.11-13a; 11,1-7; 13,4-8; 2,16f; 12,10) beurteilen alle die Zeit vor dem Einzug Israels ins Kulturland als eine Zeit der idealen Gemeinschaft zwischen Jahwe und seinem Volk. Hosea verwendet zu ihrer Darstellung verschiedene Bilder und Motivworte. In 9,10; 10,1 wird Jahwes Liebe zu Israel mit dem Bild von den Trauben und Frühfeigen, die er in der Wüste fand, zum Ausdruck gebracht. Der Vergleich mit Traube und Feige, die im Alten Testament als Zeichen für die Fruchtbarkeit und den Reichtum Palästinas stehen, soll die übergroße Freude Jahwes an Israel beschreiben. In Hos 10,11 greift Hosea auf ein Bild aus dem bäuerlichen Leben zurück, indem er Israel mit einer gelehrigen Jungkuh vergleicht, die es liebte zu dreschen. Weil Israel gelehrig war und Jahwe durch seine Schönheit faszinierte, bestand zwischen beiden ein harmonisches Verhältnis. Wird in 9,10; 10,11 vor allem Jahwes Liebe zu Israel hervorgehoben, so wird in 11,1 durch die Bezeichnung Israels als Gottes Sohn stärker der Schutz, den Jahwe Israel gewährte, betont. Er hatte sich bereits zu seinem Volk bekannt, als es selbst noch vollkommen unmündig und unselbständig war. Die Verwendung von נער und בן (V.1a) sowie die Hinweise auf Jahwes ständiges Bemühen um Israel (V.2a.3a.4) zeigen, daß Hosea hier sehr stark auf den Erziehungsgedanken Wert legt. Mit dem Bild des Vater-Sohn-Verhältnisses wird zum einen der Abstand zwischen Jahwe und Israel

---

[5] Auffallend ist in Hos 5,1bß bei der Nennung des Tabor die Verwendung von Traditionsgut, das im Kontext des *Mose*segens in Dtn 33,1ff erscheint.

betont, zum anderen wird aber auch Gottes Nähe und Fürsorge
für sein Volk und dessen Gehorsam zu Jahwe eindrücklich beschrieben. Jahwes Hilfe und Fürsorge werden auch in 13,4f
mit dem Hinweis auf die Herausführung aus Ägypten und die
sichere Führung durch die Wüste betont herausgehoben. Hosea
verwendet zur Beschreibung von Jahwes Hinwendung und Liebe
nicht nur verschiedene Bilder, sondern auch die unterschiedlichsten Verben, wie מצא (9,10a), ראה (9,10a), עבר (10,11a),
אהב (11,1a), קרא (11,1b) und ידע (13,5a).

Innerhalb der zur Wüstenerwählungstradition zählenden Texte sondern sich 2,16f; 12,10 insofern ab, als sie die Rück-
führung Israels in die Wüste ankündigen. In der Wüste soll
Israel fernab von den Verlockungen des Kulturlandes erkennen,
daß Jahwe allein sein einziger Gott und wahrer Helfer ist.
Die Vorstellung Hoseas, daß es von dort aus zu einem neuen
Exodus und zu einer neuen Landnahme kommen wird (2,17), zeigt,
daß der Prophet kein nomadisches Ideal in dem Sinne vertritt,
daß das Kulturland versteppen und Israel Jahwe ausschließlich
in der Wüste dienen wird.

Diese Texte sind eingebettet in Anklagen über die Untreue
des Volkes. In 9,10 stellt Hosea Israels Treulosigkeit mit
dem Bezug zur Überlieferung von Israels Abfall zum Baal
Peor dar (Num 25,1-5). Dadurch lokalisiert Hosea den Abfall
und legt seinen Beginn gleichzeitig zeitlich fest. Für den
Propheten begann die Lossagung Israels von Jahwe mit dem
Betreten des Kulturlandes. Als das Volk dorthin einwanderte,
verlor es durch die unendlich reichen Segnungen des Landes
sowie durch die Verführungen der Baalsgötzen Jahwe als seinen eigentlichen Herrn und Heiland vollkommen aus dem Blick.
Da Israel reichlich satt wurde, wurde es sorglos und vergaß
Jahwe (10,1). Die furchtbaren Folgen dieses Abfalls beschreibt
Hosea in 10,13; 11,2. Israel hat dadurch "Bosheit gepflügt",
"Ungerechtigkeit geerntet" und die "Frucht der Lüge" geges-
sen (10,13), es hat den Baalim geopfert und den Götzenbildern Opferrauch aufsteigen lassen. Dafür wird Israel hart
bestraft werden. Jahwe wird sie kinderlos machen (9,12.14),
er wird sie nicht mehr lieben (9,15) und sie verwerfen (9,17).

Ihre Altäre werden umgestürzt und ihre Malsteine verwüstet werden (10,2), das Schwert wird in ihren Städten wüten und alle die töten, die sich an Jahwe versündigt haben (11,5f; 13,8). Als Läuterungsgericht kündigt Hosea die Rückkehr in die Wüste an, wo Israel Jahwe als seinen alleinigen Herrn von neuem erkennen wird.

4. Hosea und die Bundes-Tradition

Wenn die Exegese von Hos 2,20; 6,7; 8,1; 10,4; 12,2 im Kontext von 2,18-25; 6,7-11a; 8,1-3; 10,3f und 12,1-2 eine sachgemäße Exegese ist, so kann an der Kenntnis des Bundesbegriffes bei Hosea kein Zweifel bestehen. Hosea verwendet in 2,20; 10,4 und 12,2 die Wendung כרת ברית und in 6,7; 8,1 die Formel עבר ברית . Man sollte deshalb nicht wie etwa L. PERLITT[6] von einem Bundesschweigen bei Hosea reden. Hosea verwendet diesen Begriff ganz bewußt, um mit seiner Hilfe das exklusive Verhältnis von Jahwe und seinem Volk Israel zu beschreiben[7]. Dabei legt er auf zwei Aspekte besonderes Gewicht: es geht ihm erstens um die Darstellung der gnädigen Zuwendung Jahwes zu seinem Volk und zweitens um die Beschreibung des gottlosen Handelns Israels.

Ad 1) Der erste Aspekt wird vor allem in 2,20; 8,1 hervorgehoben. Der Bund der Aussöhnung zwischen Israel und den Tieren verhilft Israel zu einem friedvollen und sicheren Leben im Kulturland. Es wird sich frei von aller Bedrängnis und Angst im Land bewegen können. Gottes ewige Verlobung mit Israel ist mit einer Reihe von Geschenken verbunden, die ihm ein heilsames, auf einer gedeihlichen und intakten Ordnung aufgebautes Leben ermöglichen. Dadurch setzt sich der Bund der Aussöhnung fort in der Aussöhnung der Israeliten untereinander. Er gipfelt in der Aussöhnung von Jahwe und Israel, weil Israel all das erkennen und vor allem anerkennen wird, was sein Gott für es getan hat. Dadurch wird ihm zugleich bewußt werden, daß es sich getrost auf ihn verlassen kann (2,20ff).

Jahwes Bund mit Israel konkretisiert sich in seinen Geboten, die Hosea unter dem Begriff תורה zusammenfaßt (8,1b). Jahwes Tora soll Israel ein sicheres und heilvolles Leben ermöglichen. In all diesen Heilssetzungen Jahwes für sein Volk ist Jahwe allein der Handelnde und Schenkende, eine aktive Rolle Israels ist ganz ausgeschlossen. Er macht sich damit gleichzeitig zum Bürgen und Garanten von Israels Heil. Er schafft nicht nur die Bedingungen für das Wohl seines Volkes, sondern er setzt sich auch für deren Ermöglichung ein und zeigt damit Israel den Raum, innerhalb dessen ein sinnvolles Leben vor seinem Gott möglich ist. Jahwes Bund schenkt Israel שלום in ganz umfassendem Sinn. "שָׁלוֹם bezeichnet ... die Unversehrtheit, die Ganzheit eines Gemeinschaftsverhältnisses, also einen Zustand harmonischen Gleichgewichts, der Ausgewogenheit aller Ansprüche zwischen zwei Parteien. So will also ein Bundesschluß einen Zustand der Intaktheit, der Geordnetheit und Rechtheit zwischen zwei Parteien erzielen, um auf dieser Rechtsgrundlage eine Lebensgemeinschaft zwischen zwei Parteien zu ermöglichen"[8]. Der Grund für Jahwes Bund mit Israel liegt in Jahwes unableitbarer Liebe. Hosea gibt an keiner der oben aufgeführten Stellen eine ausführliche Begründung dafür, warum Jahwe einen Bund mit Israel schließt. Seine Entscheidung zum Bundesschluß gründet allein in ihm selbst und kann deshalb nicht weiter hinterfragt werden. Es ist Jahwes nicht weiter zu erforschender Wille, mit Israel einen Bund einzugehen, um ihm auf diese Weise einen umfassenden Frieden mit der Tierwelt zu ermöglichen, um eine neue Gemeinschaft der Israeliten untereinander zu stiften und um Jahwe als den alleinigen und wahren Gott Israels zu erkennen.

---

6 L. PERLITT, Bundestheologie im Alten Testament, 150f.
7 Nach H.J. HERMISSON, in: H.J. BOECKER u.a., Altes Testament, 222 kommt im Bundesbegriff der "Innenaspekt" des Verhältnisses von Jahwe und Israel stärker zur Geltung, "während der "Außenaspekt" eines *Sonder*verhältnisses - Jahwe und Israel gegenüber den Völkern (und ggf. ihren Göttern) - vorwiegend im Begriff der "Erwählung" reflektiert wird".
8 G. von RAD, Theologie Bd. 1, 144.

Ad 2) Der zweite Aspekt, auf den die Bundestradition besonderes Gewicht legt, begegnet in 6,7; 10,4; 12,1. In 6,7 verdeutlicht Hosea mit dem Hinweis auf die Auseinandersetzung zwischen Ephraim und Gilead (Jdc 12,1-6) seinen Zuhörern den Bruch der Gottesgemeinschaft. Wenn er in seiner Verkündigung auf diese Episode in der Geschichte Israels zurückgreift, so setzt er ihre Kenntnis bei seinen Zuhörern voraus. Sie müssen über die näheren Umstände und vor allem über den Sinn der Erzählung genau unterrichtet gewesen sein, da sie nur auf diese Weise die Anspielung und ihren Bezug zur Gegenwart verstehen konnten. Indem Hosea die Auseinandersetzung zwischen Ephraim und Gilead in seine Verkündigung einfügt, läßt er die schwere Schuld des gegenwärtigen Israel in einem neuen Licht erscheinen. Die vergangene Schuld wird damit zur gegenwärtigen, die zeitliche Distanz zu dem Geschehen von damals wird überbrückt und die fremde Schuld wird zur eigenen. Die bloße Kenntnis und das distanzierte Hören auf diese Erzählung verwandelt sich damit bei den Hörern in Betroffenheit. Hosea deutet den Bruderkrieg zwischen Ephraim und Gilead als Bruch der Gemeinschaft mit Jahwe. Die Schuld dafür sieht er vor allem im Verhalten der Priester begründet, die ihre eigentliche Aufgabe als Wahrer der Gottesbeziehung und der Gottesgabe durch ihr schändliches und rücksichtsloses Verhalten ins genaue Gegenteil verkehrt haben. Hosea leistet hier eine genaue Schuldzuweisung. Indem der Prophet auf die in Jdc 12,1-6 überlieferte Erzählung zurückgreift, datiert er zugleich den Abfall Israels von seinem Gott. Er beginnt für ihn mit dem Übergang aus der Wüste ins Kulturland, der Jordan wird somit zur Scheidelinie Israels von seinem Gott. Durch die Aufnahme der Erzählung von der Auseinandersetzung zwischen Ephraim und Gilead in seine Verkündigung zieht Hosea eine unmittelbare Verbindungslinie in die Gegenwart. Er zeigt damit die Zusammengehörigkeit der jetzigen Generation zu den früheren israelitischen Stämmen auf. Diese Gemeinschaft kann nach Hosea nur in der Anbetung des Gottes, der "Israel aus Ägypten geführt hat" (12,10; 13,4) gesehen werden.

In 10,4; 12,2 beklagt Hosea die Bündnispolitik Israels, das sowohl mit Ägypten als auch mit Assur paktiert. Zwar ist hier nicht direkt von der gestörten Beziehung Israels zu seinem Gott die Rede, doch zeigt die Einbettung beider Verse in die Aufzählung der Sünden Israels, daß Hosea im Paktieren seines Volkes mit fremden Mächten einen Bruch der Gemeinschaft mit seinem Gott sieht.

Die Darstellung der gnädigen Zuwendung Jahwes und die Beschreibung des gottlosen Verhaltens Israels mit Hilfe des Bundesbegriffes zeigt, daß bei Hosea mit ברית vor allem ein *personaler* Aspekt verbunden ist, da es um Jahwe und sein Volk Israel geht. ברית ist bei Hosea weniger ein Rechts- als vielmehr ein Relationsbegriff[9]. Obgleich der Begriff nur an fünf Stellen im Hoseabuch begegnet, führt er doch ins Zentrum hoseanischer Theologie[10].

5. Die Wüstenerwählungs- und Bundestradition - Gemeinsamkeiten und Unterschiede

Vergleicht man die Texte, die von der Erwählung Israels in der Wüste reden, mit denen, die vom Bund Jahwes mit seinem Volk sprechen, so finden sich deutlich sachliche Entsprechungen. Sie lassen sich in fünf Punkten zusammenfassen:

a) Es geht in beiden Textgruppen um das *Exklusivverhältnis* zwischen Jahwe und Israel. In den zur Wüstenerwählungstradition zählenden Texten stehen die Begegnung Jahwes mit Israel in der Wüste und seine innige Gemeinschaft mit ihm so sehr im Mittelpunkt, daß das Motiv des Murrens und des Versagens vollkommen außer acht bleiben kann. Diese Sicht berechtigt

---

9 M.E. liegt der Nachteil der Untersuchungen von L. PERLITT und W. THIEL darin, daß sie in ihrer Beurteilung des Bundesbegriffes bei Hosea zu sehr von der Vorstellung eines beiderseitig verpflichtenden Vertrages Jahwes mit Israel ausgehen und den personalen Aspekt nicht genügend berücksichtigen.

10 Wenn die Kenntnis des Bundesbegriffes bei Hosea vorausgesetzt werden kann, wäre es eine reizvolle und lohnende Aufgabe, die Aufnahme und Verarbeitung des Begriffes in der deuteronomisch-deuternomistischen Literatur mit derjenigen bei Hosea genauer zu vergleichen.

dazu, in dieser Tradition eine Uminterpretation der Sinaitradition zu sehen. In 6,7; 8,1 wird dieses Exklusivverhältnis als "Bund" bezeichnet. Zugleich klagt Hosea darüber, daß Israel dieses in Jahwes Liebe gründende Verhältnis schändlich gebrochen hat.

b) In beiden Traditionen ist das Interesse ganz und gar auf *Israels Heil* gerichtet. Nach 2,16f; 12,10 wird die Wüstenzeit als die Zeit der innigen Gemeinschaft zwischen Jahwe und Israel durch Jahwes Handeln noch einmal stattfinden. In der Wüste wird Israel wie bei dem ersten Aufenthalt Jahwes Liebe und Zuneigung von neuem erkennen. Von dort aus wird es dann zu einem zweiten Exodus und einer zweiten Einwanderung ins Kulturland kommen. In 2,20ff geht es um einen Bundesschluß Jahwes mit den Tieren zugunsten Israels, der Israel den Frieden mit der Tierwelt, das gefahrlose Wohnen im Land und die Stiftung neuer Gemeinschaft untereinander und mit Jahwe bringen wird.

c) Jahwe erscheint beidemal als der *allein Handelnde* und Israel als der Empfangende. Die Initiative für die Erwählung des Volkes geht einseitig von Jahwe aus, der seine ganze Liebe Israel schenkt. Ebenso ruht die Androhung der Rückkehr in die Wüste als Läuterung für die Gottvergessenheit des Volkes allein in Jahwes Entscheidung. Daß Gottes Hinwendung und Sorge um Israel ein einseitiger Akt Jahwes ist, wird in gleicher Weise im Bundesverständnis Hoseas deutlich, denn er versteht darunter nicht einen Vertrag zweier gleichberechtigter Partner, sondern ein in Jahwes unerforschlicher Liebe gründendes Verhältnis zu Israel.

d) Jahwe ist nicht nur der allein Handelnde, sondern er ist damit auch *Bürge* für sein Tun. Die Erwählung Israels setzt sich fort in dem Schutz, den er seinem Volk gewährt. Er hat das noch unmündige Israel behütet (11,1ff), er hat es aus Ägypten geführt und sicher durch die Wüste geleitet (13,4-6). Er nimmt die Tiere zum Heil Israels in Dienst, verschafft ihm Schutz vor seinen Nachbarn und schenkt ihm Frieden (2,20ff).

e) Beide Traditionen stimmen darin überein, daß sie den

Beginn des Bruches der Gemeinschaft zwischen Jahwe und Israel in dem *Übergang Israels nach Kanaan* sehen. Dort hat es sich den heidnischen Götzen übereignet (9,10; 10,2; 11,2) und Bosheit, Ungerechtigkeit, Lüge und Hochmut (10,13; 13,6) vermehrt. Durch die Nennung der beiden Grenzorte Beth Peor (9,10) und Adam (6,7) zeigt Hosea, daß sie für ihn die wichtigsten Repräsentanten dieses Abfalls von Jahwe sind.

Obwohl die Texte, die von der Erwählung Israels in der Wüste reden in sachlicher Entsprechung zu denen stehen, die vom Bund Jahwes mit Israel sprechen, unterscheiden sie sich beide doch in der Verwendung der Bilder und Vergleiche. Der Vergleich Israels mit Trauben, Feigen, einer gelehrigen Jungkuh und seine Kennzeichnung als Sohn fehlen bei der Bundestradition ebenso wie die scharfe Polemik gegen die Baalsgötzen. Wo in der Wüstenerwählungstradition Beth Peor und Gilgal als Haftpunkte des beginnenden Abfalls von Jahwe stehen, erscheinen in der Bundestradition Adam, Gilead und Sichem. Ebenso fehlt bei der Wüstenerwählungstradition der Hinweis auf die Gebote, die Jahwe zum Heil Israels gegeben hat (8,2). Diese Unterschiede können die sachliche Entsprechung beider Traditionen jedoch nicht verdecken.

6. Hosea und die Dekalog-Tradition

Im Hoseabuch findet man eine ganze Reihe von Stellen, die an den in Ex 20/Dtn 5 überlieferten Dekalog erinnern. So verwendet Hosea in 12,10; 13,4 die Selbstvorstellungsformel, bei der im Unterschied zu Ex 20,2/Dtn 5,6 der Relativsatz אשר הוצאתיך sowie die adverbielle Bestimmung מבית עבדים fehlen. Eine scharfe Polemik Hoseas gegen die Anfertigung von Götzenbildern ist aus 8,4-6; 13,1-3 abzulesen. Er spottet über ihr Material sowie über ihre Herstellungsart und disqualifiziert sie damit als Machwerk von Menschen. Beide Verbote erinnern sehr stark an das Bilderverbot im Dekalog (Ex 20,4-6/Dtn 5,8-10). In 4,2a nennt Hosea fünf Vergehen Israels, die sich mit dem Dekalog in dem Verbot des Meineids

(Ex 20,7.16/Dtn 5,11.20), der Lüge (Ex 20,16/Dtn 5,20), des Mordens (Ex 20,13/Dtn 5,17), des Diebstahls (Ex 20,15/Dtn 5,19) und des Ehebruchs (Ex 20,14/Dtn 5,18) in enge Beziehung setzen lassen.

Alle diese Stellen stehen bei Hosea im Kontext des Rechtens Jahwes mit seinem Volk. In 12,8f klagt er Israel des Betruges, der Prahlsucht und des Hochmuts an. Die Selbstvorstellungsformel in 13,4 steht zwischen dem Abschnitt 13,1-3 und 13,4-8, in dem Hosea seinem Volk zum einen vorhält, sich Götterbilder aus Silber anzufertigen, um sie dann wie Götter zu verehren und es zum anderen an Jahwes liebevolle Fürsorge, seinen Schutz und seine Zuneigung in der Wüstenzeit erinnert. In den Schilderungen von Israels schändlichem Götzendienst (8,4-6; 13,1-3) zeigt Hosea die Gefahr auf, wie sehr die bildlichen Götterfiguren Israel anziehen und es immer mehr von Jahwe als dem alleinigen Herrn und Heiland weggeführt wird. Jahwes Offenbarsein und seine Göttlichkeit werden dadurch schändlich mißachtet. Hos 4,2a gehört zu dem Abschnitt des Rechtsstreites Jahwes mit seinem Volk V.1-3, der als Überschrift über die Kapitel 4-11 dient und Israels Verfall offen anklagt. Israel hat die Gemeinschaft mit seinem Gott zerbrochen, mit der Mißachtung des Rechtes hat es seine Bestimmung als Jahwes Volk ins Gegenteil verkehrt, das Gemeinschaftsleben des Volkes ist zerbrochen, die Freiheit des Menschen und der Schutz der Familie sind nicht mehr gewährleistet.

Dieser exegetische Befund läßt sich so erklären, daß Hosea für seine Verkündigung bereits auf eine Dekalogtradition zurückgreifen konnte. Man darf zwar auf Grund des Fehlens des Sabbat- und Elterngebotes nicht so weit gehen und behaupten, Hosea habe den Dekalog in der Form gekannt, wie er uns in Ex 20/Dtn 5 überliefert ist, aber man kann doch davon ausgehen, daß Hosea eine Dekalogtradition vorlag, die als *Vorstufe* des Dekalogs in Ex 20/Dtn 5 angesehen werden kann[11]. Geht man von dieser Voraussetzung aus, wird der Grund für

---

11 Von einer lebendigen Dekalogtradition geht auch H.J. BOECKER, in: ders., u.a., Altes Testament, 209 aus.

ihre Aufnahme in die hoseanische Verkündigung gut verständlich. Hosea kann durch die Verwendung dieses Traditionsgutes seinen Hörern auf eine ungemein eindrückliche Weise die eigenen Verfehlungen vor Augen halten. Er zeigt ihnen auf, wie sehr sie sich durch die Mißachtung seiner Gebote von ihrem Gott entfernt und seinen Heilswillen mißachtet haben. Die Folge davon ist nicht nur das Zerbrechen der Gottesbeziehung, sondern auch die Gefährdung des Gemeinschaftslebens mit all seinen heilvollen Ordnungen[12].

Die Nähe Hoseas zur Vorstufe des klassischen Dekalogs läßt fragen, ob HELEN SCHÜNGEL-STRAUMANN mit ihrer These, die Propheten seien in ihrer Verkündigung nicht vom Dekalog abhängig, sondern sie lebten beide aus der gleichen Grundhaltung, das ganze Leben unter den Anspruch Jahwes zu stellen, wirklich im Recht ist[13]. Diese Aussage trifft zumindest für Hosea nicht zu, denn er gibt sich bewußt in die Abhängigkeit der Vorstufe des Dekalogs, um seinen Zuhörern das große Ausmaß ihrer Verfehlung vor Augen zu halten. Der Rückgriff Hoseas auf die Dekalogtradition zeigt die unanfechtbare Autorität, die sie bei dem Propheten genoß. Hosea muß sich über ihre Mächtigkeit und Wirkung innerhalb seiner Verkündigung vor allem im Hinblick auf seine Hörer sehr genau im klaren gewesen sein.

Ist es richtig, für die hoseanische Verkündigung eine Vorstufe des Dekalogs von Ex 20/Dtn 5 vorauszusetzen, so lassen sich von daher mit aller gebotenen Vorsicht Aussagen über das Alter des Dekalogs treffen. Der Dekalog lag in der Mitte des 8. Jahrhunderts v.Chr. in einer Gestalt vor, die der in Ex 20/Dtn 5 bezeugten Endfassung sehr nahe war. Da Hosea auf diese Dekalogvorstufe in selbstverständlicher Weise zurückgreift, muß sie bei den Bewohnern des Nordreiches bekannt gewesen sein. Dies wiederum läßt den Schluß zu, daß die Dekalogtradition bereits vor Hosea, also etwa zu Beginn des 8. Jahrhunderts bekannt und lebendig gewesen sein muß. Eine genaue Datierung dieser Dekalogvorstufe läßt sich von Hosea aus nicht weiter vornehmen.

---

12 Vgl. dazu H.J. BOECKER, a.a.O. (Anm.11), 212f.
13 HELEN SCHÜNGEL-STRAUMANN, Der Dekalog - Gottes Gebote?, 106.

Abschließend soll noch die Frage zum Verhältnis von Bund und Dekalog bei Hosea angesprochen werden. Mit Hilfe des Bundesgedankens stellt Hosea die gnädige Zuwendung Jahwes zu seinem Volk dar. Es geht ihm dabei um den *personalen* Aspekt der Darstellung von Jahwes Liebe zu Israel. Dieser Aspekt ist durch die Aufnahme der Dekalogvorstufe noch um den *sozialen* erweitert. Jahwes Bund mit Israel konkretisiert sich in den Geboten, die helfen sollen, das Leben in der Gemeinschaft zu ordnen und zu einem friedlichen Miteinander zu führen. Indem Hosea Jahwes Bund und Jahwes Gebot seinem Volk unmißverständlich vorhält, entlarvt er die Schuld Israels. Er klagt es an, Gottes Bund leichtfertig übertreten und Gottes Gebot gedankenlos mißachtet zu haben. Das durch den Bund zum Sohn Gottes gewordene Volk (Hos 11,1) hat den Gehorsam gegenüber seinem Gott aufgegeben. Es ist deshalb dem Gericht verfallen und muß sich dem Zorn seines Gottes stellen.

7. Tabelle

Am Ende dieses Abschnitts soll mit Hilfe einer Tabelle eine Übersicht über die Traditionen gegeben werden, die Hosea in seine Verkündigung aufnimmt. Dabei werden die Stellen aus dem Hoseabuch genannt, in denen Traditionsbezüge vorliegen. Die Stellen, die sich mit ihnen durch unmittelbaren Rückbezug oder freiere Aufnahme in Verbindung bringen lassen, sind in der Klammer genannt.

TRADITION	HOSEA
Jakob-Tradition	12,4a (→ Gen 25,21-26a.27-34) 12,4b-5a (→ Gen 32,23-33) 12,5b (→ Gen 35,1-5.7.8.14.16-22) 12,13 (→ Gen 29,1-30) 5,1f (→ Gen 31,43-54) (→ Num 25,1-5) (→ Dtn 33,19)
Mose-Tradition	12,13f
Wüstenerwählungs-Tradition	9,10-17 (→ Num 25,1-5) 10,1-2 10,11-13a 11,1-7 13,4-8 2,16f (→ Jos 7,1.5b-26) 12,10
Bundes-Tradition	2,18-25 6,7-11a (→ Jdc 12,1-6) 8,1-3 10,3f 12,2
Dekalog-Tradition	12,10; 13,4 (→ Ex 20,2) 8,4-6; 13,1-3 (→ Ex 20,4-6) 4,1-3 (→ Ex 20,7.13.14.15.16)

II. Die Leistung der Heilstraditionen in der Verkündigung des Propheten Hosea

Nachdem im vorangehenden Abschnitt die Traditionen Israels in ihrer besonderen Gestalt, in ihren Bildern, Vergleichen und auffallenden Kennzeichen im Buch des Propheten Hosea zusammenfassend beschrieben wurden, soll abschließend ihre Leistung innerhalb des ganzen Prophetenbuches gewürdigt werden.

1. Die Verkündigung Hoseas ist entscheidend von der Aufnahme der Traditionen Israels geprägt. Mit Hilfe der Jakob-Tradition (5,1; 12,1ff) stellt der Prophet dem Volk Jakob als nachahmenswertes Vorbild vor Augen. Jakob ist von seiner Geburt an in den Heilsplan Gottes eingebunden. Er hat in besonderer Weise auf die Zuwendung Jahwes insistiert und um seinen Segen gebeten. Hosea konnte Israel an Jakob eindrucksvoll darstellen, wie sehr sich Israels Urvater als Träger des göttlichen Segens Jahwe gegenüber verpflichtet wußte. Macht Hosea durch die Aufnahme der Jakob-Tradition vor allem Jakobs Zuwendung zu Jahwe deutlich, so hebt er mit Hilfe der Mose-Tradition umgekehrt das Vertrauen Jahwes zu Mose hervor (12,14). Er beauftragte Mose, Israel aus der ägyptischen Knechtschaft zu führen und es auf seinem Wanderzug durch die Wüste zu beschützen. Von einem Liebes- und Schutzverhältnis zwischen Jahwe und Israel sprechen die zur Wüstenerwählungs-Tradition zählenden Texte (9,10-17; 10,1-2. 11-13a; 11,1-7; 13,4-8; 2,16f; 12,10). Mit den unterschiedlichsten Bildern und Vergleichen beschreibt Hosea den Aufenthalt Israels in der Wüste als die Zeit der ungetrübten Liebe zwischen Jahwe und seinem Volk. Es war durch die Entbehrungen in der Wüste so sehr auf ihn angewiesen und von ihm abhängig, daß es erst gar nicht auf den Gedanken kommen konnte, von ihm abzufallen. Jahwes gnädige Zuwendung zu Israel steht auch im Zentrum der Bundes-Tradition (2,20; 6,7; 8,1; 12,2). Jahwe hat mit Israel einen Bund geschlossen, der in seiner unableitbaren Liebe gründet. Damit hat er für sein Volk die

Voraussetzungen für ein ungestörtes Gemeinschaftsverhältnis mit ihm geschaffen. Gottes Bund mit Israel konkretisiert sich in seinen Geboten, die er ihm als Voraussetzung für eine gedeihliche Gemeinschaft untereinander gegeben hat (4,2). Dies verdeutlicht Hosea durch die Aufnahme der Dekalog-Tradition.

Die Aufnahme und Verarbeitung der Traditionen bei Hosea zeigt, daß er die für die Glaubensgeschichte Israels wichtigen Traditionen kennt und in seine Verkündigung einbezieht. Die Jakob-Tradition gehört zu dem größeren Komplex der Vätergeschichte, die Mose-Tradition ist eng mit der Exodus- und Wüstentradition verknüpft, die Wüstenerwählungs-, Bundes- und Dekalog-Tradition stehen in unmittelbarer Verbindung zum Sinaigeschehen sowie zum Einzug ins Kulturland. Die Bezüge der Traditionen bei Hosea zu den großen Pentateuchthemen "Vätergeschichte, Mose, Exodus, Sinai, Wüstenzug, Einzug ins Kulturland" lassen sich schematisch folgendermaßen darstellen:

PENTATEUCHTHEMEN	HOSEA
Vätergeschichte	Jakob-Tradition (12,4f.13; 5,1f)
Mose	Mose-Tradition (12,14)
	Exodus-Tradition (12,10.14; 13,4)
Exodus	Mose-Tradition (12,14)
	Dekalog-Tradition (12,10; 13,4)
	Wüstenerwählungs-Tradition 2,16f; 12,10; 13,4)
Sinai	Wüstenerwählungs-Tradition (9,10-17; 10,1-2.11-13a; 11,1-7; 13,4-8; 2,16f; 12,10)
	Bundes-Tradition (2,18-25; 6,7-11a; 8,1-3; 10,3f; 12,2)
	Dekalog-Tradition (4,1-3; 12,10; 13,4)
Wüstenzug	Mose-Tradition (12,14)
	Wüstenerwählungs-Tradition (9,10-17; 10,1-2.11-13a; 11,1-7; 13,4-8; 2,16f; 12,10)

PENTATEUCHTHEMEN	HOSEA
Einzug ins Kulturland	Wüstenerwählungs-Tradition (9,10-17; 10,1-2.11-13a; 11,1-7; 13,4-8; 2,16f; 12,10)
	Bundes-Tradition (2,18-25; 6,7-11a; 8,1-3; 10,3f; 12,2)

Der Bezug der von Hosea verarbeiteten Traditionen zu den Hauptthemen des Pentateuch rechtfertigt es, von *Heils-*Traditionen bei Hosea zu sprechen. Da sie den Grundstock der Glaubensgeschichte Israels bilden, konnte es sich gerade dann auf sie stützen, wenn sein Glaube bedroht war. Weil in diesen Traditionen die einschneidendsten Erlebnisse Israels in seiner Geschichte festgehalten sind und in ihnen die Erfahrungen mit Jahwe als dem Retter und dem Beistand Israels zum Ausdruck gebracht sind, können sie mit Recht als *Heils-*Traditionen bezeichnet werden. Hosea greift deshalb auf sie so extensiv zurück, weil er in ihnen die *Heils-*Traditionen Israels sieht[14].

2. Als weiteres Ergebnis unserer Beobachtungen läßt sich festhalten, daß Hosea in *Kontinuität zur Tradition* die Heilstraditionen aufnimmt und verarbeitet. Er nimmt weder eine radikale Uminterpretation vor noch ändert er ihren Aussagegehalt grundsätzlich um. Hätte er die ihm vorliegenden Traditionen radikal geändert, so wären sie für seine Hörer doppeldeutig und damit mißverständlich geworden, da ihre Deutung in das Belieben der Hörer gestellt worden wäre. Dadurch hätten die Traditionen sehr viel von ihrer Autorität und normativen Kraft eingebüßt und ihre Schärfe in der Verkündigung Hoseas verloren. Sie werden erst dann ihrer Aufgabe voll gerecht, wenn in ihrem Licht die Schuld des gegenwärtigen Israel eindeutig offenbar wird.

Die Exegese der Stellen, an denen Hosea Traditionsgut ver-

---

[14] Vgl. dazu W. ZIMMERLI, Die kritische Infragestellung der Tradition durch die Prophetie, in: O.H. STECK, BThSt 2, 57-86, bes. 64ff; U. CASSUTO, The Prophet Hosea and the Books of the Pentateuch, in: ders.; Biblical and Oriental Studies, 79-100; R. VUILLEUMIER, RHPhR 59 (1979), 491-498.

arbeitet, hat gezeigt, daß er auf die Heilstraditionen oft nur anspielt, indem er durch ein Stich- oder Motivwort auf sie Bezug nimmt. Diese Anspielungen sind für die Verkündigung Hoseas nur dann sinnvoll, wenn die Heilstraditionen bei seinen Hörern bekannt waren. Sie müssen bei ihnen so lebendig gewesen sein, daß sie schon beim ersten Hören wußten, worauf Hosea hier anspielt und was er mit der betreffenden Anspielung mitteilen wollte. Die Bezüge zur Jakob-Tradition werden erst dann für Hoseas Hörer verständlich, wenn sie die Erzählungen, die sich mit Jakob verbanden, kannten. Die Anspielung auf Mose ist nur unter der Voraussetzung der Kenntnis seiner Person, seiner Aufgaben für Israel sowie seiner einzigartigen Jahwebeziehung möglich. Die Aufnahme der Wüstenerwählungs- und Bundes-Tradition ist erst dann sinnvoll, wenn die Hörer wußten, daß der Gott, der sie in der Wüste begleitet und beschützt hatte, kein anderer als Jahwe war. In gleicher Weise setzen die Anspielungen in 4,1-3; 8,4-6; 13,1-3; 12,10; 13,4 das Bekanntsein der Dekalog-Tradition voraus, ebenso wie die Bezüge zu Num 25,1-5; Dtn 33,18f; Jos 7,1.5b-26; Jdc 12,1-6 die Kenntnis der dort verarbeiteten Traditionen voraussetzen.

Die Kontinuität zur Tradition in der Verkündigung Hoseas darf nun nicht so mißverstanden werden, als ob hier Tradition in unveränderter und starrer Weise aufgenommen würde. Hosea zitiert sie nicht wortgetreu, sondern wählt aus und gestaltet sie so wie es seiner Verkündigungsabsicht am besten entspricht. Dadurch verliert sie aber keineswegs ihren ursprünglichen Wahrheitsgehalt, sie gleicht vielmehr "einem lebendigen Wachstum, in dem Altes ebenso bewahrt wie als Neues verstanden wird"[15]. Die Wahrheit der Traditionen geht nicht verloren, sie wird vielmehr durch die Wiederaufnahme in der Verkündigung von neuem als wahr erkannt[16]. "Die alte Wahr-

---

15 H. GESE, Tradition und biblische Theologie, in: O.H. STECK (Hg), BThSt 2,99.
16 H. GESE, Das biblische Schriftverständnis, in: ders., ZBTh 17: "Das hängt damit zusammen, daß die diesem Traditionsprozeß zugrundeliegende Offenbarungsgeschichte nicht ein Weg zu der erst endgültig zu findenden Wahrheit ist, sondern Wahrheit von Anfang an, aber nicht jene statische Wahrheit einer zeitlosen Doktrin, sondern die den Menschen er-

heit ist keine vergangene Wahrheit, sondern ist weiter präsent"[17].

Ist diese Sicht der Traditionsgebundenheit Hoseas richtig, so müssen wir das Urteil J. VOLLMERS, der von einer schroffen Diskontinuität zur Tradition spricht, ablehnen: "Insofern als Hosea allein das an ihn ergehende Jahwewort zu verkündigen hat, steht er immer und grundsätzlich in Diskontinuität zur Tradition, selbst wenn das neue Handeln Jahwes an sein früheres anknüpft. Denn er lebt nicht aus der Vergangenheit und nicht aus irgendeiner Tradition, sondern in Erwartung des unmittelbar bevorstehenden Gotteshandelns, das er jetzt ankündigt. Hosea denkt allein von dem an ihn ergehenden Jahwewort her und beurteilt die Tradition danach kritisch"[18]. VOLLMER verabsolutiert das Jahwewort zu sehr, ohne zu beachten, daß es inhaltlich mit Traditionsstoff gebildet ist. Die Fülle der verarbeiteten Traditionen zeigt, daß sie mehr als nur eine pädagogische Rolle spielen, um die traditionsgebundenen Hörer bei ihren eigenen Voraussetzungen "abzuholen"[19]. Sie sind auch mehr als "sekundäre Begründung für das Ende Israels"[20]. Ähnlich wie J. VOLLMER urteilt auch W. ZIMMERLI, daß die Heilstraditionen Israels bei Hosea ihr "Eigengewicht" nicht behalten, "sondern vom prophetischen Verkündiger neu modelliert, Stoff, formbares Gefäß für die spezifische Verkündigung des Propheten vom bevorstehenden Angriff Jahwes auf Israel" werden[21]. Hier bleibt zu fragen, ob damit die Leistung der Traditionen nicht unterschätzt wird. Die Breite, mit der sie von Hosea aufgenommen werden, zeigt, daß sie mehr sind als das Vokabular, "mit dem das bevorstehende Tun beschrieben werden kann"[22].

Hosea steht nicht im Widerspruch zur Tradition, er bringt vielmehr ihre Wahrheit neu zur Sprache und zeigt damit sei-

---
greifende und ihn wandelnde, die Sein schaffende Wahrheit".
17 ebd., 17.
18 J. VOLLMER, Geschichtliche Rückblicke, 124.
19 ebd., 124.
20 ebd., 118; ähnlich R. VUILLEUMIER, RHPhR 59 (1979); 491-498.
21 W. ZIMMERLI, Die kritische Infragestellung (Anm.14), 67, vgl. auch 84f.
22 ebd., 85.

nen Hörern, wie weit sie sich von ihr entfernt haben[23]. Er macht unmißverständlich klar, daß der Gott Israels kein Gott der Vergangenheit, sondern im Volk ständig gegenwärtig ist. So wie er mit den Vätern Israels geredet hat, so redet er noch mit ihren Kindern und Enkeln[24].

3. Nachdem auf den Bezug der von Hosea verarbeiteten Traditionen zu den Hauptthemen des Pentateuch hingewiesen sowie seine Kontinuität zur Tradition hervorgehoben wurde, soll in einem dritten Punkt das *Reden von Jahwe* in diesen Heilstraditionen gewürdigt werden. Die Gültigkeit und Autorität der Heilstraditionen liegt darin begründet, daß hier Jahwe als der Gott zu Wort kommt, der Israel von seinen geschichtlichen Anfängen an treu zur Seite stand. Indem sie von der Glaubensgeschichte Israels mit *diesem* Gott erzählen, weisen sie auf ihn als den Herrn Israels. Er begleitete Jakob auf seinen Lebenswegen, er beauftragte Mose, Israel aus Ägypten herauszuführen, er beschützte Israel in der Wüste, er neigte sich ihm dort wie ein Vater seinen Kindern zu und er eröffnete Israel mit seinen Geboten die Möglichkeit zu einem heilvollen Leben. In Israels Heilstraditionen wird die Liebe und Zuwendung Jahwes zu seinem Volk offenbar. Weil Hosea weiß, daß in ihnen das Wesen Jahwes unvergleichlich klar deutlich wird, greift er auf sie so extensiv zurück[25].

---

23 R. KÜMPEL, Die Berufung Israels, 193: "Damit steht Hosea durchaus nicht im Widerspruch zu den ihm bekannten Heilstraditionen, sondern er ergänzt sie und formt sie um. Gegenüber allen anderen Deutungsversuchen stellt er den dialogischen Charakter des Verhältnisses zwischen Gott und seinem Volk heraus".
24 H.W. WOLFF, Hauptprobleme alttestamentlicher Prophetie, in: ders., Ges. Studien, 221: "Tradition bleibt gar nicht Tradition; sie erscheint im prophetischen Wort als Akt des gegenwärtigen, ja des kommenden Gottes, einerseits so, daß sie Israel im kommenden Gericht unentschuldbar macht, andererseits so, daß der kommende Herr als der alte Heilsgott Israels erkennbar wird".
25 W. ZIMMERLI, Die kritische Infragestellung (Anm.14), 58f: "Alle diese Propheten reden von Gott mit dem im Gottesdienst Israels angerufenen, von Generation zu Generation weitergegebenen Namen Jahwe. Es ist nicht allgemeine religiöse Rede, die sich unmittelbar weltweit verallgemeinern ließe, sondern es ist Rede von dem unter diesem Eigennamen Bekannten, in diesem Eigennamen unverwechselbar personhaft Bezeichneten, der unter diesem Namen in Israels Geschichte hineingetreten ist". - Zum Wissen um Jahwe und seinen Plänen mit Israel bei den Propheten des 8. Jahrhunderts siehe G. von RAD, Theologie Bd. II, 183ff;

Sieht man die Verkündigung Hoseas zudem auf dem Hintergrund der zeitgeschichtlichen Ereignisse, so wird sein Rückgriff auf die Heilstraditionen Israels gut verständlich. Hoseas Wirken fällt etwa in die Zeit zwischen 750 und 725 v.Chr., die für Israel und Juda einschneidende politische Veränderungen zur Folge hatte[26]. Im 9. Jahrhundert v.Chr. hatte der Aufstieg der assyrischen Macht begonnen, der ein Vordrängen der Assyrer über den Euphrat hinweg in den syrisch-palästinischen Raum mit sich brachte. Da die Assyrer sich zunächst mit der Unterwerfung von Damaskus zufrieden gegeben hatten, erlebte Israel in der ersten Hälfte des 8. Jahrhunderts v.Chr. unter Jerobeam II (787/6-747/6) noch eine gewisse Ruhezeit. In die letzten Regierungsjahre Jerobeams II. fällt der Beginn des Auftretens Hoseas (Hos 1,1). Unter Tiglatpileser III., der 745 v.Chr. in Assyrien den Thron bestiegen hatte, wurden die entscheidenden Schritte zur Einverleibung großer Teile von Syrien-Palästina und zur Errichtung einer assyrischen Oberherrschaft über dieses ganze Gebiet unternommen. Damit ging auch für Israel die Zeit einer politisch selbständigen Existenz zu Ende. 740 v. Chr. eroberte er Nordsyrien und gründete assyrische Reichsprovinzen auf syrischem Boden. 738 v.Chr. unterwarf er den nord- und mittelsyrischen Staat von Hamath. Unter dem Eindruck dieses Sieges begannen zahlreiche syrische Staaten sowie die phönikischen Küstenstädte mit Tributzahlungen. Auch der damalige König von Israel, Menahem, zahlte Tribut an Tiglatpileser. 734 v.Chr. unternahm Tiglatpileser einen Feldzug nach Palästina, bei dem er sich mit Waffengewalt den Weg durch das Staatsgebiet Israels gebahnt hatte. Das Ergebnis war die Umwandlung der eroberten Gebiete in assyrische Provinzen und die Forderung nach Tributzahlungen der israelitischen Könige. Trotz zahlreicher Aufstände gegen die assyrische Macht, wozu auch der syrisch-ephraimitische Krieg zu zählen ist, konn-

---

zu den daraus zu ziehenden Konsequenzen für die traditionsgeschichtliche Arbeit am Alten Testament vgl. H. GESE, Tradition und biblische Theologie, in: O.H. STECK (Hg), BThSt 2, 91f.
26 Zum Problem der zeitlichen Wirksamkeit Hoseas vgl. O. EISSFELDT, Einleitung in das Alte Testament, 518f.

te die Zerschlagung des Staates Israel durch die assyrischen Aktionen 733 und 722 v.Chr. nicht verhindert werden[27].

Hosea hat Israel in dieser unruhigen und bewegten Zeit Gottes Wort mitgeteilt. Durch die Aufnahme der Heilstraditionen Israels hat er sein Volk daran erinnert, daß es ausschließlich dem Gott gehorsam sein soll, der es von seinen Anfängen an begleitet hat. Er hat es gewagt, Israel in dieser Zeit, in der es von sehr vielen äußeren Gefahren bedroht war, wieder neu auf Jahwe als seinen alleinigen Herrn zu verpflichten. Die Aufnahme der Heilstraditionen in die Verkündigung Hoseas dient somit dem Zweck, zu einem "Orientierungspunkt gegenwärtigen Selbstverständnisses"[28] zu werden. "In Jahwe, dem Gott Israels, liegt es begründet, daß die kräftigen Beziehungen der Propheten zu Tradition und Kultus das prophetische *verbum concretissimum* aktueller Weisung nicht verhindern, sondern unterstützen, indem sie es als in Israel gültiges Wort ausweisen helfen"[29].

4. Hoseas Kontinuität zu den Heilstraditionen Israels sowie das in ihnen zum Ausdruck kommende Wesen Jahwes dient zugleich dazu, *die große Schuld* des gegenwärtigen Israel aufzudecken. Indem er auf die Jakob- und Mosetradition zurückgreift, kontrastiert er die heilvollen Anfänge der Geschichte Israels mit Jahwe mit dem gegenwärtigen Zerfall der Gemeinschaft. Das gegenwärtige Israel strebt nicht wie Jakob nach dem göttlichen Segen, sondern entfernt sich durch sein schuldhaftes Verhalten immer mehr von seinem Gott. Es mißachtet den Gott, der es mit Hilfe von Mose aus einer töd-

---

27 Zu den geschichtlichen Ereignissen während der Wirksamkeit Hoseas vgl. M. NOTH, Geschichte Israels, 229-244; S. HERRMANN, Geschichte Israels in alttestamentlicher Zeit, 282-313.
28 H. GESE, Tradition und biblische Theologie, in: O.H. STECK (Hg), BThSt 2, 97.
29 H.W. WOLFF, Hauptprobleme alttestamentlicher Prophetie, in: ders., Ges. Studien, 228; zum Einfluß umwälzender geschichtlicher Entwicklungen auf die Traditionsbildung vgl. H. GESE, Tradition und biblische Theologie, in: O.H. STECK (Hg), BThSt 2, 101: "Ist die Traditionsbildung die lebendige Antwort auf die Herausforderungen der Geschichte auch in diesem äußeren Sinne, so besteht kein Grund, von einem Zufallsergebnis zu sprechen. Geschichtliche Katastrophen scheinen im Gegenteil die Traditionsbildung in besonderem Maß gefördert zu haben".

lichen Gefahr befreit hat und der sich ihm in der Wüste liebevoll zugeneigt hat. Mit dem Rückgriff auf Israels Heilstraditionen *datiert* Hosea den Beginn des Abfalls von Jahwe. Der Bruch der Gemeinschaft mit seinem Gott begann mit dem Einzug Israels ins Kulturland, wo es den Baalsgötzen immer stärker verfiel und damit sein Heil nicht ausschließlich mehr von Jahwe erhoffte. Durch die Mißachtung der Gebote Jahwes kam zu dem religiösen Verfall des Volkes noch der sittliche hinzu, da die Bosheit und die Lüge im Volk immer mehr zunahmen.

Indem Hosea die Schuld Israels mit Hilfe seiner Heilstraditionen aufdeckt, macht er seinem Volk zugleich klar, daß diese Traditionen ihre Gültigkeit keineswegs verloren haben, denn die in ihnen zum Ausdruck gebrachte Wahrheit über das Wesen Jahwes gilt noch immer und darf von Israel nicht einfach übergangen werden[30]. Da sie ihre Gültigkeit noch nicht verloren haben, sind sie für Israel weiterhin verbindlich. Wenn sich Israel über sie dennoch hinwegsetzt und sie für ungültig erklärt, zerbricht es damit unwillkürlich die Gemeinschaft mit Jahwe.

Aus dem bisherigen Verlauf der Geschichte zieht Hosea die Bilanz, "daß sie ein einziger großer Fehlschlag war und daß sie, wo immer man sie aufschlug, vom Versagen Israels Zeugnis ablegte"[31]. Bei dieser Schuldaufdeckung ist es interessant zu sehen, wie er mit Hilfe der Heilstraditionen die Schuld Israels zugleich *präzisiert*. Er klagt nicht allgemein und unverbindlich über die Sünden Israels, sondern leistet durch die Anklage der verantwortlichen religiösen und politischen Führer im Volk eine genaue Schuldzuweisung. So sieht er nach 5,1f die Mißachtung des Vertrages zwischen Jakob und

---

30 H.W. WOLFF, Hauptprobleme alttestamentlicher Prophetie, in: ders., Ges. Studien, 219: "Nicht als Rezitator führt er die alte Geschichte ins Feld, sondern als Wortführer des Rechtsstreits Jahwes, als Ankläger in Jahwes Namen. Aber eben mit Erinnerung an die alten Taten Jahwes bedroht er Israel. Sie wollten Israel ein für allemal zeigen, was Jahwe für Israel schafft. Angesichts der früheren Taten Jahwes wird Israel für schuldig befunden".
31 G. von RAD, Theologie Bd. II, 187f.

Laban in Mizpa (Gen 31,34ff), den Verlust des Respektes, den
Israel auf dem Tabor Jahwe gegenüber bezeugt hatte (Dtn 33,
18f) sowie den Abfall zum Baal Peor (Num 25,1-5) vor allem in
dem Versagen der Priester, der Sippenältesten und des Königs-
hofes begründet. In Hos 6,9 vergleicht er die Priester als
die Verantwortlichen für die Jahweverehrung und die Beachtung seiner Gebote mit Räubern, die auf dem Weg nach Sichem
morden. So zeigt sich hier ein weiterer Grund für den Rückgriff Hoseas auf Israels Heilstraditionen: ihre Leistung besteht darin, daß der Prophet mit ihnen Israels Schuld aufdeckt und Israel damit auf Jahwe als seinen alleinigen und
gegenwärtigen Herrn verweist[32].

5. Hosea wird in seiner Verkündigung nicht müde zu betonen,
daß Jahwe *Israels* Gott ist, der sich allein diesem Volk
offenbart hatte, um für es da zu sein. Mit der Herausführung
Israels aus Ägypten, seiner Führung durch die Wüste und der
Erfüllung der Landverheißung stellte er seine Treue und Liebe
zu Israel unter Beweis (12,10; 13,4). Mit dem Rückbezug auf
die Heilstraditionen Israels erinnert Hosea an Jahwe und
seine Taten für Israel. Er muß feststellen, daß Israel die
entscheidenden Stationen seiner Glaubensgeschichte gänzlich
vergessen und mißachtet hat. Damit hat es das Wissen um Jahwe
als seinen alleinigen Herrn verloren und zugleich seine Bestimmung als dessen Volk verspielt[33]. Es muß deshalb gerichtet werden, damit es zu einem Neuanfang in der ehemals so
intakten Gemeinschaft mit Jahwe kommen kann. Da das Volk aus
eigener Kraft zu diesem Neuanfang nicht fähig ist, muß Jahwe
an Israel neu handeln, damit es seiner eigenen Schuld, aber
vor allem der Liebe seines Gottes, dem es in der Vergangenheit so innig zugeneigt war, wieder neu bewußt wird.

An Hand des Buches des Propheten Hosea läßt sich in beein-

---

32 H.W. WOLFF, Hauptprobleme alttestamentlicher Prophetie, in: ders.,
Ges. Studien, 227: "Weil das neue Wort Jahwes Wort des alten Israel
ist, darum leben mit dem prophetischen Wort die alten Traditionen
Israels und des Hofes auf".
33 H.W. WOLFF, "Wissen um Gott" bei Hosea als Urform von Theologie in:
ders., Ges. Studien, 198: "Mit dem Verlust seines Wissens um Gott
ist Israel selbst verloren; vergißt es die Lehre seines Gottes, so
wird es von Gott vergessen".

drückender Weise darstellen, wie die Heilstraditionen Israels aufgenommen, verarbeitet und in den Dienst der aktuellen Verkündigung gestellt werden. Das Hoseabuch ist deshalb ein anschauliches Beispiel für die innerbiblische Rezeption von wichtigem Traditionsgut. Die biblische Überlieferung lebt von der Aufnahme, Verarbeitung und Aktualisierung der Stoffe, die in der Glaubensgeschichte Israels zu entscheidender Bedeutung gelangten. Wie Hosea zu seiner Zeit auf die Heilstraditionen Israels zurückgriff, so griffen in den folgenden Jahrhunderten die Propheten und Schriftsteller Israels in ihrer Weise auf Traditionsgut zurück, um es zu ihrer Zeit ihren Hörern und Lesern zu verkündigen. Wie sie griff in neutestamentlicher Zeit Jesus auf das Traditionsgut Israels zurück, um es auf seine Weise zu verkündigen, zu vergegenwärtigen, abzulehnen oder zu radikalisieren.

Es ist die Aufgabe von Theologie und Kirche, immer wieder neu auf das biblische Traditionsgut zu verweisen, es zu erforschen und es in der Gemeinde gegenwärtig zu halten. Zu dieser Aufgabe hat in besonderer Weise MARTIN LUTHER unermüdlich die Theologie und die christliche Kirche ermahnt. In seiner "Vorrede zum 1. Bande der Wittenberger Ausgabe der deutschen Schriften"[34] von 1539 hat er dazu aufgerufen, in Demut auf das Zeugnis der Heiligen Schrift zu hören: "Denn so gut werdens weder Concilia, Veter, noch wir machen, wens auch auffs hoehest und beste geraten kan, als die heilige Schrift, das ist Gott selbs, gemacht hat, Ob wir wol auch den heiligen Geist, glauben, Goettliche rede und werck haben mussen, so wir sollen selig werden, Als die wir muessen die Propheten und Apostel lassen auff dem Pult sitzen und wir hie nieden zu iren Fuessen hoeren, was sie sagen und nicht sagen, was sie hoeren muessen"[35]. In dem ständigen Hinweisen auf die Heilige Schrift als dem Buch, "das aller ander Buecher weisheit zur narrheit macht, weils keins vom ewigen leben Leret on dis allein"[36] wird LUTHER der Forderung des Propheten Hosea, mit ganzer Kraft auf Jahwe als den Gott,

---

34 WA 50, S. 657-661.
35 WA 50, S. 657, Z.25-30.

der Israel aus Ägypten geführt hat und außer dem es keinen Helfer gibt (13,4) zu blicken, voll gerecht, weil dieser Gott in seinem wahren Wesen nur durch das Zeugnis der Heiligen Schrift erkannt werden kann. "Summa, lasst uns ehre suchen und hohmuetig sein, wo wir muegen, In diesem Buch ist Gottes die Ehre allein, Und heisst: 'Deus superbis resistit, Humilibus autem dat gratiam '[37]. Cui est gloria in secula seculorum. Amen"[38].

---

36 WA 50, S. 659, Z.5-7.
37 I Petr 5,5.
38 WA 50, S. 661, Z.5-8.

ABKÜRZUNGSVERZEICHNIS

BET	Beiträge zur biblischen Exegese und Theologie, hg. von J. BECKER und H. GRAF REVENTLOW, Frankfurt am Main/Bern/Las Vegas 1976ff.
BTAVO	Beiträge zum Tübinger Atlas des Vorderen Orients, Reihe B (Geisteswissenschaften), hg. im Auftrag des Sonderforschungsbereiches 19 von H. GAUBE und W. RÖLLIG, Wiesbaden 1972ff.
BThSt	Biblisch-Theologische Studien, hg. von F. HAHN, H.-J. KRAUS, W.H. SCHMIDT und W. SCHRAGE, Neukirchen-Vluyn 1977ff.
DALMAN	G.H. DALMAN, Aramäisch-Neuhebräisches Handwörterbuch zu Targum, Talmud und Midrasch, Göttingen 1938 (Nachdruck Hildesheim 1967).
FzB	Forschung zur Bibel, hg. von R. SCHNACKENBURG und J. SCHREINER, Würzburg 1972ff.
GESENIUS	W. GESENIUS-F. BUHL, Hebräisches und Aramäisches Handwörterbuch über das Alte Testament, Berlin/Göttingen/Heidelberg 1962 (= Nachdruck ^{17}1915).
GK	W. GESENIUS-E. KAUTZSCH, Hebräische Grammatik, Leipzig ^{28}1909 (Nachdruck Hildesheim/New York 1977).
JASTROW	M. JASTROW, A Dictionary of the Targumim, the Talmud Babli and Yerushalmi, and the Midrashic Literature, 2 Bde., Nachdruck Brooklyn/New York 1967.
JSOT	Journal for the Study of the Old Testament, Sheffield 1976ff.
KBL^1	L. KÖHLER-W. BAUMGARTNER, Lexicon in Veteris Testamenti Libros, Leiden 1953.
KBL^3	Hebräisches und Aramäisches Lexikon zum Alten Testament von L. KÖHLER und W. BAUMGARTNER, neu bearbeitet von W. BAUMGARTNER und J.J. STAMM, Lieferung I-III, Leiden 1967-83, 3. Auflage.
LANE	E.W. LANE, Arabic-English Lexicon, 8 Bde., London 1863 (Nachdruck New York 1955).
OBO	Orbis Biblicus et Orientalis, hg. von O. KEEL unter Mitarbeit von B. TRÉMEL u.a., Freiburg/Schweiz und Göttingen 1973ff.
PAYNE SMITH	R. PAYNE SMITH, A compendious Syriac Dictionary (ed. by J.PAYNE SMITH), Oxford 1903 (Nachdruck Oxford 1979).

LITERATURVERZEICHNIS

Das Literaturverzeichnis erhebt nicht den Anspruch, eine vollständige Bibliographie zu allen Fragen und Problemen des Hoseabuches zu sein. Es wurden alle im Text zitierten Titel aufgenommen. Monographien und Kommentare werden im Textteil in einer Kurzform zitiert, Aufsätze werden aus Platzgründen mit Zeitschrift, Band, Jahrgang und Seitenzahl angegeben. Die Abkürzungen richten sich nach "Theologische Realenzyklopädie. Abkürzungsverzeichnis", zusammengestellt von S. SCHWERTNER, Berlin/New York 1976.

a) Benutzte Textausgaben

ALAND, K. - NESTLE, E., Novum Testamentum Graece, Stuttgart ^{25}1975

Biblia Hebraica, ed. R. KITTEL, Stuttgart ^{3}1937ff (1973)

Biblia Hebraica Stuttgartensia, Liber XII Prophetarum, hg. von K. ELLIGER, Stuttgart 1970

Biblia Hebraica Stuttgartensia, hg. von K. ELLIGER und W. RUDOLPH, Stuttgart 1977

Biblia Sacra iuxta Vulgatam Clementinam, hg. von A. COLUNGA und L. TURRADO, Matriti ^{4}1965

Septuaginta, ed. A. RAHLFS, 2 Bde., Stuttgart ^{8}1965

SPERBER, A., The Bible in Aramaic, Volume III, The Latter Prophets according to Targum Jonathan, Leiden 1962

WALTON, B., Biblia Sacra Polyglotta, Tomus Tertius, Nachdruck Graz 1964

ZIEGLER, J., Septuaginta, vol. XIII, Duodecim prophetae, Göttingen ^{3}1984

b) Zitierte Sekundärliteratur

ABEL, F.-M., Exploration du sud-est de la vallée du Jordain, RB 40 (1931), 214-226

-, Géographie de la Palestine II, Paris 1938

ACKROYD, P.R., Hosea and Jacob, VT 13 (1963), 245-259

AHARONI, Y., The Land of the Bible. A Historical Geography, London ^{2}1979

ALBRIGHT, W.F., Bronze Age Mounds of Northern Palestine and the Hauran: the Spring Trip of the School in Jerusalem, BASOR 19 (1925), 5-19

-, The Administrative Divisions of Israel and Judah, JPOS 5 (1925), 17-54

-, The Jordan Valley in the Bronze Age, AASOR 6 (1924/25), 13-74

ALT, A., Das Verbot des Diebstahls im Dekalog, in: ders., Kleine Schriften zur Geschichte des Volkes Israel Bd. 1, München ⁴1968, 333-340

-, Der Stadtstaat Samaria, in: ders., Kleine Schriften zur Geschichte des Volkes Israel Bd. 3, München ²1968, 258-302

ANDERSEN, F.I./FREEDMAN, D.N., Hosea. A New Translation with Introduction and Commentary (AncB 24), Garden City 1980

BACH, R., "... der Bogen zerbricht, Spiesse zerschlägt und Wagen mit Feuer verbrennt", in: Probleme biblischer Theologie. G. von RAD zum 70. Geb., hg. von H.W. WOLFF, München 1971, 13-26

-, Die Erwählung Israels in der Wüste, Diss. Bonn 1952

BALZ-COCHOIS, HELGARD, Gomer. Der Höhenkult Israels im Selbstverständnis der Volksfrömmigkeit. Untersuchungen zu Hosea 4,1-5,7 (EHS.T 191), Frankfurt/Bern 1982

BARTH, C., Zur Bedeutung der Wüstentradition, in: VT.S 15, Leiden 1966, 14-23

BARTH, H./STECK, O.H., Exegese des Alten Testaments. Leitfaden der Methodik, Neukirchen-Vluyn ⁹1980

BARTH, J., Die Nominalbildung in den semitischen Sprachen, Hildesheim 1967

BARR, J., Some Semantic Notes on the Covenant, in: Beiträge zur Alttestamentlichen Theologie, FS für W. ZIMMERLI zum 70. Geb., hg. von H. DONNER u.a., Göttingen 1977, 23-38

BAUER, H./LEANDER, P., Historische Grammatik der hebräischen Sprache des Alten Testaments, Halle 1922 (Nachdruck Hildesheim 1962)

BAUMANN, E., Vom Galiläischen Meer "hinaus gen Jerusalem", PJ 2 (1906), 125-144

-, "Wissen um Gott" bei Hosea als Urform von Theologie, EvTh 15 (1955), 416-425

BAUMSTARK, A., Die Zitate des Mt.-Evangeliums aus dem Zwölfprophetenbuch, Bib. 37 (1956), 296-313

BEER, E., Zu Hosea XII, ZAW 13 (1893), 291-293

BEGRICH, J., Berīt, in: ders., Gesammelte Studien zum Alten Testament (TB 21), München 1964, 55-66

BENTZEN, A., The Weeping of Jacob, Hos XII 5A, VT 1 (1951), 58f

BERNHARD, K.-H., Art.: אבד , in: ThWAT I, Sp. 151-159

BERTHEAU, E., Das Buch der Richter und Ruth (KEH), Leipzig ²1883

BLASS, F./DEBRUNNER A./REHKOPF, F., Grammatik des neutestamentlichen Griechisch, Göttingen ^{15}1979

BOECKER, H.J., u.a., Altes Testament (Neukirchener Arbeitsbücher), Neukirchen-Vluyn 1983

BOECKER, H.J., Redeformen des Rechtslebens im Alten Testament (WMANT 14), Neukirchen-Vluyn ^{2}1970

BONNET, H., Die Waffen der Völker des Alten Orients, Leipzig 1926

BOTTERWECK, G.J./RINGGREN, H. (Hg.), Theologisches Wörterbuch zum Alten Testament, Bd. 1-3, Stuttgart u.a. 1973ff

BRAUN, H., "Der Fahrende", ZThK 48 (1951), 32-38

BRONGERS, H.A., Bemerkungen zum Gebrauch des adverbiellen w^e ^{c}attāh im Alten Testament, VT 15 (1965), 289-299

-, Das Zeitwort ʕālā und seine Derivate, in: Travels in the World of the Old Testament, Studies presented to M.A. BEEK, Ed. by H. van VOSS u.a., Assen 1974, 30-40

BROWN, S.L., The Book of Hosea (WC), London 1932

BUDDE, K., Das Buch der Richter (KHC 7), Freiburg u.a., 1897

-, Der Segen Mose's. Deut. 33, Tübingen 1932

-, The Nomadic Ideal in the Old Testament, in: The NEW WORLD for December, 1895, 1-20

-, Zu Text und Auslegung des Buches Hosea, JPOS 14 (1934), 1-41

BURNEY, C.F., The Book of Judges, London 1918

CAQUOT, A., Osée et la Royauté, RHPhR 41 (1961), 123-146

CARDELLINI, I., Hosea 4,1-3, eine Strukturanalyse, in: Bausteine Biblischer Theologie, hg. von H.-J. FABRY, G.J. BOTTERWECK zum 60. Geb. (BBB 50), Bonn 1977, 259-270

CASSUTO, U., The prophet Hosea and the Books of the Pentateuch, in: ders., Biblical and Oriental Studies, Volume I: Bible, Jerusalem 1973, 79-100

CAZELLES, H., The Problems of the Kings in Osee, 8:4, CBQ 11 (1949), 14-25

CHRIST, H., Blutvergiessen im Alten Testament. Der gewaltsame Tod des Menschen untersucht am hebräischen Wort *dam* (Theol. Dissertationen XII), Basel 1977

COOTE, R.B., Hosea XII, VT 21 (1971), 389-402

CROSS, F.M./FREEDMAN, D.N., The Blessing of Moses, JBL 67 (1948), 191-210

CRÜSEMANN, F., Bewahrung der Freiheit. Das Thema des Dekalogs in sozialgeschichtlicher Perspektive (KT 78), München 1983

-, Der Widerstand gegen das Königtum (WMANT 49), Neukirchen-Vluyn 1978

DALMAN, G., Arbeit und Sitte in Palästina Bd. 1-7, Gütersloh 1928ff (Nachdruck Hildesheim 1964)

-, Jahresbericht des Deutschen evangelischen Instituts für Altertumswissenschaft des heiligen Landes, PJ 6 (1919), 1-24

DEISSLER, A., Das "Echo" der Hosea-Verkündigung im Jeremiabuch, in: Künder des Wortes, hg. von L. RUPPERT u.a., FS J. SCHREINER zum 60. Geb., Würzburg 1982, 61-75

-, Zwölf Propheten. Hosea - Joël - Amos (Die Neue Echter Bibel. Kommentar zum Alten Testament der Einheitsübersetzung), Würzburg 1981

DELEKAT, L., Zum hebräischen Wörterbuch, VT 14 (1964), 7-66

DELLER, K., šmn bll (Hos 12,2). Additional Evidence, Bib. 46 (1965), 349-352

DEROCHE, M., The Reversal of Creation in Hosea, VT 31 (1981), 400-409

DIEDRICH, F., Die Anspielungen auf die Jakob-Tradition in Hosea 12,1-13,3. Ein literaturwissenschaftlicher Beitrag zur Exegese früher Prophetentexte (FzB 27), Würzburg 1977

DONNER, H., Israel unter den Völkern. Die Stellung der klassischen Propheten des 8. Jahrhunderts v.Chr. zur Außenpolitik der Könige von Israel und Juda, VT.S 11, Leiden 1964

DRIVER, G.R., Canaanite Myths and Legends, Edinburgh 1956

-, Linguistic and Textual Problems: Minor Prophets I, JThS 39 (1938), 154-166

-, Problems of the Hebrew Text and Language, in: Alttestamentliche Studien, F. NÖTSCHER zum 60. Geb., BBB 1, Bonn 1950, 46-61

EDLUND, C., Art.: Netz, in: BHH II, Sp. 1302

EHRLICH, A.B., Randglossen zur Hebräischen Bibel Bd. 5, Hildesheim 1968 (Nachdruck der Ausgabe Leipzig 1912)

EICHRODT, W., "Darf man heute noch von einem Gottesbund mit Israel reden?", ThZ 30 (1974), 192-206

EISSFELDT, O., Der Gott des Tabor und seine Verbreitung, in: ders., Kleine Schriften II, Tübingen 1963, 29-54

-, Die Quellen des Richterbuches, Leipzig 1925

-, Einleitung in das Alte Testament (NTG), Tübingen ^{4}1976

-, Hexateuch-Synopse, Leipzig 1922 (Nachdruck Darmstadt 1978)

-, "Mein Gott" im Alten Testament, ZAW 61 (1945/48), 3-16

ELLIGER, K., Art.: Mizpa, Mizpe, in: BHH II, Sp. 1228

-, Art.: Sichem, in: BHH III, Sp. 1781-1783

-, Eine verkannte Kunstform bei Hosea. Zur Einheit von Hos 5,1f., ZAW 69 (1957), 151-160

-, Ich bin der Herr - euer Gott, in: ders., Kleine Schriften zum Alten Testament, hg. von H. GESE und O. KAISER (TB 32), München 1966, 211-231

EMMERSON, GRACE I., Hosea. An Israelite Prophet in Judean Perspective (Journal for the Study of the Old Testament. Supplement Series 28), Sheffield 1984

-, The Structure and Meaning of Hosea VIII 1-3, VT 25 (1975), 700-710

ERLANDSSON, S., Art.: בגד, in: ThWAT I, Sp. 507-511

ERMAN, A./RANKE, H., Ägypten und Ägyptisches Leben im Altertum, Tübingen 1923

ESLINGER, L.M., Hosea 12,5a and Genesis 32:29: A Study in Inner Biblical Exegesis, JSOT 18 (1980), 91-99

EUSEBIUS, Das Onomastikon der biblischen Ortsnamen, hg. von E. KLOSTERMANN, Leipzig 1904 (Nachdruck Hildesheim 1966)

EWALD, H., Die Propheten des Alten Bundes Bd 1+2, Göttingen 1867, 2. Ausgabe

FENSHAM, F.C., The Covenant-Idea in the Book of Hosea, in: Studies on the Books of Hosea and Amos (OTWSA 7-8, Pretoria 1964-65), 35-49

FISCHER, G., Die Redewendung דבר על־לב im AT - Ein Beitrag zum Verständnis von Jes 40,2, in: Bib. 65 (1984), 244-250

FOHRER, G., Art.: Bogen, in: BHH I, Sp. 264f

-, Art.: Falle, in: BHH I, Sp. 463

-, Art.: Schwert, in: BHH III, Sp. 1750f

-, u.a., Exegese des Alten Testaments. Einführung in die Methodik (UTB 267), Heidelberg ^{4}1983

-, Umkehr und Erlösung beim Propheten Hosea, ThZ 11 (1955), 161-185

FREEDMAN, D.N., ⟶ siehe ANDERSEN, F.I.

FRIEDMAN, M.A., Israel's Response in Hosea 2:17b: "You are my Husband", JBL 99 (1980), 199-203

FRIEDRICH, G., Art.: προφήτης κτλ., in: ThWNT VI, 781-863

-, (Hg.), Theologisches Wörterbuch zum Neuen Testament, Stuttgart u.a. 1933ff (Bd. 1ff)

GALLING, K., (Hg.), Biblisches Reallexikon (HAT I/1), Tübingen ^{2}1977

-, Die Erwählungstraditionen Israels (BZAW 48), Giessen 1928
-, (Hg.), Die Religion in Geschichte und Gegenwart, 6 Bde und 1 Registerband, Tübingen ³1957-1965
GEMSER, B., The Rîb - or Controversy - Pattern in Hebrew Mentality, in: Wisdom in Israel and in the Ancient Near East presented to H.H. ROWLEY, ed. by M. NOTH and D.W. THOMAS (VT.S 3), Leiden 1960, 120-137
GERLEMANN, G., Studien zur alttestamentlichen Theologie, Heidelberg 1980
GERTNER, M., The Masorah and the Levites. Appendix: An Attempt at an Interpretation of Hosea XII, VT 10 (1960), 241-284
GESE, H., Der Name Gottes im Alten Testament, in: H. von STIETENCRON (Hg.), Der Name Gottes, Düsseldorf 1975, 75-89
-, Kleine Beiträge zum Verständnis des Amosbuches, VT 12 (1962), 417-438
-, Jakob und Mose: Hosea 12,3-14 als einheitlicher Text, erscheint demnächst in: Festschrift J.C.H. LEBRAM (Studia Post-Biblica, 36, 1986)
-, Tradition und biblische Theologie, in: STECK, O.H., (Hg.), BThSt 2, 87-111
-, Vom Sinai zum Zion. Alttestamentliche Beiträge zur biblischen Theologie (BEvTh 64), München ²1984 (VSZZ)
-, Bemerkungen zur Sinaitradition, in: ders., VSZZ, 31-48
-, Der Dekalog als Ganzheit betrachtet, in: ders., VSZZ, 63-80
-, Erwägungen zur Einheit der biblischen Theologie, in: ders., VSZZ, 11-30
-, Zur biblischen Theologie. Alttestamentliche Vorträge, Tübingen ²1983 (ZBTh)
-, Das biblische Schriftverständnis, in: ders., ZBTh, 9-30
-, Das Gesetz, in: ders., ZBTh, 55-84
-, Der Tod im Alten Testament, in: ders., ZBTh, 31-54
GINSBERG, H.L., Hosea's Ephraim, More Fool than Knave. A new Interpretation of Hosea 12:1-14, JBL 80 (1961), 339-347
GLUECK, N., Ramoth-Gilead, BASOR 92 (1943), 10-16
-, Some Ancient Towns in the Plain of Moab, BASOR 91 (1943), 7-26
-, The Jordan River Valley: Tell ed-Dâmieh, AASOR 25-28 (1945-1949), 329-331
GOOD, E.M., Hosea and the Jacob Tradition, VT 16 (1966), 137-151
GOTTSTEIN, M.H., Du sollst nicht stehlen, ThZ 9 (1953), 394f

GROSS, K., Die literarische Verwandtschaft Jeremias mit Hosea, Borna-Leipzig 1930 (Diss. Berlin 1930)

-, Hoseas Einfluß auf Jeremias Anschauungen, NKZ 42 (1931), 241-256.327-343

GROSS, W., Die Herausführungsformel - Zum Verhältnis von Formel und Syntax, ZAW 86 (1974), 425-453

GUNKEL, H., Genesis (HK), Göttingen ^{3}1910 (Nachdruck Göttingen ^{9}1977)

GUTHE, H., Zarethan und die Erzgießerei Salomos, in: Vom Alten Testament, K. MARTI zum 70. Geb., hg. von K. BUDDE (BZAW 41), Giessen 1925, 96-108

HAAG, H., Art.: בג , in: ThWAT I, Sp. 670-682

HARPER, W.R., A critical and exegetical commentary on Amos and Hosea (ICC), Edinburgh ^{5}1960

HARVEY, J., Le "Rîb-pattern", réquisitoire prophétique sur la rupture de l'alliance, Bib. 43 (1974), 172-196

HATCH, E./REDPATH, H.A., A Concordance to the Septuagint and other Greek Versions of the Old Testament, 2 Bde., Oxford 1897 (Nachdruck Athen 1977)

HEMPEL, J., Art.: Bund. Im AT, in: RGG I, Sp. 1513-1516

HENGEL, M./MERKEL, H., Die Magier aus dem Osten und die Flucht nach Ägypten (Mt 2) im Rahmen der antiken Religionsgeschichte und der Theologie der Synoptiker, in: FS J. SCHMID zum 80. Geb., hg. von P. HOFFMANN, Freiburg u.a. 1973, 139-169

HENKE, O., Zur Lage von Beth Peor, ZDPV 75 (1959), 155-163

HERRMANN, S., Geschichte Israels in alttestamentlicher Zeit, München ^{2}1980

-, Operationen Pharao Schoschenks I. im östlichen Ephraim, ZDPV 80 (1964), 55-79

HERMISSON, H.-J., Jakobs Kampf am Jabbok (Gen 32,23-33), ZThK 71 (1974), 239-261

HERTZBERG, H.W., Die Bücher Josua, Richter, Ruth (ATD 9), Göttingen ^{5}1973

-, Mizpa, ZAW 47 (1929), 161-196

-, Prophet und Gott. Eine Studie zur Religiosität des vorexilischen Prophetentums (BFChTh 28/3), Gütersloh 1923

HIERONYMI Presbyteri Opera Pars I, Opera Exegetica, 6, Commentarii in Prophetas Minores, CChr.SL 76, Turnholti 1969

HIRSCHBERG, H., Some Additional Arabic Etymologies in Old Testament Lexicography, VT 11 (1961), 373-385

HITZIG, F./STEINER, H., Die zwölf kleinen Propheten (KEH), Leipzig ^{4}1881

HÖRER-JOHAG, J., Art.: עזב , in: ThWAT III, Sp. 315-339

HOLLADAY, W.L., Chiasmus, the key to Hosea XII 3-6, VT 16 (1966), 53-64

HOONACKER, A. van, Les douze petits prophètes (Études Bibliques), Paris 1908

HORST, F., Art.: Dekalog, in: RGG II, Sp. 69-71

-, Der Diebstahl im Alten Testament, in: ders., Gottes Recht (TB 12), München 1961, 167-175

HOSSFELD, F.L., Der Dekalog. Seine späten Fassungen, die originale Komposition und seine Vorstufen (OBO 45), Freiburg/Schweiz, Göttingen 1982

HOUTSMA, M.Th. לֶחֶם - לָחַם - מִלְחָמָה , ZAW 22 (1902), 329-331

HUESMAN, J., Finite Uses of the Infinitive Absolute, Bib. 37 (1956), 271-295

HUMBERT, P., En marge du dictionnaire hébraïque, ZAW 21 (1950), 199-207

-, La logique de la perspective nomade chez Osée et l'unité de Osée 2,4-22, in: Vom Alten Testament, K. MARTI zum 70. Geb., hg. von K. BUDDE, Giessen 1925 (BZAW 41), 158-166

-, Osée le prophète bedouin, RHPhR 1 (1921), 97-118

JACOB, E., Der Prophet Hosea und die Geschichte, EvTh 24 (1964), 281-290

-, La femme et le prophète. A propos d'Osée 12/13-14, in: Maqqêl Shâqéd, Hommage à W. VISCHER, Montpellier 1960, 83-87

JENNI, E., Art.: אהב , in: THAT I, Sp. 60-73

-, Art.: עוֹלָם , in: THAT II, Sp. 228-243

-, Das hebräische Piʿel. Syntaktisch-semasiologische Untersuchung einer Verbalform im Alten Testament, Zürich 1968

-, und WESTERMANN, C., Theologisches Handwörterbuch zum Alten Testament, 2 Bde., Bd. 1 München ⁴1984, Bd. 2 ³1984

JEPSEN, A., צדק und צדקה im Alten Testament, in: Gottes Wort und Gottes Land, H.W. HERTZBERG zum 70. Geb., hg. von H. GRAF REVENTLOW, Göttingen 1965, 78-89

JEREMIAS, C., Die Erzväter in der Verkündigung der Propheten, in: Beiträge zur Alttestamentlichen Theologie, FS für W. ZIMMERLI zum 70. Geb., hg. von H. DONNER u.a., Göttingen 1977, 206-222

JEREMIAS, J., Der Prophet Hosea (ATD 24/1), Göttingen 1983

-, Die Reue Gottes. Aspekte alttestamentlicher Gottesvorstellung (BSt 65), Neukirchen-Vluyn 1975

-, Hosea 4-7. Beobachtungen zur Komposition des Buches Hosea, in: Textgemäß. Aufsätze und Beiträge zur Hermeneutik des Alten Testaments. FS für E. WÜRTHWEIN zum 70. Geb., hg. von A.H.J. GUNNEWEG und O. KAISER, Göttingen 1979, 47-58

-, Zur Eschatologie des Hoseabuches, in: Die Botschaft und die Boten, FS für H.W. WOLFF zum 70. Geb., hg. von J. JEREMIAS und L. PERLITT, Neukirchen-Vluyn 1981, 217-234

KAISER, O., Die alttestamentliche Exegese, in: G. ADAM/O. KAISER/W.G. KÜMMEL, Einführung in die exegetischen Methoden (studium theologie 1), München ⁶1979, 9-60

-, Einleitung in das Alte Testament, Gütersloh ⁵1984

KEEL, O., Die Welt der altorientalischen Bildsymbolik und das Alte Testament. Am Beispiel der Psalmen, Neukirchen-Vluyn/Zürich ²1977

KEIL, C.F., Bibl. Commentar über die prophetischen Geschichtsbücher des Alten Testaments Bd.1: Josua, Richter und Ruth, Leipzig 1863

-, Biblischer Commentar über die zwölf kleinen Propheten, Leipzig ³1888

KELLENBERGER, E., ḥäsäd wäʾämät als Ausdruck einer Glaubenserfahrung. Gottes Offen-Werden und Bleiben als Voraussetzung des Lebens (AThANT 69), Zürich 1982

KINET, D., Baʿal und Jahwe. Ein Beitrag zur Theologie des Hoseabuches (EHS.T 87), Frankfurt/Bern 1977

KLEIN, H., Verbot des Menschendiebstahls im Dekalog? Prüfung einer These A. ALTS, VT 26 (1976), 161-169

KLOPFENSTEIN, M.A., Art.: בגד , in: THAT I, Sp. 261-264

KNIERIM, R., Art.: אָוֶן , in: THAT I, Sp. 82-84

-, Art.: פֶּשַׁע , in: THAT II, Sp. 488-495

KOCH, K., Art.: צדק , in: THAT II, Sp. 507-530

KRAUS, H.-J., Gottesdienst in Israel. Grundriß einer Geschichte des alttestamentlichen Gottesdienstes, München ²1962

-, Psalmen 1-150 (BK XV 1+2), Neukirchen-Vluyn ⁵1978

KÜHLEWEIN, J., Art.: אִישׁ , in: THAT I, Sp. 240-242

-, Art.: בֵּן , in: THAT I, Sp. 316-325

-, Art.: בַּעַל , in: THAT I, Sp. 327-334

KÜMMEL, W.G., Einleitung in das Neue Testament, Heidelberg ¹⁷1973

KÜMPEL, R., Die Berufung Israels. Ein Beitrag zur Theologie des Hosea (Diss. Bonn), 1973

KUSCHKE, A., Art.: Mizpa, in: RGG IV, Sp. 1065

KUTSCH, E., Art.: ברית , in: THAT I, Sp. 339-352

-, Beiträge zur Siedlungsgeschichte des wādi kufrinǧi, ZDPV 81 (1965), 113-131

-, Der Begriff בְּרִית in vordeuteronomischer Zeit, in: Das ferne und nahe Wort. FS L. ROST zum 70. Geb. (BZAW 105), Berlin 1967, 133-143

-, Verheißung und Gesetz (BZAW 131), Berlin/New York 1973

LABUSCHAGNE, C.F., Art.: ענה , in: THAT II, Sp. 335-341

LANG, B., Das Verbot des Meineids im Dekalog, ThQ 161 (1981), 97-105

LENHARD, H., Über den Unterschied zwischen לכן und על־כן , ZAW 95 (1983), 269-272

LEVIN, C., Die Verheißung des neuen Bundes in ihrem theologiegeschichtlichen Zusammenhang ausgelegt (FRLANT 137), Göttingen 1985

LIEDKE, G., Art.: אזן , in: THAT I, Sp. 95-98

-, Art.: שפט , in: THAT II, Sp. 999-1009

LINDBURG, J., The Root ריב and the Prophetic Lawsuit Speeches, JBL 88 (1969), 291-304

LIPPL, J./THEIS, J., Die zwölf kleinen Propheten, I. Hälfte: Osee, Joel, Amos, Abdias, Jonas, Michäas (Die Heilige Schrift des Alten Testamentes Bd. VIII 3 I), Bonn 1937

LOHFINK, N., Hate and Love in Osee 9,15, CBQ 25 (1963), 417

LUTHER, M., Vorrede zum 1. Bande der Wittenberger Ausgabe der deutschen Schriften (1539), WA 50, 657-661

MALLON, A., Notes sur le Ghôr, JPOS 11 (1931), 55-62

-, Notes sur quelques sites du Ghôr oriental, Bib. 10 (1929), 214-232

MANDELKERN, S., Veteris Testamenti Concordantiae Hebraicae atque Chaldaicae, 2 Bde., Graz 1955

MARTI, K., Das Dodekapropheton (KHC), Tübingen 1904

MARTIN, J.D., The Book of Judges (CBC), Cambridge u.a. 1975

MAYS, J.L., Hosea (OTL), London ²1975

MAZAR, B., The Campaign of Pharaoh Shishak to Palestine, in: Volume du Congrès Strasbourg 1956 (VT.S 4), Leiden 1957, 57-66

McCARTHY, D.J., $b^e r \bar{\imath} t$ in Old Testament History and Theology, Bib. 53 (1972), 110-121

-, Der Gottesbund im Alten Testament (SBS 13), Stuttgart 1966

-, Hosea XII 2: Covenant By Oil, VT 14 (1964), 215-221

MELLAART, J., List of Sites examined, ADAJ 6/7 (1962), 140-157

MICHEL, D., Grundlegung einer hebräischen Syntax Teil 1: Sprachwissenschaftliche Methodik. Genus und Numerus des Nomens, Neukirchen-Vluyn 1977

MITTMANN, S., Aroer, Minnith und Abel Keramin (Jdc 11,33), ZDPV 85 (1969), 63-75

MÖLLER, CHRISTA/SCHMITT, G., Siedlungen Palästinas nach Flavius Josephus (BTAVO B 14), Wiesbaden 1976

MOLDENKE, H. u. A., Plants of the Bible, New York 1952

MOORE, G.F., Judges (ICC 7) Edinburgh ^{7}1958

MUILENBURG, J., The Site of Ancient Gilgal, in: BASOR 140 (1955), 11-27

MUSIL, A., Arabia Petraea I Moab, Wien 1907

NEEF, H.-D., Die Ebene Achor - das "Tor der Hoffnung". Ein exegetisch-topographischer Versuch, ZDPV 100, 1984, 91-107

-, Gottes Treue und Israels Untreue. Aufbau und Einheit von Jeremia 2,2-13 (erscheint in ZAW 98/3, 1986)

NÖTSCHER, F., Zwölfprophetenbuch oder kleine Propheten (Echter Bibel), Würzburg ^{2}1954

NORTH, C.R., The Essence of Idolatry, in: Von Ugarit nach Qumran. Beiträge zur alttestamentlichen und altorientalischen Forschung, O. EISSFELDT zum 1. Sept. 1957 (BZAW 77), Berlin 1958, 151-160

NOTH, M., Beiträge zur Geschichte des Ostjordanlandes, PJ 37 (1941) 51-101

-, Das Buch Josua (HAT 7), Tübingen ^{3}1971

-, Das Deutsche Evangelische Institut für Altertumswissenschaft des Heiligen Landes. Lehrkursus 1955, ZDPV 72 (1956), 31-82

-, Das Deutsche Evangelische Institut für Altertumswissenschaft des Heiligen Landes. Lehrkursus 1956, ZDPV 73 (1957), 1-58

-, Das vierte Buch Mose Numeri (ATD 7), Göttingen ^{3}1977

-, Das zweite Buch Mose (ATD 5), Göttingen ^{5}1973

-, Der Jordan in der alten Geschichte Palästinas, ZDPV 72 (1956), 123-148

-, Der Wallfahrtsweg zum Sinai (4. Mose 33), PJ 36 (1940), 5-28

-, Geschichte Israels, Göttingen ^{7}1969

-, Gilead und Gad, ZDPV 75 (1959), 14-73

-, Israelitische Stämme zwischen Ammon und Moab, ZAW 60 (1944), 11-57

-, Könige 1 (I. Kön 1-16), BK IX/1, Neukirchen-Vluyn ^{2}1983

-, Überlieferungsgeschichte des Pentateuch, Darmstadt ^{2}1960

NOWACK, W., Die kleinen Propheten (HK), Göttingen ^{3}1922

NYBERG, H.S., Studien zum Hoseabuch, Uppsala 1935

OETTLI, S., Das Deuteronomium und die Bücher Josua und Richter (KK), München u.a. 1893

ORELLI, C. von, Die zwölf kleinen Propheten (KK), München ^{3}1908

PEDERSEN, J., Der Eid bei den Semiten, Straßburg 1914

PERLITT, L., Bundestheologie im Alten Testament (WMANT 36), Neukirchen-Vluyn 1969

-, Mose als Prophet, EvTh 31 (1971), 588-608

PESCH, R., Der Gottessohn im matthäischen Evangelienprolog (Mt 1-2). Beobachtungen zu den Zitationsformeln der Reflexionszitate, Bib. 48 (1967), 395-420

PETUCHOWSKI, J., A Note on W. KESSLER'S "Problematik des Dekalogs", VT 7 (1957), 397f

PHYTHIAN-ADAMS, W.J., Jericho, Ai and the Occupation of Mount Ephraim, PEFQSt 68 (1936), 141-149

PROKSCH, O., Die Genesis (KAT), Leipzig und Erlangen $^{2+3}$1924

-, Die Kleinen Prophetischen Schriften vor dem Exil (EzAT), Calw und Stuttgart 1910

PURY, A. de, Jakob am Jabbok, Gen 32,23-33, im Licht einer altirischen Erzählung, ThZ 35 (1979), 18-34

QUELL, G., Art.: πατηρ κτλ., in: ThWNT V, 959-974

RAD, G. von, Aspekte alttestamentlichen Weltverständnisses, EvTh 24 (1964), 57-73

-, Das erste Buch Mose. Genesis (ATD 2-4), Göttingen ^{9}1972

-, Das fünfte Buch Mose. Deuteronomium (ATD 8), Göttingen ^{3}1978

-, Theologie des Alten Testaments, Bd. I München ^{6}1969, Bd. II ^{6}1975

RATSCHOW, C.H., Der angefochtene Glaube. Anfangs- und Grundprobleme der Dogmatik, Gütersloh ^{5}1983

REDPATH, H.A. ⟶ siehe HATCH, E.

REICHERT, A., Art.: Massebe, in: K. GALLING (Hg.), Biblisches Reallexikon, Tübingen ^{2}1977, 206-209

-, Der Jehovist und die sogenannten deuteronomistischen Erweiterungen im Buch Exodus, Masch. Diss. Tübingen 1972

REICKE, B./ROST, L., (Hg.), Biblisch-historisches Handwörterbuch, 4 Bde., Göttingen 1962-1979

REINES, C., Hosea XII, JJS 2 (1950-51), 156f

RENDTORFF, R., Zum Gebrauch der Formel $n^{e\jmath}\bar{u}m\ jahwe$ im Jeremiabuch, in: ders., Gesammelte Studien zum Alten Testament (TB 57), München 1975, 256-266

REVENTLOW, H. GRAF, Gebot und Predigt im Dekalog, Gütersloh 1962

RICHTER, W., Die Überlieferungen um Jephtah, Bib. 42 (1966), 485-556

-, Traditionsgeschichtliche Untersuchungen zum Richterbuch
   (BBB 18), Bonn ²1966
RIESSLER, P., Die kleinen Propheten oder das Zwölfpropheten-
            buch, Rottenburg a.N. 1911
RINGGREN, H., ⟶ siehe BOTTERWECK, G.J.
ROBINSON, Th./HORST, F., Die Zwölf Kleinen Propheten (HAT 14),
            Tübingen ³1964
ROHLAND, E., Die Bedeutung der Erwählungstraditionen Israels
            für die Eschatologie der alttestamentlichen
            Propheten, Diss. Heidelberg 1956
ROST, L., ⟶ siehe REICKE, B.
RUDOLPH, W., Hosea (KAT XIII/1), Gütersloh 1966
-, Jeremia (HAT 12), Tübingen ³1968
RÜGER, H.P., Art.: Musikinstrumente, in: K. GALLING (Hg.),
            Biblisches Reallexikon, Tübingen ²1977, 234-236
RUPPERT, L., Beobachtungen zur Literar- und Kompositions-
            kritik von Hosea 1-3, in: Künder des Wortes.
            Beiträge zur Theologie der Propheten. FS für
            J. SCHREINER zum 60. Geb., hg. von L. RUPPERT
            u.a., Würzburg 1982, 163-182
-, Herkunft und Bedeutung der Jakob-Tradition bei Hosea,
   Bib. 52 (1971), 488-504
SAEBØ, M., Art.: פתה , in: THAT II, Sp. 495-498
SAUER, G., Art.: Gilead, in: BHH I, Sp. 571f
SCHMID, H., Mose. Überlieferung und Geschichte (BZAW 110),
            Berlin 1968
SCHMIDT, H., Mose und der Dekalog, in: ΕΥΧΑΡΙΣΤΗΡΙΟΝ, H.
            GUNKEL zum 60. Geb., hg. von H. SCHMIDT (FRLANT
            36), Göttingen 1923, 78-119
SCHMIDT, L., Der Kampf Jakobs am Jabbok (Gen 32,23-33), ThViat
            14 (1977/78), 125-143
SCHMIDT, W.H., Überlieferungsgeschichtliche Erwägungen zur
            Komposition des Dekalogs, in: VT.S 22, Leiden
            1972, 201-220
SCHMITT, H.-C., Die Hintergründe der "neuesten Pentateuch-
            kritik" und der literarische Befund der
            Josefsgeschichte Gen 37-50, in: ZAW 97 (1985),
            161-179
SCHOTTROFF, W., Art.: קשב , in: THAT II, Sp. 684-689
-, 'Gedenken' im Alten Orient und im Alten Testament (WMANT
   15), Neukirchen-Vluyn ²1967
SCHÜNGEL-STRAUMANN, HELEN, Der Dekalog - Gottes Gebote?
            (SBS 67), Stuttgart ²1980
SCHULZ, A., Das Buch der Richter und das Buch Ruth, Bonn 1926

SCHUMPP, M., Das Buch der zwölf Propheten (Herders Bibel-
kommentar X/2), Freiburg 1950
SCHWEIZER, E., Das Evangelium nach Matthäus (NTD 2), Göttingen
²1976
SCHWERTNER, S., Art.: סור , in: THAT II, Sp. 148-150
SÉJOURNÉ, P.M., Chronique, RB 2 (1899), 119-145
SELLIN, E., Das Zwölfprophetenbuch (KAT XII), Leipzig und
Erlangen ¹1922; ²⁺³1929 (1), 1930 (2)
SENDREY, A., Musik in Alt-Israel, Leipzig o.J.
SIMPSON, C.A., Composition of the Book of Judges, Oxford
1957
SMEND, R., Das Mosebild von HEINRICH EWALD bis MARTIN NOTH,
Tübingen 1959
SMITH, G.A., The Book of the Twelve Prophets, Vol. I: Amos,
Hosea and Micah, London/New York/Toronto 1896
SOGGIN, J.A., Bemerkungen zur alttestamentlichen Topographie
Sichems mit besonderem Bezug auf Jdc. 9, ZDPV
83 (1967), 183-198
SPRANK, S./WIESE, K., Studien zu Ezechiel und dem Buch der
Richter (BWANT 40/3/4), Stuttgart 1926
STÄHLI, H.-P., Art.: עבד , in: THAT II, Sp. 200-204
-, Knabe - Jüngling - Knecht. Untersuchungen zum Begriff נער
im Alten Testament (BET 7), Frankfurt u.a. 1978
STAMM, J.J., Dreißig Jahre Dekalogforschung, ThR N.F. 27
(1961), 189-239. 281-305
-, Sprachliche Erwägungen zum Gebot "Du sollst nicht töten",
ThZ 1 (1945), 81-90
STAPLES, W.E., The Third Commandement, JBL 58 (1939), 325-329
STECK, O.H., Strömungen theologischer Tradition im Alten
Testament, in: ders., Wahrnehmungen Gottes im
Alten Testament. Gesammelte Studien (TB 70),
München 1982, 291-317
-, (Hg.), Zu Tradition und Theologie im Alten Testament
(BThSt 2), Neukirchen-Vluyn 1978
-, ⟶ siehe BARTH, H.
STEINER, H., ⟶ siehe HITZIG, F.
STENDAHL, K., The School of St. Matthew and its use of the
Old Testament (ASNU 20), Uppsala 1954
STOEBE, H.J., Art.: טוב , in: THAT I, Sp. 652-664
-, Art.: רחם , in: THAT II, Sp. 761-768
-, Art.: רפא , in: THAT II, Sp. 803-809
-, Das achte Gebot (Exod. 20 v. 16), WuD N.F. 3 (1952),
108-126

-, Das erste Buch Samuelis (KAT VIII/1), Gütersloh 1973

-, Die Bedeutung des Wortes ḥäsäd im Alten Testament, VT 2 (1952), 244-254

-, Gottes hingebende Güte und Treue. Teil I: Bedeutung und Geschichte des Begriffes חסד , Diss. Münster 1950

STRECKER, G., Der Weg der Gerechtigkeit (FRLANT 82), Göttingen ³1971

TÄUBLER, E., Biblische Studien. Die Epoche der Richter, hg. von H.-J. ZOBEL, Tübingen 1958

THIEL, W., Die Rede vom "Bund" in den Prophetenbüchern, Theologische Versuche IX (1977), 11-36

TORCYNER, H., Dunkle Bibelstellen, in: Vom Alten Testament, K. MARTI zum 70. Geb., hg. von K. BUDDE (BZAW 41), Giessen 1925

UTZSCHNEIDER, H., Hosea. Prophet vor dem Ende. Zum Verhältnis von Geschichte und Institution in der alttestamentlichen Prophetie (OBO 31), Freiburg/Schweiz und Göttingen 1980

VALETON, J.J.P., Das Wort ברית bei den Propheten und in den Ketubim. - Resultat, ZAW 13 (1893), 245-279

VAUX, R. de, Chronique, RB 47 (1938), 398-425

-, Notes d'Histoire et de Topographie Transjordaniennes, RB 50 (1941), 16-47

VOLLMER, J., Geschichtliche Rückblicke und Motive in der Prophetie des Amos, Hosea und Jesaja (BZAW 119), Berlin 1971

VRIEZEN, Th.C., La Tradition de Jacob dans Osée XII, in: Oudtestamentische Studien I (1942), 64-78

VUILLEUMIER, R., Les traditions d'Israël et la liberté du prophète: Osée, RHPhR 59 (1979), 491-498

WEHMEIER, G., Art.: עלה , in: THAT II, Sp. 272-290

WEINFELD, M., Art.: בְּרִית , in: ThWAT I, Sp. 781-808

WEIPPERT, HELGA, Art.: Sichem, in: K. GALLING (Hg.), Biblisches Reallexikon, Tübingen ²1977, 293-296

WEISER, A., Art.: Jakob, Patriarch, in: RGG III, Sp. 517-520

-, Das Buch der zwölf kleinen Propheten, Bd. I (ATD 24), Göttingen ⁶1974

WELLHAUSEN, J., Die Kleinen Propheten, Berlin ⁴1963

WESTERMANN, C., Forschung am Alten Testament. Gesammelte Studien Bd. II, hg. von R. ALBERTZ und E. RUPRECHT (TB 55), München 1974

-, Genesis Kapitel 12-36 (BK I/2), Neukirchen-Vluyn 1981

-, Grundformen prophetischer Rede (BEvTh 31), München ⁵1978

-, Prophetenzitate im Neuen Testament, in: ders., Forschung am Alten Testament, 280-290

-, siehe JENNI, E.

WHARTON, J.A., Hosea 4:1-3, Interp. 32 (1978), 78-83

WIESE, K., ⟶ siehe SPRANK, S.

WILDBERGER, H., Art.: אמן , in: THAT I, Sp. 177-209

WILLI-PLEIN, INA, Vorformen der Schriftexegese innerhalb des Alten Testaments. Untersuchungen zum literarischen Werden der auf Amos, Hosea und Micha zurückgehenden Bücher im hebräischen Zwölfprophetenbuch (BZAW 123), Berlin/New York 1971

WINTER, G., Die Liebe zu Gott im Alten Testament, ZAW 9 (1889), 211-246

WOLFF, H.W., Die Hochzeit der Hure, München 1979

-, Dodekapropheton 1: Hosea (BK XIV/1) Neukirchen-Vluyn ^{3}1976

-, Dodekapropheton 4: Micha (BK XIV/4), Neukirchen-Vluyn 1982

-, Gesammelte Studien zum Alten Testament (TB 22), München ^{2}1973

-, Hauptprobleme alttestamentlicher Prophetie, in: ders., Gesammelte Studien, 206-231

-, Hoseas geistige Heimat, in: ders., Gesammelte Studien, 232-250

-, Jahwe als Bundesvermittler, in: ders., Gesammelte Studien, 387-391

-, "Wissen um Gott" bei Hosea als Urform von Theologie, in: ders., Gesammelte Studien, 182-205

WOUDE, A.S. van der, Art.: צבא , in: THAT II, Sp. 498-507

-, Art.: עם , in: THAT II, Sp. 935-963

WÜRTHWEIN, E., Das erste Buch der Könige, Kap. 1-16 (ATD 11/1), Göttingen ^{2}1985

ZAPLETAL, V., Das Buch der Richter (EHAT), Münster 1923

ZENGER, E., "Durch Menschen zog ich sie..." (Hos 11,4). Beobachtungen zum Verständnis des prophetischen Amtes im Hoseabuch, in: Künder des Wortes, hg. von L. RUPPERT u.a., FS J. SCHREINER, Würzburg 1982, 183-201

ZIMMERLI, W., Das Gottesrecht bei den Propheten Amos, Hosea und Jesaja, in: Werden und Wirken des Alten Testaments, FS für C. WESTERMANN zum 70. Geb., hg. von R. ALBERTZ u.a. Göttingen 1980, 216-235

-, Die kritische Infragestellung der Tradition durch die Prophetie, in: O.H. STECK (Hg.), BThSt 2, 57-86

-, Ezechiel (BK XIII/1+2), Neukirchen-Vluyn ^{2}1979

-, Gottes Offenbarung. Gesammelte Aufsätze (TB 19), München ^{2}1969

-, Das zweite Gebot, in: ders., Gottes Offenbarung, 234-248

-, Ich bin Jahwe, in: ders., Gottes Offenbarung, 11-40

-, Grundriß der alttestamentlichen Theologie (ThW 3), Stuttgart-Berlin-Köln-Mainz ^{5}1985

-, Studien zur alttestamentlichen Theologie und Prophetie. Gesammelte Aufsätze Bd. II (TB 51), München 1974

-, Das Bilderverbot in der Geschichte des alten Israel, in: ders., Studien zur alttestamentlichen Theologie und Prophetie, 247-260

ZOBEL, H.-J., Stammesspruch und Geschichte (BZAW 95), Berlin 1965

REGISTER

1. Bibelstellen

Es wurden alle Stellen aufgenommen; die Angaben bedeuten:
150A = Seite 150 Anmerkungsteil; 150+A = Seite 150 und
Seite 150 Anmerkungsteil.

Altes Testament

Genesis

Stelle	Seite		Stelle	Seite
1,26	205A		27,46ff	45
1,28	205A		28	43
1,30	205A		28,10ff	42f.46f.
2f	147		28,13ff	42A
2,19f	205A		28,13	24.42
3,1	205A		28,14	42
3,14	205A		28,15	42f
6,7	205A		28,17	42A
7,23	205A		28,18	39.42A.53A
9,2	135A.205A		28,19	42A
10,19	9		28,20ff	42A
14,2	9		29,1ff	44-47.232.246
14,8	9		29,10	39
16,7-14	64		29,11	39A
18	64		29,15	44
18,22f	232A		29,18	44f.54A.232
20,5	185A		29,20	44.56
23,9	54A		29,25	44
24,33	167A		29,30	44
24,49	195A		30,3	137A
25	37f.233		30,16	54A
25,19ff	35.41		31,1ff	218
25,19	35		31,1-3	218
25,20	35		31,1	219
25,21ff	35f.45f.231.246		31,2	219
25,21	35		31,3	219
25,22	35.82A		31,4-16	218f
25,23	35f.38.231		31,17-24	218
25,24	35f.38		31,17	219
25,25	35		31,18f	201.218f.
25,26	17.35-37.231		31,20	219
25,27ff	35f.45f.231.246		31,21	218f.
25,27	36.231		31,22	219
25,28	36		31,23	219
25,29ff	36		31,24	219
26,1ff	45		31,25-35	218
27	36f.233		31,25	218f.
27,3	133		31,26	219
27,36	25.37+A		31,27	218f.
27,40	20		31,28	219
27,43	44		31,29	219

31,30........140A.219
31,31........218f.
31,32-35.....219
31,36-42.....218.256
31,36........218f
31,37........219
31,38........218f.
31,39........218f.
31,40........218f.
31,41........219
31,42........218f.
31,43-54.....46A.47.216.218.
             220.232.246
31,43........218f.
31,44........218f.
31,45........218f.
31,46........218f.
31,47........219
31,48........218f.
31,49........217-219
31,50........218-220
31,51........218f.
31,52........218f.
31,53........218f.
31,54........219
32...........26.39f.
32,1.........219
32,19........39.232
32,23-33.....17.39+A.41+A.45-
             47.231.233.246
32,25........41+A
32,26........39.231f.
32,27........39f.232
32,29........39.41.232
32,30........41
32,31........39f.232
33,4.........39A.41A
33,19........54A
33,34........146
34,3.........108
34,15........54A
35...........232.246
35,1-5.......41-43.46f.
35,1.........42
35,2.........42
35,3.........42.46
35,4.........42
35,6.........42+A
35,7.........41f.46f.
35,8.........41f.46f.
35,9-13......42A
35,14........41f.46f.
35,15........42+A
35,16-22.....41f.46f.
35,16........42
35,21........42

35,22........42
35,22-29.....42+A
37,18........54A
44,8.........201
47,29........195A
48,12........137A
48,22........133
49,24........133
50,4.........71A

Exodus

2,12.........223
3,8..........54A
3,15.........24
3,17.........54A
3,18-22......88
4,1-9........55
4,17.........55
4,18.........88A
4,19.........88A
4,20.........88A
4,22f........88f.91A
7,16f........55
7,17.........101
7,26.........55
8,16.........55
8,18.........101
9,13.........55
9,14.........101
9,15.........227A
9,23.........55
9,29.........101
10,13........55
12,29........89
14,16........55
15...........60A
15,16........91
15,22-27.....91A
15,22........109A
15,26........91+A
16,1-36......91A
16,4.........159A
16,10........189
17,1-7.......91A
17,3.........54A
17,8-16......91A
17,9ff.......55
18,1-27......91A
19,4-6.......60A
19,16........158A
19,19........158A
20...........175f.180.207f.
             242-244
20,2.........173A.180.242.246
20,3.........208

20,4-6......192.206.242.246
20,4........90.206.208
20,7........167.197A.206.
           208.243.246
20,13.......200A.206-208.
           243.246
20,14.......206-208.243.246
20,15.......206-208.243.246
20,16.......197-199.208.243.
           246
20,18.......158A
21,8........152
21,16.......201f.
21,37.......201
22,6........201
22,15.......135A
22,23.......185A
22,29.......157
23,11.......205A
23,19.......158
23,25.......131A
23,29.......132.205A
29,28.......222A
32..........31
32,1........54A
32,4........190
32,7........54A
32,23.......54A
33,1........54A
33,13.......71A
33,16.......71A
33,23.......131A
34..........177
34,4-11.....65
34,6........195A
34,9........71A
34,17.......190
34,26.......158A

Leviticus

7,32........222A
7,34........222A
10,14.......222A
11,45.......54A
17,5........222A
18,17.......154A
19,4........190A
19,29.......154A
20,10.......204
20,14.......154A
25,9........158A
25,11.......81A
26,5f.......133.135A.141
26,22.......132.205A
26,44.......75A

Numeri

10,10.......222A
11,15.......71A
11,22.......105A
12..........91A
12,13.......91
14,22.......75A
16,13.......54A.183A
16,14.......110A
20,5........54A.70
21,5........54A
22,18.......140A
23,21f......60A
23,28.......73
25,1-5......66.71.225.236
           246.250.256
25,1........71.225
25,2........71.225
25,3........71.225
25,5........71
25,6ff......72
32,5........71A
33,49.......79
35..........199
35,6........200A
35,11.......200A
35,16ff.....199
35,16.......200A
35,17.......200A
35,18.......200A
35,21.......200A
35,25.......200A
35,26.......200A
35,27.......200A
35,28.......200A
35,30.......200A
35,31.......200A

Deuteronomium

3,29........73
4,5.........140A
4,16........90A.188
4,17........188
4,18........188
4,23........90A
4,25........90A
4,34f.......61A
4,37........90A
4,42........199f.
4,46........73
5...........242-244
5,6.........173A.242
5,8-10......242
5,8.........90A
5,11........243

5,17-19......208
5,17.........200A.243
5,18.........243
5,19.........243
5,20.........198.243
7,4..........185A
7,8..........90A
7,13.........90A.139A
7,22.........205A
8,8..........70A
8,12f........103
8,14.........103
9,12.........190A
9,16.........190
9,29.........91
10,15........90A
11,2.........91
11,14........139A
11,16........108
11,17........185A
16,3.........180A
16,18........136A
17,2.........151A
19,1ff.......199
19,3.........200A
19,4.........200A
19,6.........200A
19,12........214
20,1.........54A
20,7.........135A
22,23........135A
22,25........135A
22,26........200A
22,27........135A
22,28........135A
24,7.........201f
25,4.........80
26,5-10......60A
27,15ff......175
27,15........90A.186A
28,26........205A
28,30........135A
28,49........158
28,66........86
29,11........151A
29,21........9
29,22........9
31,12........166A
31,17........185A
32,1.........215A
32,10........60.71A.116A
32,17........140A
32,21........140A
33,1ff.......224.235
33,18........220.223.250.256

33,19........53A.220-223.246.
             250
33,39........222A
34,5f........73
34,10........55+A

Josua

2,1..........71
2,4..........157
2,14.........195A
3,1..........71
3,9..........194A
3,16.........147
4,24.........166A
5,6..........75A
6,4..........158A
6,5..........158A
6,6..........158A
6,8..........158A
6,9..........158A
6,13.........158A
6,16.........158A
6,18.........201
6,20.........158A
7,1.5b-26....105.110.246.250
7,2-5a.......110
7,11.........151A.159A
7,14-18......110
7,15.........151A
7,19.........110A
7,20f........110A
7,22f........110A
7,24.........110A
7,26.........110
8,1-29.......110
11,3.........217+A
11,8.........217+A
12,2.........151
12,5.........151
13,20........73
13,27........148A
15,38........217+A
18,26........217
19,12........221f.
19,22........221f.
19,34........221
20...........199
20,3.........200A
20,5.........200A
20,6.........200A
21...........199
21,13........200A
21,21........200A
21,27........200A
21,32........200A

21,36........200A
22,23........222A
22,28........188
23,16........151A.185A
24,17........54A

Judicum

2,4..........189
2,20.........75A.151A.159A
3,9..........160A
3,15.........160A
3,27.........158A
4,6..........221
4,12.........221
4,14.........221
5,3..........215A
5,31.........60A
6,6..........160A
6,7..........160A
6,8..........54A
6,17.........71A
6,34.........158A
7,8..........158A
7,16.........158A
7,18.........158A
7,19.........158A
7,20.........158A
7,22.........158A
8,1-3........149
8,18.........221A
9............146
10,10........160A
10,14........160A
10,17........149.151.217
10,18........149.151
11,1-10......149
11,9.........149A
11,11........217
11,12-28.....149
11,21........149A
11,29........149
11,30f.......149+A
11,32f.......149+A
11,34-40.....149
11,34........217
12,1-6.......142ff.171.239.
             246.250
12,1.........148
12,2.........148+A
12,3.........149
12,4.........149f.
12,5.........149f.
12,6.........149f.
12,8.........160A
12,10........160A

17,2.........167A.196
19-21........8
20,1.........217
20,3.........217
21,1.........217
21,5.........217
21,8.........217

I Samuel

7,5..........217
7,6..........217
7,7..........217
7,8..........160A
7,9..........160A
7,11f........217
7,16.........217
8,8..........54A
10,5.........8
10,8.........222A
10,17........217
10,18........54A
11...........8A
11,3.........214
11,4.........8
11,15........184
12,6.........54A
13,3.........158A
14,2.........8
14,24........196
14,33........152A
15...........8A
15,11........160A
15,23........8A
15,26........8A
15,34........8
17,44........205A
17,46........131A.205A
18,13........227A
20,3.........71A
20,29........71A
21,14........157
22,3.........217+A
22,7.........110A
27,5.........71A
31,9.........185A

II Samuel

2,6..........195A
2,28.........158A
3,14.........135A
5,21.........185A
6,15.........158A
7,6..........54A
11,26........130
14,6.........157

15,10........158A
15,20........195A
17,8.........104
18,16........158A
19,29........160A
20,1.........158A
20,22........158A
21,10........205A
21,12........86

I Regum

1,34.........158A
1,39.........158A
1,41.........158A
6,37.........158
7,12.........158
8,13.........196
8,37.........213
8,50.........160A
12,26ff......190A
14,11........205A
15,22........217
16,4.........205A
18,32........139A
19,9-18......65
19,14........121
19,18........190A
19,19-21.....65
21,2.........110A
21,6f........110A
21,8.........214
21,24........205A
22,8.........82A
22,24........213

II Regum

4,1..........166A
4,8-17.......64
9,13.........158A
14,9.........205A
16,10........188
17,14........75A
17,16........190A
17,25........166A
17,36........54A
18,12........151A
19,29........81A
21,9.........75A
22,18........82A
23,26........185A
23,27........75A
25,23........217
25,25........217

Jesaja

1,2..........60A.160A.215A
1,10-17......5
1,10.........194A.215A
1,17.........5
1,21.........136A.200
1,23.........17
1,26.........5
5,25.........185A
6,11.........186A
7,33.........205A
8,10.........167A
8,14.........216A
10,11........185A
10,15........140A
10,27........92
11,6-9.......107A
11,6.........103A
11,16........180A
15,5.........160
16,4.........205A
16,5.........136A
17,13........191A
18,3.........158A
19,7.........205A
22,13........165
24,1.........77A
24,7.........205.216A
24,8.........216A
25,1.........129
27,13........158A
28,4.........70
28,14-22.....61A
28,14........194A
28,23........214Af.
29,5.........191A
31,2.........152A
31,8.........140A
32,1.........183A
32,9.........215A
33,2.........91
33,9.........205
34,20........205A
35,9.........107A
37,19........190A
37,30........81A
38,17........225A
40,1.........60A
40,18-20.....190A
40,19f.......186A
41,6-7.......190A
41,15........191A
42,17........74A
43,2.........33
43,3.........102

43,11	102
43,16-19	60A
43,20	205A
43,27	160A
44,9-20	190A
44,12f	186A
44,13	188
45,3	101
45,15	102
45,21	102
46,1-7	190A
46,1	185A
48,5	185A
49,1	214A
49,15	86
49,26	102
50,9	7
51,7	159A
51,8	7
51,9f	60A
58,1	158A
58,2	136A
58,13	167A
60,16	102
63,7-11	60A
63,8	102
63,12	60A
63,15	60A
65,20	86
66,5	194A

Jeremia

1,14	195A
2,2-16	114A
2,2-6	60A
2,2	63A.82A.116A.195A
2,3	63A.116A
2,4	37A.194A
2,5	71A
2,6	74A.191A
2,8	153A.159A.160A.216A
2,11	145A
2,31	20
2,37	75A
3,4	111
3,8f	203
3,20	152
4,3	82f.
4,5	158A
4,9	130A
4,19	158A
4,21	158A
4,25	205A
4,28	205
5,6	103A
5,7	103.140A.203
5,11	152
5,20	37A
5,30	154A
6,1	158A
6,12	195A
6,17	158A
6,19	159A
6,30	75A
7	176
7,2	194A
7,9	176A-178A.200.208
7,22f	61A
7,22	180A
7,26	75A
7,28	75A
8,7	91A
8,13	70
8,19	90A
9,1	203
9,2	91A
9,3	33.37+A
9,12	75A.159A
9,23	82A.195A
10,3	186A.190A
10,9	186A
10,14	90A
10,16	37A
10,18	195A
10,25	37A
11,4	180A
11,10	145A
11,11	160A
11,12	160A
11,17	54A
11,19	132
12,4	205f.
12,5	91A
12,7	158A
12,9	205A
12,13	81A
13,13	195A
13,15	214Af.
13,23	103A
13,27	71A
14,2	205
14,7	212
14,9	61A
14,15	145A.190A
14,21	61A
15,1	52
15,3	132.205A
15,10	149A
16,5	136

16,11	159A	33,11	82A.195A
16,12	145A	33,26	37A
16,14	54A	34,13	180A
16,18	74A	34,14	75A
17,15	190A	34,18	151A
17,20	194A	35,16	75A
18,13	154A	40,6	217
18,19	214A	40,8	217
18,22	216A	40,10	217
19,3	194A	40,12f	217
20,7	108	40,15	217
22,15	91A	41,1	217
22,28	185A	41,3	217
23,6	157	41,6	217
23,7	54A	41,10	217
23,20	205	41,14	217
24,1	70	41,16	217
25,6f	190A	42,5	145A
25,29f	195A	42,14	158A
25,31	194A	42,15	194A
26,4	159A	43,7	75A
26,19	166A	44,10	159A.166A
27,5	91	44,24	194A
27,6	205A	44,26	194A
27,9	190A	46,18	221
28,14	205A	46,27	37A
29,11	110A	47,2	205A
29,14	71A	48,31	160
29,19	75A	48,43f	216A
29,20	194A	50,2	185A
29,23	167A	50,3	205A
30,7	37A	51,17	90A
30,8	130A	51,19	37A
30,10	37A	51,27	158A
30,18	37A	51,47	90A
31,1	145A	51,52	90A
31,2	60.71A.90A.116A		
31,3	82A.90A.195A	Ezechiel	
31,7(6).10f	37A.194A	2,3	160A
31,17f	80.110A.129.140	2,5	145A
31,18	80.129.140	5,11	74A
31,22	145A	6,3	194A
31,33	159A	7,19	185A
32,17-23	60A	8,3	188
32,17	91A	8,16	145A
32,18	82A.195A	10,8	188
32,19	20A	11,19	131A
32,21	91	12,13	221A
32,23	75A	13,2	194A
32,30	190A	14,9	108
32,34	74A	14,17	133
32,36	190A	16	60
32,40	132	16,3ff	65
32,43	190A	16,5	61A
33,8	160A	16,6	81
33,10	190A	16,8	61A.81

```
16,22........111
16,27........154A
16,38........203
16,43........111.154A
16,58........154A
16,59........61A
16,60........61A.111
17,20........221A
18,30........20A
19,8.........221A
20,1.........82A
20,5ff.......60Af.
20,32........190A
21,5.........190A
22,2.........153
22,3.........153
22,9.........154A
22,11........154A
22,26........159A
23,8.........145A
23,19........111
23,21........154A
23,27........154A
23,29........154A
23,35........154A
23,44........154A
23,45........203
23,48........154A
23,49........154A
24,6.........153
24,9.........153
24,13........154A
25,4.........145A
25,9.........188
29,5.........205A
31,6.........205A
31,13........205A
32,2.........143
32,3.........221A
32,4.........132.205A
33,3.........158A
33,4f........158A
33,6.........158A
33,17........145A
34,5.........132.205A
34,8.........132
34,9.........194A
34,13........205A
34,18........143A
34,19........143A
34,25........107A.132+A.
             133A.135
34,28........135A
34,30........145A
36,1.........194A
36,4.........194A

36,26........131A
37,4.........194A
37,26........132+A
37,27........145A
38,20........205A
38,30........205A
39,4.........205A
39,17........205A
44,11........145A
44,16........145A

Hosea

1,2..........133A.154A.227A
1,4..........130A.215A
1,5..........130+A
1,6..........130A.154A.215A
1,9..........122.145A
2,2..........111A.133A.139A
2,4-25.......106.129.141A
2,4-22.......59A
2,4-15.......78+A.103.106f.
             129.141
2,4..........106.122.154A
             203.227A
2,5..........60.106f.133A
2,6..........106.141.154A
             227A
2,7..........90A.106.109A.
             141.154A.227A
2,8..........106-108.191A
2,9..........90A.106.141.
             161+A.195A.227A
2,10.........90A.106.109.137.
             139A.145A.158.
             183A.195Af.205
2,11-15......106
2,11.........106-108.139A.
             191A.205A.227A
2,12.........90A.106f.165A
2,13.........106f.
2,14.........90A.106.109A.
             141.205A
2,15.........6.90A.103.106f.
             130.140A.141.
             196A
2,16-25......59A
2,16ff.......6
2,16f........105ff.113-116.
             119.129.142A.
             171.235f.241.
             246-249
2,16.........18.58A.63A.65.
             107f.111f.114.
             191A
```

286   Register

2,17	54.58A.63A.65. 86.109-112.133A. 180A.236	5,1-7	210.231
		5,1f	46A.214ff.232. 246.248
2,18-25	106f.127ff.237. 246.248f	5,1	136A.154A.214- 216+A.220.221A. 224+A.226+A.247
2,18	90A.129-131+A. 138.140	5,2	71A.145A.211. 215+A.225.226+A
2,19	90A.107.128f. 131+Af.	5,3	145A.154A.165. 183.188.226+Af. 128
2,20	74A.107.120.123. 125.128f.132- 135+A.140-142A. 163.170.205A. 237.241.247	5,4	91A.154A.183A. 212.226-228
		5,5	19.212.226+Af.
2,21	7.21A.24.53Af. 81f.107.128f. 135+A-138+A. 141.195	5,6	71A.213.226+Af.
		5,7	152.165A.213. 226-228
		5,8	8.158A
2,22	53Af.107.128f. 135+A-138+A. 141.183A	5,9	7.20A.144
		5,10	19
		5,11	136A.169A
2,23	129f.133A.138f. 141	5,12	7.19f.145A
		5,13	145A.167
2,24	129.133A.139+A. 141.145A	5,14	19.103+A.145A. 188
2,25	122.129.131.133A. 139-141.160	5,15	77A.227A
		6,1-3	144
3,1	90.194.203	6,1	60A.144.227A
3,3	154A.227A	6,2	144
3,4	77.165A	6,3	133A.139A.144. 183A
3,5	161A.195.227A		
4,1-3	193ff.206+A.243 246.248.250	6,4-6	144
		6,4	20Af.24.136A. 191.195A
4,1	7.133A.136A.159. 194-196.198. 214+A	6,5	21A.24.136A
		6,6	136A.145.154. 195+A
4,2	153.159.175-178 +A.196.198f.204- 209.242f.248	6,7-7,2	146A
		6,7-11a	142ff.237.246. 248f.
4,3	133A.205+A	6,7	120-122.125.145 +A.146f.152.154f. 163.170f.237. 239.241f.247
4,4f	194		
4,4	74A.85.206.214		
4,6-19	159		
4,6	103.159.163. 187.196A	6,8	18.146.148. 151-153
4,9	214.227A	6,9	146.153.200.214. 224A.256
4,10	44A.154A.227A		
4,11	139A.154A	6,10	145f.154A.227A
4,12-14	44A.154A.227A	6,11	154A.227A
4,12	227A	7,2	145.165.227A
4,13	161A.203	7,3	8.19A.184A
4,14	203	7,4	203
4,15	8.154A.227A	7,7	90.165A.184A
4,16	165A	7,10	227A
4,17	185A	7,11	90.108A.169
4,18	90A.154A.227A		

7,12	74A.104A.205A. 221A	9,11	68.69+A.74+A. 119.189
7,13	17f.145A.160A. 169	9,12	68.69+A.74+A. 119.236
7,14	139A.160A	9,13	67-69+A.74.85. 119
7,15	145A		
7,16	86.133A.227A	9,14	68f.109A.119. 236
8,1-3	61A.125.155ff. 182.237.246-249	9,15	8+A.68f.74f.90. 119.158.227A. 236
8,1	120.122.124f. 151A.156-163. 170f.187.237f. 241.247	9,16	68f.74-76
		9,17	8A.68f.74f.119. 236
8,2	125.140A.156. 166.183A.242	10,1-8	165
		10,1-2	58A.65.76ff.94. 104.114.116.142A. 171.235.246-249
8,3	160.161+A		
8,4-6	157+A.164.175. 178.181ff.191f. 206.242f.246. 250	10,1	58A.76-78.103. 115.133A.161A. 165.168.235.236
		10,2	76-78.118f.137A. 145A.155.165-171.237.242
8,4	8.157A.183+A-186+A.191		
8,5	185+A.186+A	10,3f	164ff.246.248f.
8,6	185+A.186+A	10,3	76.165+A.166f. 169.237
8,7	7.81.157A.186A		
8,8	157A.165A.186A	10,4	76.120-122.125. 136A.164-170.172. 196f.237.239f.
8,9	44A.90A.111A 167.169.186A		
8,10	165A.184A.186A	10,5	165.168.185
8,11	77	10,6	165
8,12	157A.159+A.160. 163.187	10,7	165+A
		10,8	165
8,13	86.93f.157A.161A. 165A.222A.227A	10,9	8.80.165
		10,10	80.83.116
8,14	157A.196A	10,11-13a	58A.65.78ff.94. 104.114.116.142A. 171.198.235. 246-249
9,1	44A.90A.139A. 154A.227A		
9,2	139A	10,11	20A.58A.60.65. 80f.83.104.114f. 117.145A.161. 235f.
9,3	86.93f.133A. 227A		
9,4	227A		
9,6	17	10,12	81-83.136+A.195+ A.199
9,8	216A		
9,9	8.112	10,13	118.137A.155. 198.236.242
9,10-17	58A.65ff.76-78. 83.94f.114.116. 142A.171.235. 246-249		
		10,15	165A
		11,1-7	58.65.84ff.98. 104.114.116.142A. 171.189.235.241. 246.248f.
9,10	20A.58A.60.63A. 68-71.74-76.81. 83.90A.104.114-119.137A.145A. 155.171.189.225. 235f.242		
		11,1-11	19
		11,1-4	115

288 Register

11,1 . . . . .54.56.58A.60A.
         85.87.89.91+Af.
         95.97-99.104.114.
         117.235f.245
11,2 . . . . .58A.85.87.90-92.
         95.98.118.137A.
         155.171.195A.
         235f.242
11,3 . . . . .85.91+Af.95+A.
         119.137A.145A.
         155.235
11,4 . . . . .52A.79.86f.90.
         92+Af.95+A.235
11,5-7 . . . . . . .6.93.119
11,5 . . . . .93.94+A.133A.
         227A.237
11,6 . . . . .86f.94.237
11,7 . . . . .87.90.94
11,8 . . . . .9.109A
11,9 . . . . .138.227A
11,11 . . . . .19.130.133A
12,1-15 . . . . . .15ff.217.
         231.247
12,1 . . . . .16.19+A.20-22.
         30.33.56.70.
         154A.169.198f.
         215A.231.237.
         239
12,2 . . . . .8.19f.22.30.33.
         56.70.74A.85.
         120-122.125.167.
         169.170+A.172.
         231.233.237.240.
         246-249
12,3-7 . . . . . . .20.22.33.194.231
12,3 . . . . .20.23.30.32.227A
12,4-6 . . . . . . .20f.23.27
12,4 . . . . .17.23.25.27-35.
         37+A.39.41+A.44f.
         48.143.231f.246.
         248
12,5-7 . . . . . . .22f.27f.31f.39
12,5 . . . . .22f.25-28.30.35.
         39f.41-45.48.
         231.246.248
12,6 . . . . .22-24.27f.30
12,7 . . . . .21-24.27f.30.43.
         136A.145A.195A.
         227A.
12,8 . . . . .7.19A.21-23.30.
         90A.179.231.243
12,9 . . . . .18.21f.30.70.
         179.231.233
12,10 . . . . .18.21-23.30.54.
         58.60A.65.86.
         112-117.119.133A.
         . . . . .142A.145A.171.
         173A.175.178-
         181.206.231.235f.
         239.241f.246-
         250.256
12,11 . . . . .21-23.28.30.109.
         112.179.231
12,12 . . . . .8.21-23.28.30.
         77.168A.231
12,13 . . . . .21-23.25.27.30f.
         34f.44-46.48.
         50-57.231f.
         234f.246.248
12,14 . . . . .21-23.25.27.30.
         34.50-57.70.92A.
         111A.231.234f.
         246-248
12,15 . . . . .21f.25.30.57.70.
         234
13,1-15 19
13,1-3 . . . . . . .175.178.187ff.
         206.242f.246.250
13,1 . . . . .20A.90A.101.187-
         189.192
13,2 . . . . .101.165.185A.
         189-191
13,3 . . . . .101.108A.189.191
13,4-8 . . . . . . .58.65.99ff.114.
         116.142A.189.
         191f.196A.235.
         241.243.246-249
13,4 . . . . .54.60A.86.100f.
         103.117f.133A.
         145A.173A.175.
         178-181.183A.
         206.236.239.
         242f.246.248.
         250.256.258
13,5 . . . . .58A.101-103.114.
         117f.133A.145A.
         236
13,6 . . . . .58A.100-103.118.
         137A.155A.195A.
         242
13,7 . . . . .101.103f.119
13,8 . . . . .101.103.104+A.
         119.205A.237
13,9-11 101
13,10f 110A
13,15 . . . . .111A
14,2 . . . . .227A
14,3 . . . . .161A.227A
14,5 . . . . .227A
14,6 . . . . .168A
14,8 . . . . .139A.168A.227A
14,9 . . . . .145A.185A

Joel

1,2	195A.214Af
1,4	213
1,7	70A
1,14	160A.195A
2,1	195A
2,19	139A
2,22	70A
2,25	213
3,18	71A

Amos

2,2	158A
2,4	187
2,6-8	4
2,9f	60A.54A
3,1	54A
3,2	60A
3,5	216A
3,6	158A
3,9-12	4
3,15	4
4,1-3	4
4,6	195A
4,13	24A
5,4-6.7-11	4f.
5,14	61A
5,17	65
5,28	5
5,21-25	5
6,4-6	4
6,12f	140A.168
7,1-6	232A
8,2.4-7	4.6.154A
8,5	21A
8,9	205+A
9,5f	24A.105
9,7-10	60A
9,7	54A
9,10	61A

Jona

1,5	160A
2,7	225A

Micha

1,2	214A
1,7	185A
2,2	5
2,6f	61A
3,1-4	5

3,1	214
3,4	160A
3,5-12	5
3,9	214
3,11	61A
4,2	187
6,2	194A
6,3-5	60A
6,4	54A
6,5	71
6,9-16	5
6,15	81A
6,16	187
7,1	70A
7,6	5
7,15	180A
7,20	195

Nahum

2,3	77A
3,1	153A

Habakuk

1,2	160A
1,4	187
1,8	103A.158
1,14	205A
2,12	153A
3,16	7
3,17	70A

Zephanja

1,3	205A
1,16	158A
1,18	185A.195A
2,2	191A
3,4	187

Haggai

2,11	187

Sacharja

3,10	70A
7,9	136
7,12	187
9,7	131A
9,10	133
9,14	158A
10,3	185A
10,6	185A
11,6	195A
11,9	227A

11,16........227A
13,2.........132.185A

Maleachi

2,6..........187
2,7..........187
2,8..........187
2,9..........187
2,10ff.......152A
3,5..........203
3,22.........187
3,24.........187

Psalmen

1,4..........191
4,6..........222
5,6..........152A
6,9..........152A
9,16.........221A.225A
10,9.........221A
14,4.........152A
17,1.........214.215A
22,2f........140A
22,6.........160A
22,11........140A
25,5.........221A
25,8.........161A
25,10........195A
26,6.........185A
27,6.........222A
28,3.........152A
31,5.........221A
31,15........129
34,9.........161A
35,5.........191A
35,7.........221A.225A
35,8.........157.221A
36,13........152A
39,12........7
40,6.........129
43,2.........161A.185A
44,2-4.......60A
44,10........161A.185A
44,24........161A.185A
47,6.........158A
49,2.........214Af
50,18........203
51,19........188.222A
51,21........222
53,5.........152A
55,3.........20
55,10........17
55,20........166A
57,7.........221A
59,3.........152A

60,3.........161A.185A
60,12........161A.195A
61,2.........214A
61,8.........7.195A
62,4.........200A
64,3.........152A
66,5-12......60A
69,6.........227A
69,23........216A
71,18........91
72,2.........136A
73,1.........161A
73,13........185A
74,1.........161A.185A
74,12-18.....60A
77,6-21......60A
77,8.........161A.185A
78,1-7.......60A
78,1.........159A
78,46........213
78,57........152A
79,2.........205A
79,11........91
80,9-12......60A
81,4.........158A
81,8-11......60A
81,11........54A
83,5.........132
85,11........7.195A
86,5.........161A
86,15........7.195A
88,15........161A.185A
89,13........221
89,15........7.136A.195A
89,31........159A
89,39........161A.185A
91,13........103A
92,8.........152A
92,10........152A
94,4.........152A
94,5.........200
94,6.........200
94,15........136A
94,16........152A
95,10........91A
97,2.........136A
101,8........152A
103,4........136
103,6f.......60A
106,9........109
106,12.......60A
106,20.......188
106,21.......102
106,25.......75A
106,28.......222A
106,36.......185A

106,38.......185A
107,22.......222A
108,12.......161A.185A
111,8........136A
114,2f.......60A
115,4........185A.190+A
117,2........7
119,7........136A
119,68.......161A
119,75.......136A
119,110......216A
119,121......136A
119,158......152A
119,160......136A
119,164......136A
124,7........216A
125,5........152
126,5........81A
135,3........161A
135,15.......185A.190
136,1-26.....60A
139,15.......227A
140,6........216A.221A
141,4........152A
141,9........152A.216A
142,2........160A
142,4........216A
142,6........160A
143,10.......129
144,12.......188A
145,9........161A
150,3........158A

Hiob

2,10.........189A
4,7..........227A
4,8..........81A
4,10.........103A
4,19.........7
5,23.........205A
8,20.........75A
10,16........103A
12,7.........205A
12,8.........205A
13,6.........214A
13,28........7
15,28........227A
18,8.........221A
18,9.........216A
19,18........86
21,11........86
21,18........191
22,10........216A
22,20........227A
24,14........200
24,15........204

27,18........7
27,20........201
28,8.........103A
28,21........205A
29,16........17
29,20........133
31,3.........152A
31,27........108
31,33........147
32,2f........185A
33,31........214A
34,2.........215A
34,8.........152A
34,33........152A
35,11........205A
36,5.........75A
39,15........205A
39,24f.......158A
40,20........205A
42,7.........185A

Proverbia

1,3..........136A
1,17.........221A
2,9..........136A
3,1..........159A
3,3..........7.195A
4,1..........214A
4,2..........159A
6,32.........204
7,2..........159A
7,14.........222A
7,23.........216A
7,24.........214A
8,16.........183A
9,17.........201
10,29........152A
11,1.........7.21A
12,4.........7
12,7.........137
12,22........137
14,22........7.195A
14,30........7
16,6.........7.195A
17,1.........222A
17,12........104
20,19........108A
20,23........7.21A
20,28........7.195A
21,15........152A
22,5.........216A
22,8.........81A
22,13........200
26,13........103A
26,27........225A
27,18........70A

29,5.........221A
30,17........158
30,21........204

Ruth

2,13.........108

Canticum

4,8..........103A
8,11.........110A

Qohelet

4,12.........157
5,7..........136A
9,12.........216A

Threni

2,7..........185A
3,25.........161A
3,31.........185A

Esther

1,22.........183A

Daniel

1,9..........136
9,19.........214A

Esra

4,7..........91A
6,21.........82A

Nehemia

4,12.........158A
4,14.........158A
9,4..........160A
9,18.........190

I Chronik

5,20.........160A
6,62.........221A
10,9.........185A
15,22........183A
15,28........158A
22,19........82A
23,25........136A
28,11........188
28,12........188
28,18........188
28,19........188
28,27........136A

II Chronik

6,16.........159A
6,22.........196
12,14........82A
13,9.........140A
14,3.........82A
15,12........82A
15,14........158A
18,7.........82A
20,3.........82A
20,9.........160A
24,18........185A
25,18........205A
28,10........190A
28,13........190A
30,18........161A
30,22........222A
32,19........190A
33,16........222A

Neues Testament

Matthäus

1,1-17.......96
1,16.........96A
1,18.........96A
1,19.........96A
1,20.........96A
1,22.........97A
1,24.........96A
1,18-25......96
1,20.........96+A
1,24.........96A
2,1-12.......96
2,1-6........96A
2,7-12.......96A
2,8..........96A
2,9..........96A
2,11.........96A
2,12.........96A
2,13-15......95f.98
2,14.........96A.97
2,15.........85.95.97f.
2,16-18......96+A
2,19-23......96+A
2,19.........96A
2,20.........96A
2,21.........96A
2,22.........96A
3,1-4,16.....96
3,7..........96A
4,2..........97A
4,12.........96A
8,33.........96A

9,7.........96A
9,19........96A
9,24........96A
10,23.......96A
10,34.......133
10,35.......96A
10,37.......96A
11,16.......96A
12,15.......96A
12,40.......97A
12,46.......96A
12,47.......96A
12,48.......96A
12,49.......96A
12,50.......96A
13,55.......96A
14,8........96A
14,11.......96A
14,13.......96A
14,21.......96A
14,25.......97A
15,4........96A
15,5........96A
15,6........96A
15,21.......96A
15,38.......96A
16,27.......97A
17,12.......97A
17,22.......97A
18,2........96A
18,3........96A
18,4........96A
18,5........96A
19,5........96A
19,12.......96A
19,19.......96A
19,29.......96A
20,20.......96A
21,5........98
23,33.......96A
24,16.......96A
24,28.......158A
25,6........97A
26,31.......97A
26,34.......97A
27,5........96A
27,19.......96A
27,34.......168A
27,56.......96A
28,2........96A
28,13.......97A

Lukas

1,10........3
11,1-8......232
17,37.......158A

18,1-8......232A
18,20.......208

Apostelgeschichte

3,18........3
3,21........3
8,23........168A

Römer

8,35........133
13,9........208

1. Petrus

5,5.........258

Offenbarung

8,10f.......168A

2. Wichtige Begriffe

Achan...110f.201
Amos...4f.
Baal Peor...71ff.225f.
Bilderverbot...175ff.181ff.
        191f.
Bund...120-174.216-220
- als Verhältnis...121.126A
- als Verpflichtung...
  121.125.174
- als Vertrag...122.126A.134
- mit Tieren...141f.170f.
- Jahwe-Israel-Bund...145ff.
  151ff.171ff.
- mit Fremdmächten...164-
  169.172
Bundesbruch...120.142ff.
        154ff.
Bundesformel...122
Bundesschweigen...121ff.
  125f.172f.
Bundestheologie...122f.126A.
- deuteronomische...172f.
Bundestradition...120-174.
  237-242.246.248
Bundesvermittler...134f.
Dekalog...175-209.242-246.
  248
Deuterohosea...138
Diebstahl...201-203
Ehebild...122
Ehebruch...203f.
Ephraim...148ff.153-155.
        169.189ff.
Exodustradition...60.65.
  116.248
Flucht nach Ägypten...
  95-99
Fundtradition...61-65.116f.
Götzendienst...187ff.
→ Bilderverbot

Gotteserkenntnis...137f.195f.
Gottesname...196f.
Haus Joseph...150
Heiligtumslegende...65
Heilsgeschichte...95
Heilstraditionen...247ff.
Heilszusage...127ff.
ismaelitische Stammesüber-
  lieferung...64f.118
Israel
- als Weinstock...76-78.83
- als gelehrige Jungkuh...
  78-84
- als Jahwes Sohn...84-95
Issachar...220ff.
Jahwe
- als Vater...91f.94
- als Arzt...91f.
Jahwebund
→ Bund
Jakob...35-49
- Geburt...35-38
- Jabbokkampf...39-41
- in Bethel...41-43
- Dienst um Rahel...44f.
Jakobtradition...15-49.231-
  234.246.248
- positive Beurteilung...
  25-28
- negative Beurteilung...
  28-35
Jephta...148f.
Jesaja...5
Jugendzeit Israels...60f.
Königtum...8.167
Kulturland...62.64.78.111.
        118f.

Landnahme
→ Kulturland
Leviten...62A
Lüge...198f.
Meineid...196-198
Micha...5
Mord...199-201
Mosetradition...50-57.
    234f.246.248
neue Landnahme...116.130
nomadisches Ideal...59f.
    65.115
Offenbarung...160.179
Personalität...63
Personifikation Israels...60
Propheten...1f
 - 8. Jhdrt...4-6
Reflexionszitat...97f.
Rekabiten...59A
Schophar...157f+A
Sebulon...220ff.
Selbstvorstellungsformel...
    101.175.178ff.
Sinaibund...60f.134
Sinaioffenbarung...62f.
Sinaitradition...60.62.65.
    116ff.
Tradition...249ff.
Traditionsgeschichte...9-11
Verlobung...129ff.170f.
 - ewige...135
weisheitliche Tradition...7
Wissen um Jahwe...159ff.195f.
Wüste...58ff.62f.112f.114.
    117.248
Wüstenerwählungstradition...
    58-119.235-237.240-242.246
Wüstenzeit...78.99ff.105ff.
Zitationsformel...97

3. Orte, Berge, Täler

a) historisch

Achorebene...105.109-111.114
Adam...142.145-148.155.171.
    242
Adma...9
Ai...110
Beth-Awen...8
Beth-Peor...73f.242
Bethel...15.24.41-43.46.48.
    158A
Ebal...153
Garizim...153
Gibea...8
Gilead...142.151f.155.242
Gilgal...8+A.21.66.69.242
Gomorrha...9
Jericho...71.148
Livias...71.73
Mamre...65
Mizpa...46A.210.216ff.221A.
    226A
Pniel...28
Samaria...182.185
Sartan...147
Sichem...142.153+A.155.242
Sittim...71f.147.210f.225ff.
Sodom...9
Sukkoth...148A
Tabor...53A.210.220ff.226A.
    235
Zaphon...148
Zeboim...9

b) modern

ard el-^{c}arde...151
Beth Shean...148
el-buk$\bar{e}^c$a...151

es-Ṣalt...217A
Ḫirbet ᶜAjūn Mūsa...73f.
Ḫirbet el-Mḥaṭṭa...73f.
Ḫirbet el-Mišrefe...217A
Ḫirbet esch-Scheḫ Dschajil...73
Ḫirbet Ǧelᶜad...151+A.217A
Ḫirbet Rēschūni...217A
Ḫirbet Suwēme...72
Mādeba...73
Nablus...148
Tell ed-Dāmje...147f.153
Tell el-Ḥammām...72+A
Tell el-Kefrēn...72
Tell en-Naṣbe...217A
Tell er-Rāme...71.73
Wādī ᶜAjūn Mūsa...73
Wādī el-Fārᶜa ...148.153

4. Hebräisches Wortregister
(Auswahl)

אב...71
אדם...92
אהב...85.90.92.104.114.236
אהבה...92
אכל...81.83.205
אלה...167.199
אמונה...137
אמלל...205
ארש...135
בגד...125.152.171
בטן...36.38
בכה...39
בן...85.88.89.97.98
בעל...87.130.131.140
ברית...59.120-174.237-242
גנב...201-203.207.208
גפן בוקק...77

דבר על לב...108.109.114
דמים...204
דעת...7.80.102.103.138.159.160.176.195.196
דעת ⟶ דעת אלהים
דרש...82
זבחי צדק...221-223
זכר...132
זמה...153
זנות...154
זנח...160.161.185
זרע...81.83
חן...71
חנן...39
חסד...7.81-83.136.137.176.195
חרב...133
חרש...81.83
טוב...161
ידע...101.102.104.114.117.183
יכל...39
כזב...48.56
כחש...19.20.48.56.81.83.199
כימי נעוריה...110.112
ברית ⟶ כרת ברית
מאזני מרמה...7.21
מדבר...75.103.109.111.114
מועד...21.112
מושיע...102
מלאך...40.41
מסכה...190
מצא...26.64.71.114.116.118.236
מצרים...86.89.97
מרמה...19-21.48.56
משפט...7.21.23.24.82.136.216
נאף...207.208
נביא...52.53
נדר...81.83
נער...88.89

נתך...109.110
סגור לבם...104
סור...131
עבד...44
עבר...64.65.79.81.104.114.117.236
עבר ברית ⟶ ברית
עולתה...81.83.199
על...86
עלה...54.56.111
ענבים...70.75
ענה...138.139
עצבים...185.190
עקב...28.29.36.37.231.232
עש...7
פח...220
פסל...90.185
פרח...168
פשע...160
פתה...108.114
פתח תקוה...110
צדק...7.81.82.136
צדקה...81.83
קצר...81,83
קרא...85.87.90.97.104.114.236
קשב...214.215
קשת...133
ראה...64.67.71.114.236
רוד...20
רחמים...7.82.136.137
ריב...20.37
רעה...100.102
רפא...91
רצח...153.199-201.204.207.208
רקב...7
רשע...81.83.199
רשת...220
רתת...189

שבבים...186
שד...48.56
שוא...167.197.198
שכח...107
שכל...74
שמר...23.53
שקר...198
שרא...39
תורה...125.159.163
תלא...86.87
תרגלתי...91

JULIUS WELLHAUSEN

Evangelienkommentare

Nachdruck von „Einleitung in die ersten drei Evangelien" 2. Auflage 1911,
„Das Evangelium Matthaei" 2. Auflage 1914, „Das Evangelium Marci" 2. Auflage 1909,
„Das Evangelium Lucae" 1. Auflage 1904, „Das Evangelium Johannis" 1. Auflage 1908
Mit einer Einleitung von Martin Hengel

Oktav. XII, 746 Seiten. 1987. Ganzleinen DM 238,— ISBN 3 11 010065 7

Subskriptionspreis bis zum Erscheinen DM 198,—

Israelitische und jüdische Geschichte

Nachdruck der 9. Auflage 1958
Oktav. VIII, 371 Seiten. 1981. Ganzleinen DM 68,— ISBN 3 11 003181 7

Prolegomena zur Geschichte Israels

Unveränderter photomechanischer Nachdruck der 6. Auflage 1927
Oktav. VIII, 424 Seiten. 1981. Ganzleinen DM 78,— ISBN 3 11 008656 5

Abriß der Geschichte Israels und Judas
Lieder der Hudhailiten

Nachdruck der 1. Auflage 1884
Oktav. IV, 175 Seiten deutscher Text, 129 Seiten arabischer Text. 1985.
Ganzleinen DM 134,— ISBN 3 11 009765 6 (Skizzen und Vorarbeiten, 1. Heft)

Die kleinen Propheten
Übersetzt und erklärt

4., unveränderte Auflage. Oktav. VIII, 222 Seiten. 1963. Ganzleinen DM 46,50
ISBN 3 11 001264 2 (Skizzen und Vorarbeiten, 5. Heft)

Die Composition des Hexateuchs und der historischen Bücher des Alten Testaments

4., unveränderte Auflage. Groß-Oktav. VI, 374 Seiten. 1963. Ganzleinen DM 60,—
ISBN 3 11 001265 0

Preisänderungen vorbehalten

Walter de Gruyter  Berlin · New York

JULIUS WELLHAUSEN

Das arabische Reich und sein Sturz

2., unveränderte Auflage. Oktav. XVI, 352 Seiten. 1960. Ganzleinen DM 96,–
ISBN 3 11 001342 8

Reste arabischen Heidentums

3., unveränderte Auflage. Oktav. X, 250 Seiten. 1961. Ganzleinen DM 44,50
ISBN 3 11 001301 0

Prolegomena zur ältesten Geschichte des Islam
Verschiedenes

Nachdruck der 1. Auflage 1899. Oktav. VIII, 260 Seiten. 1985. Ganzleinen DM 104,–
ISBN 3 11 002215 X (Skizzen und Vorarbeiten, 6. Heft)

Medina vor dem Islam
Muhammads Gemeindeordnung von Medina
Seine Schriften und die Gesandtschaften an ihn

Nachdruck der 1. Auflage 1889
Oktav. II, 194 Seiten deutscher Text, 78 Seiten arabischer Text. 1985.
Ganzleinen DM 106,–   ISBN 3 11 009764 8 (Skizzen und Vorarbeiten, 4. Heft)

WILHELM BACHER

Die Agada der Tannaiten

Band 1: Von Hillel bis Akiba
Von 30 vor bis 135 nach der gewöhnlichen Zeitrechnung

2., verbesserte und vermehrte Auflage. Groß-Oktav. X, 496 Seiten. 1903.
Nachdruck 1965. Ganzleinen DM 113,–   ISBN 3 11 000128 4

Band 2: Von Akibas Tod bis zum Abschluß der Mischna
135–220 nach der gewöhnlichen Zeitrechnung

Groß-Oktav. VIII, 578 Seiten. 1890. Nachdruck 1966. Ganzleinen DM 155,–
ISBN 3 11 000129 2

Preisänderungen vorbehalten

Walter de Gruyter  Berlin · New York